ACCESO GRATIS *a la Lectura en la Nube*

Para visualizar el libro electrónico en la nube de lectura envíe junto a su nombre y apellidos una fotografía del código de barras situado en la contraportada del libro y otra del ticket de compra a la dirección:

ebooktirant@tirant.com

En un máximo de 72 horas laborables le enviaremos el código de acceso con sus instrucciones.

La visualización del libro en **NUBE DE LECTURA** excluye los usos bibliotecarios y públicos que puedan poner el archivo electrónico a disposición de una comunidad de lectores. Se permite tan solo un uso individual y privado.

LA PERSONA CENTRO DEL DERECHO CIVIL Y FUNDAMENTOS DEL DERECHO DE COSAS

LA PERSONA CENTRO DEL DERECHO CIVIL Y FUNDAMENTOS DEL DERECHO DE COSAS

MARÍA GOÑI RODRÍGUEZ DE ALMEIDA

tirant lo blanch
Valencia, 2024

En caso de erratas y actualizaciones, la Editorial Tirant lo Blanch publicará la pertinente corrección en la página web www.tirant.com.

© TIRANT LO BLANCH
EDITA: TIRANT LO BLANCH
C/ Artes Gráficas, 14 - 46010 - Valencia
TELFS.: 96/361 00 48 - 50
FAX: 96/369 41 51
Email: tlb@tirant.com
www.tirant.com
Librería virtual: www.tirant.es
DEPÓSITO LEGAL: V-4384-2024
ISBN: 978-84-1071-791-6

Si tiene alguna queja o sugerencia, envíenos un mail a: *atencioncliente@tirant.com*. En caso de no ser atendida su sugerencia, por favor, lea en *www.tirant.net/index.php/empresa/politicas-de-empresa* nuestro procedimiento de quejas.

Responsabilidad Social Corporativa: *http://www.tirant.net/Docs/RSCTirant.pdf*

A "mi pilar", Miguel, y a "las cuatro torres"

Índice

PRIMERA PARTE

GÉNESIS Y EVOLUCIÓN DEL CONCEPTO DE DERECHO CIVIL. CONFIGURACIÓN ACTUAL Y PROYECTIVA A LA LUZ DE LA RAZÓN ABIERTA. ESPECIAL REFERENCIA A LOS "DERECHOS REALES E INMOBILIARIO"

SEGUNDA PARTE

CONTEXTUALIZACIÓN NORMATIVA, CURRICULAR E INSTITUCIONAL DEL DERECHO CIVIL COMO ASIGNATURA, CON ESPECIAL ATENCIÓN A LOS DERECHOS REALES

TERCERA PARTE

LA DOCENCIA DEL DERECHO DE COSAS EN EL GRADO EN DERECHO: LOS DERECHOS REALES E INMOBILIARIO. UNA PROPUESTA PRÁCTICA Y PERSONAL

Índice de abreviaturas

AAMN:	Anales de la Academia Matritense y del Notariado.
AC:	Actualidad Civil.
ADA:	Anuario de Derecho Aragonés.
ADC:	Anuario de Derecho Civil.
ADN:	Ácido Desoxirribonucleico.
ANECA:	Agencia Nacional de Evaluación de la Calidad
art. (s.):	artículo (s).
B2C:	*Bussines to Consumer.*
BIMJ:	Boletín de Información del Ministerio de Justicia.
BOE:	Boletín Oficial del Estado.
BPDPL:	Borrador de Propuesta de Directiva sobre Plataformas en Línea.
C2C:	*Consumer to Consumer.*
CC:	Código Civil.
CCAA:	Comunidades Autónomas.
CCJC:	Cuadernos Civitas de Jurisprudencia Civil.
CCom:	Código de Comercio.

CE:	Constitución Española.
CEE:	Comunidad Económica Europea.
CEFL:	*Commission of European Family Law.*
CEU:	Centro de Estudios Universitarios.
CROBECO:	*Cross Border e-Conveyancing.*
DCFR:	Marco Común de Referencia/ *Draft Common Frame of Reference.*
DGFPSJ:	Dirección General de Seguridad Jurídica y Fe Pública.
DGRN:	Dirección General de los Registros y del Notariado.
DI:	Digesto Italiano.
DL:	Decreto-Ley.
DOUE:	Diario Oficial de la Unión Europea.
ECT (S):	*European Credit Transfer/s*
EEES:	Espacio Europeo de Educación Superior.
EEI:	Espacio Europeo de Investigación.
ELRA:	Asociación Europea de Registradores de la Propiedad.
ENHR:	*European Network for Housing Research.*
EUI:	Instituto Universitario de Florencia.
EULIS:	*European Land Information Service.*
IA:	Inteligencia Artificial.

IAJD:	Impuesto Actos Jurídicos Documentados
IRES:	*International Real Estate Society.*
IRPH:	Índice Referencia de Préstamos Hipotecarios
LAR:	Ley de Arrendamientos Rústicos.
LAU:	Ley de Arrendamientos Urbanos.
LCCI:	Ley Contratos de Crédito Inmobiliario.
LCGC:	Ley de Condiciones Generales de la Contratación.
LEC:	Ley de Enjuiciamiento Civil.
LGTBI:	Lesbiana, Gay, Transexual, Bisexual, Intersexual.
LH:	Ley Hipotecaria.
LMD/DMA:	Ley de Mercados Digitales, o *Digital Markets Act.*
LO:	Ley Orgánica.
LOPD:	Ley Orgánica Protección de Datos Personales.
LRC:	Ley del Registro Civil.
LRRR:	Ley sobre la Rehabilitación, Regeneración y Renovación urbanas.
LSD/ DSA:	Ley de servicios digitales o *Digital Services Act.*
LSMPH:	Ley de Subrogación y Modificación de préstamos hipotecarios.

LSSICE:	Ley Servicios de la Sociedad de la Información y de Comercio Electrónico.
LTRHA:	Ley de Técnicas de Reproducción Humana Asistida.
MIFID:	Market in Financial Instruments Directive.
Nº:	Número.
ob. cit.:	obra citada.
p. (p):	página (s).
PECL:	Principios de Derecho Europeo de los Contratos.
pfo.:	párrafo.
PJ:	Poder Judicial.
PRCV/ CESL:	Propuesta de Reglamento de Compraventa Europea/ (*Common European Sales Law.*
PSOE:	Partido Socialista Obrero Español.
R (R):	Resolución (es).
RAJL:	Real Academia de Jurisprudencia y Legislación.
RAP:	Revista de la Administración Pública.
RCDI:	Revista Crítica de Derecho Inmobiliario.
RD:	Real Decreto.
RDB:	Revista de Derecho Bancario.
RDC:	*Rivista di Diritto Civile.*
RDEA:	Revista de Derecho Español y Americano.

RDGRN:	Resolución Dirección General de los Registros y del Notariado
RDM:	Revista de Derecho Mercantil.
RDN:	Revista de Derecho Notarial.
RDP:	Revista de Derecho Privado.
RDU:	Revista de Derecho Urbanístico.
REDA:	Revista Española de Derecho Administrativo.
RGD:	Revista General de Derecho.
RGLJ:	Revista General de Legislación y Jurisprudencia.
RH:	Reglamento Hipotecario.
RIDC:	Revista del Instituto de Derecho Comparado.
RJC:	Revista Jurídica de Cataluña.
RJN:	Revista Jurídica de Navarra.
RRC:	Reglamento del Registro Civil.
S(S):	Sentencia (s).
ss.:	siguientes.
STC:	Sentencia Tribunal Constitucional
STJUE:	Sentencia Tribunal Justicia Unión Europea.
STS:	Sentencia Tribunal Supremo
TFG:	Trabajo Fin de Grado.
TFUE:	Tratado Fundacional de la Unión Europea.

TICS:	Tecnologías de la Información y Comunicación
TJUE:	Tribunal Justicia Unión Europea.
TRLDCU:	Texto Refundido Ley Defensa Consumidores y Usuarios.
TS:	Tribunal Supremo.
UCM:	Universidad Complutense de Madrid.
UE:	Unión Europea.
UFV:	Universidad Francisco de Vitoria.
UNIDROIT:	Instituto Internacional para la Unificación de Derecho Privado.

Prólogo

Es para mí un honor prologar el libro "*La persona centro del Derecho civil y Fundamentos del Derecho de cosas*", de María Goñi Rodríguez de Almeida, profesora titular de Derecho civil de la Universidad Francisco de Vitoria.

Lo es por una triple razón: primero porque la autora es una especialista, dentro del Derecho civil en Derecho inmobiliario registral, rama jurídica que tanto aprecio; segundo, porque es una profesora con excelentes dotes de docencia, que valoran mucho quienes tienen la suerte de ser sus alumnos, ofreciendo un excelente plan docente e investigador, como lo demuestra en este libro; y tercero, porque es una persona con enormes valores humanos, basados en la dignidad de la persona, que -como la propia autora señala- es el centro nuclear del Derecho civil. María es referencia, para profesores y alumnos, dentro de la sociedad.

El libro es manifestación de todos estos aspectos que caracterizan a la autora, pues María Goñi demuestra un conocimiento exhaustivo del Derecho civil, de su epistemología y de los métodos de docencia de la asignatura. Y en particular, dentro del Derecho civil, del sistema inmobiliario registral.

María Goñi destaca en este Libro que la persona es el centro del Derecho civil. Lo define como la parte del ordenamiento jurídico privado que estudia a la persona, sus relaciones patrimoniales: sus bienes y el intercambio de los mismos. Y explica muy bien su evolución histórica, desde el derecho común que significó el derecho romano, al derecho privado propio de cada nación en que se convirtió en la época moderna, especialmente tras la codificación.

La codificación ofreció proposiciones generales y abstractas, estables, soluciones atemporales que perduraron en el tiempo, dando seguridad jurídica al tráfico, pero modernamente se fueron imponiendo nuevos valores, como señala la autora. La configuración individualista del Derecho civil propia de la codificación condujo a la redacción de los códigos civiles liberales del siglo XIX, pero posteriormente se produjo la paulatina descodificación, fruto de la mayor intervención del Estado a través de leyes especiales y del acceso de la función social al Derecho civil.

Entre las leyes especiales que se aprobaron en el Siglo XIX incluso antes que el Código civil, está la ley hipotecaria de 1861, reguladora no sólo de la hipoteca sino de los registros de la propiedad. Nadie dudó, en el clima de discusión entre foralistas y centralistas, que la regulación de la hipoteca y del Registro de la propiedad tenía que ser de ámbito nacional, con aplicación en toda España. La Constitución española de 1978 en su artículo 149.1.8, más de un siglo después, confirmaría esta misma idea. Todo ello demuestra la importancia del Derecho hipotecario e inmobiliario registral, hasta el punto de que la Dirección General de los Registros y del Notariado -hoy denominada de Seguridad Jurídica y Fe pública- fue la primera dirección general de la Administración Pública de la España contemporánea.

Señala la profesora Goñi que el Código civil (y por ende el Derecho civil) sigue siendo hoy un cuerpo vivo, práctico y aplicable, que da respuesta y establece las estructuras básicas del Derecho privado general, al que acuden y vuelven las Leyes especiales a falta de respuesta en sus articulados; es hoy, de nuevo, el Derecho privado común o general de la persona y de sus bienes.

Esto es muy importante -añado yo- dada la tendencia de las disciplinas que se fueron independizando del Derecho civil, como el Derecho mercantil, a expandir su ámbito de influencia.

El Derecho civil es, y debe seguir siendo así, el regulador de las reglas básicas del Derecho privado. En este sentido la autora propugna la conveniencia de un código único de obligaciones y contratos que abarque también al Derecho mercantil.

Todo lo relativo a la persona es competencia del Derecho civil: nacimiento de la personalidad jurídica, derechos de la persona, representación legal y voluntaria, familia, patrimonio, sucesión universal y particular, contratación, y un larguísimo etcétera que seguramente debería también incluir los derechos y libertades del individuo absorbidos por el Derecho constitucional. Si el Derecho civil es el estatuto jurídico de la persona integral -afirma la autora- debe ocuparse de ellas también, aunque sean cuestiones que también exijan la tutela del Estado.

En esta obra María Goñi sabe transmitir -y trasladar a sus métodos de docencia- los valores que impregnan al Derecho civil es España. Ciertamente lo son la defensa de la libertad del individuo, pero también la defensa de los intereses generales de la comunidad social. Lo explica muy bien al analizar la influencia que en la concepción liberal del Derecho civil codificado tuvo la constitución española y la entrada en la Unión Europea, que han hecho que en el Derecho civil incidan tres sistemas normativos: el de la UE -en materia sobre todo de protección de los consumidores-; el del Estado; y el de las Comunidades Autónomas con Derecho civil propio.

En el libro se destaca muy bien el proceso de constitucionalización y *publificación* -expresión que utiliza la autora- que ha sufrido en este sentido el Derecho civil español. No siempre ha tenido este proceso efectos positivos, sino que como señala María Goñi, en ocasiones ha tenido aspectos negativos, como ha ocurrido a veces en materia de propiedad privada, que tiene que estar supeditada al interés general pero no amparar situaciones de "*okupación*"; o en materia de protección de los consumidores, donde el consumidor al ser la parte más débil debe estar protegido, pero sin llegar a una exagerada interpretación de la abusividad en las condiciones generales de contratos entre particulares, muchas veces plenamente queridos y válidos.

La autora tiene una profunda preparación en derecho civil, pero su gran virtud es que lo explica no solo desde el derecho positivo, sino desde los valores del orden natural y humanismo cristiano que deben prevalecer sobre aquellos. Como ella misma señala, un buen jurista debe saber criticar, si es preciso, la norma positiva cuando se aparte de lo naturalmente bueno para el hombre.

Considera que la persona es mucho más que su propia voluntad, sobre todo si está basada en el utilitarismo e inmediatez temporal, por lo que no se justifican muchas leyes o preceptos positivos que se fundamentan únicamente en aquello. No encuentra justificación la eutanasia, la absoluta libertad de elección de la maternidad o filiación, la posibilidad de un divorcio voluntarista, el ejercicio abusivo y exclusivo de la propiedad, o la contratación con causa u objeto ilícito.

La tendencia moderna del legislador a favorecer la voluntad de la persona, que es centro del Derecho civil, en temas no solo contractuales sino en materia de filiación, nombre, eutanasia, tal como ella misma expone, no siempre ha sido lo mejor para la dignidad de la persona, señala María Goñi y lo suscribo.

Entiende la autora que la familia es medio impulsor para la perfección de la persona. De igual forma, si la comunidad más amplia (la sociedad) es también parte para que la persona alcance sus fines, se justifica que existan limitaciones a los derechos individuales como medida de respeto de los de los demás, la restricción de sus facultades en favor de las personas más vulnerables (menores, consumidores y personas sin recursos) que son una lógica consecuencia de esta dimensión social de la persona.

Como la profesora Goñi destaca en la obra, el Derecho civil no es sólo conocimiento de Derecho positivo y saber explicarlo, sino buscar la verdad, la epistemología jurídica, que no está alejada de la moral, aunque esta transcienda las relaciones sociales. Debe haber límites derivados de la naturaleza humana, de la esencia de las cosas, que no es solo voluntad. No cabe olvidar la esencia natural de la persona, a la que no se puede renunciar, ni olvidar, ni "reconstruir". Por eso, cuestiones como el derecho a la vida, a la integridad física, sexo, filiación son propias de la naturaleza humana que no puede negarse ni construirse de forma particular, pues es común para todos.

Así el Derecho positivo se tiene que amoldar a postulados morales. La búsqueda de lo justo es el objetivo del Derecho y no siempre el Derecho positivo acierta. El positivismo puro es lo más alejado del Derecho que se pueda concebir, pues el Derecho es anterior a la propia norma. En este sentido, el Derecho que no respeta la verdadera esencia de la dignidad de la persona, no será propiamente Derecho sino imposición.

Señala la autora como el Derecho es una ciencia práctica, puesto que "el jurista busca determinar qué es lo justo en el caso concreto", no se limita a realizar leyes o hacer especulaciones, sino que pretende conseguir la justicia en los casos particulares, solucionando problemas reales. El Derecho consiste en repartir a cada uno lo suyo. Eso sí, para ello, debe partir de unos principios objetivos teóricos y unas reglas que son en las que debe basarse para alcanzar la solución justa.

En esto coincido plenamente, y entiendo que mucho más importante para entender el Derecho civil, más que conocer el Derecho positivo, es comprender los principios que lo inspiran: la buena fe como elemento integrador del negocio jurídico, la autonomía de la voluntad y libertad de contratación, el respeto a la voluntad del causante como ley de la sucesión, la libertad de tráfico, la protección de la seguridad jurídica, la irretroactividad de las normas restrictivas o no favorables, la prohibición del abuso de Derecho, ... Lo mismo ocurre en el Derecho hipotecario o inmobiliario registral, donde todo gira en torno a determinados principios registrales, como son el principio de legalidad, tracto sucesivo, calificación, prioridad, inoponibilidad y fe pública registral.

En la metodología de docencia del Derecho civil y del Derecho inmobiliario registral, debe estar también la aplicación práctica del Derecho. Y es que María Goñi siempre dio importancia a la realización de casos prácticos y a la explicación de la asignatura basándose casos reales de la práctica jurídica. En eso fuimos pioneros, antes de implantarse en España el sistema Bolonia que lo propugnaba. Coincidimos dando clases en el mismo grupo de la Universidad de Villanueva, y la explicación de la parte teórica al hilo del desarrollo de casos prácticos fue un éxito aún recordado por profesores y antiguos alumnos, hoy profesionales y funcionarios de éxito. Este sistema de explicación teórica basada en casos reales sigue siendo parte de su metodología.

La profesora Goñi combina los conocimientos científicos y prácticos con arraigados valores humanos, que le permiten impartir con coherencia la docencia en Derecho civil y registral desde los principios generales que inspiran estas disciplinas y no solo desde la perspectiva del derecho positivo.

Como decía al principio, la autora es una persona con enormes valores humanos, basados en la dignidad de la persona, centro nuclear del Derecho civil. No se puede explicar una asignatura cuyo centro es la protección de la persona y de sus derechos subjetivos si el profesor (en este caso profesora) no encarna los valores de dignidad y justicia que se procuran.

María Goñi es una profesora profundamente conocedora del Derecho civil, y en particular es una jurista especializada en Derecho inmobiliario registral e hipotecario. Como colaboradora de la Revista Crítica de Derecho inmobiliario -revista de la que fui secretario desde 2003 y actualmente presidente desde 2011- puedo dar fe de su enorme contribución al derecho registral.

Sus aportaciones en materia de hipoteca global, derechos reales inscribibles, derecho a la vivienda, nuevas tecnologías en relación al Registro han contribuido decididamente a la mejora del sistema inmobiliario español. Yo siempre digo que hubiera sido una grandísima registradora de la propiedad si hubiera opositado y, aunque los derroteros de su vida le condujeron a la docencia, terminó en el mismo resultado: ser una de las principales juristas especialistas en derecho inmobiliario registral e hipotecario.

Esto se demuestra a través de los innumerables trabajos publicados en materia registral. Yo, como presidente de la Revista Crítica de Derecho inmobiliario y como registrador de la propiedad, doy fe de que los registradores hemos aprendido mucho de sus estudios y trabajos de investigación especialmente en el ámbito hipotecario propiamente dicho.

Fue Premio Revista Crítica 2005 al mejor artículo doctrinal publicado en ese año sobre "*Prescripción de la acción hipotecaria: extinción de la obligación garantizada y subsistencia de la hipoteca*". Ha colaborado en la RCDI muchos años, como evaluadora de los trabajos presentados a la Revista y como colaboradora en estudios en general y en estudios jurisprudenciales en particular. En definitiva, tiene acreditada una gran labor investigadora en Derecho hipotecario propiamente dicho, dentro del Derecho inmobiliario registral.

En particular es relevante su aportación en relación a la figura de la hipoteca de la que ha examinado aspectos muy diversos: su cancelación; la aplicación en ella del principio de especialidad registral o determinación; la posibilidad de generación de nuevos tipos de hipoteca, como la flotante, la recargable o la inversa; su peculiar ejecución y la protección de los consumidores; su finalidad de garantía, etc.

De esta concreta línea se han derivado la publicación de varias monografías: Destacamos "*El asiento de cancelación negocial de crédito hipotecario*"; "*El principio de especialidad registral*"; y "*Las cláusulas no inscribibles del préstamo hipotecario*", publicadas en la editorial Centro de Estudios Registrales, del Colegio de Registradores de la Propiedad, reconocida por su prestigio y su alto nivel de difusión en el ámbito del Derecho inmobiliario registral.

Fue pionera en el estudio de la hipoteca global. Sus estudios han sido citados en numerosas ocasiones porque han abierto debate doctrinal y han generado avance científico, como puede ser los que han abogado por la admisión de las hipotecas flotantes en nuestro ordenamiento. Es el caso de su artículo sobre "*La determinación del crédito en la garantía hipotecaria: (hipotecas globales o flotantes en garantía de varias obligaciones indeterminadas)*"(2004); o los posteriores sobre "*El devenir de la hipoteca flotante*" (2012), o los relativos a la admisión o no de la dación en pago en las ejecuciones hipotecarias: "*Análisis de la evolución jurisprudencial sobre la "dación en pago" en los últimos años*" (2012), o "*Los inconvenientes a la posibilidad de la adjudicación en pago de la finca hipoteca al acreedor ejecutante: una perspectiva desde el derecho civil*" (2013). Lo mismo ocurre en materia de cláusulas abusivas, arrendamientos, derecho a la vivienda y otros muchos temas inmobiliarios.

Me gusta el entendimiento que hace la autora del Derecho civil como Derecho común, que vuelve a reunificar las disciplinas especiales (frente al intento de separación y absorción del Derecho civil por el Derecho mercantil, tal como se manifestó en el proyecto de Derecho mercantil de la sección de mercantil de la CGC).

El Derecho civil debe estudiar todo lo relativo a la persona, a la familia, pero también todo lo relativo al patrimonio. Y dentro del Derecho patrimonial, el Derecho inmobiliario tiene una parte esencial. Como señala María Goñi, verdadera especialista en derechos reales, las instituciones patrimoniales son instrumentos para el desarrollo integral de la personal. En este sentido tiene una concepción de los derechos reales como algo que supera la relación del individuo con una cosa, en la medida que tienen que contribuir al desarrollo integral de la persona. Esto justifica que en ocasiones primen las circunstancias personales del sujeto del derecho, como ocurre en la protección de las personas vulnerables.

Me gusta su propuesta de fomentar el estudio del Derecho inmobiliario registral dentro de la asignatura de Derecho reales, propugnando su explicación dentro del tercero curso de Grado, cuando ya se presume una mayor madurez jurídica del alumno. Incluso defiende la posibilidad de impartir una asignatura específica con sustantividad propia, aunque relacionada con los derechos reales, como no puede ser de otra forma.

La autora valora el Derecho inmobiliario registral como parte autónoma importante del Derecho civil. No en vano al final en su vida casi todas las personas, no sólo los abogados, tienen que pasar por la experiencia de la compra de una vivienda, su hipoteca para financiarla, o por la herencia. Saber cómo proceder por parte de los alumnos en estas materias es fundamental.

El Derecho inmobiliario registral es cierto que tiene como uno de sus ejes nucleares la propiedad, la hipoteca y los demás derechos reales. Pero no acaba allí ni mucho menos. Más importante es el estudio del modo de adquirir y transferirlos (la tipicidad de los derechos reales y su negociabilidad es la función económica del Registro), sea a través de negocios *inter vivos* (gratuitos u onerosos) o a través de negocios *mortis causa*.

No se puede saber derecho inmobiliario registral sin abarcar conocimiento de todas las ramas del Derecho civil: persona, familia, patrimonial, ... pero también contractual (no en vano la principal vía de crear o transferir los derechos reales son los contratos seguidos de la tradición o entrega) y, por supuesto, sucesorio.

La incidencia de la administrativización del Derecho civil que pone de manifiesto María Goñi en este Libro se está produciendo también en el Derecho inmobiliario registral, de manera que cada vez tiene más incidencia el Derecho urbanístico, la coordinación Catastro Registro, el Derecho fiscal o la protección de los consumidores limitando el ámbito de autonomía de la voluntad. Aunque, como recuerda la autora, el Derecho inmobiliario registral forma parte del Derecho civil al integrar el Código Civil la legislación hipotecaria dentro de sí, y por las continuas referencias que se hacen en su articulado a la LH. Los civilistas debemos defenderlo así.

Aprovecho aquí para reivindicar que, desde las universidades, se dejen de hacer afirmaciones equívocas y no ajustadas a la realidad, verdaderas falacias que se vienen repitiendo en las aulas, que profesoras como María Goñi contribuyen a desmontar: por ejemplo, que el Registro de la propiedad es un registro de títulos, cuando es un Registro de derechos reales. Lo que se inscriben son derechos reales y no se da mera publicidad a títulos o documentos; o que la teoría del título y el modo fue respetada por la LH, cuando la alteró radicalmente respecto de los inmuebles inscritos que hoy en día son casi el 100%. La LH no recoge un régimen excepcional al Derecho civil, sino que instaura un nuevo sistema de transmisión de derechos frente a terceros (que es precisamente la característica propia de los derechos reales). La inscripción forma parte del *iter* transmisivo, y sin inscripción no hay plena oponibilidad y por tanto no hay verdadero derecho real (caso del 1473 C.C., en relación con la doble venta de inmuebles donde la prioridad la atribuye la inscripción en el Registro de la propiedad, basada en la legitimación dispositiva que atribuye). Todo lo que se estudia en las aulas dentro del Derecho civil en materia de saneamiento en materia de compraventa, no es aplicable cuando hay un Registro por medio, pues hace la adquisición irreivindicable.

En efecto, el Registro de la propiedad es el medio para dotar de oponibilidad plena a esos derechos reales, característica derivada de su absolutividad esencial, pero, sin la publicidad en el Registro, y solo para los derechos inscribibles, esta no se alcanza. Por eso, su vinculación es total, pues un derecho real inscribible no alcanza su plena esencia sin el Registro, ya que no es perfectamente oponible *erga omnes*. Sin embargo, la existencia de muchos derechos reales que no pueden inscribirse, la propia naturaleza mixta o compleja del Derecho registral (civil, procesal, administrativo), los diferentes principios que rigen esta materia (principios registrales o hipotecarios), y la especificidad de sus normas, hacen que pueda estudiarse separadamente de aquella, constituyendo, solo a efectos sistemáticos y didácticos, una asignatura independiente.

La legislación hipotecaria y registral altera las tradicionales normas y principios civiles (*nemo dat quod no habet*, por ejemplo) en beneficio de la seguridad y rapidez del tráfico jurídico; lo que hace imprescindible su conocimiento por parte de un buen jurista que debe conocer en profundidad la totalidad del ordenamiento español y sus interconexiones.

En todo caso, volviendo al Libro prologado, debo destacar la vinculación que la autora hace del Derecho inmobiliario registral con la protección del bien. Los derechos reales deben atender a una concepción ética, y en este sentido el Derecho inmobiliario registral contribuye a una asignación justa de los recursos. Los bienes son finitos y corresponde también al jurista hacer una justa distribución de los mismos, para lo cual se requiere hacer una valoración del Derecho positivo a la luz del Derecho de natural y del humanismo cristiano, tomado de la doctrina social de la Iglesia. Debe existir protección de la función social de la propiedad, pero siempre respetando el núcleo esencial del dominio. En este sentido, la autora se hace interesantes preguntas en el Libro sobre hasta dónde puede llegar la injerencia del poder público en la propiedad privada; si está o no justificada la "ocupación", la relación de la propiedad y la sostenibilidad; la lucha contra la desigualdad en la atribución de bienes; el destino universal de los bienes y las limitaciones que se pueden imponer en la propiedad en base a ella.

Para la profesora Goñi el futuro del Derecho civil pasa por su conciliación con otras asignaturas que complementan su contenido, como el Derecho mercantil, el administrativo y los derechos civiles supranacionales y de otros países, abordando las nuevas relaciones entre particulares que vayan surgiendo.

Destaca la autora la incidencia que han tenido los principios de Derecho Privado de UNIDROIT y la Convención de Nueva York sobre derechos de personas con discapacidad de 2008, así como la gran incidencia de la normativa europea, a pesar de ser uno de los sectores del Derecho civil donde es más difícil la armonización dada la diversidad legislativa de los países que integran la UE en materia de sistema de transmisión y por ser materia fundamentalmente de Derecho privado. La profesora Goñi tiene experiencia en estas materias al haber formado parte del Grupo de Trabajo sobre la Eurohiipoteca, dentro del proyecto EULIS de la UE.

Por supuesto también el futuro del Derecho civil pasa por adaptarse a la sociedad digital y a las nuevas tecnologías. En esto la autora ha trabajado mucho, como investigadora y en la organización de congresos internacionales en la materia y como preocupación en sus trabajos doctrinales. Uno de los grandes retos que se analizan en el Libro es nada menos que la personalidad jurídica de los robots, con posibilidad de ser centro de imputación de responsabilidad.

La autora propugna en el futuro la compraventa de inmuebles a través de plataformas digitales, donde se aplique la tecnología del *blockchain* y la t*okenizacion* de los activos inmobiliarios.

La ley 11/2023, de 8 de mayo, de digitalización de actuaciones notariales y registrales es, sin duda, con la supresión de los folios en papel y la configuración del Registro de la propiedad como registro enteramente electrónico, un paso importante en ese camino.

En definitiva, el Libro "*La persona centro del Derecho civil y Fundamentos del Derecho de cosas*", de María Goñi Rodríguez de Almeida, es una exhibición de conocimiento de Derecho civil y del Derecho inmobiliario registral, de búsqueda de su significado y de su futuro, y de metodología superadora del mero positivismo, de manera que aparece cargada de conocimientos teóricos y prácticos, pero a la par impregnada de valores. Muy acorde con la visión generalista, humanista y completa que la autora tiene, siguiendo a Ortega y Gasset, de la Universidad.

Mi sincera enhorabuena a la autora y a la universidad Francisco de Vitoria, que tiene el privilegio de contar con ella como profesora titular de la asignatura de Derecho civil, Derechos reales e inmobiliario registral.

Javier Gómez Gálligo
Registrador de la propiedad adscrito a la Dirección General de Seguridad Jurídica y Fe Pública, Catedrático (acreditación AQU), presidente de la Revista Crítica de Derecho Inmobiliario

PRIMERA PARTE

GÉNESIS Y EVOLUCIÓN DEL CONCEPTO DE DERECHO CIVIL. CONFIGURACIÓN ACTUAL Y PROYECTIVA A LA LUZ DE LA RAZÓN ABIERTA. ESPECIAL REFERENCIA A LOS "DERECHOS REALES E INMOBILIARIO"

Capítulo 1

El Derecho civil como disciplina jurídica

1.1.- LA CIENCIA DEL DERECHO

El Derecho civil, como disciplina autónoma dentro del Derecho, es disciplina científica, pero no constituye *per se* una ciencia propiamente dicha, sino que queda ínsita dentro de la ciencia jurídica.

Por eso, antes de abordar el estudio y concepto del Derecho civil propiamente dicho, debemos de plantearnos si esta disciplina tiene o no carácter científico, como parte del Derecho que es. Es decir, debemos abordar si el Derecho es una ciencia y en su caso cuál es su objeto, límites y fuentes, partiendo de la consideración del Derecho como el arte de lo bueno y de lo justo.

Cuando nos planteamos la cuestión epistemológica respecto de aquello que enseñamos, para saber si realmente es una ciencia y de qué tipo, debemos tratar de responder a cuatro preguntas esenciales que, tal y como recoge RUBIO HIPOLA[1], son: a) ¿Cuál es el objeto material? Es decir ¿qué estudia?; b) ¿Cuál es su objeto formal? Es decir ¿desde qué perspectiva se estudia el objeto material? c) ¿Cuál es el método que mejor se adapta a la realidad estudiada? Respondiendo a esta pregunta podremos catalogar la ciencia que se estudia o enseña. Y, además, debemos plantearnos qué resultados ofrece y cuáles

---

1 RUBIO HIPOLA, M., "La cuestión epistemológica", en *Cuatro preguntas de razón abierta,* Universidad Francisco de Vitoria, 2020, p. 34.

no consigue ofrecer. Contestando a esta pregunta se obtienen los límites de la ciencia o rama que se analiza y se pone de manifiesto la necesidad, en su caso, de contactar o dialogar con otras ciencias que sí ofrezcan soluciones a las que la ciencia analizada no alcanza por sí sola.

Preguntarnos por la ciencia del Derecho, en definitiva, exige cuestionarse cuál es la verdad para el Derecho.

A pesar de quienes nieguen la existencia de la ciencia jurídica, consideramos que esta existe, ya que el Derecho goza de un objeto propio, al que se llega a través de método científico exclusivo que parte de la interpretación y aplicación de una serie de principios y valores propios, que lo distinguen de cualquier otra ciencia, lo que le dota de la autonomía necesaria para ser considerado como tal[2].

Muchas han sido las distintas corrientes de pensamiento jurídico que han tratado de dar respuesta a cuál es el objeto propio de la ciencia jurídica, o cuál es el fundamento de su objeto de estudio, considerando cada una de ellas que el objeto y su fundamento puede ser una realidad diferente: sea la ley, sea la voluntad del pueblo, sean las relaciones sociales…; el método para construir la ciencia jurídica también es distinto según cuál sea su objeto. En esta obra, vamos a analizar cuál es el objeto y método del Derecho desde la perspectiva y fundamento del realismo jurídico[3] cuyos postulados comparto.

---

2 Si bien es cierto que las distintas corrientes doctrinales y de pensamiento han defendido una diversidad de objetos y métodos científicos en el Derecho, no cabe duda de su existencia, y trataré de explicarlo desde la corriente del realismo jurídico que comparto.

3 El realismo jurídico, como luego se desarrollará, entiende el Derecho como una cosa, *res*, un bien jurídico en palabras de Errazuriz. Este autor repasa las doctrinas del realismo clásico en los autores más recientes, a las que se adhiere. Véase sobre esta corriente de

El Derecho es la ciencia que se encarga de discernir qué es lo justo en cada situación planteada (el arte de lo justo), partiendo de —y aplicando— los principios que lo componen al caso concreto. Lo justo, y su atribución, sería lo que busca el Derecho: lo verdadero, la verdad a la que esta ciencia está encaminada.

Identificamos al Derecho con "lo justo", "lo suyo" de cada uno, que hay que atribuir al sujeto. Como afirma VILLEY[4], "el Derecho es un objeto: por ejemplo, de mi parte de impuestos sobre la renta, determina lo que debo pagar o ya he pagado, y que dicha parte no sea excesiva ni insuficiente. Por lo tanto, si el derecho es un medio, es un justo medio objetivo en las cosas, in re". Es lo que corresponde a cada uno.

Pero, a la vez, es una ciencia teórico-práctica, en la que el jurista debe interpretar, discernir y saber aplicar esas normas, principios y valores que le son propios para lo justo[5]. En palabras de HERVADA[6], recogiendo la definición de Ulpiano en el Digesto[7], la justicia consiste en dar a cada uno lo suyo, y ese "lo suyo" es por lo tanto "lo justo"; lo que corresponde a cada persona en un momento determinado, el Derecho.

---

pensamiento jurídico su obra: ERRÁZURIZ MACKENNA, C.J., *El derecho como bien jurídico. Una introducción a la filosofía del derecho,* Eunsa, Pamplona, 2023.

4 VILLEY, M., *Filosofía del Derecho. Definiciones y medios del Derecho,* (traducido por Evaristo Palomar Maldonado), Respublica, Madrid, 2020, p. 65.

5 Parte de unas reglas y principios teóricos que deben conocerse, pero la labor del jurista después es interpretarlas y aplicarlas de manera correcta, dando a cada cual lo que le corresponde.

6 HERVADA, J., *¿Qué es el Derecho? La moderna respuesta del realismo jurídico,* Eunsa, Pamplona, 2008.

7 La justicia es "*constans ac perpetua voluntas suum cuique tribuendi*", Digesto, 1,1,10.

Y, si el objeto material de toda ciencia es aquello que se estudia por ella[8], la materia objeto de análisis, este objeto, con respecto al Derecho, no sería otro que el estudio de la realidad, de las relaciones sociales, facultades, poderes que se generan entre los hombres y entre estos y las cosas (objeto material), pero analizados desde la perspectiva de qué es lo justo en cada situación, tratando de atribuir a cada persona "lo suyo", lo que le corresponde. Y este es el foco, o el objeto formal del Derecho: lo justo[9].

¿Y qué es lo justo? Para ello, debemos partir de una serie de axiomas o caracteres del Derecho. El Derecho tiene que ver con repartos; "el Derecho es la medida del reparto de los bienes"[10]. Reparto de cosas que puedan ser adjudicables por su propia naturaleza y necesiten ser adjudicados, solo ellas; aquello que no pueda repartirse no será una cuestión jurídica[11]. Pero, además, el Derecho es una relación de proporción. Esa proporción

---

8 El objeto material de una ciencia, en palabras de DERISI es "aquello sobre lo cual recae una actividad cualquiera, prescindiendo del modo como lo hace", mientras que el objeto formal es "aquello que primeramente y como tal es alcanzado, es el aspecto o faceta bajo la cual un ente es aprehendido por una facultad, hábito o actividad". DERISI, O. N., "Actualidad de la doctrina tomista de los objetos formales", *Revista Sapientia*, vol. XXX, p. 164.

9 Véase sobre el objeto formal y material de la ciencia, LACALLE NORIEGA, M., *En busca de la unidad del saber. Una propuesta para renovar las disciplinas universitarias*, Universidad Francisco de Vitoria, 2014, p. 62.

10 VILLEY, M., *Filosofía del Derecho. Definiciones y medios del Derecho*, (traducido por Evaristo Palomar Maldonado), Respublica, Madrid, 2020, p. 61.

11 Comenta VILLEY que el Derecho se ordena al reparto de cosas exteriores, y que por lo tanto hay una serie de bienes, los espirituales que no son susceptibles de reparto (el amor, la verdad, la libertad, escribir un libro...), respecto de los cuales "cada uno tiene su parte y todos la tienen entera", ob. cit., p. 62.

consiste en una igualdad, pero no en el sentido de igualitarismo, sino en el sentido de armonía; que exista un equilibrio entre lo que uno da y lo que recibe dentro de una relación jurídica. Esa relación de igualdad en que consiste el Derecho constituye un justo medio, pero un justo medio en las cosas, no un justo medio en la persona. Eso es lo justo en cada relación, y por eso, el Derecho es el objeto de la justicia. La justicia, como virtud, es una cuestión moral, y consiste en la «constante y perpetua voluntad de dar a cada uno lo suyo». El Derecho es precisamente «lo suyo»; aquello que debe darse a cada uno, porque es lo justo, lo debido, porque le corresponde en esa relación de igualdad y proporcionalidad, que debe darse en la sociedad[12].

Si toda ciencia debe tener un objeto de estudio que descubrir y estudiar, el del Derecho es esa realidad social en la que se desenvuelve el hombre, sus relaciones con los otros y con

---

[12] El Derecho como arte de lo justo, que estudia las relaciones sociales, la realidad social, y pretende dar a cada uno lo que le corresponde es posterior y consecuente a la propia sociedad que entendemos como "amistad civil". En efecto, partiendo de una convivencia basada en la amistad civil, donde prevalecen los principios de fraternidad, libertad e igualdad entre las personas que componen la comunidad, buscando el bien común, el derecho "*se define, se respeta y se vive también según las modalidades de la solidaridad y la dedicación al prójimo.* La justicia requiere que cada uno pueda gozar de sus propios bienes, de sus propios derechos, y puede ser considerada como la medida mínima del amor". PONTIFICIO CONSEJO "JUSTICIA Y PAZ", *Compendio de la doctrina social de la Iglesia,* Capítulo octavo la comunidad política, II. El fundamento y el fin de la comunidad política, C) La convivencia basada en la amistad civil, Párrafo 390. En un sentido muy parecido, se manifiesta BENEDICTO XVI, en la encíclica *Caritas in Veritate,* donde afirma que: "toda sociedad elabora un sistema propio de justicia. La caridad va, sin embargo, más allá de la justicia, pues amar es dar, ofrecer de lo mío al otro; pero nunca se renuncia a la justicia, que lleva a dar al otro lo que es suyo. No puedo dar al otro de lo mío sin haberle dado en primer lugar lo que en justicia le corresponde".

las cosas y, también, aunque no en exclusividad, los conflictos que en ella se desarrollan, tratando de discernir lo que debe entregarse a cada persona, "lo justo"[13].

Pues bien, dentro de la ciencia jurídica, el objeto material y formal de la disciplina del Derecho civil, haciendo un paralelismo con lo anterior, sería: la realidad personal, familiar y social de la persona y sus relaciones con los demás en cada uno de esos ámbitos que corresponden a las dimensiones de la persona, desde la perspectiva de lo que se le debe en cada situación concreta.

Si esos son los objeto material y formal del Derecho, tenemos que preguntarnos, a continuación, cómo consigo saber qué es lo justo, y si eso es la verdad. Es decir, cómo conozco el objeto de estudio de esta disciplina, y cuál es el método y el camino para llegar a él y saber qué es la verdad, lo verdadero que busca el Derecho; verdad que, precisamente en el plano jurídico, no es unívoca ni inmediata, ni se obtiene de forma automática por la aplicación de una fórmula (principios) mágica, pues lo justo en el caso concreto es a veces difícil de discernir y encontrar.

El método científico es el camino que nos lleva hasta las verdades propias de cada ciencia. Para ello, las diferentes ciencias utilizan distintas vías: razonamientos diferentes, y distintos instrumentos[14]. El Derecho es una ciencia teórico-práctica, que debe ir resolviendo en cada caso concreto, valorando las posiciones de las partes implicadas, y haciendo un ejercicio de razonabilidad en la aplicación de los principios generales que lo sustentan. De este modo, a través de

---

13 Siguiendo en este sentido a LACALLE NORIEGA, M., *Proyecto docente e investigador en Filosofía del Derecho*, Universidad Francisco de Vitoria, 2012 p. 110.

14 Por ejemplo, la biología elige un método empírico basado en la observación, las matemáticas, esencialmente un método deductivo…

la razonabilidad, deberemos intentar descubrir la verdad, cuestión que no es fácil en este ámbito de la ciencia, pues discernir lo justo en cada caso requiere de un estricto método de aplicación de los principios generales en cada situación específica para hallarlo. Como afirma SANTOS ROMÁN[15], el método jurídico no nos lleva a encontrar una verdad única, inmutable, invariable, sino que busca encontrar lo justo en cada situación, a través de la aplicación de varios principios o premisas, elaborando razonamientos para ello, sin prescindir tampoco de la verdad, que se presupone.

En primer lugar, el método o camino a seguir que defendemos (también en lo jurídico) es el tomista, o aristotélico, es decir, realista. Conforme al mismo, según afirma NAGORE YARNOZ[16], la razón humana está dotada de una luz que le permite entender y captar y descubrir el orden natural de las cosas, "que se encuentra ínsito en ellas por la obra creadora, tanto en aquello que permanece como en lo que cambia; o sea en su estática y en su dinámica. Entre las cosas creadas se halla el hombre, que es objeto y a la vez sujeto, pasivo y activo, como causa segunda". Y este modo realista es el que hoy en día pretende diferenciar lo verdadero de lo falso, y el que nos debe guiar en el método jurídico. El jurista debe desvelar qué es lo justo y bueno en las relaciones sociales y humanas. ¿Cómo lo puede conseguir?

El método jurídico parte de una serie de valores y principios que el jurista debe conocer, para después entender, mediante la interpretación, y aplicar, pasando a la acción, dando a cada uno lo suyo. Y es que el Derecho es una ciencia práctica, puesto que "el jurista busca determinar qué es lo justo en el caso

---

15 SANTOS ROMÁN, J., "Cuestión epistemológica en Derecho y Criminología", tarea en comunidad del curso *Razón Abierta,* UFV.

16 NAGORE YARNOZ, J., en recensión de *Manuales de Metodología Jurídica,* de Vallet de Goytisolo, en *Verbo,* 2004, pp. 889-894.

concreto"[17], no se limita a realizar leyes o hacer especulaciones, sino que pretende conseguir la justicia en los casos particulares, solucionando problemas reales. El Derecho consiste en repartir a cada uno lo suyo. Eso sí, para ello, debe partir de unos principios objetivos teóricos[18] y unas reglas que son en las que debe basarse para alcanzar la solución justa. Es por esto una ciencia teórico-practica.

El cómo consigue el jurista esa finalidad de justicia en el caso concreto, de forma rigurosa y sistemática, atendiendo y concretando esos principios objetivos y generales, es decir, cuál es el camino que debe seguir para ello, sería el método científico jurídico. Existe un método jurídico propio, que conduce a la práctica de la justicia que, aunque se apoye a veces en otras ciencias, debe diferenciarse de ellas[19].

Entendemos, al igual que LACALLE NORIEGA[20], que cuando hablamos del método jurídico, hay que distinguir previamente tres niveles de conocimiento jurídico, a los que se llega por caminos -métodos- distintos:

---

17 LACALLE NORIEGA, M., *Proyecto docente e investigador,* ob. cit., p. 105.

18 Los principios objetivos generales e inmutables que justifican que el Derecho se considere una ciencia son los preceptos de la ley natural que derivan de la propia naturaleza humana, así como los principios generales positivos enunciados en las leyes o extraídos por la jurisprudencia.

19 En ese sentido, hay que huir de intentos de "teologizar "el derecho, o someterlo al poder político, o a la econometría; el Derecho es una ciencia con método propio. VALLET DE GOYTISOLO, J.B., *Manuales de metodología jurídica, IV, Metodología de la Ciencia expositiva y explicativa del Derecho,* Fundación cultural del Notariado, Madrid, 2004, pp. 17- 28.

20 LACALLE NORIEGA, M., *Proyecto docente en Filosofía del Derecho,* ob. cit., pp. 111-124.

1. Nivel técnico y prudencial

Este nivel se refiere a la "realización del orden jurídico en la vida real". Es el objeto propio de la prudencia y consiste, precisamente, en la correcta resolución de los casos o conflictos reales planteados, realizando la justicia en el caso concreto. Es realmente el Derecho en estado puro, como ciencia práctica que consiste en la búsqueda de lo justo y su diferenciación de lo injusto, para aplicarlo al caso concreto. Este nivel de conocimiento utiliza la "metodología de la determinación del derecho", tal y como la denomina VALLET DE GOYTISOLO, y consiste en la concreción de lo que es Derecho, en el sentido de bueno, justo y equitativo. El jurista, para encontrar lo justo en el caso concreto, deberá tener en cuenta todos los factores, valores, circunstancias, hechos e instituciones que influyan en ese determinado supuesto, para tratar de encontrar la solución más adecuada y justa. La solución se desprende del caso concreto, y no de unas reglas universales o generales, a modo de deducción. Es necesario para ello interpretar la ley, la norma escrita y general para poder dar solución individualizada. De igual forma, el jurista debe practicar la dialéctica, contrastar opiniones, refutar ideas contrarias, contraponer pareceres en la búsqueda de esa solución al caso concreto planteado. Tanto la interpretación como la dialéctica son métodos jurídicos que conducen al conocimiento técnico-práctico del jurista y facilitan su labor primaria en la búsqueda de lo justo.

2. Nivel de la ciencia del Derecho

El segundo de los niveles del conocimiento científico jurídico lo constituye precisamente lo que podemos denominar "la ciencia del Derecho", como el conjunto de principios, valores, normas vigentes que son los que deben aplicarse después para la resolución del caso concreto en el nivel técnico-práctico.

Se trata de la parte más teórica de la ciencia del Derecho, pues consiste en el conocimiento, reflexión y crítica de todos aquellos principios y reglas del Derecho vigente que ayudan al jurista a discernir lo justo de lo injusto para dar a cada uno "lo suyo" en el caso concreto. Pero, no por ello y como afirma LACALLE y ya hemos subrayado antes, podemos olvidar que el Derecho sea una ciencia teórico-práctica, y aunque este nivel esté más alejado de la práctica que el anterior, no hay que olvidar que "la ciencia jurídica debe dirigirse, precisamente, al hallazgo de lo que es justo y equitativo", debiendo contribuir además a la técnica, "facilitando los saberes necesarios para la obtención técnica de medios útiles que contribuyan a la realización práctica del Derecho".

Este nivel de conocimiento jurídico alcanza a todo el Derecho vigente, incluyendo en él, no solo el ordenamiento positivo sino todos los principios y valores de Derecho natural que lo informan y complementan, pues partimos de una consideración dual, pero única, del Derecho formada tanto por el Derecho positivo como el natural.

De este modo, el Derecho es una ciencia porque cuenta con sus propios postulados, principios, valores y elementos que buscan la justicia y el bien común en la sociedad, y que la constituyen como tal, sin tener que acudir a otras ramas del conocimiento. Todos esos elementos destinados al fin común de la justicia están ordenados y sistematizados de forma propia, por lo que podemos decir que el Derecho tiene "un estatuto epistemológico autónomo en el cual es posible la valoración y estimación del derecho vigente"[21]. Para VALLET DE GOYTISOLO[22] este nivel de conocimiento jurídico constituido por

---

21 LACALLE NORIEGA, M., *Proyecto docente en Filosofía del Derecho,* ob. cit., p. 119.

22 VALLET DE GOYTISOLO, J.B., *Manuales de metodología jurídica, IV, Metodología de la ciencia expositiva y explicativa del Derecho,* ob. cit.

la exposición y valoración del Derecho vigente coincide con la "metodología de la ciencia expositiva y explicativa del Derecho", que supone la elaboración sistemática de la ciencia del Derecho y su análisis crítico. Esta metodología, o este nivel de conocimiento científico, se realiza con posterioridad a la formulación y elaboración de los principios y valores que componen el Derecho vigente, y se lleva a cabo por parte de la doctrina científica, analizando tanto aquellos, como su concreción en la práctica que realizan los juristas prácticos (notarios, jueces, abogados...)[23].

Las herramientas que la doctrina o estudiosos del Derecho cuentan en este nivel para desarrollar tal metodología son principalmente dos: a) La exégesis o interpretación crítica del Derecho ya elaborado para descubrir lo justo, y b) la construcción sistemática para ordenar los concomimientos, principios, reglas e instituciones para formar un todo unitario que dé respuesta al fin de justicia.

---

23 Afirma VALLET DE GOYTISOLO lo siguiente: "la ciencia expositiva y explicativa del derecho se construye -repito- observando el derecho vivo y a hecho. Es una tarea *a posteriori*, precedida tanto de la configuración negocial del derecho, como *res iusta*, como de la determinación conflictual de *quod iustum* est -tareas que corresponden respectivamente a las del *cavere* y del *respondere* de los jurisprudentes romanos clásicos-, ambas operaciones propias de los juristas prácticos: notarios y abogados, la primera, y abogados y jueces, la segunda; así como la tarea redactora de leyes debiera corresponder, como antaño, a sapientes o sabios, expertos y prudentes. Por tanto, no parece que la tarea científica de los juristas doctos deba predeterminar la de los juristas prácticos, ni que estos tan solo se hallen encargados – según creía Savigny- de aplicarla, sino que la labor científica procede efectuarla después, para observar especialmente y analizar críticamente lo hecho y configurada en la vida práctica", En *Manuales de metodología jurídica,* ob. cit., p. 53.

VALLET DE GOYTISOLO entiende que este camino metodológico tiene un doble enfoque o perspectiva: el estructural y el funcional. La perspectiva estructural o estática contempla las relaciones de Derecho, las instituciones jurídicas y el sistema que integran todas ellas; mientras que la perspectiva funcional o dinámica analiza los hechos jurídicos y su devenir o funcionamiento en cada sistema que integran, explicando la función de cada uno de ellos, o la sucesión en series de hechos jurídicos en aquel[24]. Con esta doble perspectiva debe observarse y estudiarse el Derecho, desde una metodología expositiva y explicativa, por parte, sobre todo, de los estudiosos del Derecho.

3. Nivel filosófico o último

La ciencia jurídica, por último, tiene su fundamento en la filosofía; en la filosofía jurídica. Este nivel del conocimiento jurídico se mueve en el plano de la abstracción, preguntándose por la causa última de los principios y valores jurídicos, que descansan sobre aquella.

Se refiere al plano ontológico, pero también al del razonamiento jurídico, al lenguaje jurídico, y a los problemas gnoseológico, epistemológico y axiológico del Derecho. Por lo tanto, el Derecho y la Filosofía se complementan, y el buen jurista debe acudir a ella para obtener los fundamentos necesario de su ciencia, sin que sea tampoco anulado por esta. "Existen, ciertamente, ciencias más altas que la del Derecho. Lo son la teología y la filosofía. Las enseñanzas de una y otra deberá tenerlas en cuenta. Pero en su elaboración solamente

---

24 VALLET DE GOYTISOLO, J.B., *Manuales de metodología jurídica*, ob. cit., pp. 47-54.

ha de nutrirse de ellas en cuanto puedan contribuir a la realización de la práctica de la justicia" (VALLET DE GOYTISOLO)[25].

Pues bien, estos tres niveles del método para el conocimiento jurídico se complementan perfectamente, uno coadyuva con el siguiente y viceversa, y son necesarios para el conocimiento global del Derecho y la ciencia jurídica, sin que exista separación de materia en ellos, sino que abordan la misma desde distinto enfoque[26]. Como afirma LACALLE NORIEGA[27], "esta tripartición nos permite distinguir entre el arte del Derecho, que va dirigida a la concreción de lo que es Derecho; la ciencia teórico-práctica del Derecho que se ocupa de la elaboración sistemática del Derecho; y la ciencia filosófica del Derecho que se refiere a su esencia y fundamento".

Estos niveles del conocimiento jurídico componen la ciencia del Derecho, como una unida autónoma, compuesta por valores, principios, reglas y elementos (instituciones, hechos, etc.), ordenados sistemáticamente, dirigidos al fin de distinguir y obtener la justicia y la equidad, en las relaciones sociales humanas. Se trata, en definitiva, de una ciencia con su propio objeto y método.

Por eso, defendemos que existe la ciencia jurídica, como ciencia autónoma, como ciencia teórico-práctica, basada en la razonabilidad, con su parte práctica de conseguir repartir a cada uno lo suyo, pero, a la vez, teórica, ya que los juristas debemos ser capaces de interpretar y enunciar los grandes principios jurídicos para ello.

---

25 VALLET DE GOYTISOLO, J.B., *Manuales de metodología jurídica,* ob. cit., p. 17.

26 VALLET DE GOYTISOLO, J.B, *Manuales de metodología jurídica, IV. Metodología de la ciencia...,* ob. cit., p. 20.

27 LACALLE NORIEGA, M., *Proyecto docente Filosofía del Derecho,* ob. cit., p. 122.

El que no se trate de una ciencia puramente teórica, o puramente empírica no es óbice para decir que el Derecho es una ciencia. Tiene su propio objeto, método y límites que derivan precisamente de su objeto al no buscar la verdad de forma teórica a través de la racionalidad estricta.

El Derecho, como otras ciencias, tiene sus propias fuentes. Según la concepción epistemológica que tengamos del Derecho, las fuentes serán principalmente unas u otras. Así para los positivistas, la fuente principal es la ley positiva, emanada del poder legislativo y en ella se agota el Derecho, pues corresponde al jurista su análisis concreto; los iusnaturalistas, por el contrario, se centran en el Derecho natural y los preceptos morales que de él se derivan…[28]. Para la concepción del Derecho desde el realismo jurídico[29], como aquí se defiende, la ley no

---

28 Sobre las fuentes del derecho y las diferentes corrientes de pensamiento jurídico y su crítica, véase el desarrollo que lleva a cabo VILLEY, M., *Filosofía del derecho. Definiciones y medios del derecho*, ob. cit., pp. 190-206, y en general toda la segunda parte del libro.

29 El realismo jurídico clásico es una corriente de pensamiento jurídico que identifica el derecho (*ius*) con la cosa justa, con la cosa de cada uno, lo que le corresponde, "*res iusta*". Es la cosa que a cada uno pertenece y por lo tanto le debe ser dada o atribuida si no la tiene; y esa es la función del jurista, determinar qué es "lo suyo", "lo justo" para cada uno. La justicia consiste en dar a cada uno lo suyo (la cosa, el derecho). Por eso, el derecho precede a la justicia, pues esta debe ser capaz de atribuirlo a cada persona concreta. La ley es causa y medida del derecho, pero no es el derecho (como para los positivistas); y no es la única causa y medida del mismo; también lo es la naturaleza humana, los pactos y consentimiento de las personas, que son norma jurídica, al igual que la ley, en cuanto regulan una relación de justicia. Por eso, al hablar de las fuentes del derecho no podemos ceñirnos a la ley, sino que lo justo, lo suyo (y por tanto debido y exigible) en que consiste el derecho surge de la propia naturaleza de las cosas. El realismo jurídico clásico surge con Aristóteles, continúa Santo Tomas de Aquino, y se ha prolongado hasta nuestros días, siendo sus principales defensores Villey,

es la fuente primordial o última, sino el orden natural, del que emana —entre otras muchas cosas— la ley. El realismo jurídico identifica el Derecho con lo justo, y esto "no es algo que deba ser decidido sino algo que debe ser descubierto. Por eso podemos afirmar que la primera fuente del Derecho es el orden natural"[30]. Lo justo se encuentra en la realidad de las cosas, en su naturaleza, por eso, el centro del razonamiento jurídico se encuentra en la vida, en lo real, de donde emanará, tras su correcta deducción, la ley. En efecto, el orden natural ha sido dado a los hombres, quienes deben descubrirlo a través de la razón y, a partir de ahí, deben descubrir lo justo, para poder aplicarlo en el caso concreto. De este modo, un buen jurista debe saber criticar, si es preciso, la norma positiva cuando se aparte de lo naturalmente bueno para el hombre. Lo ideal es que las normas y leyes se adecuen a ello, siendo una de las fuentes del Derecho, pero, si no es así, nos corresponde criticarlo para la búsqueda de lo justo.

En consecuencia, las fuentes tradicionales del Derecho deben descansar en la fuente primaria que es el orden natural, en la naturaleza de las cosas, en la realidad natural que se trata de analizar. Esas fuentes tradicionales son: ley, costumbre y los principios generales del Derecho; además y complementándolas,

---

Hervada, Errázuriz, Lacalle, entre otros. En palabras de Hervada: "consiste en ser una teoría de la justicia y del derecho construida desde la perspectiva del jurista, entendido éste según se deduce de la clásica definición de justicia que se encuentra en la primera página del *Digesto:* dar a cada uno su derecho, dar a cada uno lo suyo. La función del jurista se ve en relación con la justicia: determinar el derecho de cada uno, lo suyo de cada uno. Ese derecho; esa cosa suya es el *iustum,* lo justo, de donde resulta que el arte del derecho es el arte de lo justo." HERVADA, J., "Apuntes para una exposición del realismo clásico", *Persona y Derecho,* nº 18 (1), 1988, pp. 281-300.

30 LACALLE NORIEGA, M., *Proyecto docente Filosofía del Derecho,* ob. cit., p. 125.

la jurisprudencia que va limando, matizando y construyendo de nuevo las desviaciones de la aplicación estricta de la ley y complementa los principios generales. Todas ellas cierran el circulo perfecto de creación del Derecho, pero para su válida aplicación y concreción, deben descansar en el orden natural.

Por último, y tras la descripción del objeto, método y fuentes, y tras su análisis, estamos en disposición de entender cuáles son los límites de la ciencia jurídica: hasta dónde llega y dónde debe apoyarse en otras ciencias para poder encontrar la verdad.

Creemos, como bien manifiesta DERISI, —y hacemos nuestras sus palabras— que "únicamente una vez esclarecidos estos objetos (se refiere al objeto material y formal de una ciencia), y con ello, delimitado el ámbito y alcance de cada actividad y su consiguiente ubicación jerárquica dentro del conjunto de las demás actividades, se podrá proceder al estudio de cada una de ellas y a su ordenamiento y unidad orgánica integral"[31]. De este modo, estamos ahora en disposición de estudiar y explicar qué es el Derecho civil, dentro de la ciencia jurídica, el Derecho.

A eso vamos a dedicar los siguientes epígrafes, ya que, para terminar de delimitar una ciencia o disciplina científica, hay que conocer también su origen, su desarrollo histórico y su relación con otras disciplinas, de forma que se pongan de relieve sus características especiales, y su autonomía. Por eso, considero que detenerme en el desarrollo del concepto del Derecho civil, su evolución histórica y sus perspectivas de futuro, pueden contribuir a justificar mi visión de esta parte de la ciencia jurídica, e ir dando respuesta más concreta a la cuestión epistemológica que aquí se aborda, perfilando el objeto formal y material de esta ciencia, así como sus fuentes y límites.

---

[31] DERISI, O.N., "Actualidad de la doctrina tomista de los objetos formales", ob. cit., p. 168.

1.2.- GÉNESIS Y EVOLUCIÓN HISTÓRICA DE LA DISCIPLINA: HACIA LA AUTONOMÍA CIENTÍFICA Y DIDÁCTICA DEL DERECHO CIVIL

Con el fin de poder estar en condiciones de ofrecer un concepto del Derecho civil que lo acredite como parte de la ciencia jurídica con entidad e identidad suficiente para su estudio científico a lo largo de la historia y en la actualidad[32], considero que debemos partir del origen histórico y posterior evolución del Derecho civil, así como del análisis en paralelo de sus caracteres esenciales, que nos conducirán a definirlo como el Derecho de la persona.

De este modo, dedicamos las siguientes líneas a exponer un breve resumen de la evolución histórica del Derecho civil, sin otra pretensión que el mismo sirva como referencia para estar en disposición de abordar el concepto de Derecho civil como disciplina jurídica centrada en la persona y exponer sus principales caracteres como tal[33].

---

32 Seguiremos en todo el desarrollo del concepto del Derecho civil y de su evolución histórica, la tesis intermedia entre el dogmatismo y su fundamento histórico que sigue BARBER CÁRCAMO, utilizando ambas tesis: la evolución histórica y los caracteres del Derecho civil. De igual forma, seguimos el esquema planteado por esta autora. Véase BARBER CÁRCAMO, R., *Proyecto Docente e Investigador de Derecho Civil*, Ejercicio a Cátedra, Universidad de la Rioja, Logroño, 2018.

33 Por eso, no se pretende un examen en profundidad de la historia y evolución del Derecho civil, lo que desbordaría los límites y objetivos de este trabajo, refiriéndonos para un estudio en profundidad a los grandes trabajos de reputados civilistas como pueden ser: ALBALADEJO GARCÍA, M., *Derecho Civil*, I, 1, Barcelona, 1989; CASTÁN TOBEÑAS, J. *Derecho civil español común y foral*, I, 1, Madrid, 1948 (edición actualizada por De Los Mozos y también de este autor, *Derecho Civil Español*, I, 1, Salamanca, 1977); COSSÍO Y CORRAL, A., *Instituciones de Derecho Civil*, I, Madrid 1955; DÍEZ PICAZO, L., "El

1.2.1.- Derecho romano y Derecho civil

El Derecho civil surge ligado inexorablemente al Derecho romano, de donde adquiere su nombre, *Ius civile*. Sin embargo, poco tiene que ver aquel Derecho civil con la disciplina científica a la que hoy nos referimos con ese nombre, puesto que ha evolucionado hasta la configuración actual.

De este modo, el Derecho civil, en el Derecho romano, era el Derecho general de los *cives,* o ciudadanos romanos, contraponiéndolo al derecho aplicable al resto de habitantes del mundo, extranjeros, que era el *Ius gentium,* o Derecho de gentes. Inicialmente, el *Ius civile*[34] incorporaba normas de Derecho privado, relativas a la persona, familia, obligaciones, propiedad y sucesiones de los ciudadanos romanos, de su comunidad política, así como normas de Derecho procesal, penal y administrativas. Realmente el viejo y primitivo *Ius civile* se basaba en las *mores* y los preceptos morales derivados de ellas que se convertían en tradición, y por tanto obligatorios, a través de la labor de interpretación jurisprudencial en los casos concretos que de ellos hacían los prudentes. En palabras de IGLESIAS, "el viejo *Ius civile* descansa en preceptos de moralidad, de una moralidad hecha tradición. Los *mores* o *mores maiorum* dan vida al primitivo ordenamiento que la *interpretarte* jurisprudencial desenvuelve y adapta a las nuevas exigencias"[35]. Como luego

---

sentido histórico del Derecho civil", *RGLJ.*, tomo 207, 1959, pp. 595 ss.; LACRUZ BERDEJO, J.L. Y SANCHO REBULLIDA, F., *Elementos de Derecho Civil,* I, 1, Barcelona, 1990, y ediciones actualizadas.

34 IGLESIAS, J., *Derecho romano. Historia e Instituciones,* Ariel, Barcelona, 1986, p. 41: define el *Ius civile* como el conjunto de normas consuetudinarias de carácter rígido, formalista y simple sobre las que trabaja la jurisprudencia, adaptándolas a las distintas realidades y necesidades, de forma que llega a identificarse aquél con esta labor de interpretación.

35 IGLESIAS, J., *Derecho romano. Historia e Instituciones,* ob. cit., p. 45.

veremos, la separación del Derecho civil de estos fundamentos prudenciales ha llevado a una deriva positivista de esta rama jurídica, y la vuelta a estos orígenes, el regreso a sus fuentes originales (preceptos morales), probablemente, consolidarían la original y esencial naturaleza del Derecho civil, que no debió abandonarse, y que es mucho más cercana a la concepción que desde aquí se defiende y que luego veremos.

Más tarde, se ensancha con el *Ius civile novum*, que tiene como fuentes las leyes, plebiscitos, y decretos de los príncipes, con un contenido objetivo más amplio, incorporando más normas de Derecho público. De este modo, el *Ius civile* englobaba todas aquellas normas y materias necesarias para organizar y regular la vida de un ciudadano romano en todos sus aspectos, recogiendo, por tanto, también normas del ámbito público o político de estos ciudadanos romanos. Posteriormente, el *Ius civile* fue completado con el denominado *Ius pretorium* o *honorarium*, o Derecho de los Pretores que recogía principalmente la jurisprudencia de los prudentes, declarando o interpretando el *Ius civile* conforme a las nuevas situaciones que surgían. También se ha considerado que el *Ius civile* se contraponía al *Ius pretorium*, siendo el primero el que representa el Derecho tradicional, que emana de las fuentes más antiguas y tradicionales, frente al segundo que recoge las nuevas normas más flexibles, sencillas y adaptadas a su tiempo.

En cualquier caso, creo que podríamos hablar del Derecho civil en Roma como un conjunto o conglomerado de resoluciones, dictámenes y normas tanto de Derecho público como privado, que regían el destino de los ciudadanos romanos, abarcando cuestiones tan dispares como las relativas a sus bienes, familia, contratos, vida pública y política, normas penales, procesales que regían el proceso, etc..., englobando tanto el *Ius gentium* como el *Ius pretorium*.

No cabe duda, como afirma GIL RODRÍGUEZ[36], que el *Ius civile* aglomeró en él a estos distintos ordenamientos, y "supera su primera crisis conservando lo que en él mismo aparecía como medular y aceptando lo que de permanente o consolidado —por esa razón impalpable— le brindan otros sistemas".

Este fue el Derecho civil que Justiniano recopiló en su famosa obra *Corpus Iuris*, en el siglo V d.C., ya con la caída del imperio romano de occidente, en el que se integraban o recopilaban todas las normas del *Ius Civile* (antiguo y nuevo), del *Ius Pretorium*, y también del *Ius Gentium*, pues todos ellos se mezclaban y aplicaban en la comunidad romana.

Este *Corpus Iuris*, Derecho civil, fue el que llegó a Europa en la Edad Media y el que se aplicaba entonces.

Fue la primera vez en la que el Derecho civil se impuso a otros ordenamientos y fue la fortaleza de su objeto y de los principios que lo sostienen, quienes lo hicieron posible; configurándose ya como una disciplina propia y especial.

1.2.2.- Derecho civil y Edad media

Con la caída del imperio romano en 476 d.C, se produce un cambio de época y del sistema económico y social, lo que va a repercutir en una nueva adaptación del ordenamiento jurídico.

Los países europeos, romanizados e invadidos por los bárbaros, entre ellos España, recibieron el *Corpus Iuris Civile* de Justiniano a finales del siglo XI y principios del siglo XII, mucho después de su elaboración, aplicándolo en sus territorios, gracias a las glosas y comentarios de los glosadores de Bolonia. No puede entenderse, sin embargo, que, durante esos seis siglos,

---

36 GIL RODRÍGUEZ, J., "Acotaciones para un concepto de Derecho civil", *Anuario de Derecho Civil (ADC)*, tomo XLII, 1989, p. 324.

el Derecho romano fuera totalmente inactivo y que hubiera desaparecido; más bien al contrario, permanecía subyacente, bajo el nuevo orden[37].

Por otro lado, la liberación de los romanos supuso a la vez el surgimiento de normas, costumbres y tradiciones propias de cada país, diferentes del Derecho romano (Derecho civil, el *Corpus Iuris*), que iba olvidándose, ya que muchas de las normas en él contenidas, sobre todo las relativas a la organización política, no tenían ya cabida en el nuevo orden social y económico que se formó en la Edad Media, mientras permanecían muy similares las estructuras jurídico-privadas.

De este modo, y como afirman BESA y otros[38], se produjo un particularismo jurídico en cada uno de los territorios, con sus propias normas, no ya para cada estado o reino, sino incluso para cada comunidad o ciudad con sus fueros y estatutos particulares.

Todo esto hizo que el Derecho romano (el *Corpus Iuris Civile*) se convirtiera en el Derecho común, frente al particular de cada comunidad, probablemente por la formación romanista de los intérpretes, pero también por la superioridad técnica y carácter completo del sistema romano, que hacía que los juristas acudieran al mismo en busca de la solución a las nuevas cuestiones que se planteaban, aplicando aquel a estas. De igual forma, el olvido, o la no aplicación, de las normas de carácter público o político del Derecho romano contribuyó a que él se

---

37 En este sentido, DIEZ-PICAZO, L, "El sentido histórico…", ob. cit., p. 619; AMOROS GUARDIOLA, M., "Dos etapas en la evolución histórica del Derecho civil", en *Libro-Homenaje a Ramón Mª ROCA SASTRE*, Madrid, 1976, tomo I, pp. 500 ss.

38 BESA P., VERA D., GARCÍA R., VIAL R., VALENZUELA J., SALAS HOERNIG C., "Evolución del Concepto de Derecho Civil", disponible en https://www.monografias.com/trabajos10/evco/evco.shtml, pp. 1-6. (última visita 25 marzo 2020).

consolidara y permaneciera solo como Derecho privado, pues sus normas relativas a la persona y sus intereses particulares eran las únicas que seguían aplicándose[39].

Como consecuencia de ello, se produjo la transformación del Derecho Civil romano (*Ius civile)* en el Derecho civil común y privado, más cercano a la concepción que de él tenemos hoy en día. Es en este momento cuando se produce la identificación del Derecho civil con el Derecho privado.

Se consolida el Derecho civil como Derecho privado, y Derecho supletorio (común) del propio de cada país o estado que lo adopta, características que van a definir la esencia del concepto del Derecho civil aún hoy en la actualidad, como luego veremos. De igual forma, el hecho de ser el Derecho supletorio, al que acudir en busca de la solución que los derechos propios y más modernos no ofrecían, repercute y va cincelando la característica del Derecho civil como Derecho tradicional, frente a los nuevos postulados[40]. En cualquier caso, ese

---

39 AMORÓS GUARDIOLA, M., "El derecho civil romano, recibido en la Edad Media y comentado por los Glosadores es principalmente un derecho privado, más aún de lo que ya lo fue el repertorio de la Compilación de Justiniano. Lo cual apunta a un carácter permanente en la evolución del Derecho civil a lo largo de la historia, cuál es su tendencia hacia la privatización", ob. cit., pp. 507 s.

40 GIL RODRÍGUEZ considera que lo más relevante de esta etapa es que se perfilan tres características del Derecho civil que lo van a configurar en el futuro: "la privatización que obedece a la circunstancia fortuita de la inmanencia de las estructuras jurídico privadas frente a la transformación de los esquemas socio-políticos" …."la funcionalidad supletoria respecto de los ordenamientos territoriales — *ubi cessat statutum habet locum ius civiles*— debida en buena parte a la formación romanista de los llamados a interpretar y aplicar las normas, pero también, y en dosis no despreciable, a la mayor complitud y superioridad técnica del sistema romano " y en tercer lugar, "aparece como el ordenamiento más tradicional, rezagado para las nacientes exigencias, pero con

"tradicionalismo" del Derecho civil hay que entenderlo como dinámico o progresivo, tal y como ya ocurrió en el Derecho romano, que es capaz de adaptarse, avanzar e incluso englobar otras ramas del ordenamiento[41].

No obstante, la coincidencia, y posible confrontación, entre el ordenamiento romano y el propio de cada país —el particularismo jurídico referido—, se resolvió, bien utilizando el Derecho romano como supletorio y por tanto Derecho común —tal y como se acaba de exponer—, o, en otros casos, mediante la asunción como Derecho propio de parte de los postulados del Derecho romano o I*us civile*, dando lugar a lo que más tarde serán los *Iura propia*.

De este modo, se empieza a perfilar la separación entre el *Ius civile*, como Derecho común supletorio, universal, que se identifica con el Derecho romano, y los *Iura propria* como el antecedente del Derecho civil tal y como lo conocemos hoy en día: resultado de la simbiosis o asunción de los postulados romanos civiles en cada país y de su propias normas y costumbres.

En efecto, la segunda recepción del Derecho romano en Europa se produjo de forma voluntaria con la caída el imperio romano en el año 476, ya que los pueblos germánicos "conscientes de la superioridad de la cultura romana, tienden a una progresiva romanización, que enriquece su tradición cultural

---

vocación de nueva síntesis". GIL RODRÍGUEZ, J. "Acotaciones para un concepto de Derecho civil", ob. cit., pp. 327-328.

41 Entendemos al igual que GIL RODRÍGUEZ, ob. cit., pp. 327-329 y BARBER CÁRCAMO, R., que ese "tradicionalismo dinámico o progresivo" se ve reflejado en las labores de redescubrimiento y glosa del *Corpus Iuris*, la labor de síntesis que hicieron los postglosadores y el inicio de los *Iura propria* que son el origen del Derecho civil actual, que no se entienden sin la labor de aquellos. Luego, tradicional, pero en continua transformación, y con apertura de miras.

y sus costumbres e instituciones jurídicas"[42]. Probablemente asimilan el Derecho romano vulgar, y no el clásico, que se va completando con sus propias costumbres y tradiciones. La recepción del Derecho romano en los distintos países se produjo de forma diferente[43], adaptándolo, por tanto, a sus propias tradiciones, pero en todos ellos se reconoció la superioridad técnica del Derecho romano, y su sentido de equidad, por lo que llego a triunfar e imponerse[44]. Posteriormente, en la Universidad de Bolonia se iniciaron los estudios de comentarios

---

42 FERNÁNDEZ DE BUJAN, A., "Ciencia jurídica europea y Derecho comunitario: *Ius romanum. Ius commune. Common law. Civil law*", *GLOSSAE. European Journal of Legal History*, nº13, 2016, p. 277. (disponible en http://www.glossae.es).

43 En efecto, la recepción del Derecho romano se produjo en diferentes etapas y no de forma idéntica, tal y como recoge MORAN MARTIN, R., "El *ius commune* como antecedente jurídico de la UE", *Cuadernos de Historia del Derecho*, 2005, 12, p. 110: las zonas nucleares de dicha recepción fueron Italia, los reinos de la Península Ibérica, Francia, los Países Bajos, el Imperio Alemán, Hungría y Polonia .Y continua este autor afirmando que "aún en éstos el proceso tiene un ritmo diferente: en el norte de Italia se produjo ya a principios del siglo XII, en la zona del mediterráneo (sur de Francia y Cataluña) en el segundo tercio del siglo XII; en Aragón, Castilla y Portugal, así como en el Imperio Alemán hacia el siglo XIII; en el Norte de Francia y Países Bajos en los siglos XIII y XIV, siendo hacia el siglo XV y principios del XVI cuando se impone de forma generalizada, salvo excepciones como Suecia donde el Derecho romano no se recibe hasta el siglo XVII o Inglaterra que no recibió apenas el influjo del Derecho común."

44 Las razones del éxito de la asimilación del Derecho romano en Europa, tal y como recoge VAN CAENEGEN, fueron:–"a.-La intrínseca calidad del Corpus Iuris, b.- La necesidad de reforzar el gobierno central, la administración local y los procedimientos judiciales, c.- El renacimiento cultural del siglo XVI, y, en este marco, la consideración del Corpus como la gran obra jurídica de un emperador cristiano, d.- La nueva economía monetaria, comercial y urbana, y e.- El desarrollo de la argumentación jurídica con base en los textos romanos, en los procesos desarrollados ante los

o glosas del Derecho romano, que consistía en realizar aclaraciones o explicaciones de los textos contenidos en el Digesto, de ahí la denominación de glosadores, bien al margen o bien entre líneas del propio párrafo, y de ahí la denominación de: glosas marginales o interlineales. La labor de los glosadores era de sumisión al texto romano, sin que se realizaran comentarios sobre el mismo, sino simplemente un orden o sistematización de la fuente, a través de un método analítico y casuístico. Más adelante, en el siglo XIII y XIV se produjo la interpretación de la norma, tratando de captar por los glosadores su espíritu o el del legislador, con cierta autonomía y creatividad, pero todavía muy apegados al texto original.

Esta labor de glosa y recopilación del Digesto es lo que se denominó el *mos itallicus,* cuyo máximo exponente fue ACCURSIO, que recopiló todas las glosas en la Glosa Magna, en el siglo XIII, sintetizándolas, ordenándolas, pero, a la vez, añadiendo sus propios comentarios y reelaborando aquellos que consideró oportuno. La Glosa Magna fue, además, la fuente de la aplicación práctica por parte de los tribunales del derecho en la Edad Media, ya que de ella se extraían los principios y normas que debían aplicar, constituyéndose, por tanto, en fuente principal del *Ius commune* europeo[45].

También, y paralelamente a todo esto, en Bolonia se produce "el definitivo desarrollo de la ciencia jurídica europea, la comunicación entre pueblos y naciones independientes de Europa, que se cohesionan a través del gran tronco que supone primero el Derecho Romano, considerado como el Derecho natural o la razón escrita, y con posterioridad el Derecho

---

Tribunales". VAN CAENEGEN, R. C., *Pasado y futuro del Derecho europeo,* Madrid, 2003, pp. 89 y ss.

45 FERNÁNDEZ DE BUJAN, A., "Ciencia jurídica europea y Derecho comunitario: *Ius romanum. Ius commune. Common law. Civil law",* ob. cit., pp. 283-286.

canónico, que nace con pretensiones de universalidad y de autoridad moral. La unión de ambos derechos (*utrumque ius*) es lo que se denomina Derecho común (*ius commune*)"[46]. Se produce la unión de ambas ramas del Derecho, consolidándose de forma definitiva el *Ius Comune*, cuya tercera pata será el Derecho propio de cada estado, el antiguo Derecho germánico.

1.2.3.- Derecho civil y Derecho Canónico

En efecto, a principios del siglo XIII, el Derecho canónico, *Ius Canonicum*[47], deviene junto con el Derecho civil, parte del denominado Derecho común, pues aquel, al igual que el romano, se sustenta en una idea de unidad universal, la cristiandad, por lo que el Derecho de la Iglesia, que se aplica a toda la comunidad cristiana, manifiesta su carácter de Derecho común o general.

---

46 FERNÁNDEZ DE BUJAN, A., "Ciencia jurídica europea y Derecho comunitario: *Ius romanum. Ius commune. Common law. Civil law,"* ob. cit., p. 279.

47 El Papá Gregorio VII impulsó la unidad del Derecho de la Iglesia Católica para configurar un Derecho canónico universal, bajo la dirección del Papa, basado en las resoluciones y respuestas pontificias. Así Graciano, en el siglo XI, llevó a cabo su obra, el Decreto de Graciano, que recogía y sistematizaba todos los textos canónicos existentes y contradictorios hasta entonces. Estos textos fueron comentados, al igual que los glosadores de Bolonia con el *Ius civile*, e interpretados por los decretistas, que eran juristas-teólogos especialistas en la obra de Graciano. Más tarde, surgieron las Decretales, que eran las respuestas que dieron Alejandro III e Inocencio III, a las dudas jurídicas planteadas por los particulares, en relación con el Derecho canónico. El papa Gregorio IX encargó posteriormente la elaboración de unas nuevas Decretales (de Gregorio IX), y estas junto con las glosas que llevaron a cabo los decretalistas y el Decreto de Graciano y las suyas, constituyeron la base del *Corpus Iuris canonici* y posteriormente el código de Derecho canónico, que se unió con el *Ius civile*, para formar el *Ius commune.*

Ambos derechos, romano (civil) y canónico, se relacionan de forma estrecha, y entre ellos se dan importantes influencias recíprocas, puesto que el Derecho canónico no se limita a regular los aspectos internos de la Iglesia y sus relaciones con sus fieles, sino que impregna el ordenamiento de principios generales que deben cumplirse y atenderse en la justa concepción del Derecho en general[48].

Ambos derechos, como hemos dicho, junto con el Derecho feudal, que regulaba las relaciones entre los señores y vasallos, van a conformar el Derecho común de la Edad Media, más "como sistema conceptual que, como sistema normativo, porque es un sistema racionalmente construido"[49], y al que se va a acudir para dar respuesta a los conflictos surgidos.

Este Derecho común se mantiene así hasta la Edad Moderna, a pesar de la total caída del Imperio romano, y a pesar de los cambios que se avistan ya en la estructura social de la Baja Edad Media.

---

48 Incluso el Derecho canónico empieza a prevalecer en distintos asuntos, como consecuencia de aplicación del principio de *lex posterior derogat priore*, y muchos de los conceptos elaborados por canonistas se incorporan al Derecho civil directamente, como ocurrió con los vicios de la voluntad y el consentimiento que se incorporaron del matrimonio canónico, al matrimonio, y luego a la teoría general de obligaciones y contratos; o por ejemplo la influencia en el Derecho de cosas, con los conceptos de *res sacra* y *res sancta*, o la vinculación de los patrimonios de la Iglesia que no pueden enajenarse. Véase MORAN MARTIN, R., "El *ius commune* como antecedente jurídico de la UE", ob. cit., p. 116.

49 BESA, P., VERA, D., GARCÍA R., VIAL, R., ob. cit., p. 2.

1.2.4.- Derecho civil y Edad Moderna

En la Edad Moderna se produce una separación del poder político con el de la Iglesia, y cada rey o príncipe se siente soberano. Surge el Estado absoluto y todo el pensamiento jurídico cambia y se impregna de racionalismo, lo que conduce a la prevalencia del individuo y su voluntad, como el referente más importante. Racionalismo, individualismo, voluntarismo y nacionalismo son las notas que definen este periodo.

Cada Estado crea su propio Derecho, que es exclusivo, y que se convierte en el fundamental, siendo el denominado "Derecho real", eclipsando al Derecho romano hasta entonces persistente como derecho supletorio y tradicional. Se produce el triunfo de los *iura propia* frente al Derecho romano, identificándose, ya de forma clara, al Derecho civil con aquellos, quedando el Derecho romano en el ostracismo, y produciéndose el cambio definitivo de identificación del Derecho civil con el Derecho real, o Derecho propio, y privado. El Derecho romano se equipara al anterior *Ius civile*, sin aplicación casi en la práctica. Como recoge GIL RODRÍGUEZ[50], parafraseando a HERNÁNDEZ GIL "el Derecho civil, en fin, ve sometido su significado a doble evolución: «el movimiento de independización del derecho romano y del Derecho público, y la aproximación al Derecho nacional y al Derecho privado»". Podemos decir que es ya, en este momento, cuando se concreta el significado del Derecho civil tal y como hoy lo conocemos y que será el que recogerá la codificación.

---

50 GIL RODRÍGUEZ, J., "Acotaciones para un concepto de Derecho civil", ob. cit., p. 330, y recoge la cita de HERNÁNDEZ GIL, A., "Del Derecho romano como Derecho civil al Derecho civil como Derecho privado", en *Estudios de Derecho Civil en honor del Profesor Castan Tobeñas,* Pamplona, 1969, p. 349.

Las características del Derecho civil en este periodo van a ser, por tanto:

1) La nacionalización, el Derecho civil se identifica ya con el Derecho propio de cada Estado, los estudios postglosadores y eruditos comienzan a estudiar y a fijar el Derecho real o propio, produciéndose el cambio del concepto de Derecho civil del romano al nacional. Es más, el Derecho real o propio pasa a convertirse en el Derecho común, desplazando al Derecho romano, aunque todo esto se produjo de forma paulatina, con tensiones, y resistencia por parte de los estudiosos formados en el Derecho romano, enfrentados con el poder político que pretendía la aplicación del Derecho emanado de él.[51]

2) La privatización, desligándose de forma definitiva de lo relativo a la organización y actividad política; se separan también las materias penal y criminal, y un poco más tarde la materia procesal por falta de vigencia de los textos romanos en el contexto del siglo XVI. La primera vez que se emplea la expresión Derecho civil para referirse al Derecho privado, la encontramos en la obra de DOMAT, *Les lois civiles dans leur ordre naturel*, del siglo XVII, donde contrapone el Derecho civil al Derecho público, consolidando ya de forma definitiva la privatización que comenzó en la Edad media.

3) Otra de las características que se incorporan al Derecho civil es su progresiva racionalización, debido a los postulados de los planteamientos humanistas que se extendieron por toda Europa. Estos planteamientos partían de un ideal del hombre, según los cánones clásicos (Antigüedad clásica), rechazando la sociedad estamental

51 HERNÁNDEZ GIL, A., "Del Derecho romano...", ob. cit., pp. 259 y ss.

medieval, el método escolástico y la interpretación del *Corpus Iuris* realizada por los glosadores y postglosadores.

Los planteamientos humanistas rechazan la potestad imperial como fundamento de la aplicación del *Corpus Iuris*, se alejan de la concepción que hasta entonces existía del Derecho romano, que pasa a ser una fuente histórica del Derecho, y consideran que es la fuerza de la intrínseca razón jurídica la que justifica la aplicación del mismo. Esta nueva interpretación del Derecho romano como institución histórica-jurídica, y no como leyes vigentes o aplicables, es lo que se denomina el *mos gallicus*[52].

Como afirma FERNÁNDEZ DE BUJAN, "la modernidad de la época tiene su expresión en el humanismo renacentista que, en el ámbito del derecho, se concreta en la prevalencia de valores como: la razón, la verdad y la ciencia. El *Corpus Iuris* se estudia en su dimensión histórica, sin fines necesariamente pragmáticos y utilitaristas. Hay una vuelta al derecho clásico frente al justinianeo. Interesa más el razonamiento, la lógica o el sistema, que la solución en sí del caso concreto. Se están poniendo las bases del pensamiento puramente racionalista de los siglos XVII y XVIII"[53].

---

52 El *mos gallicus* es un método nuevo de estudiar el Derecho, de carácter histórico-institucional, en palabras de Calvo Espiga, los maestros de esta Escuela "buscan, creando un nuevo método para ello, integrar y encuadrar los preceptos del *Corpus* en su pureza y sentido originales, en lugar de interpretarlos de forma desenraizada y aséptica al margen de sus referencias o fuentes histórico-jurídicas, tal y como lo practicaban la mayoría de los seguidores del *mos italicus,* preocupados, sobre todo, por la finalidad dominante de dar respuesta concreta a las necesidades del momento". CALVO ESPIGA, A., "Sobre el método en el estudio del Derecho civil: una aproximación a la Historia", *ADC,* vol. 58., nº4, 2005, p. 1643.

53 FERNÁNDEZ DE BUJAN, A., "Ciencia jurídica europea y Derecho comunitario*: Ius romanum. Ius commune. Common law. Civil law,"* ob. cit., p. 288.

El humanismo jurídico del S. XVI influyó notablemente en este nuevo método de aproximación al Derecho romano, pues el mismo preconizaba el estudio del Derecho, no centrado únicamente en lo jurídico, sino que consideraban que los *studia humanitatis* eran herramientas imprescindibles para un estudio nuevo del Derecho. De este modo, "se produjo un acercamiento al *Corpus Iuris* completamente distinto al llevado a cabo por los glosadores. Lo que para estos constituía un texto normativo unitario e intocable, se convirtió para el humanismo literario en un testimonio de la antigüedad que, como tal, debía ser estudiado e interpretado con los medios e instrumentos de la filología y de la historia"[54]. Pasó, en consecuencia, a estudiarse el *Corpus Iuris* como Derecho histórico y no como cuerpo legislativo vigente.

El *Usus Modernus Pandectarum* surge a partir del siglo XVI. En palabras de MOLITOR-SCHLOSSER, "El *Usus Modernus* atestigua un nuevo estilo científico, caracterizado por la consagración a la práctica, la ocupación actual en el Derecho romano, buscando amoldar el Derecho romano a las circunstancias del momento a través de la elaboración del propio Derecho alemán. Características en el moderno trabajo científico de esta tendencia es el distanciamiento del método formalista exegético-escolástico, la emancipación de la autoridad de la *ratio scripta* de los textos y la vuelta a la práctica forense"[55].

La nueva escuela de Derecho natural racionalista, encabezado por GROCIO y seguido después por PUFENDORF Y WOLFF, consecuencia del protestantismo en Europa, busca un fundamento del Derecho que fuese común a todos los Estados, pero independiente de cualquier confesión religiosa.

---

54 CALVO ESPIGA, A., "Sobre el método…", ob. cit., p. 1647.

55 MOLITOR, E y SCHLOSSER, H., *Perfiles de la nueva historia del Derecho privado,* trad. de A. MARTINEZ SARRION, Bosch, Barcelona, 1975, p. 40, citado por BARBER CARCAMO, R., ob. cit., p. 24.

Este fundamento del Derecho natural lo encuentra en la razón natural del hombre, con independencia de la propia existencia de Dios o de su no participación[56]. Lo más novedoso del planteamiento de GROCIO, como afirma BARBER CARCAMO, es que independiza las reglas jurídicas, emanadas de dicha razón natural, de la Teología Moral[57]. PUFENDORF Y WOLFF profundizan en estas ideas y se llega a una concepción del Derecho como un conjunto de normas deducidas de unos pocos principios naturales hasta llegar a la solución del caso concreto.

El iusnaturalismo racionalista se presenta como contrario al Derecho romano, pues aquel representa la razón natural y este la razón escrita tradicional. De este modo, la creencia de un Derecho universal procedente solo de la razón hace perder terreno al Derecho romano como Derecho común pues, como argumenta MOLITOR Y SCHLOSSER[58], al suplir la autoridad del Derecho romano por la razón, permite a los estamentos protestantes enfrentarse a las pretensiones imperiales refiriéndose para ello al Derecho natural.

Nos detenemos un poco más en el examen de la escuela del Derecho natural.

Esta corriente de pensamiento jurídico, parte de una identificación entre Derecho y moral, heredada de la Edad media, pero secularizada; es decir, sería el correcto actuar con independencia de los preceptos morales de la Iglesia propios de la Edad

---

56 MOLITOR/SCHLOSSER, ob. cit., p. 51. Sobre GROCIO y su obra, por todos, VALLET DE GOYTISOLO, J., *Metodología de la determinación del Derecho*, Editorial Universitaria Ramón Areces, Madrid, 1994, pp. 521-555.

57 LASARTE ALVAREZ, C., "Las corrientes metodológicas y el Derecho civil", en el *Homenaje a J. Beltrán de Heredia*, Salamanca, 1984, p. 381.

58 MOLITOR Y SCHLOSSER, ob. cit., p. 52.

Media. Si el Derecho coincide con la forma de actuar con rectitud, generalizada, es como si el Derecho se tratase de una moral pública, y con ella se identifica. El Derecho, para los iusnaturalistas racionales, explica, entonces, cómo debemos comportarnos correctamente en sociedad, constituyendo una cualidad de la persona; algo intrínseco a ella, que le conduce al recto actuar: el Derecho se identifica con una cualidad personal[59]. El iusnaturalismo moderno considera que el individuo aisladamente considerado es el máximo valor, de forma que "parte de una concepción del hombre como esencia racional o moral, que es completamente independiente de los demás y tiene plena disponibilidad sobre sí: es libertad y nada más que libertad"[60]. Por

---

59 "Si bien el término "derecho subjetivo" no data sino del siglo XIX, la noción de derecho concebido como el atributo de un sujeto (*subjectum iuris*) y que no existe sino en *beneficio* de este sujeto, se remonta, por lo menos, al siglo XIV. Fue claramente distinguida, por primera vez, por Ockham, fundador de la "vía nueva". Se advierte a continuación su expansión en la Escolástica de la baja Edad Media y del Renacimiento español y, por último, sobre todo a partir del siglo XVII, en las teorías de los juristas. Impera en el sistema de Hobbes y constituye el signo del triunfo del sistema individualista (...) Robinson solo, en su isla, es sujeto de derecho; el hombre del "estado de naturaleza" de Hobbes tiene ya su derecho subjetivo. El derecho no se vincula sino con un *sujeto*. Y este no consiste tanto en *tener* cuanto en una cualidad inherente al individuo (...) El *ius* no evoca ya el deber que nos impone la ley moral sino, al contrario, una *permisión* que nos deja la ley moral, -una *licencia* o una *libertad*: *libertas*. La ciencia abstracta de los modernos aísla en el derecho el *beneficio* que constituirá para el individuo". VILLEY, M., *Filosofía del Derecho*, Respublica, Madrid, 2020, pp. 124-125.

60 LACALLE NORIEGA, M., *La persona como sujeto de Derecho*, Dykinson, Madrid, 2013, p. 57

ello, puede actuar libremente, como considere, sin que "pueda ser forzado a conducta alguna que él no desee"[61].

El concepto de Derecho para el iusnaturalismo es bien distinto de la corriente que aquí se defiende, el realismo jurídico, para la que el Derecho no se identifica con una cualidad de la persona, con un recto obrar, especie de moral (el hombre justo), sino que el Derecho es lo justo, la "cosa" que debe darse a cada uno, siendo la justicia la virtud que consiste en atribuir a cada uno lo suyo, el derecho. Los iusnaturalistas modernos ponen el foco del Derecho en la dimensión subjetiva de los derechos individuales, pasando a considerarse este como "un sistema de derechos que tratan de asegurar la libertad de cada uno"[62].

De este modo, el iusnaturalismo moderno busca la ciencia del Derecho a través de sistemas racionalísticos, partiendo de conceptos axiomáticos de los que se deducen las instituciones jurídicas, a través de un método lógico-deductivo. Parte de unos axiomas o principios, (inicialmente dados por Dios, pero que luego se desvinculan de Él), fundamentados en la razón humana, de los que deduce los preceptos de la ley natural, por medio de operaciones lógicas y racionales, que el hombre debe seguir para ser libre; es decir, a través de la razón se extraen las reglas de actuación para el hombre, la ley natural se fundamenta en la razón humana.

Como afirma VALLET DE GOYTISOLO, "El *racionalismo*, de la mano del idealismo metódico creyó posible *deducir* todo el Derecho a través de la razón, de una serie de *principios ideales*, de los cuales, como los corolarios de los teoremas, sin contacto con

---

61 CARPINTERO, J., *Una introducción a la ciencia jurídica*, Civitas, Madrid, 1989, p. 186.

62 LACALLE NORIEGA, M., *La persona como sujeto de Derecho*, ob. cit., p. 58.

las contingencias de la realidad, pudieran derivarse de modo *axiomático* todas las reglas del Derecho. La escuela moderna del Derecho natural, iniciada por GROCIO Y PUFENDORF, siguió esta directriz, que al ser encarnada la razón en el pueblo soberano —por ROUSSEAU— condujo hacia las codificaciones modernas"[63]. Los iusnaturalistas pretenden, de este modo, obtener un sistema de Derecho completo, perfecto, autónomo y atemporal que perdure en el tiempo.

Por eso, el iusnaturalismo es enemigo del Derecho romano, ya que este identificaba el Derecho con lo justo, lejos de ser una cualidad de la persona, lejos de confundirse con una moral pública que dependería en cada caso del poder soberano del momento: antaño Dios, y hoy en día el pueblo soberano, basando la ley natural (y el Derecho natural) en la razón. El Derecho romano entendía que el Derecho se ocupa de lo justo, y reconoce la existencia de principios de la ley natural preexistentes, que el hombre puede reconocer, pero que no son consecuencia de la razón. El objeto y método de esta escuela es bien distinto del que desde aquí defendemos y se ha explicado en el punto anterior, llevando en consecuencia y de forma ineludible a distintos conceptos del Derecho y del Derecho civil.

Pero, volviendo a la evolución del Derecho civil, en esta época, en España se produce de forma similar la transformación del Derecho civil hacia un Derecho privado y nacional, al igual que se ha expuesto. Si bien, no triunfaron los postulados del iusnaturalismo racionalista, debido a la influencia de la Escuela de Salamanca, de Derecho natural, formada por los teólogos VITORIA, SOTO, MOLINA Y SUAREZ, que exponen las bases morales del Derecho y examinan las instituciones jurídicas y las reglas que deben regir en cada una de ellas. La Escuela de

---

63 VALLET DE GOYTISOLO, J.B., *Panorama de Derecho civil*, Bosch, Barcelona, 1973, (2ª edición), p. 49.

Salamanca, de pensamiento escolástico, equipara el Derecho con lo justo, no con la ley, alejándose de planteamientos positivistas y a la vez descarta los planteamientos iusnaturalistas. Entienden que existen tres niveles diferentes en el Derecho, al igual que se entendía en Derecho romano: el *ius naturale,* el *ius civile* y el *ius gentium,* nacido este último para "satisfacer las necesidades humanas una vez se había abandonado el *status naturae*"[64], siendo común para todo el género humano, e incardinando en él todo lo relativo con el dominio, la propiedad y su intercambio (contratos y esclavitud). En consecuencia, se consideran a estas instituciones de Derecho de gentes y no de Derecho natural, y aquel se constituye en el origen de la economía y el derecho de propiedad e intercambio de bienes; cuestiones estas dos últimas propias del Derecho civil tal y como lo entendemos hoy en día, y luego explicaremos[65].

Por otra parte, el fenómeno de la nacionalización sigue su curso en España, adquiriendo preminencia los derechos nacionales o propios. De este modo, el Derecho castellano se convierte en Derecho real en el siglo XVI y posteriormente en Derecho civil. La primera obra en que al Derecho nacional se le denomina Derecho civil son las *Instituciones de Derecho civil de Castilla,* de ASSO y DE MANUEL. DE CASTRO destaca sobre ella que "su originalidad estriba en la decisión de hacer una obra exclusivamente de Derecho español, rompiendo todo vínculo de servidumbre con el Derecho romano. Su éxito fue extraordinario; las Universidades tienen ya el libro de texto que necesitaban, e incluso se impondrá como tal

---

64 CENDEJAS BUENO, J.L., "De lo justo natural a lo justo positivo en la escolástica española", *Studia historica. Historia moderna,* vol.44, nº1, 2022, p. 6.

65 CENDEJAS BUENO, J.L., comenta los tres niveles de determinación del Derecho proveniente del Derecho romano, que acogen los escolásticos con modificaciones, en "De lo justo natural a lo justo positivo en la escolástica española", ob. cit., pp. 6-10.

oficialmente"[66]. Además, se producen importantes esfuerzos recopilatorios del Derecho castellano como son las Ordenanzas de Montalvo (1484), la Nueva Recopilación (1567) y, mucho después, la Novísima Recopilación (1805: un año posterior al Código Napoleónico). Podemos decir que, a partir del siglo XVIII, el Derecho castellano se convierte ya en Derecho nacional por razones políticas, que confirman el poder real, y se convierte en Derecho común sustituyendo al Derecho romano en esta lid.

En el resto de España, conviene señalar que, durante el reinado de los Austrias, cada territorio conservó y desarrolló sus propio Derecho y sus fuentes, pero que tras la guerra de Sucesión, con la llegada de los Borbones y tras el Decreto de Nueva Planta, Valencia y Mallorca perdieron su Derecho propio y sus órganos legislativos, y por tanto la capacidad de crear más. Por otra parte, Aragón y Cataluña conservaron su Derecho propio entre particulares, mientras que Navarra y País Vasco, que apoyaron a Felipe V, mantuvieron intactas sus instituciones y órganos legislativos y sus derechos propios.

1.2.5.- La Codificación y el Derecho civil

En el siglo XIX se produce el movimiento codificador en toda Europa. La codificación del Derecho supone un paso más que la recopilación que hasta entonces se llevaba a cabo pues, si esta consiste en reunir las leyes y normas existentes por orden cronológico o sistemático, codificar es una labor de creación de Derecho. Supone la "reunión de todas las leyes de un país o las que se refieren a una determinada rama jurídica, en un solo cuerpo presididas en su formación por una unidad de

---

66 DE CASTRO Y BRAVO, F., *Derecho civil de España,* Civitas, Madrid, 2008, p. 172.

criterio y de tiempo"[67]. La codificación persigue elaborar un sistema de Derecho racional y completo, guiado por unos ideales concretos, racionalmente formado, y asentado sobre unos principios armónicos y coherentes con aquellos. El Código, o la codificación, ofrece proposiciones generales y abstractas, estables, que ofrezcan soluciones atemporales y que perduren en el tiempo, dando seguridad jurídica al tráfico, tal y como, por otra parte, es la pretensión de la escuela racionalista del Derecho natural[68].

Los principios e ideales que impregnaron toda la codificación eran los propios de la época en la que se hicieron, a principios del siglo XIX, en los que se reflejaba el pensamiento de la ilustración, el racionalismo, el liberalismo burgués, y la prevalencia del individuo sobre la sociedad, su igualdad ante la ley y su libertad; todo ello determinará la ideología y sistemática de los códigos, que reflejarán estos principios. Esta configuración del individuo y de la sociedad propia de la codificación conduce a la redacción de determinados preceptos y a una interpretación acorde a aquella, de la que disentimos en algún punto debido al sustrato antropológico que subyace, tal y como luego desarrollaré.

---

67 BESA P., VERA D., GARCÍA R., VIAL R., VALENZUELA, "Evolución del concepto de Derecho civil", ob. cit, p. 3.

68 En este sentido, GIL RODRÍGUEZ afirma "El Código era una ley imperativa; esto es salido de un Parlamento —siquiera, como en nuestro caso, las «Bases»— en el ejercicio de prerrogativas propias, sin mediación específica de los destinatarios. Sus proposiciones son generales y abstractas —he aquí, según Galgano, la relación evidente entre principio de igualdad y codificación— y se presentan como perennes de manera que la «majestad del Código» —escribe Sacco en el sentido que hemos dejado insinuado— se funda en este carácter casi perpetuo de las soluciones que acoge", en "Acotaciones sobre un concepto de Derecho Civil", ob. cit., p. 338.

Además, los códigos son obras unitarias y completas que pretenden ofrecer y dar solución a todas las cuestiones que se puedan plantear, sin tener que acudir a otros cuerpos legales, consiguiendo de este modo ser autosuficientes, y la autointegración del sistema jurídico con ellos[69]. De igual forma, se caracterizan por tener una sistemática ordenada y una redacción clara y escueta, que redunda en la simplificación propia de ellos y responde a los intentos de racionalización y tecnificación jurídica. Esa racionalización jurídica se manifiesta también en que el sistema está fundado en la lógica jurídica, y en que huye de la casuística propia del particularismo, aspirando a ser un sistema completo y autónomo que proporcione, como hemos dicho, respuesta a casi cualquier cuestión y, así, seguridad jurídica.

Este sistema basado en la razón y obtención de unos principios autosuficientes, propio de la codificación, aproximan el Derecho a una ciencia puramente teórica, alejada de lo que aquí se sostiene: el Derecho como el arte de lo justo, ciencia teórico-práctica, como ya se ha explicado, que busca "la verdad", lo justo, necesitando también de otras ciencias y saberes para encontrarlo. Para esta corriente, el Derecho civil se identificaría con el propio Código civil, como recopilación de esos principios y axiomas universales que ofrecen respuesta a todo.

En cualquier caso, hay que subrayar que el Derecho civil que llegó a la etapa de la codificación, como ya hemos explicado,

---

69 En este sentido, el sistema de códigos, consecuente a la codificación, parece reducir la ciencia jurídica a la ley positiva: lo que quede plasmado en ellos será Derecho, y lo que no, excede del ámbito jurídico. Se produce una identificación de la ley positiva con el Derecho, al igual que en las tesis del positivismo jurídico, que no compartimos, ofreciendo una visión limitada de la ciencia jurídica, para las que el objeto material propio del Derecho es la ley positiva.

era Derecho privado, nacional, propio de cada Estado, que atendía a la persona y sus relaciones personales y patrimoniales.

Uno de los primeros códigos civiles europeos fue el Código de Napoleón. Se publicó en Francia, en 1804, una vez superada la revolución francesa, con el triunfo de la nueva burguesía, que incorporó los postulados principales de la revolución, pero con una ideología marcadamente liberal: el individuo, su libertad, su igualdad, son los pilares básicos de este Código, lo que se traduce en la libertad de contratación, el carácter absoluto del derecho de propiedad privada y la responsabilidad civil basada en la culpa. Sin embargo, no rompe del todo con la tradición anterior e incorpora postulados propios del Derecho romano y antiguas costumbres, adaptándolas a los nuevos tiempos y a la nueva realidad.

El Código de Napoleón tuvo gran influencia en el resto de Códigos civiles que le siguieron en Europa, siendo de destacar por su buena técnica e importancia, el Código de Austria en 1811, el Código civil suizo (1908, tras la unificación de los cantones), el alemán de 1896 (BGB, tras la unificación alemana de alta calidad técnica, influido por el pandectismo alemán), el italiano de 1865 de inspiración claramente francesa y, por supuesto, el Código civil español de 1889, continuando la codificación en el resto de Europa y sobre todo en América latina, hasta bien entrado el S.XX.

1.2.5.1.- La codificación en España

España no fue una excepción al fenómeno codificador y, aunque empezó también a inicios del siglo XIX, se publicó con cierto retraso respecto al Código de Napoleón, en 1889, aunque tuvo en él su fuente de inspiración, acogiendo los mismos principios liberales y burgueses.

España, después de la guerra de la independencia de los franceses, con el inicio de la monarquía borbónica, entró en un periodo inestable en su historia con alternancia política entre liberales y absolutistas, que generó tensiones internas en el país. No fue hasta el primer trienio liberal (1820-1823), cuando estuvo en condiciones de iniciar su proceso de codificación.

Así, el primer trienio liberal o constitucionalista trajo consigo la publicación del primer Código penal (1822) y la redacción del proyecto de Código civil de 1821, llamado también proyecto GARELLY. Sólo comprendía una parte del Derecho civil, precedida de un título preliminar, y trataba de fusionar ideas progresistas y conservadoras. No progresó.

Con el nuevo periodo absolutista se frenó de nuevo la redacción del Código civil, aunque el despotismo ilustrado de los últimos años del reinado de Fernando VII propició el primer Código de comercio, de SAINZ DE ANDINO (1829). Posteriormente, y ya en el reinado de Isabel II, con un gobierno constitucionalista, se propuso un nuevo proyecto de Código, en 1836, que ni siquiera llegó a aprobarse.

Fue poco después, en 1843, cuando se encarga un nuevo proyecto de Código a García Goyena, Bravo Murillo, Luzuriaga y Sánchez Puy, que desembocará en el primer Código Civil de España, en 1851, conocido como el Código de GARCÍA GOYENA. Este Código se caracterizó, como señala DE CASTRO, por ser "decididamente liberal, moderadamente progresista y claramente afrancesado"[70].

Era liberal, como afirma BARBER CÁRCAMO[71], sobre todo en la concepción absoluta e individualista de la propiedad privada, prácticamente sin límites o limitaciones, así como en la proclamación de la libertad de comercio y libre circulación de los bienes. Moderado en la regulación canónica del matrimonio como única forma posible de celebración, y afrancesado

---

70 DE CASTRO y BRAVO, F., *Derecho civil...*, ob. cit., pp. 191 y ss.

71 BARBER CÁRCAMO, R., *Proyecto docente e investigador*, ob. cit., p. 35.

por la estructura del Código (libros, títulos, capítulos y secciones), igual a la del Código de Napoleón, por la incorporación y recepción de principios e instituciones francesas que no tenían antecedente en España, y la copia casi literal en la redacción de muchos artículos.

Su carácter unitario y unificador que olvidaba los derechos forales, usos y costumbres existentes en España con anterioridad al mismo, derogándolos, fue precisamente lo que provocó su fracaso, al contar con la oposición de las regiones con Derecho civil propio.

Fracasado este intento codificador, no se retomó hasta un periodo político más tranquilo con Alfonso XII. Mientras tanto, y por la urgencia y necesidad de regular determinadas materias e instituciones que no podían esperar al Código, se publicaron varias leyes especiales cuyo contenido debía haber formado parte del Código civil, separándose de este solo por razones de urgencia legislativa. Entre otras, se promulgaron las siguientes leyes especiales: Ley hipotecaria, para garantizar eficazmente los créditos territoriales (1861), Ley del notariado (1862), Ley de aguas (1866), la Ley del matrimonio civil (1870), Ley del registro civil (1870), o Ley de propiedad intelectual (1879). Estas materias ya no se incorporaron al Código civil definitivo, quedando fuera del proceso y técnica codificadora.

Se retomaron los trabajos de elaboración del Código, como hemos dicho, en el reinado de Alfonso XII. Fue Alonso Martínez quien ordenó la elaboración de una Ley de Bases del Código civil que debía ser aprobada por el Parlamento, y una vez hecha, sería un comité de técnicos expertos quienes la desarrollarían en el Código civil. La primera Ley de Bases de 1881 (que tomó como punto de partida el proyecto de García Goyena) no fue aprobada en el Parlamento. En 1885, Francisco Silvela presenta una nueva Ley de Bases, que también fracasó porque se disolvieron las Cortes. Fue, por fin, en 1888, cuando se aprobó la definitiva Ley de Bases presentada de nuevo por Alonso Martínez, que será el origen del actual Código civil español.

Esta Ley de Bases de 1888 estableció que se respetarían los derechos forales donde existieran, y que se conservarían "por ahora", salvo en la aplicación obligatoria para todo el territorio del título preliminar (art. 5), sin que se llegaran a incorporar al Código como Apéndices, tal y como se pretendió. Esto dio lugar a que se comenzara la elaboración de las *Compilaciones* que recogerían el Derecho foral de cada uno de los territorios, como sistemas completos de Derecho civil foral, que debían compaginarse con el Código civil. El proceso de elaboración de las compilaciones se hizo a través del Decreto de 23 mayo 1947, y las compilaciones se redactaron entre esa fecha y la última que fue el Fuero Nuevo de Navarra de 1973.

Una vez solucionado el problema de los derechos forales, el proceso de codificación siguió adelante, aprobándose el Código civil español, por R.D. de 6 octubre de 1888, y entró en vigor el 1 de mayo de 1889. Es el Código civil actual, impregnado, por tanto, de todos los caracteres propios de la época y el devenir de su elaboración y aprobación.

1.2.5.2.- El Código civil español

El Código civil español se publica y entra en vigor el 1 de mayo 1889, si bien, fue reformado casi inmediatamente porque se consideró que no se ajustaba exactamente a lo establecido en la Ley de Bases de 1888. De este modo, se volvieron a redactar un elevado número de artículos, aunque no se introdujeron reformas significativas al texto inicial. Se publicó de forma definitiva a través del RD de 24 de julio 1889, entrando en vigor al día siguiente.

Hay que recordar que, en el momento de la codificación, el Derecho civil estaba plenamente identificado como Derecho nacional y privado y, a su vez, estaba totalmente separado del

Derecho mercantil, por eso, recogía el Derecho privado general y nacional, el propio Derecho español, ya separado totalmente del Derecho romano, o del *Ius civile.*

Se trata de un Código civil de inspiración francesa, si bien, modificada para adaptarlo al Derecho español, ya que cuenta con cuatro libros, en lugar de los tres franceses (correspondientes a persona, bienes y acciones). De este modo, contiene 1976 artículos organizados en cuatro libros: Libro I dedicado a la persona (arts. 17-332), Libro II para los bienes y propiedad, (arts. 333- 608), Libro III, de los modos de adquirir la propiedad (arts. 609-1087) y Libro IV de las obligaciones y contratos (arts. 1088-1975). La separación de los contratos en un libro independiente, en vez de en el libro correspondiente a los modos de adquirir la propiedad (como en el Code francés), obedece a que, en nuestro ordenamiento, la propiedad no se adquiere por el simple título como en Francia, sino que responde a la tradición romana del sistema de título más modo o *traditio*; de igual forma, recoge el Derecho patrio y nuestras propias instituciones y costumbres diferentes de las francesas o del anterior Derecho común, lo que se pone de manifiesto en temas de familia y sucesiones. Además, cuenta con un Título Preliminar (arts. 1-16), donde establece el sistema de fuentes y la eficacia de la norma jurídica, y una disposición final (art. 1976), trece disposiciones transitorias y cuatro disposiciones adicionales.

Como bien afirma BARBER CÁRCAMO[72], conserva la ideología liberal como inspiradora de todos sus preceptos, si bien matizada porque ya no es un código revolucionario como el francés, y la burguesía liberal francesa que originó el modelo, en España, se había vuelto conservadora con el paso de los años; por eso, aunque sigue predominando la autonomía de la

---

72 BARBER CÁRCAMO, R., *Proyecto docente,* ob. cit. pp. 40 y 41.

voluntad, la idea de una propiedad individual sin vínculos perpetuos, el respeto de la familia y el derecho de sucesiones tradicional, algunas instituciones se amoldan o se atenúan como consecuencia de las nuevas ideas más conservadoras (por ejemplo, el matrimonio civil es subsidiario del canónico, la filiación matrimonial, en temas de propiedad destaca la agraria como exponente de la riqueza de la burguesía, sin prestar prácticamente atención a la ya importante propiedad urbana). Asimismo, conserva la tradición jurídica española, como ya hemos dicho, que es la que recoge (art. 1976), pero, no comprende todo el Derecho privado vigente y no consigue la unificación porque respecto a los derechos forales se siguió el sistema de apéndices, posteriormente reconvertidos en Compilaciones.

En cuanto a su técnica y redacción, hay que decir que se trata de una obra relativamente bien escrita, completa, si bien la técnica jurídica en algunos casos no es brillante, y en algunos preceptos la redacción es un tanto confusa, o enrevesada. Se puede decir que es un texto, en general, de redacción clara, lenguaje conciso, realista en su enfoque (ateniéndose a la realidad existente) y moderado en sus planteamientos ideológicos —como ya hemos dicho—, y que tuvo la virtualidad o importancia de poner fin a la confusión legislativa imperante en la época, ofreciendo un instrumento sólido y completo para una materia que estaba dispersa.

El Código civil fue criticado por ser acientífico, afrancesado y poco unitario al robustecer los derechos forales; pero, actualmente, se entiende que es una obra útil y que recoge la delimitación más importante del Derecho civil español vigente, y de ahí que se considere como Derecho común y general. Probablemente, ese sea su mayor logro: conseguir delimitar la materia objeto de su contenido: El Derecho civil español, como el Derecho privado, de la persona y sus relaciones, de carácter general (común y básico) de España, que recoge y positiviza, poniendo fin a la fragmentación y confusión existente. Y así es como lo hemos recibido, y como entendemos que se ha justificado y generado una disciplina jurídica y científica autónoma, con contenido y caracteres suficientes y especiales, que la hacen merecedora, como consecuencia de su devenir histórico, de ser una categoría dogmática, un concepto general y absoluto, objeto del estudio científico.

El Derecho civil, a partir del Código, coincide con el contenido de este o, como dice BARBER CÁRCAMO[73], "el que le es referible, bien por reconocerlo así el propio Código, bien por ser reconducible a alguno de sus contenidos". De este modo, es este criterio de referibilidad, como continua esta autora, el que permite calificar a determinadas leyes especiales como civiles. El Código y su referibilidad es la pauta de lo que hoy es el Derecho civil, si bien, no es suficiente, ni se puede identificar, desde nuestro planteamiento, el concepto de Derecho civil con el contenido del Código.

1.2.6.- Evolución hacia el Derecho civil actual

A partir del Código civil, el Derecho civil se constituye como una disciplina jurídica completa, autónoma, y general; podemos decir que se constituye el concepto dogmático del Derecho civil, como la parte del ordenamiento jurídico privado que estudia a la persona, sus relaciones patrimoniales: sus bienes y el intercambio de los mismos. Todo lo relativo a la persona como individuo aislado, sin más connotaciones, su patrimonio, y las relaciones más personales con otros (familia) va a ser el contenido base, o delimitador o referencia, del Derecho civil, para diferenciarlo de otras ramas del Derecho. Y todo ello, desde una ideología liberal, donde el individuo y su voluntad y lo particular (lo que a él le pertenece) son rasgos identificativos del Derecho civil.

---

[73] BARBER CÁRCAMO, R., "Concepto de Derecho civil", en *Proyecto docente e Investigador. Ejercicio a Cátedra* de la Universidad de la Rioja, 2017.

Pero, hoy en día, esta disciplina ha sufrido nuevos cambios, adaptaciones y modificaciones, debido al devenir histórico de los últimos años. De este modo, las circunstancias históricas y las sucesivas modificaciones legislativas han provocado la "crisis" o —prefiero yo denominar— la "transformación" del Derecho civil en lo que hoy es, y estas han sido las siguientes.

A lo largo del siglo XX hay un cambio del Derecho civil a nivel social, porque las clases obreras no se sienten representadas con la ideología liberal del Código y, a nivel económico, por las crisis surgidas tras las dos Guerras mundiales. La reacción será la intervención del Estado en la vida económica y jurídica. Se limita la propiedad privada y se establecen deberes para los propietarios; se imponen contratos de trabajo a los empresarios; se objetiva la responsabilidad por los accidentes en las industrias; etc. Estos cambios no se asumen en el propio Código civil, sino que se produce una disgregación de su contenido, a través de nuevas leyes especiales que regulan estos nuevos derechos o ramas del saber, hablándose de la "descodificación civil", pues el Código ya no es el cuerpo general, absoluto e imperativo que recoge todo el Derecho privado del individuo.

Además, en otros casos, las urgencias legislativas contribuyeron a la aprobación y publicación de otras leyes especiales incluso anteriores al Código, que nunca se incorporaron al mismo, más bien al contrario, alcanzaron un mayor desarrollo separado de este, dando lugar a la "desintegración" del Derecho civil.

Por otra parte, la Constitución de 1978, como las Constituciones Europeas surgidas tras la II Guerra Mundial, también afectará al Código civil, derogando ciertas normas e imponiendo sus valores y principios, provocando un cambio en el Derecho civil que lo conduce a su "publificación", o "constitucionalización".

Y en último lugar, España también sufre una modificación importante en su Derecho desde su incorporación a la Unión Europea en 1985, sobre todo a través de las directivas en el ámbito contractual y de responsabilidad civil que suponen nuevas modificaciones que no se absorben por el Código, pero que forman parte del Derecho civil, pudiendo hablar de una cierta "globalización jurídica". Esta globalización se ve aumentada por el hecho de que España firma determinados Tratados o Convenios internacionales que ayudan a la economía y afectan a las relaciones patrimoniales de nuestro Derecho, como por ejemplo, el Convenio de Viena sobre Compraventa Internacional de Mercancías de 1980.

En definitiva, todos estos acontecimientos históricos han ido modificando el Derecho civil en la actualidad, que podemos resumirlos en[74]: descodificación (constitucionalización y desintegración), publificación y globalización del Derecho civil, unido a una progresiva despatrimonialización del mismo, en cuanto se ha producido una subordinación de todas sus normas patrimoniales a la persona. Los sucesivos cambios del Derecho civil español se han producido a la luz de la distinta consideración de la persona, objeto principal de esta disciplina científica.

La persona ha sido y es el centro del Derecho civil, por eso, debemos detenernos antes de analizar las características que han transformado y configurado el Derecho civil en la actualidad, en estudiar qué es la persona, núcleo esencial del Derecho civil, para entender cómo las distintas consideraciones que el Derecho civil ha tenido sobre ella (diferentes aproximaciones antropológicas) han dado como resultado esos cambios en el Derecho civil.

---

[74] Hemos partido en este punto de los caracteres, notas y modificaciones que ha sufrido el Derecho civil en su actualidad descritos por BARBER CÁRCAMO en su *Proyecto docente e investigador.*

Capítulo 2

El Derecho civil como el derecho de la persona: configuración actual de la disciplina

2.1.- LA PERSONA COMO CENTRO DE LA DISCIPLINA DE DERECHO CIVIL ACTUAL

Tal y como acabamos de adelantar, la persona, y la consideración que se tenga de ella en cada momento, han ido marcando las distintas vicisitudes a las que se ha sometido el Derecho civil español antes del Código y en la actualidad.

Por eso, antes de analizar qué es y qué características tiene el Derecho civil en la actualidad en España como consecuencia de los fenómenos citados, debemos pararnos a reflexionar sobre qué es la persona, centro indubitado del Derecho civil, para comprobar si el concepto que desde aquí se ofrece es el que recoge nuestro Derecho civil, o si es otro distinto. Comprobaremos cómo las características del Derecho civil han ido cambiando en función de la consideración -variable- de la persona. Después, iremos analizando cada uno de estos fenómenos y vicisitudes a los que se ha sometido el Derecho civil, siempre en relación con la concepción de persona que se ha manejado en cada momento, y cómo han influido en él, para poder concluir qué es en la actualidad esta disciplina científica.

El objeto material del Derecho civil es la realidad personal, familiar y social de la persona y sus relaciones con los demás en cada uno de esos ámbitos que corresponden a las dimensiones de la persona, desde la perspectiva de lo que se le debe en cada situación concreta (objeto formal).

Por eso, podemos decir que el Derecho civil es el estatuto jurídico de la persona, la persona "como ser de fines"[75], este es su elemento esencial; el núcleo del Derecho civil es el individuo "en sus atributos esenciales de persona, y en las relaciones con sus semejantes, esta es la realidad de fondo del Derecho civil"[76].

La persona es el elemento básico del Derecho civil, tanto en su concepción intimista como en su dimensión económica o productivista, o social, pero, según qué entendamos por persona, según cuáles sean sus componentes o las dimensiones que de la misma prevalezcan, el Derecho civil podrá ser definido o contemplado de una forma u otra.

Se trata, como dice TENA, de establecer "la importancia exacta que tiene la persona, qué se entiende con el término persona"[77] y creemos, al igual que este autor, que debe tomarse el concepto más general de persona, incluyendo todos los aspectos de ella, como ser humano, desde luego, y, además, como sujeto de derechos y obligaciones y titular de bienes, pero también como ser completo dotado de cuerpo y espíritu. Todas esas facetas estrechamente vinculadas a la persona deben ser objeto del Derecho civil y debemos delimitar quién es la persona para el Derecho y cómo se relaciona con ella; en de-

---

75 TENA PALAZUELO, I., "El Derecho civil entre lo permanente y su constitucionalización", *Nuevo Derecho*, vol. 8, nº 10, enero-junio 2012, p. 67.

76 GIL RODRÍGUEZ, J., "Acotaciones para un concepto de Derecho civil", ob. cit., p. 356.

77 TENA PALAZUELO, I., "El Derecho civil entre lo permanente y su constitucionalización", *Nuevo Derecho*, vol. 8, nº 10, enero-junio 2012, p. 66.

finitiva, cuál es la concepción antropológica que subyace —o a mi juicio debería fundamentar— en el Derecho civil.

Toda disciplina científica tiene un sustrato antropológico en el que apoyarse desde el momento que trata de dar respuestas a cuestiones relativas al ser humano. Según qué tipo de antropología adoptemos, tendremos una visión u otra de la persona que será la que sirva de prisma o perspectiva con la que enfrentaremos el estudio de cualquier materia en ella contenida[78].

---

78 En este sentido, las distintas corrientes de pensamiento han ofrecido diferentes concepciones antropológicas. Las teorías del contrato social han diferenciado el estado natural del social, al que los hombres acceden a través de un pacto social, por el que los hombres se unen para vivir juntos y un pacto político por el que los hombres deciden someterse a un poder soberano. Es el estado social el propio de la persona, cuando entra en sociedad, y ahí surgirá el Derecho, que no es propio del estado natural. Y en esta corriente de pensamiento se distinguen autores muy diversos, como Hobbes, Rousseau o Locke, que basan sus ideas en un pesimismo antropológico (entendiendo que el hombre es un peligro para el hombre), en un optimismo natural (el hombre es bueno por naturaleza, pero la sociedad lo pervierte), o el optimismo moderado de Locke para quien en el estado natural ya existe la ley y el hombre, pero necesitan de la sociedad y la autoridad para garantizar y defender los derechos y libertades. Por otra parte, el existencialismo considera a la persona como libertad, no existe una naturaleza que le condicione, es el único ser que puede preguntarse por el ser, y el hombre se construye a sí mismo. La posibilidad de elección basada en esa libertad es el centro de sus ideas, pero esa elección lleva a anular lo que no se ha elegido, a la nada, provocando su frustración. El estructuralismo da un paso más, entendiendo o identificando al hombre con un objeto, ya que no puede actuar libremente, sino que está determinado por fuerzas y estructuras de su mismo ser y de la sociedad. La naturaleza humana se reconoce solo como un conjunto biológico que determina la conducta del hombre y le hace creer que es libre, pero no es así. Solo existe una verdad, un saber y una realidad social de la que surge el hombre, como producto de ella.

Pues bien, debemos plantearnos entonces ¿qué es ser persona? ¿es lo mismo que el ser humano o que la naturaleza humana?, ¿qué diferencia existe entre la persona desde el punto de vista jurídico, filosófico y biológico? ¿qué es la persona para el Derecho?

El ser humano tiene un fundamento biológico esencial; y son seres humanos todos y cada uno de los seres que comparten características propias de la especie humana, es decir, que tienen caracteres biológicos comunes (como por ejemplo el ADN). La naturaleza humana por el contrario es el denominador común de todos esos seres, pero no solo desde el punto de vista biológico, es lo que le constituye y configura como tal, es el modo de ser propio del ser humano y, en consecuencia, tanto en su condicionante físico como espiritual: "la naturaleza humana es la unidad sustancial de cuerpo y alma"[79].

Y, por último, la persona "humana" es cada uno de los seres individuales, únicos e irrepetibles que conforman la especie humana, y comparten una misma naturaleza corpórea y espiritual, animal y racional. Es cada uno de los individuos de naturaleza humana. Todos los seres humanos, personas, comparten una misma naturaleza, pero cada uno de ellos es diferente y, aunque en todos encontramos sus rasgos diferenciadores, todas las personas se caracterizan por tener cuerpo, inteligencia, afectividad y voluntad.

Desde el punto de vista filosófico, entendemos la persona como el ser íntegro, completo, social, compuesto de entendimiento y voluntad, pero que trasciende a cada una de sus especificidades, constituyendo un ser a semejanza de su creador. Partimos, por tanto, de una antropología personalista, aceptando la triple dimensión del ser humano: psíquica, somática

---

[79] LACALLE NORIEGA, M., *La persona como sujeto de Derecho,* ob. cit., p. 26.

y espiritual[80]. Según el personalismo, en la persona se compone y destacan tanto su afectividad, como "una estructura esencial, originaria y autónoma de las personas, que a veces posee una dimensión espiritual, alcanza a su espiritualidad", pero también en el hombre adquiere una importancia esencial sus relaciones interpersonales: "el hombre se hace hombre solo frente al hombre", la dimensión social de la persona es un elemento básico de ella[81]. Son también elementos necesarios

---

80 "Entendemos por personalismo o filosofía personalista la corriente o corrientes filosóficas nacidas en el siglo XX que poseen las siguientes características: 1) están construidas estructuralmente en torno a un concepto moderno de persona; 2) por concepto moderno de persona se entiende la perspectiva antropológica que tematiza o subraya todos o parte de estos elementos: la persona como yo y quién, la afectividad y la subjetividad, la interpersonalidad y el carácter comunitario, la corporalidad, la tripartición de la persona en nivel somático, psíquico y espiritual, la persona como varón y mujer, la primacía del amor, la libertad como autodeterminación, el carácter narrativo de la existencia humana, la trascendencia como relación con un Tú, etc.; 3) algunos de los principales filósofos de referencia son los siguientes: Mounier, Maritain, Nédoncelle, Scheler, Von Hildebrand, Stein, Buber, Wojtyla, Guardini, Marcel, Marías, Zubiri.". BURGOS, J.M., *Introducción al personalismo*, Palabra, Madrid, 2012, pp. 239-240.

81 En este sentido, coincidimos en la concepción de persona como ser social, colectivo y cooperativo, con lo establecido en la DSI, que afirma que el hombre es un ser completo, con inteligencia y voluntad pero, a la vez, se consolida o completa cuando se incorpora activamente en la sociedad, en la comunidad: "El hombre es una persona, no sólo un individuo.[796] Con el término « persona » se indica « una naturaleza dotada de inteligencia y de libre albedrío»:[797] es por tanto una realidad muy superior a la de un sujeto que se expresa en las necesidades producidas por la sola dimensión material. La persona humana, en efecto, aun cuando participa activamente en la tarea de satisfacer las necesidades en el seno de la sociedad familiar, civil y política, no encuentra su plena realización mientras no supera la lógica de la necesidad para

en la persona, la inteligencia, pero sobre todo, la libertad y la voluntad, que le llevan a querer, a actuar y tomar decisiones; por último, la persona es un ser corpóreo, con cuerpo, que necesita satisfacer sus necesidades esenciales vitales básicas, y descubrir la importancia que el cuerpo y la distinción de sexos tiene en la persona, como elementos inherentes a ella[82].

Por eso, decimos que la persona es un ser biopsicosocial, compuesto de alma y cuerpo, elementos diferentes pero unidos de forma inescindible, de manera que sin uno de esos elementos no hay persona. Esta concepción dual del hombre debe estar presente en el concepto y consideración que hagamos del Derecho civil, pues esta materia, dentro del Derecho, y más que ninguna otra, se encarga de la persona y las relaciones que como tal tiene con los demás y las cosas.

La concepción jurídica de la persona debe estar en consonancia con el concepto filosófico que sostenemos de ella[83]. La cualidad de persona para el Derecho es una realidad natural, no una categoría que atribuye el Derecho, sino que la persona y el Derecho están íntimamente relacionados desde el momento en que esta tiene un carácter esencialmente social.

---

proyectarse en la de la gratuidad y del don, que responde con mayor plenitud a su esencia y vocación comunitarias." PONTIFICIO CONSEJO "JUSTICIA Y PAZ", Compendio de la doctrina social de la Iglesia, Capítulo octavo la comunidad política, II. El fundamento y el fin de la comunidad política, C) La convivencia basada en la amistad civil, Párrafo 391.

82 BURGOS, J.M., "Algunos rasgos esenciales de la antropología personalista", *Thémata: Debate sobre las Antropologías,* nº35, 2005 p. 499.

83 Sobre la relación de la persona, la dignidad humana y el Derecho, véase MASSINI, C. I., "Sobre dignidad humana y Derecho. La noción de dignidad de la persona y su relevancia constitutiva en el Derecho", *Prudentia Iuris,* nº 83, pp. 49-72, 2017. Recuperado en 3 noviembre, 2022. file:///C:/Users/Gen%C3%A9rica_Provisional/Downloads/971-3241-1-PB.pdf.

Por tanto, donde hay personas, hay Derecho, pues este sirve para repartir las cosas entre ellos conforme a un criterio de justicia. El Derecho "no es algo exterior al ser humano, sino que es una exigencia existencial, una exigencia de la naturaleza humana."[84] En consecuencia, la persona para el Derecho no puede diferir de la persona en sentido ontológico y toda persona es persona para el Derecho en cuanto es sujeto de las relaciones jurídicas. Ser persona para el Derecho es de origen natural. El Derecho reconoce, por tanto, la personalidad jurídica; no la atribuye, como consideran los positivistas que entienden que esta es otorgada por las leyes y el ordenamiento, reduciendo al hombre a ser un centro de imputación de normas[85]; la juridicidad es natural al hombre, y la personalidad jurídica inherente al mismo. HERVADA confirma esta idea: "...Ser persona implica de suyo el fenómeno jurídico como hecho natural y la dimensión de ser sujeto de derecho. La condición ontológica de persona incluye la subjetividad jurídica, de modo que el concepto jurídico de persona no puede ser otra cosa que el concepto mismo de persona en sentido ontológico, reducido a los términos de la ciencia jurídica. Dicho en otros términos, el concepto jurídico de persona no es más que aquel concepto que manifiesta lo jurídico de la persona o ser humano"[86].

De este modo, si el hombre es un ser completo, compuesto de cuerpo y alma, entendemos que está formado tanto de

---

84 LACALLE NORIEGA, M., *La persona como sujeto de Derecho,* ob. cit., p. 228.

85 En este sentido, lo defiende positivistas como Kelsen que consideran a la persona como "una expresión unitaria personificadora para un haz de deberes y facultades jurídicas, es decir para un complejo de normas". KELSEN, H., *Teoría pura del Derecho,* ed. Losada, Buenos Aires, 1946, p. 83.

86 HERVADA, J., "Concepto jurídico y concepto filosófico de persona", *LaLey,* 1981-4, pp. 994 y ss.

una dimensión física (corporeidad), una dimensión íntima (inteligencia, afectividad, libertad y voluntad), espiritual y una dimensión social. Ninguna de sus dimensiones puede ser aisladamente considerada, ni debe predominar o prevalecer sobre la otra, pues ello conduciría a una falsa representación de lo que es el ser humano y, desde el punto de vista jurídico, a tomar decisiones incompletas o tendenciosas en la aplicación del Derecho. Esta visión antropológica de la persona, como ser integral, es la que entiendo que debe iluminar o inspirar el concepto jurídico de persona para el Derecho civil.

Por ejemplo, si prevalece la dimensión íntima, imponiendo al individuo sobre su dimensión de ser social, o sobre su consideración de ser espiritual, puede reconducirse el hombre a un ser individualista con predominio absoluto de su propia voluntad, a la autonomía de la voluntad pura; tal y como veremos que está ocurriendo en algunas tendencias de futuro del Derecho civil. Si lo que importa es la voluntad de la persona, entendida solo como consecuencia del libre desarrollo de su personalidad, esto conduce a entender, por ejemplo, que "el derecho a decidir" conforme a mi interés particular, predomina sobre cualquier otro interés común, o distinto del simple voluntarismo que solo se basa en mi libre capacidad de decisión inmediata, cuestión que se está poniendo de manifiesto en la elección de cambio de sexo, en la consideración del sexo (género) como algo opcional separado de la realidad corporal o biológica que lo acompaña. La concepción de la persona como ser biopsicosocial es contraria a esa consideración de la libre elección del sexo como algo diferente al cuerpo que lo sustenta.

Sin embargo, si consideramos que la persona es mucho más que su propia voluntad, sobre todo si está basada en el utilitarismo e inmediatez temporal, no se justifican muchas leyes o preceptos positivos que se fundamentan únicamente en aquello. No encuentra justificación la eutanasia, la libertad de elección de la maternidad o filiación, la posibilidad de un divorcio voluntarista, el ejercicio abusivo y exclusivo de la propiedad, la contratación con objeto o fin ilícito, etc. Porque una cosa es que el hombre tenga capacidad de elegir basada en su libertad, y otra es que esa capacidad de elección se fundamente exclusivamente en ella misma; el hombre puede decidir, es libre, pero esa facultad de decisión debe estar fundada en la *recta ratio*, sabiendo cuál es el bien que quiere y el mal que no quiere; es decir, en la ley moral, que persigue la libertad del hombre en relación interna y la ley debe descansar en ella[87]. Pero es que esa ley moral debe estar impregnando el Derecho, ya que este es parte del orden moral. Cualquier otra consideración de la libertad humana, de la consideración de la persona como ser individual y autónomo exclusivamente, conduce a la aceptación de otro tipo de Derecho civil.

---

87 Ratzinger explica perfectamente la importancia de la *recta ratio* en el Derecho, pues aquella debe estructurar a este: "La elaboración y la estructuración del derecho no es inmediatamente un problema teológico, sino un problema de la "*recta ratio*", de la recta razón. Esta recta razón debe tratar de discernir (más allá de las opiniones de moda y de las corrientes de pensamiento de moda) qué es lo justo, el derecho en sí mismo, lo que es conforme a la exigencia interna del ser humano de todos los lugares, y que lo distingue de aquello que es destructivo para el hombre. Tarea de la Iglesia y de la fe es contribuir a la sanidad de la "ratio" y por medio de una justa educación del hombre conservar a esa razón del hombre la capacidad de ver y de percibir. Si a ese derecho en sí se lo quiere llamar derecho natural, o de cualquier otra manera, eso es un problema secundario. Pero allí donde esta exigencia interior del ser humano, el cual está orientado como tal al derecho, allí donde esta instancia que va más allá de las corrientes mudables no puede ser ya percibida, y, por tanto, el "fin de la metafísica" es total, el ser humano se ve amenazado en su dignidad y en su esencia." RATZINGER, J., "La crisis del Derecho", discurso agradecimiento por la concesión del grado de doctor Honoris Causa en Derecho por la Universidad de LUMSA, noviembre 1999.

Igualmente, si consideramos que el hombre es un ser social, un ser en relación, que no puede entenderse sin la comunidad/sociedad pues en ella alcanza su perfección, como defendemos desde aquí, debemos entender el Derecho civil como el que estructura las relaciones sociales y familiares del hombre, que es parte de esas comunidades, y que ayuda a la perfección del ser humano en cuanto organiza los medios para ello[88]. En este sentido y, con esta consideración, debemos defender, por ejemplo, un concepto de familia como medio impulsor para la perfección de la persona. Y ello trae como consecuencia que los preceptos del Derecho de familia deben estar alineados con el bien que persigue el hombre, rechazando o criticando aquellos que le alejan de su perfección. De igual forma, si la comunidad más amplia (la sociedad) es también parte para que la persona alcance sus fines, entenderemos que las limitaciones en los derechos individuales como medida de respeto de los de los demás, la restricción de sus facultades en favor de las personas más vulnerables (menores, consumidores, personas sin recursos...) es una lógica consecuencia de esta dimensión social, y así debemos explicarlo. Pues, si la óptica fuera reducir a la persona a su dimensión individual, no se entenderían todas las limitaciones del derecho de propiedad, de los derechos reales, de la libertad de contratación, en aras de aquellos más necesitados de protección o simplemente de los otros[89]. Igualmente, en la dimensión social de la persona y

---

88 De nuevo, traemos aquí, el concepto de sociedad como amistad civil ya expuesto, 1.1. La Ciencia del Derecho, Ciencia del Derecho, en *Compendio de la doctrina social de la Iglesia,* Capítulo octavo la comunidad política, II. El fundamento y el fin de la comunidad política, C) La convivencia basada en la amistad civil, Párrafo 390.

89 En este sentido: GRANIERS, G., *La Filosofía del Derecho a través de su historia y sus problemas,* (trad. Jaime Williams Benavente), Editorial Jurídica de Chile, Santiago de Chile, 1979, p. 204: "Hablando empíricamente podemos decir que el fin inmediato del derecho es el

en su apoyo en la comunidad para alcanzar sus fines, que son también los de toda la sociedad y el bien común, se justifica la comprensión de las instituciones de la usucapión o la fe pública registral del art. 34 LH, cuyo fundamento objetivo es la postergación de los intereses dominicales del *verus dominus* frente a la protección de los terceros de buena fe que contrataron fiándose de la apariencia.

De ahí que la cuestión antropológica sea fundamental para el Derecho civil, y probablemente en esta rama del Derecho más que en ninguna otra, pues siendo la destinada al estudio del estatuto de la persona, según cómo configuremos a esta, podremos considerar justas o injustas, válidas o ilícitas las normas que lo integran. Y es que, una vez más, esto queda en relación con la concepción última del positivismo que llevado al absurdo considera válida y lícita cualquier norma emanada del poder legislativo, cayendo en una tautología de difícil solución, pues entonces nunca podrían existir normas injustas, aun cuando vulneren derechos inherentes a la persona. Los deberes jurídicos deben estar en consonancia con los deberes u obligaciones morales, pero, si existe una divergencia, debemos ser capaces de justificar el no cumplimiento de aquellos cuando no vengan refrendados por una obligación moral.

¿Cuál es la concepción antropológica subyacente a nuestro Derecho civil actual? ¿Concuerda con la concepción personalista? Parece, como luego veremos, que nuestro legislador se

---

bien social, y que su bien remoto es el bien del individuo, que en último término obtiene beneficios incluso de los máximos sacrificios que le impone el ordenamiento jurídico. Algunas veces puede ser difícil percibir tal beneficio, pero la dificultad desaparece si se reflexiona que más allá del individuo sacrificado hay otros individuos a los que el sacrificio les beneficia y que para el mismo sujeto sacrificado, la pérdida de un bien inferior puede convertirse en una ganancia de bienes superiores".

aparta de esta concepción antropológica, y las últimas leyes y proyectos de leyes en marcha no concuerdan con lo que aquí se defiende.

El concepto de Derecho civil que desde aquí se dé y se desarrolle debe ser acorde a la concepción de persona como ser biopsicosocial que hemos explicado, pues, como hemos dicho, la concepción filosófica y jurídica de la persona deben coincidir. Por eso, si el Derecho civil debe examinar y ocuparse de la realidad personal, familiar y social de la persona y sus relaciones con los demás, ese concepto de persona debe ser íntegro y acorde con todo lo que se acaba de explicar, debiendo el Derecho civil abarcar todas y cada una de las dimensiones en las que la persona -así entendida- se relaciona.

Una vez determinada la antropología que entendemos que debe subyacer para el Derecho civil, debemos continuar examinando su evolución y cambio al albor de los acontecimientos en los que el Derecho civil se ha visto inmerso en los últimos años. Iremos analizando en cada una de las vicisitudes y notas configuradoras del Derecho civil actual, qué concepto de persona subyace en la disciplina, y las consecuencias que de ello se derivan para dar un concepto de Derecho civil u otro.

2.2.- VICISITUDES CONFIGURADORAS DEL DERECHO CIVIL EN LA ACTUALIDAD Y SU RELACIÓN CON LA PERSONA

2.2.1.- Evolución antropológica del Derecho civil hasta el Código: la persona como sujeto de derechos y obligaciones patrimoniales

Antes de examinar las notas que configuran el Derecho civil actual, nos detenemos brevemente en exponer qué concepto de persona prevalecía antes y durante la publicación del Código civil, lo que nos ayudará a entender las vicisitudes que lo han configurado en la actualidad.

El concepto de persona que manejaba el Derecho civil anterior al Código debe enmarcarse en esa época, donde predominaba el iusnaturalismo racionalista[90], y los postulados más liberales, influenciados por las ideas de Locke del siglo XVII.

En efecto, las ideas liberales de Locke (y también de Hobbes en otro sentido), sobre la separación entre razón y pasión, llevo a separar las categorías de ser persona y vivir en el mundo: lo privado y lo público. Lo público se convierte en el centro de la construcción de la sociedad, y sobre los propósitos del hombre racional, quedando la esfera privada para las emociones y sentimientos, enmarcándose en ella lo relativo al hogar, familia y relaciones íntimas; es decir, las relaciones familiares y personales que ocupan un espacio residual frente a la esfera pública que es el verdadero centro de la teoría política. El espacio privado —propio del Derecho civil— queda fuera del espacio político, y por tanto de su alcance y sobre el que no se tiene control, quedando a expensas del individualismo y voluntarismo de la persona[91]. De este modo, y en un contexto de igualdad, en el estado de naturaleza, "los hombres disfrutan de una libertad

---

90 El iusnaturalismo racionalista, al que nos referimos, considera que el individuo aisladamente considerado es el máximo valor, de forma que "parte de una concepción del hombre como esencia racional o moral, que es completamente independiente de los demás y tiene plena disponibilidad sobre sí: es libertad y nada más que libertad" LACALLE NORIEGA, M., *La persona como sujeto de Derecho*, ob. cit., p. 57. El Derecho es una cualidad de la persona, ponen el foco del Derecho en la dimensión subjetiva de los derechos individuales, pasando a considerarse este como el sistema para asegurar la libertad individual.

91 En este sentido, según dice ÁLVAREZ, S., "La interferencia estatal en la vida privada y familiar", *Cuadernos electrónicos de filosofía del derecho*, nº 42, junio, 2-3. 2020.

perfecta para disponer de sus personas y bienes dentro de los límites de la ley natural, sin la obligación de pedir permiso ni depender de la voluntad de otros"[92]. Se llevan al extremo estas ideas individualistas en el sentido de que cada hombre tiene la propiedad de su persona, incluyendo su cuerpo, acciones, pensamientos y creencias, pudiendo en consecuencia —aunque esto se producirá en la evolución del pensamiento posterior de otros autores[93]— tomar las decisiones sobre uno mismo, que dará lugar a "un ámbito de plena libertad (liberalismo libertario o libertarismo)". Para Locke[94], en el estado de naturaleza, los hombres viven independientes, libres e iguales sin sujeción o subordinación alguna; de este modo, al ser todos iguales e independientes, nadie puede perjudicar a otro en su vida, libertad, salud o posesiones. La propiedad existe en ese estado de naturaleza, por lo que no puede tampoco subordinarse ni estar sometida al poder político, pudiendo en consecuencia cada persona, actuar sobre sus bienes. No es posible ninguna intervención del poder político, ya que el hombre entra en sociedad para preservar su propiedad. Esta propiedad privada (que alcanza a su propio ser), independiente y nunca supeditada, se convierte en el centro de las ideas liberales.

Estas ideas liberales influyeron notablemente en el pensamiento posterior y fueron recogidas por el Código Civil Napoleónico (1808), tras la revolución francesa, fuente e inspiración

---

92 REDONDO, L., "Libre disposición sobre el cuerpo: la posición de la mujer en el marco de la gestación subrogada", *EUNOMÍA Revista en Cultura de la Legalidad,* nº 12, abril-septiembre, 2017, pp.134-35.

93 Son las ideas que retoma Robert Nozick: NOZICK, R., *Anarquía, Estado y Utopía* (versión digital). Titivillius, p. 425, 1974, citado por Redondo. Ídem.

94 Véase VARNAGY, T., "El pensamiento político de John Locke y el surgimiento del liberalismo", en *Filosofía política moderna. De Hobbes a Marx,* Buenos Aires. Consejo Latinoamericano de Ciencias Sociales, 2020, pp.54-55.

de nuestro Código Civil (1889). Luego, no es de extrañar que el individualismo y libertad de la persona sobre sus bienes y su propio ser sean señas de identidad de aquel.

Estos pensamientos sobre la persona fueron recogidos por los positivistos que las moldearon y condujeron a la concepción de persona en la época de la codificación. Efectivamente, para los positivistas, ser persona en el Derecho es de origen positivo, es una cualidad técnica que otorga la ley, de modo que es el legislador y el ordenamiento el que puede determinar cuándo y cómo se es persona para el Derecho, pues esta se reduce a ser un sujeto de derechos (subjetivos) y deberes. El derecho subjetivo necesita para su ejercicio de un titular, y la reducción a esto, hace que solo sea persona para el Derecho, aquel titular[95]. Creemos que, desde el positivismo, se ofrece una visión sesgada y reduccionista del concepto de persona, que no compartimos, y que olvida qué es ser realmente persona para el Derecho, que es de origen natural y completa, debiendo atender el Derecho a todas las dimensiones de la persona, como ya hemos dicho.

En coherencia con estos planteamientos positivistas, en la época de la codificación, el Derecho civil ha tenido un componente patrimonial más relevante o elocuente que el no patrimonial o personal. Esto se debe a las propias ideas liberales y burguesas que inspiraron el Código que pretendían dar solución, sobre todo, a las cuestiones relativas a la voluntad del individuo, a la propiedad, y al intercambio de bienes y servicios que la burguesía realizaba y que eran su preocupación. Se entendía en este momento que la persona (objeto del Derecho

---

95 El máximo exponente de esta tesis, con una noción técnica de la persona, es Kelsen, que afirma que la persona es "una expresión unitaria personificadora para un haz de deberes y facultades jurídicas, es decir, para un complejo de normas". KELSEN, H., *Teoría pura del Derecho*, ob. cit., p. 83.

civil), era sobre todo "sujeto de derechos y obligaciones", primando su voluntad ante todo de forma individualista, como sujeto de relaciones patrimoniales.

Como veremos a continuación, el concepto de persona que subyace en el Derecho civil posterior al Código ha ido cambiando, y vamos a ir analizando ese cambio del concepto de persona y su influencia en la conceptualización del Derecho civil a lo largo de estos años.

2.2.2.- Descodificación del Derecho civil: la persona en sus distintas facetas

La primera etapa que debemos analizar es la que se produce con la descodificación del Derecho civil. La descodificación del Derecho civil debe entenderse, como explica GIL HERNÁNDEZ como la "pérdida del protagonismo del Código y del propio Derecho civil"[96], probablemente debido a la aparición de la Constitución y las leyes especiales, que regulan materias en principio reservadas para el Derecho civil y, a su vez, debido al cambio de valores y en la prelación en las fuentes a las que acudir, que se produce tras la Constitución española de 1978.

También suele identificarse la descodificación con la reducción, o disminución del contenido del Derecho civil, sea por la "pérdida" de materias que le deberían ser propias, sea por la "exclusión voluntaria" de otras. En este último sentido, podemos señalar que el Código asumía un concepto sesgado o parcial de la persona, pues la contemplaba solo como ser patrimonial o económico, sujeto de derechos y propietario de bienes y servicios[97]. Esta concepción de la persona

---

[96] GIL RODRÍGUEZ, J., "Acotaciones para un concepto de Derecho civil", ob. cit., p. 337.

[97] Coincidiendo en este planteamiento con los postulados positivistas.

dejaba prácticamente al margen los valores de la persona y sus derechos fundamentales, que quedaban fuera del Derecho civil. Todo ello reducía, igualmente, su contenido, dejando al Derecho civil principalmente la regulación de las cuestiones patrimoniales del hombre, amén de sus relaciones familiares más estrictas como de la consideración de los estados civiles propios de la persona, o sus relaciones familiares directas (filiación, matrimonio). Disminución intrínseca del propio contenido del Derecho civil, que también cambiará a partir, sobre todo, de la Constitución[98].

El Código civil, o el Derecho civil, —hasta ahora prácticamente equivalentes, fruto de las consecuencias del positivismo, y de los postulados iusnaturalistas llevados al extremo—, va a empezar a resultar preterido frente a estas nuevas Leyes especiales, perdiendo autoridad en determinadas materias que no recoge o regula, quedando *a priori* con un papel residual, de nexo común entre las mimas y, además, se ve superado por la Constitución que recoge los principios constitucionales del nuevo orden social y económico, situándose como la primera fuente del Derecho, a la que el Código debe subordinarse, perdiendo su privilegiada posición.

Esta descodificación, inicialmente, supone la pérdida de centralidad del Código como elemento básico o clave en la regulación del Derecho civil, de forma que este ya no puede identificarse plenamente con aquel. El Derecho civil ha cambiado, se ha

---

98 Sobre el concepto de persona en el Código civil, como ser patrimonial o económico, y la correspondiente reducción del contenido del derecho civil, véase: TENA PALAZUELO, I., "El Derecho civil entre lo permanente y su constitucionalización", en *Nuevo Derecho,* vol. 8, nº 10, enero-junio 2012, pp. 65-75; BESA P., VERA D., GARCÍA R., VIAL R., VALENZUELA J., SALAS HOERNIG C., "Evolución del Concepto de Derecho Civil", disponible en https://www.monografias.com/trabajos10/evco/evco.shtml, pp. 1-6. (última visita 25 marzo 2020; GIL RODRÍGUEZ, J., "Acotaciones", ob. cit., pp. 369-372.

transformado en una realidad del ordenamiento jurídico más amplia —a mi modo de ver— y con unos principios informadores nuevos centrados en una noción de persona probablemente diferente de la de la época de la codificación, pues aparece la persona profesional, comerciante, agricultor, prestamista... y, además, con la Constitución se "redescubrirá" la faceta más personal del ser humano[99]. Todo ello empuja al Derecho civil, una vez más, a transformarse, a amoldarse a la realidad económica y social que le corresponde, aunque no por ello pierde su esencia o elemento fundamental: la defensa de la persona y sus intereses, sean los que sean según la época.

Por otra parte, y como luego veremos, el proceso de descodificación en el que se ha visto inmerso el Derecho civil, como pérdida de la centralidad del cuerpo normativo, ha revertido, de nuevo, reconociéndose la importancia actual del Código en nuestro ordenamiento jurídico.

En cualquier caso, las causas de esta descodificación del Derecho civil son principalmente: a) la disgregación o desintegración debida a las leyes especiales, b) la aparición de la Constitución española de 1978 o "constitucionalización".

a) La desintegración del Derecho civil

Ya en el siglo XX se empieza a producir una mayor intervención del Estado tanto en la economía como en la realidad social y jurídica, en la que el individuo aisladamente considerado ya no es lo importante, sino que lo es en cuanto miembro

---

99 A partir de la "descodificación" y la regulación por parte de la CE y de leyes especiales de algunos derechos inherentes a la persona, propios del Derecho civil, se da mayor importancia a otras facetas de la persona; esta se contempla de forma más amplia, y no como meramente reducida al *homo economicus*, o sujeto de derechos y obligaciones más bien de carácter patrimonial.

de la sociedad. De este modo, la propiedad privada ya no es absoluta, surgen los límites y limitaciones a la misma, se imponen deberes a los propietarios, surge la preocupación social por los trabajadores, aparece la nueva responsabilidad objetiva del empresario y, en definitiva, la autonomía de la voluntad retrocede, ya no está en primer plano, se limita. Además, surgen nuevas actividades económicas, descubrimientos técnicos y científicos que empujan la industrialización y el tráfico jurídico, el desarrollo de la agricultura, los problemas sociales derivados de todo ello hacen que aflore la necesidad de regulación de todas estas nuevas actividades que, como afirman LACRUZ Y SANCHO[100], tienen como denominador común, una dedicación profesional: el comercio, el trabajo asalariado y la agricultura. Estas nuevas actividades van a ser reguladas por nuevos conjuntos de normas, separadas del Derecho civil, que van a ir adquiriendo con el transcurso del tiempo mayor importancia e independencia, hasta convertirse en disciplinas jurídicas autónomas: el Derecho mercantil, el Derecho del trabajo y el Derecho agrario.

Posteriormente, y como consecuencia de la rápida evolución histórica y científica con la aparición de nuevas realidades y necesidades, surgen un sinfín de normas atomizadas y sectoriales que las regulan, formando nuevas ramas del Derecho civil, separándose de este para dar respuesta a estas nuevas realidades, como van a ser: el Derecho de arrendamientos, Derecho notarial, Derecho hipotecario, Derecho ambiental, Derecho de daños, Derecho turístico, Derecho aeronáutico…Si bien estas normas no alcanzan la autonomía disciplinar de las anteriores, provocan el mismo efecto que aquellas en el Derecho civil: la disgregación o separación del código, pues nacen fuera de él, produciendo la desintegración

---

[100] LACRUZ BERDEJO, J.L. Y SANCHO REBULLIDA, F., *Elementos de Derecho civil*, vol. I, tomo I, p. 42.

del Derecho civil anunciada, que parece reducir o quedarse con un contenido mermado y obsoleto[101].

La separación de estas materias del Derecho civil conduce a su desintegración, a una disminución de su contenido, viendo reducido su papel a "conservar una preeminencia sobre los demás derechos reales"[102], convirtiéndolo en Derecho privado general.

Parece como si la disgregación de estas materias dejara reducido el Derecho civil casi a un derecho doméstico, desconectado de las realidades sociales más modernas, y aplicable cada vez a menos aspectos y personas. Esto ha sido uno de los factores que han llevado a cuestionar si el Derecho civil está en crisis.

Nos planteamos, entonces, si esta disminución de contenido ha mermado la esencia del Derecho civil, reduciéndolo, de forma que no pueda ya considerarse como una disciplina jurídica autónoma, quedando realmente como una materia "residual"[103].

Creemos que esto no es así, nuestro Código civil (y por ende el Derecho civil) es hoy un cuerpo vivo, práctico y aplicable, que da respuesta y establece las estructuras básicas del Derecho privado general, al que acuden y vuelven las Leyes especiales a falta de respuesta en sus articulados; es hoy, de

---

101 Cabría plantearse, como líneas futuras de investigación a desarrollar, si la desintegración del Derecho civil en otras varias disciplinas ha implicado también una diversidad de concepto de persona para cada una de ellas, o si ese cambio antropológico – si se ha desterrado la concepción personalista que se defiende- es el que ha tenido como consecuencia esa disgregación. Si bien, esto excede en estos momentos los límites de este trabajo.

102 LACRUZ BERDEJO y SANCHO REBULLIDA, F., *Elementos de* ...ob. cit., 1998, p. 29.

103 Tal y como considera Natalino IRTI, en su obra *Edad de la descodificación,* Bosch, Barcelona, 1992, p. 33.

nuevo, el Derecho privado común o general de la persona, y esa es su esencia y virtualidad hoy en día[104]. La separación de estas materias del Derecho civil (tanto las que ya gozan de una autonomía más que probada —Derecho mercantil, Derecho laboral y Derecho agrario—, como las recogidas en leyes especiales de menor entidad —Derecho registral, notarial, arrendamientos...—), no desmerecen su carácter de Derecho general o común, ya que los términos de relación entre este y aquellas "no han variado salvo en la posibilidad de una mayor autointegración, que retrasa, pero no excluye, la llamada subsidiaria al Derecho (civil) que, por otra parte, les proporcionará los primeros auxilios metodológicos y conceptuales"[105]. Y es que el Derecho civil vuelve a su papel de derecho tradicional, pero no en el sentido de anclado en el tiempo y con rasgos de obsolescencia, sino como derecho de anclaje, al que volver, pues contiene los principios generales que son la base del ordenamiento privado[106].

El Derecho civil sigue siendo el Derecho común en dos sentidos: uno como ley supletoria de esas leyes especiales, tal y como se acaba de exponer y se desprende del propio art. 4.3 CC: "las disposiciones de este código se aplicarán como supletorias en las materias regidas por otras leyes", pero también como supletorio de los derechos civiles forales

---

104 TENA PALAZUELO, I., "El Derecho civil entre lo permanente y su constitucionalización", en *Nuevo Derecho*, vol. 8, nº 10, enero-junio 2012, pp. 67-68. (pp. 65-75).

105 GIL RODRÍGUEZ, J., "Acotaciones para un concepto de Derecho civil", ob. cit., p. 356, y recoge también las ideas de LACRUZ BERDEJO, J.L., *Elementos de Derecho civil*, vol. I, tomo I, pp. 44-45.

106 En contra, considera que el Derecho civil es un derecho reacio al cambio, lento en adaptarse a las nuevas realidades, con dificultades para ello, incluso por su propia técnica y método, DE TRAZEGNIES GRANDA, F., "El Derecho civil: perspectivas futuras", *Themis–Revista de Derecho*, nº 66, 2014, pp. 25-38.

allí donde persisten, como luego veremos, entendiendo el Derecho común en un sentido territorial.

Considero que, a pesar de esta desintegración o disgregación de materias, no se ha perdido la esencia del Derecho civil, como el Derecho de la persona y sus relaciones personales y familiares, que es lo que sigue dando fundamento y unidad incluso a esas materias disgregadas e incluso autónomas, que vuelven a la "rama madre" cuando lo necesitan.

El elemento común, el núcleo del Derecho civil, persiste, y este no es sino la persona y sus relaciones con los demás: en sus relaciones más personales (familia) o en las necesarias para la atribución e intercambio de bienes (patrimonio): persona, familia y patrimonio como esencia del Derecho civil. Siendo esto así, el Derecho civil se ha adaptado a esta nueva realidad, pues su esencia persiste aunque haya cambiado en el tiempo, y se haya adaptado a los sucesivos acontecimientos y novedades históricas; prueba de ello sería incluso la posibilidad —remota, eso sí— de que podría volver a producirse una unificación del Derecho privado general con base en los fundamentos y principios del Derecho civil como hoy lo conocemos, aunando de nuevo todas las materias dispersas, que tendrían sentido y unidad.

La concepción antropológica que subyace en esta etapa es la persona en su dimensión más personal y familiar, desarrollándose en otras disciplinas las especialidades de la persona como profesional, o por ámbitos objetivos materiales, pero que tienen todas como base al Derecho civil. Pero eso sí, la persona sigue siendo el centro, con independencia de la consideración que se tenga de ella. Aparece la persona "profesional" junto con la familiar, pero claro, siguen siendo dimensiones de la persona y, por ende, núcleo del Derecho civil que sigue vivo y con el mismo objeto.

b) La constitucionalización del Derecho civil

La pérdida significativa de importancia del Derecho civil, probablemente, tuvo su causa más inmediata en la Constitución Española de 1978, que vino a alterar tanto los principios e ideologías en que se fundamentaba el Código, como la prelación de fuentes.

Estas dos circunstancias hicieron que el Código, hasta entonces Derecho privado común general, de corte liberal, con predominio del individuo y su autonomía de la voluntad, primando sus relaciones patrimoniales sobre las personales, perdiera esa eficacia, ese sentido y, en definitiva, los caracteres propios de la época de la codificación, para adaptarse a los nuevos preceptos constitucionales.

Pero, esto no hace que el Derecho civil entre en crisis, o desaparezca, o quede relegado totalmente a un plano casi ornamental o ficticio, sino que —desde mi punto de vista—, estos acontecimientos y la aparición de la Constitución de 1978, van a transformar, van a contribuir a la evolución y al cambio del Derecho civil: a "constitucionalizarse", ya que debe adaptarse a esta nueva realidad social, como toda disciplina viva, sin que ello suponga su relegación, ni mucho menos su muerte. Se produce una adaptación al nuevo medio, no su desaparición. El Derecho civil incorpora la visión de la persona que ofrece la Constitución. Lo explicamos en las siguientes líneas.

La Constitución de 1978 llega a España al término de la dictadura del General Franco, dando paso a la democracia y al sistema de gobierno, monarquía parlamentaria, y régimen económico y social que todavía disfrutamos en nuestro país. La Constitución de 1978 es extensa y alcanza y abarca aspectos del Derecho privado que antes no eran contenido propio de las constituciones (políticas y programáticas); motivo este por el que el Derecho civil parece relegado, perdiendo su fuerza anterior.

Dos son los principales cambios que va a producir con respecto al Derecho civil: a') El cambio ideológico y de principios inspiradores del nuevo régimen político, que se tradujo en nuevos principios informadores para el ordenamiento y, en consecuencia, para el Derecho civil; la Constitución va a influir en el contenido del Código civil, que debe adaptarse a ella. Es lo que podemos denominar como hace TENA[107], la "constitucionalización" del Derecho civil[108]. b') La alteración del sistema de fuentes, colocándose la Constitución en su cúspide, perdiendo el Derecho civil su carácter preferente en el ordenamiento privado, pérdida de rango formal, como consecuencia de una Constitución aplicable y no meramente programática, con eficacia vinculante y que trasciende de lo meramente político, para impregnar todo el ordenamiento. Esta pérdida formal, este desplazamiento del Código por la Constitución, es lo que se ha denominado la "desconstitucionalización" del Derecho civil.

a') Nuevos principios informadores del Derecho civil: constitucionalización del Derecho civil

La "constitucionalización" del Derecho civil, es decir, esa impregnación del ordenamiento civil por los nuevos valores constitucionales, se ha debido a que la Constitución de 1978 alcanza a regular muchos aspectos del Derecho civil. Además, la eficacia directa de las normas constitucionales, que no necesitan desarrollo a través de leyes, ha contribuido a ello, provocando

---

107 TENA PIAZUELO, I., "El Derecho civil: entre lo permanente y su constitucionalización", ob. cit., p. 69

108 O incluso se habla de "Derecho civil constitucional", como hace ARCE Y FLÓREZ-VALDES, J., *El Derecho civil constitucional,* Civitas, Madrid, 1991.

que gran parte del "ordenamiento" civil y privado se haya visto invadido por la Constitución, dando lugar a este fenómeno[109].

La democracia y la modernización de la sociedad española, así como la nueva y cada vez mayor intervención del Estado, trajo un cambio del liberalismo decimonónico en el que se inspiró el Código, a una democracia, de corte social, preocupada más por la sociedad que por el individuo particular. De alguna forma, el Estado se convierte en el garante del bienestar social, del bien común[110], y va a primar la sociedad en su conjunto, frente al ser individual; en consecuencia, la autonomía de la voluntad, la propiedad privada absoluta, la libertad de circulación y contratación, pilares todos ellos del Código y Derecho civil anterior, van a sufrir cambios y limitaciones en su ejercicio, ya que se subordinan al interés general. La dimensión social de la persona cobra fuerza y prevalece frente a la patrimonial.

Prueba de ello, y a modo ejemplificativo, la propiedad privada que se proclama como derecho en el art. 33 CE, y se sigue respetando, siendo uno de los derechos claves de nuestro ordenamiento, se ve sometida al interés general conforme al art. 128 CE, lo que se traduce en la nueva función social de la propiedad, que delimita el contenido actual de esta. La vieja concepción del art. 348 CC, de que el derecho de propiedad supone las facultades de gozar y disponer de las cosas sin más

---

[109] Muchos han sido los autores que recogen o hablan de la constitucionalización del Derecho civil o del Derecho civil constitucional, entre otros: DIEZ-PICAZO, L., "Constitución y fuentes del Derecho", *REDA.*, nº 21, 1979, p. 189 y "La doctrina de las fuentes del Derecho", *ADC*, 1984, p. 933; BATLLE VAZQUEZ, M., *Repercusiones de la Constitución en el Derecho privado,* Madrid, 1933 y DE CASTRO Y BRAVO, F., "El Derecho civil y la Constitución", *RDP*, 1935, pp. 33 ss.

[110] Art. 1 CE 1978: "España se constituye en un estado social, democrático y de derecho".

limitaciones que las establecidas en las leyes, debe ser reinterpretada al hilo de la nueva función social, que implica que la propiedad particular puede verse limitada en aras del interés general, y sufre limitaciones consustanciales con respecto a los terceros, antes impensables en un sistema liberal[111].

De igual forma, los derechos fundamentales que recoge la Constitución en los artículos 15 al 29 habían estado tradicionalmente alejados del Derecho civil, puesto que siempre habían sido objeto de protección por parte del Estado, garante de los mismos, y frente a quien el ciudadano debía reclamar

---

111 No nos olvidemos de que el sistema liberal que regía el Código civil en la época de la codificación estaba impregnando por las ideas liberales, influenciadas claramente por las tesis de Locke, que puede considerarse como el precursor de la filosofía liberal de la propiedad. Para este autor los hombres son plenamente libres e iguales en el estado de naturaleza, de forma que pueden hacer lo que consideren, sin estar sometidos a jerarquía alguna. En este orden de cosas, precisamente aparece el Estado para legitimar la propiedad individual del hombre, dictando normas y leyes que tiendan a protegerla y preservarla. El hombre en estado de naturaleza tiene ya propiedades legítimas individuales y propias que deben defenderse. Locke afirmaba que la propiedad privada precede, por tanto, al establecimiento de la sociedad política o gobierno, y entendía que el hombre puede ser propietario "sin necesidad de un pacto explícito de cuantos comparten dicha posesión [común otorgada por Dios]" (II, párrafo 25). y ningún poder "puede arrebatar a ningún hombre parte alguna de su propiedad sin su propio consentimiento" (II, párrafos 138, 193), ya que los "hombres entran en sociedad para preservar su propiedad" (II, párrafos 222, 94, 124, 134). El título que otorga al hombre la propiedad privada es, precisamente, el trabajo, pues gracias a este, el hombre es capaz de extraer y transformar una cosa del estado de naturaleza en otra distinta, adquiriendo la propiedad sobre la misma. Véase LOCKE, J., *Dos ensayos sobre el gobierno civil,* (Segundo tratado) Espasa, Madrid, 1991. Edición de Joaquín Abellán y traducción de Francisco Giménez Gracia.

amparo y, en consecuencia, eran objeto del Derecho público. Pero, con la entrada en vigor de la CE, y, sobre todo con su art. 18, que recoge los derechos al honor, intimidad y propia imagen como derechos fundamentales, se va a producir una extensión o ampliación del Derecho civil por efecto de la CE. A partir de ahora, estos derechos inherentes al ser humano, que son los derechos de la personalidad para el Derecho civil, y que siempre deberían ser parte del Derecho civil por constituir derechos propios del ser personal, vuelven al Derecho civil, ampliando su contenido. La poca atención que les dispensó el Código, y la proclamación actual de los mismos por la Constitución, hacen que esta se los arrogue como propios, ordenando la publicación de la ley orgánica que los protege (LO 1/1982, de 5 mayo de protección civil del Derecho al honor, intimidad y propia imagen) y mermando *a priori* las competencias del Código.

Sin embargo, considero que lo que se produce es justo lo contrario: más que una disminución de contenido del Derecho civil, se produce una incorporación de aquellos contenidos en el ordenamiento privado. Como afirma COCA PAYERAS[112], "otro tanto podemos decir de la Ley Orgánica de 5 de mayo de 1982, de protección civil del derecho al honor, a la intimidad personal y familiar y a la propia imagen que al desarrollar el art. 18.1 de la Constitución introduce en el ordenamiento civil unos específicos contenidos normativos cuya normación tradicionalmente había sido coto exclusivo del ordenamiento público y particularmente del penal".

Esta ampliación de contenido del Derecho civil en la defensa de los citados derechos fundamentales, así como de otros, como puede ser el derecho o principio de igualdad, se ha debido a dos causas:

---

112 COCA PAYERAS, M., "Aproximación a un concepto técnico del ordenamiento civil", ob. cit., p. 55.

a) Como hemos dicho, tradicionalmente se consideraban materia de Derecho público pues su eficacia y tutela se exigía solo frente al Estado, limitando las injerencias públicas sobre ellos, por lo que quedaban fuera del Derecho privado. Cuestión esta que parece solventada en cuanto mayoritariamente se considera que, también, los derechos fundamentales producen efectos *inter privatos*. Por tanto, puede reclamarse su defensa frente a un individuo particular que los vulnere, a través del procedimiento que recoge el art. 53.2 CE de tutela de los derechos fundamentales frente a los tribunales ordinarios mediante un procedimiento basado en los principios de sumariedad y preferencia.

b) Antes, el Derecho civil los olvidaba porque estaba centrado en el *homus economicus*, en los aspectos patrimoniales de la persona, olvidando los aspectos más personales de esta (de su dimensión intimista), y por considerar su defensa propia del Estado. Va a ser precisamente la CE la que, situando a estos derechos inherentes a la persona como fundamentales, quien va a recolocarlos —de nuevo— en el mapa privado, y va a hacer que el Derecho civil los asuma también como propios (lo que siempre debió hacer); produciéndose, como luego veremos, una personificación o despatrimonialización del Derecho civil, en favor de una concepción íntegra y global de la persona en todas sus relaciones (personales, familiares y patrimoniales). Se produce, por tanto, un cambio, sí, pero a mejor, con una reorientación del Derecho civil hacia su verdadera esencia: el ser personal.

Esto es lo que ha ocurrido, por ejemplo, en materia de filiación, por la aplicación del principio de igualdad (igualdad de la filiación biológica y la adoptiva, supresión de la diferencia entre legítima e ilegítima), y la igualdad en el matrimonio (por la igualdad efectiva del hombre y la mujer en el matrimonio, posibilidad del matrimonio entre personas del mismo sexo, con base-inicialmente y criticable desde nuestro punto de vista[113]-

---

113 Decimos inicialmente, porque el recurso de inconstitucionalidad inicial que resolvió la STC 198/2012, de 6 de noviembre, frente a la ley 13/2005, de 1 julio, de matrimonio entre personas del mismo sexo, basaba su inconstitucionalidad en la vulneración del art. 32 CE, el derecho a contraer matrimonio. La resolución del tribunal que debería haberse centrado en la supuesta constitucionalidad aludiendo al principio de igualdad efectiva de todas las personas y su libre desarrollo de la personalidad (principios y derechos constitucionales), sin embargo, resuelve aplicando la doctrina de la visión evolutiva de la constitución, la "*living constitution*". El Tribunal interpreta como "una verdadera cultura jurídica de la que resulta que el Derecho es un fenómeno social que ha de quedar vinculado a la realidad y que, por tanto, no puede construirse desde una interpretación literal, sistemática u originalista de los textos jurídicos, sino que también contribuyen a su configuración la observación de la realidad social jurídicamente relevante, las opiniones de la doctrina jurídica y de los órganos consultivos previstos en el propio ordenamiento, el derecho comparado que se da en un entorno socio-cultural próximo" (MONTALVO JÄÄSKELÄINEN, F., "La Sentencia del Tribunal Constitucional sobre el matrimonio entre personas del mismo sexo: ¿una nueva forma de interpretar el Derecho y los derechos en España?", *Revista cuatrimestral de las Facultades de Derecho y Ciencias Económicas y Empresariales*, ICADE, nº 100, monográfico, p.10. Es decir, la sentencia del Constitucional, para la defensa de la ley y el matrimonio entre personas del mismo sexo, basó sus argumentos en la necesidad de adaptarse a la realidad social, a la demanda de la sociedad, y no en posible vulneración de principios constitucionales. En vez de rebatir la inconstitucionalidad (si es que así debía ser, concepción que no comparto), alegando su constitucionalidad, con base en principios y derechos constitucionales, se limita a defender su no inconstitucionalidad, dentro de la interpretación del art. 32 CE adaptada a las nuevas realidades, pues recordemos que este articulo no resultó modificado por la Ley 13/2005.

en la igualdad efectiva y derecho al libre desarrollo de la personalidad); o han tenido que suprimirse y derogarse artículos del Código para no contradecir a la Constitución, por ejemplo, la supresión de la distinción de filiación legítima e ilegítima, y se ha establecido como nuevo criterio interpretativo del Código, la propia constitución.

Por otra parte, no sería justo no reconocer que, en ocasiones, determinados principios o postulados recogidos por la constitución, se encontraban ya en el Código civil, y que de allí han pasado a la constitución, se han "constitucionalizado", contribuyendo también a abundar en esta característica. Por ejemplo, la iniciativa privada económica, la propiedad privada, la defensa de la familia y la protección de los menores; principios todos ellos ensalzados por la constitución y consolidados, pero que ya eran previamente civiles; pues aquella no hace sino recoger y estructurar gran parte la tradición jurídica previa.

De este modo, las relaciones entre Derecho civil y Constitución son estrechas, a veces regulan materias comunes y, otras, el Derecho civil se adapta y acoge nuevas materias, o las "pierde", pero eso no es sino signo de su adaptabilidad a la nueva norma superior del ordenamiento jurídico español, que acaba por configurar lo que hoy es el Derecho civil.

b') El desplazamiento del Código por la Constitución en el sistema de fuentes: la "desconstitucionalización"

Por otra parte, y como ya hemos adelantado, otra de las consecuencias de la aparición de la Constitución 1978 es la pérdida formal de rango del Código en el sistema de fuentes, que debe abandonar la cúspide del mismo (de la pirámide normativa según KELSEN), para someterse a ella, encontrando en la Constitución su límite y a la vez su fuente de inspiración.

La CE 1978 trasciende el mero papel de ley política fundamental para aplicarse de forma vinculante a todos los aspectos del ordenamiento jurídico, convirtiéndose en la primera fuente inspiradora de todas las demás, desplazando al Código de su función de garante de los principios y libertades sociales (propio del siglo XIX) e incidiendo de una forma extraordinaria sobre el Derecho civil, produciéndose inicialmente una quiebra entre ambos, que ha habido que acompasar como hemos expuesto en el punto anterior.

La Constitución se erige en fuente primera y primaria del ordenamiento jurídico español, estableciendo sus principios y valores informadores, al que debe ajustarse el Código civil. La pérdida de importancia formal, en este sentido, es evidente: se trata de una ley ordinaria que puede modificarse por otra ley de igual rango[114]. Pero, la importancia del Derecho civil sigue presente si no ya de manera formal (obviamente está sometido al principio de jerarquía normativa donde está pospuesto a la Constitución), sí de forma material en la propia organización política y económica del Estado; pues "tanto la sociedad de mercado como el Estado democrático están profundamente ligados al Derecho civil, y que la característica privada y contractualista de este tipo de Derecho apoya e incluso inspira la organización económica y la organización

---

114 CARRASCO PERERA, A., *El Derecho civil: señas, imágenes y paradojas*, Tecnos, Madrid, 1988, p. 70, considera que el Código civil es la ley que, en igualdad con otras, ha tenido la osadía de establecer las reglas en virtud de las cuales pueden y deben comunicarse las diversas estructuras del ordenamiento jurídico español.

política de la modernidad. El Derecho civil tiene, pues, un papel nuclear dentro de la sociedad moderna"[115].

El sistema de fuentes, el rango formal que ostentaba el Código civil como cúspide del ordenamiento anterior, casi investido de valor constitucional en algunas de las materias que regulaba, ha cambiado, y por supuesto queda subordinado a la Constitución; pero, no por ello debe entenderse que el Código civil ha quedado olvidado, o preterido, sino que se ha adaptado a este nuevo sistema normativo de fuentes, por una parte, buscando su nuevo "nicho" de aplicación, y por otra, inspirando todavía y siendo fuente de muchas otras normas donde la Constitución no alcanza. No se puede olvidar que el sistema de fuentes que recoge el Código sigue vigente en nuestro ordenamiento, aunque hay que reinterpretarlo conforme a la Constitución.

En general, y a pesar de este proceso de descodificación, a mi modo de ver proceso de adaptación del Derecho civil a una nueva realidad, podemos decir que el Código no ha conseguido perder su importancia.

El Código es objeto y facilita el estudio del Derecho, aunque no agote el objeto propio de la ciencia jurídica que, como ya dijimos, no puede identificarse con el Código, con la ley, pues esto sería una visión positivista que no comparto. Entendemos el Código como soporte del verdadero objeto del Derecho, que son las relaciones jurídicas entre las personas, buscando lo justo para cada uno. No olvidemos que el Derecho es una ciencia teórico-práctica que se funda en la razonabilidad para dar a cada

---

115 TRAZEGINES GRANDA, F., "El Derecho civil: perspectivas futuras", ob. cit., p. 29. Este autor considera y explica esa cita, aduciendo que, por ejemplo, el Derecho civil tiene tanta influencia que hasta la propia organización del Estado es concebida como un contrato social.

uno lo suyo, lo justo, en el caso concreto y no en la racionalidad estricta a partir de unos enunciados normativos completos.

Con todo, el Código, hoy, es un instrumento eficaz y no puede darse por superado. El Código, debido a su estructura interna, a la sistemática que ofrece del Derecho civil, pues lo organiza de forma coherente a los principios y reglas de la razón natural, sirve como garante de la seguridad jurídica que se necesita hoy en día. De este modo, el Código sigue siendo básico como pilar organizador de todo el sistema de Derecho civil, aglutinando y dando sentido a través de él también a las leyes especiales, configurando un sistema unitario en el que él es la piedra angular, que, por qué no, se va actualizado a través de las leyes especiales[116].

2.2.3.- Personificación del Derecho civil: la dimensión íntima de la persona

No cabe duda de que el Derecho civil tiene una parte de Derecho patrimonial[117] fundamental que ha sido la que ha marcado su historia y contenido, pero también cuenta con una serie de normas no patrimoniales, centradas en los aspectos y relaciones más personales del individuo: sus cuestiones vitales, y relaciones familiares. Incluso podemos hablar, como hace COCA PAYARES[118], de un ordenamiento civil en el que se sitúan dos subordenamientos básicos: el privado no patrimonial y el privado patrimonial. Estos dos subordenamientos componen el Derecho

---

[116] En este sentido se manifiesta BARBER CARCAMO, R., *Proyecto docente e investigador*, ob. cit. p. 66.

[117] Es la parte del Derecho civil que se encarga de regular la realización de actividades económicas por parte del ser humano.

[118] COCA PAYARES, M., "Aproximación a un concepto técnico del ordenamiento civil", ob. cit., pp. 50-56

civil, como una composición dual, o un binomio formado por esas dos magnitudes fundamentales que lo estructuran.

Pero, esto no ha sido siempre así, y originalmente, sobre todo a partir de la codificación, el Derecho civil ha tenido un componente patrimonial más relevante o elocuente que el no patrimonial o personal. Esto se debía, como ya se ha comentado, a las propias ideas liberales y burguesas que inspiraron el Código que pretendían dar solución, sobre todo, a las cuestiones relativas a la voluntad del individuo, a la propiedad, y al intercambio de bienes y servicios que la burguesía realizaba y que eran su preocupación. La persona era sobre todo "sujeto de derechos y obligaciones", como ya hemos puesto de relieve.

Las cuestiones relativas a las condiciones, estados y situaciones jurídicas más personales del hombre (nacimiento, muerte, familia, capacidad) así como los derechos inherentes al ser humano, por el hecho de ser persona, (los derechos fundamentales o derechos de la personalidad) quedaban fuera del Derecho civil, asumiendo su proclamación y defensa el Derecho público, pues el Estado era el único garante de aquellos, o bien formando lo que se denominaba la parte "deprimida"[119] del mismo.

Sin embargo, y como ya hemos comentado antes, a raíz de la CE 1978 esto cambia. Los derechos fundamentales se "civilizan", ya no son patrimonio del Derecho público porque también se hace necesario su reclamación y defensa frente a particulares, y porque, si el Derecho civil es el Derecho de la persona, no puede ignorar los derechos más intrínsecamente ligados a ella por el solo hecho de existir, de ser persona. Se

---

119 SACCO, R., "*Il manuale per la matricole (dal Ruggiero al nostro tempo)*", *Rivista di Diritto Civile*, 1975, II, p. 343. "Las relaciones que eran a un tiempo extrafamiliares y extra patrimoniales (derechos de la personalidad, relaciones entre asociados) constituyen el área deprimida del Derecho civil italiano".

redescubre a la persona "humana", y no solo al individuo como un sujeto de derechos: el individuo como voluntad. No puede, el Derecho civil, desvincularse de la parte del ordenamiento que considera a la persona como tal. Por eso, se va a producir, al menos para el Derecho positivo, una ampliación del concepto de persona hasta hacerlo equivalente al de persona como ser de fines, completa, con todas sus dimensiones lo que lleva a, su vez, a una "humanización" o "personificación" del Derecho civil[120].

En este punto traemos a colación lo que ya se explicó en el apartado anterior sobre la antropología subyacente en el Derecho civil, y nuestra postura de considerar como persona para el Derecho al ser completo, biopsicosocial, en el que todas sus dimensiones (patrimonial, social, familiar, intimista) tienen relevancia para el Derecho, pues el hombre es un ser social por naturaleza, "donde hay personas hay Derecho"[121]. Y, como para nosotros todo ser humano es persona, toda persona o ser humano es sujeto de derechos y de Derecho, en su concepción completa, sin que pueda negarse el carácter de persona a nadie, ni por raciones sociales, raciales, sexuales, de discapacidad. Tampoco se puede entender que la persona para el Derecho lo sea solo parcialmente, como sujeto de derechos y obligaciones de carácter personal que es lo que hace el positivismo jurídico, y como se defendía o se ponía el foco en la época liberal y de la codificación[122].

En cualquier caso, el Derecho civil empieza a perder su carácter netamente patrimonial, para incorporar (o en algunos

---

120 MARTÍNEZ DE AGUIRRE, C., *El Derecho civil a finales del siglo XX*, Tecnos, Madrid, 1991, pp. 110-111.

121 LACALLE NORIEGA, M., *La persona como sujeto de Derecho*, ob. cit., p. 227.

122 Véase *supra* 2.2.1. - Evolución antropológica del Derecho civil hasta el Código.

casos, simplemente destacar[123]) el aspecto más personal del individuo, sus derechos inherentes, y aquellos aspectos de su vida personal y familiar sin trascendencia económica, hasta entonces olvidados. Es lo que se llama la despatrimonialización o -prefiero yo- personificación del Derecho civil. A partir de ahora, el Derecho civil no es solo el derecho del "*homo oeconomicus*"[124], sino el Derecho de un individuo, del que se toma consciencia que tiene otras dimensiones tan importantes como la económica o patrimonial, dignas de protección y atención.

Es más, tal ha sido la "personificación" del Derecho civil, que, como dice COCA PAYARES[125], el mayor ensanchamiento normativo, la mayor atracción normativa del Derecho civil, se ha producido a costa del Derecho no patrimonial, que acoge ahora muchas "conductas que eran ajenas a la regulación civil, no eran contempladas por los supuesto de hecho de las normas de ese ordenamiento y que hoy han sido acogidas en la órbita civil", y todo ello, continua este autor, ha sido debido particularmente a la Constitución española.[126]

---

123 Ya que, realmente, el Derecho civil se ha ocupado también de esa dimensión, a través del estudio de los derechos de la personalidad, solo que ahora se "redescubren". En este sentido, véase a DE CASTRO Y BRAVO, F., "Los llamados derechos de la personalidad", *Anuario de derecho civil,* Vol. 12, nº 4, 1959, pp. 1237-1276.

124 GIL RODRÍGUEZ, J., "Acotaciones para un concepto de Derecho civil", ob. cit., p. 370.

125 COCA PAYARES, M., "Aproximación a un concepto técnico del ordenamiento civil", ob. cit., p. 55.

126 Ejemplo de esa amplitud o ensanchamiento normativo del Derecho civil como consecuencia del derecho no patrimonial, es por ejemplo, que sea ahora el Código civil el único que regule el matrimonio, tras la Ley 7 julio 1981; o la LO de 5 mayo de 1982, de protección civil del derecho al honor, a la intimidad personal y familiar ya al propia imagen, que desarrolla el derecho fundamental previsto en

Como afirma GIL RODRÍGUEZ[127], la despatrimonializaicón consiste en "colocar, como la Constitución hace, la persona humana por delante del interés económico, de modo que las relaciones patrimoniales mismas se funcionalicen a la lógica de respeto a la dignidad de aquella", y eso sin que se expulse, o se pierda, la parte patrimonial del Derecho civil, que permanece, pero supeditada a la "persona-humana". Como afirma MARTÍNEZ DE AGUIRRE, se trata de "una subordinación teleológica de las instituciones y valores patrimoniales a los personales"[128].

Se redefine el concepto de persona como elemento principal del Derecho civil, incluyendo en ella, como ya hemos dicho antes, tanto su dimensión "doméstica o intimista", como la "productivista", pero siempre subordinadas a aquella[129].

Pero, esa subordinación debe entenderse, como afirma BARBER CÁRCAMO[130], en el sentido de que las instituciones patrimoniales son instrumentos para el desarrollo integral de la persona; existe una vinculación institucional de los mecanismos patrimoniales y sus valores a la persona, y aquellos son los medios para conseguir el fin del desarrollo y protección del ser humano. El Derecho civil debe estar atento a que esos instrumentos patrimoniales no superen a la persona, y esta quede relativizada de nuevo frente a las relaciones patrimoniales.

---

la Constitución, que es de carácter civil, asumiendo competencias anteriormente propias del derecho penal, o administrativo.

127 GIL RODRÍGUEZ, J., "Acotaciones.", ob. y loc. cit.

128 MARTÍNEZ DE AGUIRRE, C., *El Derecho civil del siglo XX*, ob. cit., pp. 150-154.

129 GIL RODRÍGUEZ, J., "Acotaciones...", ob. cit., p. 371.

130 BARBER CÁRCAMO, R., *Proyecto docente e investigador*, ob.cit. p. 60.

Es esta la función que debe realizar ahora el Derecho civil: tratar de que no prevalezca la lógica puramente patrimonial sobre la personal, ya que la persona es más que un sujeto de relaciones patrimoniales.

Esto es necesario, hoy más que nunca, cuando surgen voces contra la deshumanización y despersonalización de nuestro entorno social. De este modo, a través de la personalización del Derecho civil se puede contribuir a ello, volver a poner a la persona en el centro del ordenamiento civil, como el fin que hay que perseguir.

Esta ampliación o personalización del Derecho civil se ha puesto de relieve en muchas de las iniciativas legislativas en la materia, que se han centrado en la persona, como ser personal, como pueden ser —en orden cronológico de antigüedad—: la Ley reguladora de la autonomía del paciente; la normativa sobre trasplantes, las relativas a la reproducción asistida y el estatuto jurídico del embrión[131]; las modificaciones del Código civil para adaptarlo al art. 12 de la Convención de Naciones Unidas sobre los derechos de las personas con discapacidad. De igual forma, importantes debates sociales actuales serán resueltos por el Derecho civil en su versión más intimista y menos patrimonialista, como la maternidad subrogada, la cuestión sobre la posibilidad de decisión de los menores transexuales al cambio de sexo, o el consentimiento suficiente para la eutanasia, entre los más importantes y actuales. Si bien, el foco, la

---

[131] Aunque en este caso, nos separamos de la concepción antropológica que subyace en esta ley, puesto que no considera al embrión como persona para el Derecho, pues esta es solo la que alcanza los requisitos que la ley establece (el nacimiento según art. 29 CC), siguiendo los postulados positivistas, mientras que aquí defendemos que debe respetarse como tal, como sujeto de derechos y digno de protección, al gozar de naturaleza humana desde el inicio de la concepción.

concepción antropológica que subyace en la mayoría de ellos, no son exponentes, a nuestro juicio, de la "personificación" o "humanización" del Derecho civil, en el sentido de que no son ejemplo de la dignificación de la persona, del refuerzo de la dignidad de la persona, antes bien, al contrario. El hecho de que, hoy en día, el Derecho civil ponga su atención en regular aspectos de la dimensión intimista de la persona, no quiere decir que lo esté haciendo correctamente, pues, a través de muchas de estas normas, no se defiende la persona en su integridad, no se procura con ellas el bien de la persona, que es a lo que aspira para su perfección.

En definitiva, se vuelve a producir una transformación del Derecho civil, que, en teoría, amplía su contenido, al consolidar el verdadero significado integral de "persona", pero no por ello se expulsa el contenido económico o patrimonial; este permanece, pero, ahora, orientado, subordinado, a la persona como "ser humano" en todas sus dimensiones. Más que "despatrimonialización" deberíamos hablar de "humanización" o "personalización" del Derecho civil, pues el Derecho civil patrimonial no desaparece, si no que permanece[132].

---

132 En contra, se encuentran aquellos que defienden un Derecho civil de carácter exclusivamente patrimonial, que no admiten esta "despatrimonializacion", pues entienden que la persona es "solo -lo que no es poco- sujeto de derecho, es decir, titular potencial de posiciones jurídicas activas o pasivas frente a terceros": CARRASCO PERERA, A., *El Derecho civil: señas, imágenes y paradojas*, Tecnos, Madrid, 1988, pp. 34-35. En estas posturas sobre el Derecho civil, también se propugna, incluso, la salida del Derecho de familia del mismo, que debe independizarse, e incluso aproximarse al público. Así se manifiesta, CICU, A., *El derecho de familia*, trad. Santiago Sentis Melendo, Ediar, Buenos Aires, 1947, considerando que, en el Derecho de familia, la relación jurídica tiene caracteres comunes a la de Derecho público, como son el interés superior y unitario que debe defenderse.

Eso sí, como hemos señalado antes, la incorporación de esa dimensión más íntima de la persona como objeto de interés para el Derecho civil, sigue sin ser totalmente adecuada con la concepción antropológica que aquí se defiende. Ello por dos motivos: uno ya apuntado, porque muchas de las intervenciones del legislador en temas "personales" no contribuyen a la protección de la dignidad humana, al bien de la persona, a su perfección (por ejemplo, la eutanasia, la manipulación de embriones, el cambio de sexo voluntarista); y, en segundo lugar, porque, en el fondo, parece que la persona, para el Derecho, sigue siendo solo un mero sujeto de derechos y obligaciones que puede actuar en el tráfico jurídico, —versión patrimonialista de la persona—, relegando a un segundo plano todo aquello que, aun formando parte de ella, no sirva a esta finalidad. Muestra de esto es, por ejemplo, que la protección que se hace de los discapacitados es solo para que puedan actuar en el tráfico, contratar, sin tener en cuenta otros intereses, facultades o capacidades.

2.2.4.- Publificación o socialización del Derecho civil: la dimensión social o pública de la persona

El Derecho civil es Derecho privado porque se fundamenta, se extiende y se agota en la persona, como ser particular, sin más connotaciones, y en las relaciones que este establece con otros individuos particulares.

Tradicionalmente, han quedado fuera de su materia y cobijo aquellos derechos, situaciones y relaciones de carácter público (persona- administración pública), en cuanto que deben ser protegidos por el Estado, por consistir en un interés superior que hay que proteger.

Empero la distinción histórica entre Derecho privado y público, basada principalmente en los tres criterios del "interés", "subjetivo", "teleológico"[133], situados en campos acotados y que no podían traspasarse de uno a otro, puede decirse que está superada. Hoy en día, las fronteras entre ambas partes del ordenamiento son mucho más flexibles, van variando y se enriquecen una de otra[134].

Por eso, nada obsta a que la contaminación entre ambas grandes ramas del ordenamiento —público y privado— sea continua y, en mayor o menor medida, las relaciones entre particulares, *inter privatos*, a veces sean asumidas por el Derecho público, y viceversa; el Derecho privado se ve invadido por cuestiones propias del Derecho público, lo que denominamos "publificación".

De este modo, en los últimos tiempos, y sobre todo en el siglo XX, se ha producido, también, el fenómeno de la "publificación" en el Derecho civil, a veces con más frecuencia de la estrictamente necesaria. Es lógico, y a nadie puede sorprender, que el Derecho civil se ocupe de los más necesitados de protección, de promover el bien común, velar por intereses superiores, como el interés superior del menor, del cónyuge más desfavorecido, de la persona que queda sin vivienda que es el lugar para el libre desarrollo de su personalidad y, en definitiva, de la defensa de valores y derechos inherentes al ser humano. Todo ello afecta a la persona, al ser humano, y si el Derecho

---

133 Sobre estos criterios y la diferenciación entre Derecho público y privado, véase BONET RAMON, F., "Derecho público y Derecho privado", *Revista de Derecho Privado*, 1955, pp. 631-654; JORDANO BAREA, J. B., "Derecho civil, Derecho privado y Derecho público·, *Revista de Derecho Privado*, 1963, pp. 868 y ss.; VILLAR Y ROMERO, J. Mª., "La distinción entre Derecho público y Derecho privado", *Revista General de Legislación y Jurisprudencia*, 1942, tomo I, pp. 7-70, y LACRUZ BERDEJO, J.L., *Elementos de Derecho civil*, I, Barcelona, 1982, pp. 19-39.

134 COCA PAYARES, M., "Aproximación a un concepto técnico del ordenamiento civil", ob. cit., pp. 29-32

civil es el estatuto jurídico de la persona integral, debe preocuparse y ocuparse de todo ello, aunque tradicionalmente sean cuestiones que también exigen la tutela del Estado, pues es el "garante de los fines individuales relativos a la familia y a los bienes"[135]. De este modo, por ejemplo, en el Derecho de familia se aprecia —y es lógico por la materia de la que trata— esa publificación, ya que "la relación jurídica familiar, al haber un interés único y superior y unas voluntades convergentes a su satisfacción, tiene las características del Derecho público" [136], aunque realmente le falten los elementos propios de aquella, como son la noción de soberanía, del *imperium* propio de la administración, en la familia[137]. En este sentido, podemos hablar de una "publificación" positiva del Derecho civil, que coincide con su "personalización", explicada en el apartado anterior.

Por otra parte, no cabe duda de que el Estado interviene cada vez más en el universo privado, sobre todo a partir del siglo pasado, incrementándose cada día más. No se trata de un

---

135 GIL RODRÍGUEZ, J., "Acotaciones para un concepto del Derecho civil", ob. cit., p. 345.

136 TENA PALAZUELMO, I., "El Derecho civil español: entre lo permanente y su constitucionalización", ob. cit., p. 67

137 Aunque, no deja de ser cierto, como pone de manifiesto Gil Rodríguez, que es precisamente en el Derecho de familia, donde tradicionalmente se ha limitado más la autonomía de la voluntad, acercándose más al Derecho público, para la defensa de un interés superior, tal y como acabamos de manifestar, donde se está produciendo justo lo contrario, ampliándose la autonomía de la voluntad, para el libre desarrollo de la personalidad; GIL RODRÍGUEZ, J., "Acotaciones...", ob. cit., p. 347. Prueba de ello, y de la creciente importancia de la autonomía de la voluntad, y la voluntad individual, en temas de derecho de familia, lo vemos en los casos de filiación, técnicas de reproducción asistida, las facilidades para el divorcio por la simple voluntad de una de las partes, el tratamiento del cambio de sexo, donde ya no se necesita operación física para conseguirlo, etc.

intervencionismo del Estado anterior, liberal y poco proclive a esa intervención, sino que el Estado que ahora interviene lo hace con "arreglo a una planificada estrategia, y a partir de línea de política social", incluso a través del Derecho privado para conseguir unos determinados fines. Y es que la intervención del Estado no es directamente publificación, sino socialización. El Derecho privado es ahora un instrumento para conseguir determinados fines públicos o sociales[138], sin que esto vaya en detrimento de su esencia, más bien al contrario, es una nueva transformación del Derecho civil, que lo acaba por configurar. Y es que los viejos parámetros (público/privado, intervención/autonomía) han quedado obsoletos y no son útiles para el nuevo sistema económico, que lo que pretende es lograr el bienestar general, y para ello se vale tanto de instrumentos públicos como privados. Esta "publificación" viene a completar el contenido del Derecho civil, de forma positiva, pues gana incluso terreno al público, imponiendo el uso de sus instrumentos a la actuación económica de los entes públicos[139]. Sin embargo, esta "publificación", a mi entender, no debe ir en detrimento de las libertades individuales de las personas, hay que buscar el justo equilibrio entre ambos aspectos.

Probablemente, este cambio del Derecho civil se deba, en primer lugar y de forma general, a que se eleva el Derecho civil a Derecho del Estado, lógica consecuencia de su publificación como hemos dicho, y se empieza a considerar como social todo lo que es estatal, produciéndose cierta confusión entre ambos términos. A ello contribuye el hecho de que se incorpora en

---

138 Pone como ejemplo, Gil Rodríguez, que el Estado, lejos de publificar todo lo que toca, sale "privatizado" por ejemplo al contacto con la economía. GIL RODRIGUEZ, J., "Acotaciones…", ob. cit., p. 351. Hay un trasvase entre lo público y lo privado, entre lo social y el interés general y el interés particular, que se van entrelazando.

139 GIL RODRIGUEZ, J., "Acotaciones...", *ob. cit.*, p. 352.

la noción de persona (como objeto de su estudio) su carácter social. Se descubre por parte del Derecho civil —positivo— la dimensión social de la persona. El hombre es un ser social, y todo aquello que como tal le afecte, pasa a ser parte de estudio del Derecho civil, que es el estatuto jurídico de la persona en todos sus aspectos. Consecuencia lógica si entendemos que el objeto material del Derecho son precisamente las relaciones sociales, humanas de la realidad. Pero, se corre el riesgo de llevar la dimensión social de la persona al extremo, de modo que solo se le considere como tal, identificando a la persona con un mero ciudadano, súbdito, dejando a un lado sus otras dimensiones, y mermando sus derechos y libertades individuales que también le correspondes, pues son lo suyo, el Derecho.

La publificación del Derecho civil puede tener un sentido negativo cuando supone la pérdida de determinadas materias que le eran propias en favor del Derecho administrativo, pasando a ser materias de "competencia compartida", con preferencia del Derecho público en ellas, como ha podido ocurrir en materia de propiedad de aguas, minas, montes, urbanismo, etc., lo que MARTÍNEZ DE AGUIRRE denomina, la "administrativización" del Derecho civil[140]. Sin embargo, esto se ha producido porque las nuevas relaciones que han surgido en la evolución de esas parcelas del Derecho quedan dentro de la esfera de las relaciones entre la administración y el administrado, que no puede regirse por los criterios de las relaciones entre particulares. Por otra parte, podemos señalar que, hoy en día, se producen zonas comunes y duplicidades en ambas ramas del ordenamiento, que abordan una misma materia, pero desde perspectivas u órbitas diferentes. No por ello hay que eliminarlas del Derecho civil en favor del administrativo, sino que hay que identificar en las normas administrativas que las regulan,

---

140 MARTÍNEZ DE AGUIRRE, C., *El Derecho civil, a finales del S. XX.*, Tecnos, Madrid, 1991, p. 128.

los componentes de interés privado, para "depurarlas conforme a las categorías propias del Derecho civil e incorporarlas después al sistema civil como parte integrante del mismo"[141]. Se trata, en definitiva, de incorporar nuevos principios y orientaciones al Derecho civil, que lo flexibilicen y, por tanto, lo adapten a las nuevas circunstancias, sin que suponga una pérdida o merma de competencia, ni de libertades o derechos individuales como ya hemos puesto de manifiesto. Tal ha sido el caso en nuestro ordenamiento de toda la regulación de protección de menores, en la que confluyen normas de Derecho administrativo y civil, regulada por ambos en perfecta sintonía.

Ahora bien, si la publificación significa una intromisión directa del legislador, del Estado, en las relaciones entre los particulares, limitando y modificando sus derechos y libertades, lo querido por ellos, y decidiendo en su lugar, esta publificación, que también se está produciendo, no nos parece adecuada, en cuanto limita la autonomía de la libertad.

Como afirma GARCÍA RUBIO[142], "el ordenamiento jurídico no está dividido en compartimentos estancos, el Derecho público y el Derecho privado; nadie piensa tampoco, que el interés general y la protección de quienes más lo necesitan están ausentes de los fines del Derecho civil, pero eso no significa que el legislador pueda regular una relación entre dos particulares como si lo estuviera haciendo en uso de su *imperium*, pues en las relaciones particulares ambas partes son titulares de derechos, en muchos casos fundamentales, que el Estado tiene que proteger y asegurar, sin que sea legítimo prescindir, sin mayor argumentación (o ponderación, como

---

141 MARTÍNEZ DE AGUIRRE, C., *El Derecho civil a finales del S. XX*, ob. cit., p. 144.

142 GARCÍA RUBIO, M.P., "Medidas regladas en materia de contratos con motivo del Covid-19 en España", *RDC*, vol. VII, nº 2, (especial) mayo 2020, pp. 17-18.

prefieren algunos) de lo que legítimamente corresponden a uno de esos sujetos particulares. Muchas de las reglas contenidas en estos nuevos instrumentos normativos —se está refiriendo al caso concreto de los RD Ley en el estado de alarma consecuencia del Covid 19— muestran a las claras que no se ha distinguido convenientemente la relación jurídica pública y la estrictamente privada y a veces no se ha tomado debidamente en consideración que son dos partes privadas las que tienen intereses enfrentados".

Creo que el legislador debe distinguir cuándo está regulando relaciones *inter privatos*, y cuándo regula relaciones entre los ciudadanos y la administración, sea para proteger bienes o derechos de interés público o para defender a los más vulnerables en determinadas situaciones[143]. Este debe ser el límite de la intromisión del Derecho público en el privado.

En cualquier caso, y como decíamos, esa publificación es cada vez mayor, tanto en sentido positivo (incorporación de valores e intereses dignos de protección de carácter general), como negativo (intromisión, y limitaciones impuestas por el legislador en las relaciones privadas).

---

143 En este sentido, ALFARO AGUILA-REAL, J., "Concreción de la doctrina *rebus sic stantibus* en el RDL 15/2020: contratos con consumidores y arrendamiento", *Blog Derecho mercantil*, 22 de abril 2020, disponible en https://derechomercantilespana.blogspot.com/2020/04/concrecion-de-la-doctrina-rebus-sic.html, que afirma "El legislador, sin duda, cree que está regulando relaciones entre particulares y la Administración pública. Pero se trata de regulaciones de Derecho privado". Se trata, también como en el caso de la profesora GARCÍA, de un comentario sobre las medidas establecidas a través de Decreto Ley, en materia de contratos de arrendamientos, en el estado de alarma como consecuencia del Covid 19, en las que el legislador, interviene en dichos contratos entre particulares, modificándolos de forma imperativa, cuando una de las partes es un sujeto vulnerable.

De lo primero ya hemos hablado en la despatrimonialización o personificación del Derecho civil, gracias a la Constitución española, y nos centramos ahora en el segundo aspecto: Las limitaciones, intromisiones y modificaciones que se imponen en las relaciones entre sujetos privados, normalmente en aras del interés general, o de protección del más vulnerable.

En este segundo aspecto, encontramos como manifestaciones negativas de la publificación del Derecho civil las siguientes:

- Las continuas limitaciones que se establecen al derecho de propiedad con base en su función social introducida por la Constitución española, cuyo paradigma es el art. 128 CE. Es cierto que la propiedad no puede entenderse como un derecho absoluto, de forma que su titular pueda ejercitar y disponer sin limitaciones, incluso provocando con ello perjuicio al resto de los ciudadanos. La CE introduce —para bien— la función social de la propiedad, que redefine su contenido; no es un límite para su ejercicio, es parte del concepto de propiedad privada hoy en día: está supeditada al interés general[144]. Y no solo al interés general, como parece que hayamos descubierto con la CE 1978, sino que la propiedad privada, ya desde Roma, tenía unos límites o confines claros, pues su ejercicio se veía limitado por el abuso, daño o menoscabo que podía producir a otros, a los vecinos, por ejemplo, con la existencia desde siempre de las relaciones de vecindad como límite de su ejercicio. De hecho y de igual forma, la Doctrina Social de la Iglesia (DSI) entiende, como luego explicaremos con más detalle, que el derecho de propiedad, la propiedad privada, necesaria para el desarrollo y la supervivencia humana, está supeditado al principio de

---

144 Sería más adecuado someterla al bien común.

destino universal de los bienes, que entiende que todos los hombres tienen el derecho al uso de los bienes, pero para que ello se haga de una forma justa y ordenada, es necesario la intervención normativa que organice dicho ejercicio[145].

Pero, una cosa es que la propiedad privada hoy en día sea una propiedad "social"[146], supeditada al interés general, y otra muy distinta que el Estado o legislador intervenga en ella de forma directa, en las propias relaciones privadas, fomentando incluso la "okupación" de viviendas vacías, y alterando, a mi parecer, el verdadero concepto del derecho de propiedad, que parece que se publifica.

- Otro de los aspectos negativos de la "publificación" del Derecho civil, lo encuentro en las consecuencias que para el mismo ha tenido la "protección de los consumidores". Es cierto que, en los contratos de adhesión, el consumidor es la parte más débil, digna de especial protección y a ello se dedican multitud de leyes y preceptos, siendo la base de todos ellos el Texto Refundido de

---

[145] Compendio de la Doctrina Social de la Iglesia, Capítulo Cuarto, III. Principio del uso universal de los bienes, párrafo 172. Disponible en http://www.vatican.va/roman_curia/pontifical_councils/justpeace/documents/rc_pc_justpeace_doc_20060526_compendio-dott-soc_sp.html#IV.%20EL%20PRINCIPIO%20DE%20SUBSIDIARIDAD, párrafo 173.

[146] Parafraseamos aquí las palabras de San Juan Pablo II, que utilizó por primera vez la expresión de "hipoteca social", para referirse a que toda propiedad privada está gravada con una "hipoteca social", en el sentido de que se defiende la propiedad privada pero no se considera un derecho absoluto ni incondicional. JUAN PABLO II, "Discurso inaugural de la III Conferencia General del Episcopado Latinoamericano" (Puebla de los Ángeles [México] 28-1-1979).

la Ley en Defensa de Consumidores y Usuarios (TRLDCU) 2007. Pero, una cosa es esa protección, con la correspondiente nulidad de cláusulas abusivas en los contratos, y otra muy distinta, la exagerada —desde mi punto de vista— aplicación que de la abusividad se está realizando por parte de los Tribunales, jaleada por un ambiente social y mediático, que propugna la intervención en contratos entre particulares, muchas veces perfectamente entendidos, consentidos, y queridos por las partes. La protección al consumidor, como persona más vulnerable, ha propiciado una injerencia a veces excesiva en el ámbito privado, llegando a anular relaciones *inter privatos* perfectamente válidas[147].

- El "abuso" legislativo en el Estado de alarma. Durante el estado de alarma decretado como consecuencia del coronavirus, se ha legislado a través de Decretos leyes de escasa técnica jurídica, y algunas de las normas que contienen son un claro ejemplo de la inmisión del ejecutivo, ni siquiera el legislador, en las relaciones entre particulares. Esto ha ocurrido en el tema de los contratos de

---

147 Probablemente, en esta protección al consumidor, subyace una antropología en la que se considera que existen personas de distintas categorías: aquellas que pueden actuar libremente en el tráfico, verdaderos sujetos de derecho, por tener una capacidad y autonomía plenas; y aquellas otras de inferior categoría, no tan válidas para actuar de forma autónoma en el tráfico jurídico, a las que hay que proteger, o incluso actuar en su nombre, sin esa capacidad de decisión, que deben todo a la sociedad. Esto coincidiría en parte con una visión estructuralista, donde la persona es concebida como objeto que hay que proteger, donde el hombre es un producto del sistema social, que no tiene libertad y capacidad para decidir libremente aquello que le conviene; el hombre depende de la sociedad, es un producto de ella. Por eso, el Estado interviene en estas relaciones, ante la incapacidad de actuación libre del hombre.

arrendamiento y de préstamo hipotecario, obligando a las partes a ofrecer prórrogas o moratorias, basadas en un cambio extraordinario de circunstancias provocadas por la pandemia del Covid 19. El legislador confunde, como ya hemos dicho, la protección del vulnerable (hay que darle ayudas, promociones mejoras), con la intervención directa en una relación estrictamente privada. No puede el Estado asumir un papel defensor de una determinada categoría de personas frente a otras; no se puede perjudicar a un tipo de personas ni siquiera en aras del supuesto beneficio de otras; el Estado puede ayudar, pero no intervenir en las relaciones en pie de igualdad de todas las personas.

Estos son ejemplos de determinadas injerencias o intervenciones en el Derecho privado en aras de un interés superior común que, por sí, no son malas, pero el exceso de ellas puede llevar a reducir el ámbito de la autonomía de la voluntad de las partes, de la contratación y, en definitiva, de las relaciones entre particulares, que son la esencia del Derecho civil. No se puede resolver situaciones entre particulares aplicando criterios propios de las relaciones entre la administración y el administrado.

Podemos concluir diciendo que, una vez más, el Derecho civil es capaz de adaptarse a la realidad que le toca vivir, amplia su contenido "publificándose", y a la vez "privatiza" determinados aspectos públicos, pero esto es signo de su vitalidad, y de su utilidad en el ordenamiento. El Derecho civil, una vez más, cambia en función de la dimensión de la persona en la que pone su foco; y en esta ocasión, incorpora la dimensión social de la persona, ampliando y modificando su contenido.

2.2.5.- Supranacionalización e intranacionalización o regionalización del Derecho civil: el Derecho civil como derecho de la persona en cualquier comunidad

Por último, tenemos que abordar en este apartado dos características propias del Derecho civil español que, siendo aparentemente opuestas, lo configuran y complementan. Ello es así, porque el Derecho civil español contenido en el Código y en las leyes especiales no es el único de aplicación en España, sino que convive con los postulados del Derecho europeo en materia civil, al que nuestro Derecho patrio debe adaptarse, y con los derechos propios de cada comunidad autónoma que ha conservado su derecho foral, ya desde la guerra de sucesión española en el siglo XVIII. Estos dos fenómenos son los que hemos denominado, la "supranacionalizacion" del Derecho civil, pues existe un Derecho civil supranacional, el europeo, que se aplica directamente en España y al que tiende el nuestro; y la "intranacionalización" o regionalización del Derecho civil, pues también existe un Derecho civil de ámbito espacial más reducido que la nación española, en determinadas áreas competenciales donde es posible.

De este modo, el completo sistema de Derecho civil en España se caracteriza por la existencia en él de tres niveles distintos, que conviven a modo de tres círculos superpuestos perfectamente engranados. No puede desconocerse esta característica de nuestro Derecho civil, pues pone de manifiesto que el ordenamiento civil aplicable está compuesto por varios convergentes, que deberán aplicarse en función de las materias que traten, y teniendo en cuenta la relevancia del lugar donde se encuentre la persona a la que afecten.

Como dice TENA PALAZUELO[148], "el actual mapa geográfico-jurídico español puede dibujarse mediante una serie

---

148 TENA PALAZUELO, I., "El Derecho civil español...", ob. cit., p. 74.

de círculos o niveles concéntricos. El más ancho de aquellos círculos se refiere al Derecho comunitario europeo, dado que España es miembro de la Unión desde 1985. El siguiente círculo contiene el Estado central y todo el territorio del país; en tercer lugar, a otro nivel, está el ámbito perteneciente a las Comunidades Autónomas."

La articulación o engranaje de los tres sistemas normativos se consigue a través del principio de atribución o de competencia, es decir por materias, y no por jerarquía.

a) La supranacionalización del Derecho civil español

España se incorporó a la Unión Europea (UE) en 1985 y desde entonces es miembro de pleno derecho de aquella, lo que significa que el Derecho de la Unión es también derecho patrio y propio. Tal y como se dispone en el art. 93CE, el Derecho de la UE se incorpora a nuestro ordenamiento y pasa a ser Derecho nacional directamente aplicable y sometido al principio de primacía.

Desde ese momento, la Constitución deja de ser la cúspide de nuestro sistema normativo, y tanto ella como el resto de las normas deben ser acordes al Derecho comunitario europeo, y si no lo son, deberán adaptarse al mismo.

El Derecho europeo se incorpora a nuestro ordenamiento como un bloque unitario, constituyendo el acervo comunitario, que forma parte de nuestro propio ordenamiento desde la adhesión de España a la UE. Este Derecho europeo se divide en Derecho primario (tratados fundacionales de la UE, Tratados de Roma, y tratados modificativos), Derecho derivado (directivas, reglamentos, decisiones, recomendaciones y demás normas emanadas del Consejo y de la Comisión), y el Derecho complementario (jurisprudencia del Tribunal de Justicia de la Unión Europea (TJUE) y normas de Derecho internacional). Todos ellos se incorporan como Derecho español bajo los principios de aplicación directa y supremacía, de tal forma que prevalecerán ante cualquier norma interna española o autonómica que los contradiga, aunque ello solo dentro de las competencias atribuidas a la Unión Europea.

A pesar de la aplicación directa del Derecho primario y de los reglamentos, la mayor incidencia del Derecho europeo en España se ha producido a través de las directivas, que debe trasponer cada uno de los estados miembros, para adaptar su legislación a ellas.

La legislación comunitaria ha sido un factor de homogenización del Derecho civil español, no solo del estatal sino también, y como no podía ser de otra forma, de los derechos forales o autonómicos. Probablemente, esta es su mayor contribución, pues todos los derechos civiles existentes han tenido que converger hacia el europeo.

De este modo, muchas han sido las reformas de leyes civiles a raíz de la asunción del Derecho europeo en España, no solo las relativas al título preliminar, que ya fue reformado con anterioridad (1974), sino a otros preceptos, porque se asumen los postulados más sociales de la UE, así como otros principios que, aunque ya se introdujeron con la Constitución, se radicalizan —o se matizan— en algún sentido, introduciendo cambios legislativos en aspectos de la dimensión más íntima de la persona, como la admisión del matrimonio entre personas del mismo sexo, la igualdad total entre cónyuges, la posibilidad de divorcio y separación no culpable, la modificación de las instituciones tutelares, los temas de nacionalidad, inmigración y extranjería; pero, el Derecho comunitario implicó, también, cambios en materia de sucesiones, hipotecas, y, por supuesto, en materia de protección a los consumidores, que es uno de los campos donde más reformas se han producido como consecuencia del Derecho europeo.

Podemos decir que el Derecho de los consumidores es fundamentalmente de creación europea; ha sido una de las mayores influencias del acervo comunitario en nuestro Derecho civil, y ha modificado algunos de los principios básicos y tradicionales en la contratación. De forma que, este Derecho, que gira alrededor del concepto de consumidor y su protección, ha dado lugar a un Derecho de obligaciones y contratos paralelo al recogido en el Código civil, basado en principios antagónicos a los propios y tradicionales del Código. Así, los principios de libertad e igualdad contractual, propios de nuestro Código, que piensa en una contratación clásica de negociación, basada en la igualdad de las partes contratantes, se sustituyen, en el Derecho del consumo, por los de predisposición y no negociación; la naturaleza dispositiva de los preceptos del código en materia de obligaciones y contratos, a partir del principio de autonomía de la voluntad recogido en el art. 1255 CC, se ve superado por el carácter imperativo de la legislación de protección al consumidor, donde este es siempre la parte más débil, que hay que proteger de los posibles abusos del predisponente que controla y dirige la contratación, limitándose el consumidor a aceptar —o no— sus condiciones.

Destacamos, como consecuencia de esta nueva legislación de consumidores, y como intentos de unificar y recoger la dispersa normativa existente desde la inicial Ley General para la Defensa de Consumidores y Usuarios de 1984, el vigente Texto Refundido aprobado por Real Decreto Legislativo 1/2007, de 16 de noviembre, consecuencia de la legislación europea de protección a los consumidores, y en concreto, de la Directiva 93/13 del Consejo, de 5 abril de 1993, sobre cláusulas abusivas en los contratos con consumidores[149].

---

[149] Al respecto, vid. CÁMARA LAPUENTE, S y ARROYO I MAYUELAS, E., *La revisión de las normas europeas y nacionales de protección de los consumidores*, Civitas, Madrid, 2012.

Junto con el Texto Refundido de la Ley en Defensa de Consumidores y Usuarios, la jurisprudencia del Tribunal de Justicia de la Unión Europea (TJUE) ha sido la otra pieza clave en el cambio y avance del Derecho de los consumidores que ha venido a modificar el Derecho civil, tanto el Código, como leyes especiales. Cabe destacar en este sentido la prolija jurisprudencia[150] en torno a la existencia de cláusulas abusivas

---

150 Son muchísimas las sentencias del TJUE y del TS sobre esta materia en los últimos años, por lo que sería casi imposible la cita de todas de las sentencias dictadas al respecto, pero sí conviene destacar la STS 9 mayo 2013 (cláusulas suelo) y la STJUE C415/11, de 14 marzo 2013 (caso Aziz) que fueron las que iniciaron esta nueva senda modificadora del Derecho civil.
Y, además y entre otras muchas, podemos citar las siguientes resoluciones relevantes: SSTS 22 abril 2015, 23 diciembre 2015 y 3 junio 2016 y 18 febrero 2016, 28 noviembre 2018 y STJUE 7 agosto 2018, analizan la cláusula de intereses moratorios; STJUE de 26 de enero de 2017 y 26 de marzo de 2019, y la STS 11 de septiembre de 2019 sobre vencimiento anticipado; STS 15 febrero 2017 y STJUE 21 diciembre 2016 sobre cláusulas suelo; STS 14 diciembre 2017 y STJUE 3 marzo 2020 sobre el índice IRPH; STJUE 11 marzo 2020 sobre cláusula multidivisa; STS 16 octubre 2018 sobre pago de IAJD.
Sobre esta cuestión, de las cláusulas abusivas en el préstamo hipotecario, la transparencia formal y el control de abusividad se han escrito multitud de artículos, y destacamos el análisis realizado por CÁMARA LAPUENTE, S.: "El control de cláusulas abusivas sobre el precio: de la STJUE 3 junio 2010 (Caja Madrid) a la STS 9 mayo 2013 sobre cláusulas suelo", *Revista CESCO de Derecho de Consumo,* Nº. 6, 2013, pp. 98-115; "Transparencias, desequilibrios e ineficacias en el régimen de las cláusulas abusivas", *Anales de la Academia Matritense del Notariado,* Tomo 55, 2015, pp. 549-644; "Doce tesis sobre la STJUE de 21 diciembre 2016 : Su impacto en la jurisprudencia del TJUE y del TS, no sólo sobre la retroactividad de la nulidad de las cláusulas suelo", *Indret: Revista para el Análisis del Derecho,* Nº. 1, 2017 y "Las (seis) SSTS posteriores a la STJUE 21 diciembre 2016. El control de transparencia sigue en construcción, muta y mutará aún más: hacia la transparencia subjetiva". (Comentario a Las SSTS de

en el contrato de préstamo hipotecario, que contradicen la Directiva 93/13/ CEE del Consejo sobre las cláusulas abusivas en los contratos celebrados con consumidores, y que han provocado numerosos cambios tanto en la Ley Hipotecaria (LH), como en la Ley de Enjuiciamiento Civil (LEC), para

---

24 febrero 2017, 9 marzo 2017, 20 abril 2017 y 25 mayo 2017)", Boletín del Colegio de Registradores de España, nº 42, 2017, pp. 1770-1790; ORDUÑA MORENO, J., "Control de transparencia y cláusulas suelo. STS de pleno, núm. 241/2013, de 9 de mayo 2013", *Actualidad jurídica Aranzadi*, nº871, 2013, pp. 7 y ss, y *Control de transparencia y contratación bancaria*, Tirant lo Blanch, Valencia, (Dirs. Orduña Moreno,J., Sánchez Martín, C., y Guillén Catalán, R), 2016, entre otros.
Esta materia también ha sido objeto de mi interés y largamente estudiada en los siguientes artículos: GOÑI RODRÍGUEZ DE ALMEIDA, M.: "La cláusula de vencimiento anticipado en préstamos hipotecarios", en RCDI, nº 777, 2020, (enero-febrero); «¿Quién debe pagar el impuesto de actos Jurídicos documentados? reflexión sobre los beneficios de la garantía hipotecaria y sus destinatarios «, en RCDI, nº 771 (enero- febrero) 2019, pp. 394-412; "Cobertura hipotecaria de intereses moratorios y remuneratorios", en RCDI, nº 770, noviembre-diciembre 2018, pp. 3327-3338; "Hipoteca multidivisa y el deber de información", en RCDI, nº 768, julio-agosto 2018, pp. 2234-2249; "El Control registral de transparencia y el préstamo responsable", en RCDI, nº 755, mayo-junio 2016, pp. 1591-1608; "Ámbito de la calificación registral en las cláusulas financieras", en RCDI, nº 754, marzo-abril 2016, pp. 968-985; "Las consecuencias de la existencia de una cláusula abusiva en el contrato de préstamo hipotecario: especial referencia a los intereses moratorios", en RCDI, nº 749, mayo-junio 2015, pp. 1565-1583; "Algunos problemas y cuestiones prácticas planteadas tras las reformas legales sobre protección al deudor hipotecario: la interpretación y solución de la DGRN", en RCDI, nº 748, marzo –abril 2015, pp. 0907-0927; "Las modificaciones derivadas de la STJUE 14 marzo 2013 acerca del procedimiento ejecutivo hipotecario y las cláusulas abusivas", en *Revista Jurídica de la Universidad Autónoma de Madrid*, nº 27, 2013.

armonizar la legislación española con la europea. Las principales cuestiones tratadas por el TJUE que han provocado dichos cambios han sido las cláusulas relativas al vencimiento anticipado del préstamo, las cláusulas relativas a los índices de referencia del tipo de interés, las cláusulas suelo, las que recogen los intereses moratorios, las de imputación de gastos e impuestos, la cláusula multidivisa, así como también se puso en entredicho las escasas posibilidades de oposición en el procedimiento de ejecución sumario hipotecario. Todas estas resoluciones han ido produciendo sucesivos cambios legislativos y han culminado con la publicación de la Ley 5/2019, de 15 de marzo, reguladora de Contratos de Crédito Inmobiliario (LCCI), que reforma la Ley Hipotecaria, la Ley de Enjuiciamiento Civil, la ley de Subrogación y Modificación de préstamos hipotecarios (LSMPH), el Texto refundido de la Ley en Defensa de Consumidores y Usuarios (TRLDCU), la Ley de Condiciones Generales de la Contratación (LCGC), entre otras.

Otra de las materias propiamente civiles que ha sufrido una readaptación y modificación conforme al Derecho europeo ha sido la protección de datos personales. En España estaba regulada por la Ley Orgánica 15/1999, de 13 diciembre de Protección de datos personales (LOPD), que ha estado en vigor hasta la nueva LOPD 3/2018, de 5 de diciembre, que ha llevado a cabo la adaptación de aquella al Reglamento General europeo de protección de Datos de 2016 (RGPD), que entró en vigor en España el 25 mayo de 2018, de forma directa como tal reglamento europeo. El inicio de la protección de datos de carácter personal se encuentra en la Directiva 95/46 del Parlamento Europeo y del Consejo, de 24 de octubre de 1995, relativa a la protección de las personas físicas en lo que respecta al tratamiento de datos personales y a su libre circulación. A partir de ahí, siguieron otra serie de Directivas más específicas sobre protección de determinados datos personales[151], y finalmente derivaron en la publicación en el DOUE de 4 de mayo de 2016, del Reglamento Europeo de Protección de Datos (Reglamento (UE) 2016/679 de 27 de abril de 2016), que deroga la citada Directiva 95/46/CE y es aplicable desde el 25 de mayo de 2018, coincidiendo, como ya hemos dicho, con la nueva LOPD 3/2018 de 5 de diciembre.

Cabe señalar como otras aportaciones del Derecho europeo al civil español, las relativas a la contratación y firma electrónica cuya génesis y desarrollo se debe principalmente al derecho de la Unión. En este sentido es de destacar la Ley 59/2003, de 19 de diciembre, de firma electrónica (resultante de la transposición de la Directiva de 13 de diciembre de 1999, por la que se establece un marco comunitario para la firma electrónica), y por la Ley 34/2002, de 11 de julio, de Servicios de la Sociedad de la Información y de Comercio Electrónico (LSSICE) (que transpone al Derecho español la Directiva 2000/31/CE del Parlamento Europeo y del Consejo, de 8 de junio de Comercio electrónico, relativa a determinados aspectos de los servicios jurídicos de la sociedad de la información, en particular el

---

151 Otras Directivas posteriores fueron la 97/66 del Parlamento Europeo y del Consejo, de 15 de diciembre de 1997, relativa al tratamiento de los datos personales y a la protección de la intimidad en el sector de las telecomunicaciones; la Directiva 2002/58 del Parlamento Europeo y del Consejo, de 12 de julio de 2002, relativa al tratamiento de los datos personales y a la protección de la intimidad en el sector de las comunicaciones electrónicas (Directiva sobre la privacidad y las comunicaciones electrónicas), que derogó la anteriormente citada; o la Directiva 2006/24 del Parlamento Europeo y del Consejo, de 15 de marzo de 2006, sobre la conservación de datos generados o tratados en relación con la prestación de servicios de comunicaciones electrónicas de acceso público o de redes públicas de comunicaciones y por la que también se modifica la anterior de 2002.

comercio electrónico en el mercado interior)[152]. Además, ha de tenerse en cuenta lo dispuesto en el texto refundido de la Ley General para la protección de los Consumidores y Usuarios, que incorpora la transposición de la Directiva 97/7/CE, referida a los contratos celebrados por consumidores a través de un sistema que no requiere la presencia física simultánea de las partes contratantes.

Y más recientemente, las directivas que regulan la contratación en un entorno colaborativo, a través de plataformas electrónicas intermediarias, que han supuesto una nueva forma de contratación entre tres sujetos diferentes: la plataforma, y los dos usuarios que son quienes llevan a cabo el verdadero negocio jurídico de carácter colaborativo. Esta nueva forma de contratación de estructura triangular, a través de un intermediario —la plataforma (prestador de servicios de la sociedad de la información)—, supone la aceptación por el consumidor o usuario de las condiciones generales impuestas por ese tercero para poder contratar con el otro usuario, produciéndose relaciones jurídicas horizontales entre los usuarios (contrato o negocio jurídico determinado, por ejemplo, la compraventa, o arrendamiento), y verticales de cada uno de ellos con la plataforma para poder contratar (contrato de acceso). Esto cambia las tradicionales normas de la contratación civil y de protección de consumidores, pues, en principio, el contrato generado en un entorno colaborativo es entre particulares, entre pares (C2C), pero nos planteamos si, en estos casos, podría aplicarse la protección de consumidores, al contratar de forma no negociada con las plataformas, ya que, solo aceptando las condiciones generales impuestas por ellas,

---

152 PLAZA PENADES, J., "La Ley de servicios de la sociedad de la información y comercio electrónico", en *Derecho y nuevas tecnologías de la información y la comunicación (Dir. Plaza Penadés, J.),* Thomson-Reuters, Aranzadi, Cizur Menor, 2014, pp. 43-102.

puede desenvolverse el contrato subsiguiente. Las Directivas y Reglamentos europeos en esta materia son constantes y van a la zaga de los cambios que la sociedad demanda en las nuevas formas de contratación. Cambia la forma de contratar, cambian las reglas, cambia el Derecho civil *inter privatos*[153].

En definitiva, el Derecho europeo, Derecho español, ha supuesto un cambio importantísimo en el Derecho civil español, que ha tenido que armonizarse y adaptarse a los dictados de Europa en muchos de sus postulados más tradicionales, creándose nuevos conflictos, nuevos retos el Derecho civil, así como la aceptación de nuevos principios informadores para aquellos. Esa influencia del Derecho europeo en nuestro Derecho civil, además de implicar cambios importantes, ha supuesto un esfuerzo por homogeneizar nuestro Derecho patrio con los de otros estados miembros, buscando un Derecho civil común europeo —en determinadas materias—, por lo que podemos decir

---

153 Es el Derecho europeo el que está impulsando y regulando esta nueva forma de contratación, tal y como se desprende de las últimas iniciativas al respecto:
Reglamento 2019/1150 sobre el fomento de la equidad y la transparencia para las empresas que utilizan servicios de intermediación en línea de 20 de junio de 2019; Directiva 2019/2161 del Parlamento Europeo y del Consejo de 27 de noviembre de 2019 por la que se modifican la Directiva 93/13/ CEE del Consejo, de 5 de abril de 1993, la Directiva 98/6/CE del Parlamento Europeo y del Consejo, la Directiva 2005/29/CE del Parlamento Europeo y del Consejo y la Directiva 2011/83/UE del Parlamento Europeo y del Consejo, en lo que atañe a la mejora de la aplicación y la modernización de las normas de protección de los consumidores de la UE; Reglamento del Parlamento europeo y del Consejo relativo a un mercado único de servicios digitales (Ley de servicios digitales o *Digital Services Act,* DSA) y el Reglamento del Parlamento europeo y del Consejo sobre mercados disputables y equitativos en el sector digital (Ley de Mercados Digitales, o *Digital Markets Act,* DMA), aprobadas por el Parlamento Europeo. Borrador de Propuesta de Directiva sobre Plataformas en línea (BPDPL).

que el Derecho civil se está supranacionalizando. Y es que la persona objeto de su estudio es ciudadano europeo; hay libertad de circulación de personas y capitales y de contratación en un territorio mucho mayor que la propia España.

Conviene también poner de relieve en este punto que han sido varios los intentos de esa armonización del Derecho civil europeo común, sobre todo en materia contractual, y aunque se han acercado posturas y normas, no se ha conseguido todavía esa unificación jurídica; que es una —legítima, pero lejana—, aspiración europea. Sí que es cierto que la dificultad de conseguir compatibilizar sistemas jurídicos tan dispares en Europa, unos basados en el *Common Law* y otros en el *Civil law*, se está consiguiendo de *facto* a través de la jurisprudencia que aplica conceptos comunes en la resolución de los casos, a veces nuevos para el país en cuestión, que suponen un acercamiento entre ambos sistemas y, en definitiva, pasos para un Derecho privado común europeo (contractual).

De este modo, destacamos como intentos importantes de dicha homogenización los siguientes, siguiendo en este punto lo descrito por BARBER CÁRCAMO[154]:

1. El primer proyecto de Código civil europeo en materia de contratos fue lo que se conoce como el proyecto Gandolfi, que surge del grupo de trabajo e investigación de la Universidad de Pavía, en 1999. Pretendían un nuevo código europeo de contratos con base en el Código civil italiano —a medio camino entre el alemán y el francés— y en el anglosajón *Contract Code de Macgregor.*

2. Un avance significativo se produjo a raíz de la aprobación de los Principios de Derecho Europeo de los Contratos (PECL), casi simultáneos a los principios internacionales

154 BARBER CARACAMO, R., *Proyecto docente e investigador..*, ob. cit., pp. 109-118.

UNIDROIT, elaborados por la Comisión LANDO, dentro de la Unión Europea, que pretenden la formulación de reglas generales aplicables en Europa en materia de obligaciones y contratos, aunque se han extendido a otros ámbitos.

3. Marco Común de Referencia. DCFR: *Draft Common Frame of Reference.* Elaborado por el *Acquis Group*[155] *y el Study Group*[156] bajo el título *Principles, Definitions and Model Rules of European Private Law. Draft Common Frame of Reference* se publicó una primera versión en 2007 y una segunda en 2009[157]. Recoge este Proyecto los antecedentes ya citados, y pretende establecer una nueva sistemática del derecho de contratos que pueda aplicarse a toda Europa; tiene carácter puramente académico y no político. Presta especial atención al Derecho de consumo y, en general, a todo el derecho contractual propiamente comunitario, dedicándole un libro específico para ello. Se trata de un verdadero código, dividido en 10 libros, que desciende a regular con detalle todas las cuestiones, por lo que se aleja de una mera declaración de reglas o principios generales, tal y como eran sus antecesores.

4. Propuesta de Reglamento de Compraventa Europea (CESL). Propuesta de Reglamento del Parlamento

---

155 Este grupo trata de obtener principios, reglas y definiciones del *acquis* comunitario, esto es, del Derecho comunitario ya promulgado: Son los denominados *Acquis Principles.*

156 Su metodología es de Derecho comparado, sigue los pasos del grupo LANDO y su contribución al DCFR se cifra en la actualización y ampliación de los PECL. Publicó 14 volúmenes, desde 2007, llamados PEL (*Principles of European Law*), conforme cada grupo acababa su trabajo.

157 Disponible en www.law-net.eu.

Europeo y del Consejo sobre un Derecho común de compraventa europea (11/10/2011): CESL (*Common European Sales Law* o en español PRCV). Establece un régimen común para la compraventa europea, al margen del propio de cada estado, facilitando las contrataciones transfronterizas, tanto B2B como B2C, pero no es de carácter obligatorio, sino facultativo el acogerse al mismo. No ha llegado a aprobarse.

Como vemos, muchos han sido los intentos de unificación, de supranacionalizacion del Derecho civil en Europa, de momento, no se ha conseguido el resultado pretendido, pero la práctica jurisprudencial, como hemos dicho, y la intención clara del legislador europeo, van allanando el camino para ello.

Más difícil es la supranacionalización del Derecho civil no patrimonial, sobre todo del Derecho de familia, ya que tiene unas notas especiales que hacen que esté intrínsecamente unido e impregnado del acervo cultural, idiosincrasia, religión, sociedad y nivel de desarrollo de cada uno de los países en los que se inserta. Esto se debe a que no se trata solo de normas de carácter positivo, objetivas o formales, si no que lindan con el aspecto más intimista del ser humano. De este modo, según el momento, sociedad y entorno en el que se encuentre la persona, su familia y sus relaciones familiares variarán[158].

---

158 La búsqueda de los elementos o pilares comunes en Derecho de familia europeo debe orientarse hacia los valores comunes que iluminaron la idea de Europa, en defensa de la familia, porque son muchas las diferencias entre los diferentes ordenamientos positivos europeos sobre Derecho de familia. Como ya dijimos en otro artículo: "La familia tiene unas notas especiales que hacen que esté intrínsecamente unido e impregnado del acervo cultural, idiosincrasia, religión, sociedad y nivel de desarrollo de cada uno de los países en los que se inserta. Esto se debe a que no se trata solo de normas

Además, a esta dificultad hay que añadir que esta regulación común, por su materia, escapa a los principales fines de la Unión Europea en sus orígenes[159]. De ahí la dificultad de avanzar hacia un único Derecho de familia europeo: el *European Family Law.*

En este sentido, se han producido varios avances doctrinales, sin trascendencia práctica, que han estudiado cómo acercar posturas en la materia. Entre ellos, cabe destacar el trabajo ALFRED RIEG, en el que ya recoge una comparación entre los ordenamientos francés y alemán en Derecho de familia, y demuestra que existen muchas soluciones parecidas entre ambos ordenamientos; el de DIETER MARTINY que realizó un estudio recogiendo las similitudes y diferencias de la legislación en materia de familia de los distintos estados miembros de la Unión, y poniendo de manifiesto cómo en este campo es muy necesaria la convergencia, ya que las distintas legislaciones no están en sintonía; posteriormente, se publica la serie titulada *Beitrage zum Europaischen Familienrecht,* de la Universidad de Regensburg, que recoge los resultados de varios simposios organizados por la Universidad desde 1993, sobre temas como sucesiones, la protección de la vivienda familiar, la solidaridad familiar. En 1995 se publica otro referente en el Derecho de familia europeo, publicado por

---

de carácter positivo, objetivas o formales, si no que lindan con el aspecto más personal del ser humano, que se convierte en su esencia. De este modo, según el momento, sociedad y entorno en el que se encuentre la persona, su familia y sus relaciones familiares derivadas de ella, variarán... y todo ello unido y entroncado a los diferentes valores constitucionales y sociales que defiende cada estado". GOÑI RODRÍGUEZ DE ALMEIDA, M., "Hacia la unificación del Derecho de familia europeo: ¿Quimera o realidad?", *Estudios de Deusto,* vol. 62/2, 2014, pp. 235-286.

159 Los fines eran de tipos económico y mercado común. Arts. 2, 3 y 4 Tratado de la Comunidad Europea (TCE) de Roma de 1957.

Hamilton, Standley y Hodson, titulado *Family Law in Europe*, y ya en 2001 se crea la *Commission of European Family Law* (CEFL) que lleva a cabo importantes publicaciones al respecto como *European Family Law in Action* (2003 y 2004), de *Boele-Woelki*, Braat y Summer, que han servido de base para la publicación de *Principles of European Family Law regarding Divorce and Maintenance between Spouses*, y después, un segundo volumen dedicado a la responsabilidad parental, titulado *Principles of European Family Law regarding Parental Responsibilities*. En ambos se recogen principios materiales de Derecho europeo en esas respectivas materias.

A nivel legislativo no se ha producido ningún avance significativo sobre la armonización del Derecho de familia europeo en su aspecto material. Es cierto que sí ha habido importantes avances en cuanto a la armonización formal del Derecho de familia[160] (sobre normas de competencia, reconocimiento

---

160 Reglamento "Bruselas II" (CE) n° 1347/2000 del Consejo, reformado posteriormente y sustituido por el nuevo Reglamento "Bruselas II bis" (CE) n° 2201/2003 del Consejo, reformado y refundido por Reglamento nº 1111/2019, de 2 julio, relativo a la competencia, el reconocimiento y la ejecución de resoluciones en materia matrimonial y de responsabilidad parental, y sobre la sustracción internacional de menores; Reglamento 4/2009 en materia de alimentos; Reglamento (UE) nº 1259/2010 del Consejo, de 20 de diciembre de 2010 por el que se establece una cooperación reforzada en el ámbito de la ley aplicable al divorcio y a la separación judicial, conocido como Reglamento "Roma III; Reglamentos (UE) 2016/1103 sobre regímenes económicos matrimoniales y 2016/1104 sobre efectos patrimoniales de las uniones registradas, que permiten a las parejas internacionales elegir la Ley reguladora de su régimen económico; Reglamento (UE) nº 650/2012, del Parlamento Europeo y del Consejo, de 4 de julio, relativo a la competencia, ley aplicable, el reconocimiento y ejecución de las resoluciones , la aceptación y la ejecución de los documentos públicos en materia de sucesiones mortis causa y a la creación de un certificado sucesorio europeo.

y ejecución de resoluciones transfronterizas y ley aplicable), pero ninguno en cuanto a los temas sustantivos civiles.

En este último aspecto, solo se puede mencionar los estudios que el CEFL realiza, proponiendo, como ya hemos dicho, unos principios sustantivos comunes en diversas materias de Derecho familia, no preceptivos ni vinculantes, que se recomiendan para todos los Estados miembros, en materia de divorcio, separación y nulidad; obligación de alimentos; responsabilidad parental y efectos patrimoniales del matrimonio y de las uniones de hecho.

En conclusión, nos encontramos ante un Derecho civil que tiende a su supranacionalización, sobre todo en temas patrimoniales, pero que todavía no ha alcanzado esta de forma real. Si bien, la tendencia hacia la supranacionalización ha supuesto una nueva adaptación y modernización del Derecho civil, que sigue vigente y activo afrontando los nuevos retos que le marcan los tiempos.

b) Regionalización del Derecho civil

A la vez que el Derecho civil español mira hacia fuera, pretendiendo su internacionalización, al menos en diferentes materias, también se atomiza, o se disgrega en pequeñas parcelas internas que forman parte del ordenamiento civil español, que no pueden obviarse, ya que son contenido esencial del mismo, enriqueciéndolo y cuyo encaje en el ordenamiento civil ha sido fuente de numerosos escritos[161].

---

161 Es un tema extensísimo donde la doctrina ha sido abundante. Recogemos aquí, por tanto, solo algunos de los trabajos sobre este tema, sin ánimo de ser exhaustivos: LASARTE ALVAREZ, C., *Autonomías y Derecho privado en la Constitución española,* Civitas, Madrid, 1980; MARTÍNEZ VÁZQUEZ DE CASTRO, L., *Pluralidad de Derechos civiles españoles,* Civitas, Madrid, 1997; ROCA I TRIAS, E., *L'estructura de*

Hablamos de los derechos civiles forales o autonómicos[162].

---

l'ordenament civil espanyol, Barcelona, 1982. Y, entre los numerosos artículos, citaré una selección: ARECHEDERRA ARANZADI, L., "El Derecho civil foral de Navarra en la Constitución y en el Amejoramiento del Fuero", en *Temas de Derecho civil foral navarro*, Madrid, 1991, pp. 11-53; CERDA GIMENO, J., "Baleares ante el art. 149.1.8 de la Constitucion", *RCDI*, 1982, p. 1055 y "El proceso de adaptación constitucional del Derecho civil de las Islas Baleares", *RCDI*, 1983, p. 1539; COCA PAYERAS, M. "¿Nueva Compilación del Derecho civil de Baleares, o modificación de la vigente?", *Cuadernos Fac. Der.*, 12-1985, p. 77; LACRUZ BERDEJO, J.L., "El principio aragonés *Standum est chartae*", *ADC.*, 1986, p. 683; RAGEL SÁNCHEZ, L.F., "Las competencias legislativas en materia de Derecho civil y su deseable reforma constitucional", *RDP*, 2005, pp.3 ss.; SALVADOR CODERCH, P., "Interpretación necesaria. Materiales para la reconstrucción del título preliminar de la Compilación catalana", *RJC*, 1983, p. 801 y 1984, p. 7; SANCHEZ GONZALEZ, M.P., "Competencia de los Parlamentos autónomos en la elaboración del Derecho civil: Estudio del artículo 149.1.8 de la Constitución", *ADC*, 1986, p. 1121; SOTO NIETO, F., "Especialidades legislativas, sustantivas y procesales en Cataluña. Alcance del artículo 149.1.8 de la Constitución española", *RDP*, 1984, p. 115; PLAZA PENADES, J., "El Derecho civil, los derechos civiles forales o especiales y el Derecho civil autonómico", *Revista de Derecho civil Valenciano*, nº 12, 2012, p. 2.

162 Son Derechos civiles autonómicos hoy:
- Derecho civil de Cataluña. Elaboración de un Código civil por partes.
- Derecho civil de Aragón.
- Derecho civil de Navarra. Fuero nuevo de 1 de marzo de 1973, modificado por la Ley foral 5/1987, de 1 de abril.
- Derecho civil especial de las Islas Baleares. Texto refundido de la Compilación de Baleares mediante RDLegis. 79/1990 de 6 de septiembre.
- Derecho civil especial del País Vasco. Ley 3/1992, de 1 de julio «Derecho civil foral del País Vasco» y modificada por la Ley 3/1999 para el Fuero civil de Guipúzcoa.
- Derecho civil especial de Galicia. Ley 4/1995 de 24 de mayo «Derecho civil de Galicia».

Los derechos forales surgen desde antes de la Constitución de 1978, mucho antes, ya que son los propios derechos forales que tuvieron —y mantuvieron— las distintas regiones españolas antes de la Guerra de Sucesión en el siglo XVIII. Como consecuencia de esta, las provincias que habían apoyado a Felipe V mantuvieron su derecho propio, y aquellas que fueron adversarias, lo perdieron en virtud de los Decretos de Nueva Planta (1707- 1716). Pero, sin embargo, hoy podemos decir que la existencia, pervivencia y supervivencia de estos derechos civiles forales se debe a la Constitución Española de 1978, al establecer el Estado de las Autonomías, con capacidad propia de legislar, dando lugar a un Estado plurilegislativo, donde en cada territorio concurren tanto la legislación estatal como la autonómica. En materia de Derecho civil, la CE consagra, igualmente y como consecuencia de ello, los derechos forales (autonómicos); se pone fin al designio unificador del Código, y a partir de ella, van a coexistir una pluralidad de ordenamientos civiles cuyas relaciones van a venir determinada por la propia CE y los Estatutos de autonomía respectivos[163]. Pero, no obstante, creemos como afirma LACRUZ que "los viejos derechos forales son un antecedente de la Constitución respetado y potenciado en ella, y no una consecuencia de las autonomías"[164]. De hecho, fue precisamente el Código civil de 1889 el que dio carta de reconocimiento a los derechos civiles forales autonómicos que ya existían, pues los incorporó, primero como Apéndices, para pasar luego a recogerse en las

---

También han reconocido en sus Estatutos, y se ha aceptado por el Tribunal Constitucional, competencias sobre el Derecho civil consuetudinario, las Comunidades de Murcia, Valencia, Extremadura y Principado de Asturias. Pero solo sobre la base de la costumbre contrastada y legislada.

163 LACRUZ BERDEJO, J.L., *Elementos de Derecho civil, I, Parte general,* vol. 1º, Madrid, 1998, pp. 83-84.

164 LACRUZ BERDEJO, J.L., *ibídem,* pp. 86-122.

Compilaciones, aunque "sometidos a la cura de la racionalización" que esta les exigía para la proyectada unidad del Código civil[165]. Además, la reforma del título preliminar del Código civil, en 1974, supuso el fin de la polémica en torno a los derechos forales, aceptándolos y respetándolos como Derecho común en sus territorios, siendo de aplicación directa y general el Título preliminar del Código y las disposiciones sobre el matrimonio, y como Derecho supletorio de segundo grado en los territorios forales (art. 13 CC).

La forma de estructurar la convivencia de varios micro ordenamientos civiles —si se me permite la expresión— es, como ya dijimos al inicio de este epígrafe, conforme al criterio de competencia. En efecto, el art. 149. 1. 8 CE[166] establece la competencia exclusiva del Estado en materia de Derecho civil, pero, se reconoce, asimismo, competencia de las CCAA con Derecho foral existente para su "conservación, modificación y desarrollo[167]", salvo en las materias reservadas exclusivamente

---

165 GIL RODRÍGUEZ, J., "Acotaciones para un concepto de Derecho civil", ob. cit., p. 375.

166 Art. 149.1.8 CE:

1. El Estado tiene competencia exclusiva sobre las siguientes materias:

8.ª Legislación civil, sin perjuicio de la conservación, modificación y desarrollo por las Comunidades Autónomas de los derechos civiles, forales o especiales, allí donde existan. En todo caso, las reglas relativas a la aplicación y eficacia de las normas jurídicas, relaciones jurídico-civiles relativas a las formas de matrimonio, ordenación de los registros e instrumentos públicos, bases de las obligaciones contractuales, normas para resolver los conflictos de leyes y determinación de las fuentes del Derecho, con respeto, en este último caso, a las normas de derecho foral o especial.

167 Sobre el complejo significado de este artículo, el TC ha tenido la ocasión de manifestarse varias veces, interpretando qué debe entenderse por "conservar", "modificar" y "desarrollar", competencias

que solo tienen aquellas comunidades autónomas "donde existan" -los derechos forales o especiales.

De este modo, entiende que "allí donde existan", (SSTC 88/1993, de 12 de marzo, FJ 3, 156/1993, de 6 de mayo. FJ 1, y 95/2017, de 6 de julio), debe entenderse de forma que el art. 149.1.8 CE solo permite legislar en materia de derecho civil a aquellas Comunidades Autónomas que a la entrada en vigor de la Constitución tuvieran derecho civil y solo pueden hacerlo para modificar, desarrollar o conservar este Derecho [nunca, por tanto, para crear un derecho civil nuevo que nunca tuvieron, pues la regla general es que la competencia en materia de derecho civil es exclusiva del Estado (SSTC 82/2016, de 28 de abril; 110/2016, de 9 de junio; 192/2016, de 16 de noviembre, y 62/2023, de 24 de mayo, FJ 2)]

Pero, ocurre que han sido varias las comunidades autónomas que han pretendido tener dicha potestad legislativa sin ser los tradicionales territorios históricos o forales que conservaron sus derechos a partir de la guerra de Sucesión, y los conservaron hasta la propia Constitución de 1978. En este sentido, el caso de la Comunidad Valencia ha sido probablemente uno de los más llamativos, pues perdió su potestad de legislar tras la guerra que colocó a Felipe V como rey, y por lo tanto carecía de ella y de Derecho civil propio desde entonces. El TC ha declarado como inconstitucionales varias de las leyes de la Comunidad Valencia en materias de Derecho civil, como lo han sido la Leyes 10/2007, de 20 de marzo, de Régimen económico del matrimonio; 5/2012, de 15 de octubre, de Uniones de Hecho, y 5/2011, de 1 de abril, de relaciones paterno-filiales.

La STC 88/1993, de 12 marzo, resolviendo sobre la inconstitucionalidad de la Ley aragonesa 3/1988, de 25 abril por la que se equipara la filiación adoptiva a la natural, aclara qué debe entenderse, entonces, por "conservar, modificar y desarrollar" los derechos civiles forales "allí donde existan". De este modo, entiende por la *conservación* a "la asunción o integración en el ordenamiento autonómico de las Compilaciones y otras normas derivadas de las fuentes propias de su ordenamiento y (...) la formalización legislativa de costumbres efectivamente vigentes en el propio ámbito territorial". En cuanto a la *modificación*, el TC afirma que es necesario que preexista en el ordenamiento una norma directa y expresa sobre la institución de que se trata, pues sin ella es imposible realizar ninguna modificación. Y

al Estado que son de aplicación directa y general en todo el territorio español. Pueden, en consecuencia, legislar aquellos territorios (forales) que tuvieran (mantuvieran) su propio Derecho civil siempre que no lo hagan en aquellas materias especialmente reservadas para el legislador estatal, y su legislación se aplicará de forma preferente al Código —como Derecho común en sus respectivos territorios—, quedando este como supletorio —de segundo grado— de aquellos derechos forales (art. 13 CC).

Las materias especialmente reservadas para el Estado son:

a) "Las reglas relativas a la aplicación y eficacia de las normas jurídicas; b) "Relaciones jurídico-civiles relativas a las formas de matrimonio"; c) "Ordenación de los registros e instrumentos públicos"; d) "Las bases de las obligaciones contractuales"[168];

---

en cuanto al concepto más problemático, el *desarrollo*, afirma: "El *desarrollo* de los Derechos civiles forales o especiales enuncia una competencia autonómica en la materia que no debe vincularse rígidamente al contenido actual de la Compilación u otras normas de su ordenamiento. Cabe, pues, que las Comunidades Autónomas dotadas de Derecho civil foral o especial regulen instituciones conexas con las ya reguladas en la Compilación dentro de una actualización o innovación de los contenidos de ésta según los principios informadores peculiares del Derecho foral. Lo que no significa, claro está, en consonancia con lo anteriormente expuesto, una competencia legislativa civil ilimitada *ratione materia* dejada a la disponibilidad de las Comunidades Autónomas, que pugnaría con lo dispuesto en el art. 149.1, regla 8ª C.E., por lo mismo que no podría reconocer su fundamento en la singularidad civil que la Constitución ha querido, por vía competencial, garantizar".

168 En este sentido, destacamos la doctrina del TC sobre la competencia exclusiva en las bases de las obligaciones contractuales, señalando que son competencia exclusiva del Estado las normas que incidan directamente en la organización económica, en las relaciones inter partes y en la economía interna de los contratos, comprobando, por ejemplo, si se respetan directrices básicas tales como el principio de

e) "Normas para resolver los conflictos de leyes"; f) "Determinación de las fuentes del Derecho, con respeto, en este último caso, a las normas de Derecho foral o especial".

El Derecho civil estatal tiene un papel relevante en el ordenamiento civil español, no solo en cuanto a la reserva de ley estatal que acabamos de exponer, sino que, además, el Derecho civil estatal se aplica en más supuestos. De este modo, y siguiendo a TENA PALAZUELO[169], las relaciones que pueden generarse entre el Derecho civil estatal (común) y los derechos forales autonómicos, se estructuran conforme a estos tres supuestos en los que se aplica el Derecho estatal: a) En aquellas materias reservadas a la competencia exclusiva del Estado (art. 149.1.8 CE) b) Como Derecho supletorio de último grado, cuando sea de aplicación los derechos forales en las materias que les son propias (art. 149.3 CE) c) También se aplicará el Derecho civil estatal o común en aquellos casos en los que los derechos autonómicos lo hayan determinado así, mediante remisión a sus disposiciones, por una remisión estática; lo que se denomina "una forma de legislar *per relationem* o de promulgación abreviada".

Pero, a pesar de esta aparente "diversificación" del Derecho civil, y a la vista de lo que acabamos de exponer, hay que considerar que esto no supone un detrimento del Derecho civil común o estatal. Este sigue aplicándose como Derecho común o

---

la iniciativa privada y la libertad de contratación, la conmutatividad del comercio jurídico, la buena fe en las relaciones económicas, la seguridad del tráfico jurídico o si el tipo contractual se ajusta al esquema establecido en la norma estatal (SSTC 132/2019, de 13 de noviembre, FJ 6; 157/2021, de 16 de septiembre, FJ. 9, y 37/2022, de 10 de marzo, FJ)4. Cuestiones todas ellas de especial relevancia para nuestro estudio de Derecho patrimonial y Derecho de cosas.

169 TENA PALAZUELO, I., "El Derecho civil entre lo permanente y su constitucionalización", ob. cit., p. 74.

supletorio en todo el territorio español, conforme a los criterios de competencia establecidos en la CE, ya que todas las relaciones entre los micro ordenamientos se rigen por ella. Es más, el Derecho civil se ha enriquecido como consecuencia de estos ordenamientos forales, pues todos ellos forman parte del ordenamiento nacional, y es más, "influyen en la propia interpretación del Código, cuyos dogmas y principio propios relativizan al aducir como igualmente válidos y justos en alguna parte del territorio español, principios y regulaciones distintos y aun opuestos a los suyos, propiciando el argumento —ya desvencijado por el Tribunal Supremo— de la llamada «analogía interregional»"[170].

Es decir, nos encontramos en estos momentos con un Derecho civil enriquecido por los postulados e interpretaciones de los derechos forales, pero existente y persistente como Derecho común y supletorio que sigue informando el completo puzle del ordenamiento civil nacional.

El problema es que a veces, ese "puzle" es difícil de construir y de armar, ya que el legislador autonómico, en el ejercicio de su competencia civil, está guiándose a veces por criterios más políticos que jurídicos, y la armonización de la cada vez mayor legislación civil atomizada es complicada; a veces, las comunidades autónomas parecen excederse de sus límites y competencias atribuidas, incluso por aquellas que carecen de esta competencia, emitiendo normas de dudosa constitucionalidad. Todo ello ofrece un panorama de cierta incertidumbre e inseguridad jurídica. Entendiendo que, en determinadas materias, la legislación debería ser común y uniforme, no teniendo cabida tanta diversificación por otra parte muy similar[171]. Mas

---

170 GIL RODRIGUEZ, J., "Acotaciones para un concepto de Derecho civil", ob. cit., pp. 375-376.

171 Es el caso de las leyes autonómicas sobre parejas de hecho, custodia compartida o mediación, que son muy similares entre sí, sin que acabe de tener sentido esta diversificación normativa.

aún si se tiene en cuenta que toda la legislación civil debe regular y tener en el centro objetivo de su desarrollo una misma realidad común como es la persona en todas sus dimensiones.

2.3.- RECAPITULACIÓN Y REDEFINICIÓN DEL DERECHO CIVIL

Analizado el devenir histórico, el concepto dogmático del Derecho civil, poniendo de relieve sus características esenciales, y concretando su objeto de estudio, podemos concluir que el Derecho civil es hoy una disciplina jurídica científica autónoma. Tiene un elemento o núcleo esencial que la define y sostiene como tal, de la que se derivan una serie de peculiaridades o caracteres, que son consecuencia de su adaptación al tiempo y medio en el que tal disciplina se ha desarrollado.

No podemos considerar que el Derecho civil esté en crisis o que ya no sea una disciplina jurídica con entidad suficiente, con un mero papel residual en el ordenamiento, provocado por las aparentes pérdidas de contenido que las circunstancias histórico-jurídicas en las que se ha desenvuelto parecen haber ocasionado. Más bien al contrario, sostenemos la vigencia, la actualidad, virtualidad y eficacia del Derecho civil como disciplina autónoma, que le proporciona su núcleo esencial: la persona.

Podemos dar un concepto de Derecho civil en la actualidad como aquella parte del ordenamiento que estudia el estatuto jurídico de la persona, entendida como el ser personal, en su más amplia e íntegra configuración; la persona no puede desligarse de la verdad del ser y de la naturaleza humana, de su dignidad, pues estas son las que le hacen recognoscible como tal. Es el estatuto jurídico de la persona, la persona "como ser de fines": este es su elemento esencial. El centro del Derecho civil es el individuo, la persona, tanto en su concepción intimista como en su dimensión económica o productivista o social. Ya dijimos al inicio de esta parte del trabajo que el objeto del Derecho civil es la realidad personal, familiar y social de la persona y sus relaciones con los demás en cada uno de esos ámbitos que corresponden a las dimensiones de la persona, desde la perspectiva de lo que se le debe en cada situación concreta.

Y ese núcleo esencial, la persona, permanece en la actualidad, es recognoscible en su contenido y da consistencia al Derecho civil, ayudando a identificarlo y a distinguirlo de otras disciplinas científicas. Las distintas consideraciones que de la persona se han mantenido a lo largo de la historia (*homo economicus*, sujeto de derechos y deberes, ciudadano, persona como libertad plena- voluntarismo-, persona como objeto producto de la sociedad, persona como sujeto cultural variable, ciudadano) han hecho que el Derecho civil haya mutado, haya cambiado, para acoger una u otra; pero, siempre se ha reconducido al estudio de la persona y de las dimensiones que de ella se hayan querido destacar según la etapa histórica correspondiente.

Precisamente, por eso, una de las características propias del Derecho civil es su capacidad de adaptación a las nuevas circunstancias y medios. El concepto de persona puede variar para el legislador, para un ordenamiento jurídico concreto, pero, sea cual sea este, el estatuto jurídico de aquella será siempre Derecho civil. Y lo ideal es que fuera el estatuto jurídico de la persona completa, definida desde el personalismo jurídico que se defiende en este trabajo. Este es el concepto que defendemos del Derecho civil.

Si el fundamento del Derecho civil está claro, no podemos compartir las críticas acerca de su fragmentación y desintegración. Por contra, cuando el fundamento del Derecho civil vira hacia ser el estatuto del ciudadano del estado moderno, entonces sí que existe riesgo de desnaturalizar el Derecho civil, y de quedar diluido en otras ramas del ordenamiento. El devenir de la concepción de la persona para el Derecho como un simple sujeto de derecho y obligaciones, como un *homo economicus*, hasta la incorporación en ella de la dimensión más personal o íntima, y posteriormente su dimensión como ser social, justifican la transformación del Derecho civil en la disciplina que es hoy en día. La "personificación o despatrimonialización", "publificación" y "constitucionalizacion" del Derecho civil no son sino consecuencias de esa adaptación de la disciplina a las nuevas dimensiones de la persona.

De este modo, frente a los que atribuyen una "despatrimonializacion" al Derecho civil, que lo ha convertido en otro derecho distinto, pues pierde el ámbito patrimonial que tradicionalmente le ha caracterizado, hay que rebatir afirmando que no lo ha perdido, sino que su contenido patrimonial queda subordinado a la concepción de persona en su dimensión intimista. Las instituciones patrimoniales son instrumentos para el desarrollo integral de la persona, existe una vinculación institucional de los mecanismos patrimoniales a la persona, y aquellos son los medios para conseguir el fin del desarrollo y protección de esta. Creemos que se ha producido una transformación del Derecho civil en su devenir histórico, ampliando su contenido, al consolidar el verdadero significado integral de "persona" que desde aquí se defiende, pero no por ello se expulsa el contenido económico o patrimonial del Derecho civil; este permanece, pero, ahora, orientado, subordinado, a la persona en todas sus dimensiones. Más que "despatrimonialización" deberíamos hablar de "humanización" o "personificación" del Derecho civil, pues el Derecho civil patrimonial no desaparece, si no que permanece.

Cuestión distinta es que no compartamos la concepción antropológica que subyace en muchas de las leyes civiles que regulan ciertos aspectos de la vida personal. El legislador —sobre todo últimamente— parece identificar la persona con la voluntad absoluta, prescindiendo de la verdad del ser y de la naturaleza, identificándolo con esa voluntad máxima, mal entendida libertad, que hace que el deseo de una persona (o un colectivo) se convierta en fuente del Derecho, convirtiéndose en una suerte de legitimación jurídica para reclamar derechos —o pretendidos derechos— subjetivos concretos. Parece que el ser humano se identifica con un sujeto cultural que se va construyendo a sí mismo, con base en su voluntad y en lo que le conviene y decide en cada momento, negando la naturaleza humana que le es propia y rechazando, si así lo decide y con un mal entendimiento de lo que la libertad humana es, aquello que le es propio (sexo, salud, vida, familia). Es el caso de recientes leyes sobre el cambio de sexo, eutanasia, la reciente ley de protección personas con discapacidad, maternidad subrogada... No compartimos esta idea de persona, el fundamento antropológico de muchas de las últimas leyes que componen el Derecho civil se aleja profundamente de lo que aquí se defiende.

Igualmente, frente a los que sostienen que el Derecho civil se ha "publificado", incorporando en su contenido la defensa de valores y derechos propias del Derecho público, hay que decir que es más bien al contrario; esa "publificación" viene a completar el contenido del Derecho civil, de forma positiva. Pues al aceptar la dimensión de persona como ser social, todo aquello que como tal le afecte, pasa a ser parte de estudio del Derecho civil, que es el estatuto jurídico de la persona en todos sus aspectos, superando la vieja tesis del individualismo profundo. Se amplía, por tanto, el contenido del Derecho civil, pero no se cambia o elimina el existente, que incluso gana terreno al público, imponiendo el uso de sus instrumentos a la actuación económica de los entes públicos.

Frente a quienes consideran que el Derecho civil se ha "constitucionalizado", y por tanto se ha subordinado a la CE perdiendo su individualidad, y posición hegemónica, podemos afirmar que, a pesar de su pérdida formal de rango, sigue inspirando gran parte de las normas de la CE que recoge, en parte, las que ya establecía el Código civil. Además, ha sido capaz de incluir bajo su influencia nuevos derechos y materias, ampliando su contenido tradicional; a partir de la CE, parece que se redescubren las dimensiones social e intimista de la persona, olvidadas en la época liberal en la que se promulgó el Código, y como consecuencia de ello, se incorporan esos nuevos valores y derechos (propios de la persona) al Derecho civil. Por lo tanto, sale reforzado, ampliando su objeto y regulando materias que hasta entonces eran más propias del Derecho público.

Además, frente a quienes afirman que se ha producido una "desintegración" del Derecho civil, podemos afirmar que el Derecho civil pervive como Derecho común general privado, supletorio y referente para las distintas leyes especiales, al que estas acuden y vuelven a falta de respuesta en sus articulados. El Derecho civil es, hoy, de nuevo, el Derecho privado común o general de la persona, y esa es su esencia y virtualidad en la actualidad: hilo conductor de todas aquellas normas y leyes que regulan los distintos aspectos de la persona.

Por último, frente a los que consideran que el Derecho civil se desdibuja en el Derecho supranacional, europeo o incluso internacional, o se disgrega ante los derechos forales, tenemos que decir que, es cierto que tiende a su supranacionalización, sobre todo en temas patrimoniales, por cuestión del mercado único en Europa, pero todavía no ha alcanzado esta de forma real. Y esa tendencia, lejos de borrar el Derecho civil patrio, ha supuesto, una vez más, una adaptación y modernización de este al nuevo entorno común, asumiendo sus principios y postulados. Lo mismo podemos decir respecto de los derechos forales. Nos encontramos en estos momentos con un Derecho civil enriquecido por los preceptos, instituciones e interpretación de los derechos forales, pero existente y persistente como Derecho común y supletorio, que sigue informando el completo puzle del ordenamiento civil nacional.

Entendemos el Derecho civil como parte de la ciencia del Derecho cuyo objeto es la realidad personal, familiar y social de la persona, considerada esta desde una antropología personalista, y examinada esa realidad desde la perspectiva de lo que se le debe a cada una de ellas en cada situación concreta.

En definitiva, el Derecho civil sigue manteniendo su núcleo esencial, como estatuto jurídico de la persona en todas sus dimensiones, persiste, se amplía y muta —al mutar aquella—, e incluso adquiere más fuerza o valor como derecho vertebrador del ordenamiento privado. Ha sido capaz de adaptarse a todas las vicisitudes históricas y jurídicas que se han sucedido en el tiempo. Su versatilidad, capacidad de transformación y adaptación a los nuevos retos se ha convertido, precisamente, en una de sus características esenciales y actuales, que justifican su estudio, su docencia y su investigación como disciplina jurídica autónoma; eso sí, siempre desde una perspectiva crítica y fundamentada al analizar todos sus avances o modificaciones.

Capítulo 3

Futuro del Derecho civil: retos y problemas

El Derecho civil, tal y como lo hemos definido y caracterizado en el epígrafe anterior, es una disciplina viva y plenamente actual. Corresponde, ahora, tratar de hacer una proyección de la misma. Para ello, vamos a plantear, a nuestro juicio, cuáles son los retos a los que debe hacer frente como rama específica del Derecho, y cómo entendemos que va a evolucionar en un futuro próximo.

La proyección del Derecho civil hacia el futuro creo que pasa por la consolidación de una de sus propias características ya explicadas, que es: su capacidad de evolución, adaptación y transformación. De igual forma, esta disciplina debe caracterizarse por su creatividad, su capacidad de innovación y, en definitiva, de ser capaz —como lo ha hecho a lo largo de la historia[172]— de afrontar los nuevos retos y circunstancias que la evolución le ha puesto en el camino. Su capacidad de

---

172 Como comenta TRAZEGNIES GRANDA, precisamente desde el Derecho romano, el Derecho civil "tiene una inspiración progresista y modernizadora", que se ha extendido a lo largo del tiempo, siendo instrumento fundamental de la modernización, ya que "la idea central de la modernización consiste en la expansión de la esfera de lo individual: La modernidad implica una consciencia del individuo en tanto que tal, de su propia libertad creadora , de su capacidad para ir trazando su entorno con sus propios actos. En otras palabras, la modernidad supone un rescate del campo de lo privado y, por tanto, requiere un Derecho privado". "El Derecho civil: perspectivas futuras", ob. cit., pp. 26-28.

transformación y su estrategia de adaptación van a ser la clave de su subsistencia como Derecho tradicional, así como, a veces, palanca dinamizante del cambio social, como ya lo hizo en el pasado hacia el presente[173].

Mientras existan relaciones privadas, existirá el Derecho civil, solo la desaparición total de estas podría suponer la extinción del Derecho civil y, eso, desde luego, no es posible en la actualidad ni creemos probable que ocurra al existir la persona. Esas relaciones *inter privatos* son la clave de la permanencia de esta disciplina y, en la actualidad, cobran más fuerza al ser indubitada la dimensión social del ser humano; serán relaciones diferentes, como ya hemos explicado antes, pero relaciones entre individuos particulares, a las que debe hacer frente y dar respuesta el Derecho civil.

Eso sí, el Derecho civil aislado, solo, anclado en su tradición, no va a ser capaz de regularlas, por eso, el futuro de esta materia pasa por su conciliación y colaboración con otras disciplinas, como son el Derecho mercantil, el Derecho administrativo, los Derechos civiles de otros países y supranacionales, así como con otras ciencias sociales (filosofía, economía...) que complementan su contenido[174]. Para ello, creemos que el Derecho civil debe abandonar una postura exclusivamente positivista, centrado en sus propias normas, para potenciar su poder creativo y convertirse en la parte del Derecho que estructure y se ocupe de las nuevas relaciones jurídicas entre particulares que vayan surgiendo, fundadas en la relación

---

[173] *Ibídem*, p. 35.

[174] "El civilista no puede trabajar ya en una torre de marfil, aislado del mundo y limitado a los instrumentos conceptuales y a la información clásica del Derecho civil: Tiene que abrir ventanas y dialogar con el resto de la sociedad. De ahí que la vinculación con las ciencias sociales sea esencial proa la construcción del nuevo Derecho civil". *Ibidem*, p. 37.

natural entre personas. Debe ser capaz de tejer la red básica que sustente todas ellas, lo que supone su apertura y adaptabilidad a los nuevos tiempos[175].

En conclusión, las claves del futuro del Derecho civil son: su capacidad de transformación y adaptación, el diálogo fructífero con otras ciencias sociales y su creatividad, que se encuentra intrínsecamente ligada a esa capacidad transformadora.

Esas claves de futuro se concretan, desde nuestra consideración, en los siguientes fenómenos a los que tiende el Derecho civil.

3.1.- GLOBALIZACIÓN DEL DERECHO CIVIL

Ya hemos expuesto anteriormente que el Derecho civil tiende a una supranacionalización como consecuencia de la incorporación del Derecho europeo en nuestro ordenamiento. Pero, además, el Derecho civil tiende a una globalización o internacionalización mayor, debido a los sucesivos intentos de armonización globales en temas de contratación.

Vivimos en un mundo global en el que las transacciones económicas no se limitan a las realizadas entre los nacionales de un país, sino que se producen muchas veces entre ciudadanos de muy diversos países, fenómeno que ha aumentado debido al auge de la contratación electrónica, que ha sido capaz de acercar a los sujetos y facilitar sus transacciones transnacionales.

---

175 Y, probablemente, a través de un Código civil más fuerte, consolidado y base de todo el ordenamiento civil al que le de sustento en su expansión, adaptación y creatividad. Véase ORDUÑA MORENO, J., "Hacia un necesario nuevo Código Civil como instrumento de progreso y cambio social en el siglo XXI", *Diario La Ley,* nº 9542, 2019, pp. 3-0.

De este modo, hablar de un Derecho civil exclusivamente "patrio" o "nacional" es cada vez más excluyente. Se buscan fórmulas comunes, principios y reglas internacionales que rijan esas transacciones entre diferentes nacionalidades. Y esas reglas no pueden ser desconocidas para el Derecho civil.

Como consecuencia de ese intercambio de bienes y servicios en la "aldea global", se han firmado convenios internacionales para facilitarlos. Probablemente, el más significativo de todos ellos haya sido la Convención de las Naciones Unidas sobre compraventa internacional de mercaderías (Convención de Viena), firmada en Viena, el 11 de abril de 1980, a la que España se adhirió en 1991.

La finalidad de esta Convención, como las Naciones Unidas recogen, es "prever un régimen moderno, uniforme y equitativo para los contratos de compraventa internacional de mercancías, por lo que contribuye notablemente a dar seguridad jurídica a los intercambios comerciales y a reducir los gastos de las operaciones"[176]. Siendo la compraventa el contrato fundamental del comercio internacional, su regulación común en cuanto a la ley aplicable, derechos y obligaciones de las partes y formación del contrato, facilita enormemente aquel. Regula la compraventa de bienes muebles corporales (se excluyen bienes inmateriales e inmuebles) para un uso comercial, profesional, quedando fuera los destinados a un uso familiar o doméstico, suscritos entre personas físicas o jurídicas, particulares.

De igual forma, se ha trabajado en unos principios internacionales de Derecho privado, referentes sobre todo a la contratación, que fueron elaborados por el Instituto Internacional para la unificación del Derecho Privado, que culminó en 1994

[176] Convención de Viena de Compraventa Internacional de Mercaderías, disponible en: https://uncitral.un.org/es/texts/salegoods/conventions/sale_of_goods/cisg (última visita 2junio 2020).

con la publicación en Roma de los *Principios de los contratos comerciales internacionales,* los principios UNIDROIT[177]. Estos principios establecen reglas generales aplicables a los contratos mercantiles internacionales, cuya obligatoriedad deriva de la voluntad de las partes, y no de la ley. Se trata, por tanto, de unos principios elaborados por la doctrina científica cuya misión es facilitar esa contratación internacional, ya que, si las partes los asumen, pueden determinar con base en ellos, la ley aplicable al contrato, y solucionar los conflictos derivados. Pero, posteriormente, estos principios también han sido utilizados como criterios de interpretación y de inspiración de las reformas de legislación interna en materia de contratación, operando como una nueva ley para los contratos internacionales[178].

Por otra parte, y fuera del Derecho contractual o patrimonial, la tendencia a la globalización del Derecho civil también la encontramos en sede de Derecho de la persona o familia, por ejemplo, con los importantes cambios que va ha experimentado nuestro Derecho civil y nuestro Código para adaptarse a la Convención de Nueva York sobre los derechos de las personas con discapacidad, de 2008. En sucesivas reformas, los incapacitados dieron paso a las personas con la capacidad civil modificada y, ahora, tras la Ley 8/2021, de 2 de junio, por la que se reforma la legislación civil y procesal para el apoyo a las personas con discapacidad en el ejercicio de su capacidad jurídica, para adaptarnos a los requisitos establecidos en el

177 Principios UNIDROIT, en: https://www.unidroit.org/spanish/principles/contracts/principles2010/blackletter2010-spanish.pdf

178 Sobre los principios UNIDROIT, véase: LETE ACHIRICA, J., "Los principios de UNIDROIT sobre los contratos comerciales internacionales", *Actualidad Civil,* nº1, 1996, pp. 127-136; DÍEZ-PICAZO, L., ROCA TRÍAS, E., y MORALES MORENO, A. M., *Los principios del Derecho europeo de contratos,* Civitas, Madrid, 2002, p. 82.

art. 12 de la Convención[179], no hay ya diferencia entre la capacidad jurídica y la de obrar. En consecuencia, las personas con la capacidad modificada —anteriormente los discapacitados— ya no serán personas con especial protección, sino sujetos de Derecho, para el Derecho, en toda regla —desde una perspectiva positivista que considera que es el legislador quien concede la personalidad y la capacidad jurídica y de obrar como meras cualidades técnicas que pueden cambiar según los requisitos establecidos[180]—, capaces de tomar sus propias decisiones, sin distinción con el resto de personas. Este profundo cambio de nuestro Derecho civil se debe a la internacionalización del mismo.

La incorporación de estos principios y normas internacionales confirman la tendencia a la supranacionalización del Derecho privado y, junto con la incorporación del Derecho europeo en nuestro ordenamiento y los intentos unificadores del Derecho privado europeo[181], constituyen las bases del futuro Derecho civil como un Derecho cada vez más global, con menos fronteras, que van a ir transformando el Derecho civil tal y como lo conocemos ahora.

---

179 Art. 12 Convención de las Naciones Unidas sobre los derechos de las personas con discapacidad:
"Igual reconocimiento como persona ante la ley–Las personas con discapacidad tienen capacidad jurídica en igualdad de condiciones con las demás, entre otras cosas para adoptar decisiones, heredar bienes o tener acceso a préstamos bancarios. En ciertas circunstancias el Estado tiene la obligación de prestar apoyo y asistencia a las personas con discapacidad en la adopción de decisiones y el ejercicio de su capacidad jurídica."

180 Nuestra crítica a esta consideración es clara como ya lo hemos puesto de relieve anteriormente, al considerar que ser persona para el Derecho es de origen natural y no positivo.

181 Para no resultar reiterativos, nos remitimos aquí al apartado anterior donde hemos explicado la influencia del Derecho de la Unión Europea en el Derecho civil.

3.2.- REUNIFICACIÓN DEL DERECHO CONTRACTUAL: MERCANTIL Y CIVIL

La siguiente característica del Derecho civil futuro se puede deducir, en parte, de lo que se acaba de exponer, y es su tendencia a la reunificación con el Derecho mercantil, como partes complementarias del Derecho privado contractual.

Ya expusimos que el Derecho mercantil se escindió del Derecho civil (*mater*) en la Edad Media, ante la necesidad de especialización derivada de las nuevas relaciones comerciales entre los mercaderes, que estaban en pleno auge. Quedó el Derecho civil como Derecho común, supletorio, al que correspondía el fundamento y bases de las obligaciones contractuales, dedicándose el mercantil al estudio de las peculiaridades derivadas del carácter de comerciante de los sujetos intervinientes en las transacciones.

Pues bien, considero que ambas partes del ordenamiento privado, al menos en lo que a la contratación se refiere, tienden a reunificarse, a fundirse de nuevo en un mismo cuerpo jurídico (no necesariamente material). Los principios, los fundamentos, y las bases de la contratación mercantil son las mismas que las del Derecho civil, y es absurdo que permanezcan separadas y repetidas en diversos cuerpos legales y parcelas del ordenamiento.

No se entiende la separación de dos materias que tienen los mismos fundamentos y principios, la histórica distinción entre el Derecho civil y mercantil cada vez está más difuminada debido a la globalización de las reglas jurídicas en materia contractual. Por eso, abogamos por la reunificación del Derecho de obligaciones y contratos civil y mercantil y, además, europeo, pues, como ya hemos dicho, esa unificación del Derecho contractual se está produciendo en gran parte como consecuencia de las resoluciones del Tribunal de Justicia de la

Unión Europea (TJUE) en nuestro ordenamiento, que debe adaptarse a las Directivas europeas[182].

La existencia de un único código de obligaciones y contratos sería mucho más conveniente y, como dice ROCA TRIAS, "una norma de este tipo podría cumplir con la exigencia constitucional del art. 149.18 CE, relativa a la competencia exclusiva del Estado en lo relativo a las «bases de las obligaciones contractuales», así como obtener la deseable equiparación al Derecho europeo[183]."

Acorde con esta tendencia de futuro —y adelantándonos a ella— encontramos como un buen ejemplo de ello, el plan de estudios de la Universidad Francisco de Vitoria, que —como luego veremos— recoge, dentro de la materia de Derecho civil, una asignatura común de "Teoría general de las obligaciones y contratos" (los fundamentos civiles y mercantiles), y otra única asignatura dedicada al estudio de todos y cada uno de los contratos civiles y mercantiles: "Contratación civil y mercantil".

---

182 En este sentido, ROCA TRIAS expresa claramente esta tendencia de futuro, afirmando que "No podemos dejar de preguntarnos si no resulta absolutamente superada una discusión como la relativa al mantenimiento de dos Códigos, que regulan en gran parte materias iguales y más teniendo en cuenta que una parte importante del Derecho civil relativo a los contratos y las obligaciones es tributaria del Derecho europeo. El ejemplo más claro nos lo ha proporcionado la profunda reforma efectuada por vía indirecta a través de la STJUE de a que declaró contraria al Derecho de consumo y, en concreto, a la Directiva 93/13/CEE, sobre cláusulas abusivas en los contratos celebrados con consumidores, la regulación española de las hipotecas. La tan traída y llevada controversia sobre *codificación civil c. codificación mercantil* pertenece a tiempos pasados. Hoy, los codificadores nacionales son tributarios de Europa porque un porcentaje importante de la normativa española es normativa europea". ROCA TRÍAS, E., "Un Código Civil para la era de la globalización", *Diario La Ley*, nº 9447, 2 julio 2019, p. 5.

183 ROCA TRÍAS, E., ob. y loc. cit.

El Derecho civil contractual es la base del Derecho contractual mercantil, su tronco, y, por lo tanto, debe explicarse conjuntamente, porque en el fondo se trata de la misma materia.

La aproximación de ambas disciplinas es cada vez mayor, y sobre todo a raíz de la explosión del Derecho de consumo y protección a los consumidores donde las barreras están prácticamente borradas.

3.3.- RENACIMIENTO DE LA AUTONOMÍA DE LA VOLUNTAD COMO PRINCIPIO FUNDAMENTAL DEL DERECHO CIVIL

La época de la codificación se caracterizó, entre otras cosas, por el predominio de la autonomía de la voluntad del individuo, que llego a entronizarse e incluso, casi, a identificarse con este, siendo fundamental en la organización y concepto del Derecho civil, correspondiendo a los ideales liberales. Pero, con la llegada de la Constitución, como ya dijimos, parece que se redescubrieron e incorporaron a las relaciones jurídicas, las dimensiones social e íntima de la persona —que siempre han existido desde nuestra concepción antropológica personalista—. La autonomía de la voluntad de la persona, que lo caracterizaba como sujeto de derechos y obligaciones mayoritariamente patrimoniales, y en los que se manifestaba claramente dicha autonomía, pasó a un segundo plano.

Sin embargo, en los últimos años, y con proyección a futuro, observamos la creciente importancia de la autonomía de la voluntad de la persona en sus relaciones más personales, que afectan a sus derechos fundamentales o de la personalidad, basados —en teoría— en su dignidad humana y en el libre desarrollo de la personalidad que recoge el art. 10 CE.

De este modo, las modificaciones más importantes en el Derecho de la persona y Derecho de la familia han puesto en el centro la libre voluntad del individuo que prevalece sobre otros factores sociales o públicos a la hora de configurar nuevos derechos derivados de nuevas realidades que afectan a la esfera más personal del ser humano.

El juego de la autonomía de la voluntad en las relaciones familiares, donde tradicionalmente ha sido muy escaso, como ya apuntamos anteriormente, al existir intereses de protección pública en ellos, ha empezado a desempeñar un papel fundamental[184]. El avance de la voluntad como fuente de configuración de las instituciones más ligadas al ser personal y familiar es una realidad en nuestros días, y así parece proyectarse al futuro, siendo un ámbito donde el Derecho civil crece de forma continua. Si la autonomía de la voluntad decrece en su ámbito más propio como son las relaciones contractuales (por la protección a los consumidores, a las personas vulnerables, la injerencia del derecho público...), sin embargo, crece y experimenta una evolución al alza en las relaciones más personales del ser humano, en ámbitos del Derecho de familia y de la persona en los que, hasta ahora, estaba arrinconada[185]. De este

---

184 PARRA LUCAN, M. A., "Reflexiones sobre algunas tendencias en instituciones y relaciones del Derecho de la persona y de la familia", *Anales de la Facultad de Derecho*, nº 19, diciembre 2002, p. 155; LACRUZ BERDEJO, J.L., "Un nuevo contractualismo en el Derecho de familia", *La Ley*, nº 3, 1982, p. 727 y ss.

185 No puede olvidarse que la familia, y la "persona" como ser humano, trasciende al interés puramente particular y las normas que lo regulan son esencialmente imperativas o prohibitivas y de orden público, precisamente para proteger esos intereses más generales y no particulares y privados. En este sentido, añade SCHMIDT HOTT, C., que "como consecuencia de ello, desaparecen o se atenúan las derivaciones de la autonomía de la voluntad, y es así como prima el formalismo sobre el consensualismo: la irrenunciabilidad por sobre la renunciabilidad de los derechos subjetivos extrapatrimoniales de familia y, muy especialmente, la aplicación de un estatuto jurídico predeterminado e imperativo sobre la libertad

modo, parece que "la familia «se privatiza», en el sentido de que prevalecen las opciones personales, la voluntad individual, como manifestación del respeto a la dignidad de la persona y a sus derechos individuales. Se refuerza con ello la autonomía de la voluntad, la posibilidad de autorregulación"[186]. Se produce una inversión de la tradicional distinción entre la esfera pública y privada desde el punto de vista del Derecho, de modo que "el ideal según el cual la esfera privada debe tender a autorregularse, evitando una excesiva injerencia reguladora por parte del Estado, ha hecho perder de vista las desigualdades e injusticias que se pueden gestar y perpetrar en su interior; se ha perdido de vista la necesidad de la participación estatal y de las instituciones para preservar los derechos fundamentales de las personas"[187].

Tal ha sido el caso en temas como la transexualidad, la filiación, la doble maternidad y la maternidad subrogada, y más recientemente la eutanasia, por no olvidar algunos más "clásicos" como el matrimonio y el divorcio.

Este giro hacia el predominio de la voluntad en cuestiones propias de la persona, en su dimensión más intimista, no nos parece adecuado, pues parece identificar erróneamente a la persona con su libertad plena. Consecuencia de esto, parece que la persona puede construirse a su libre albedrío, según las tendencias culturales y sociales relevantes en cada momento, olvidando su esencia natural, a la que no puede renunciar ni olvidar, ni "reconstruir", como puede ser el derecho a la vida,

---

contractual de estipulación"; en "Régimen patrimonial y autonomía de la voluntad", *Revista Chilena de Derecho,* vol. 26, nº 1, 1999, p. 105.

186 PARRA LUCAN, M.A., "Autonomía de la voluntad y derecho de familia", *Diario La Ley,* nº 765, 2011, p. 1.

187 ALVAREZ MEDINA, S., "La interferencia estatal en la vida privada y familiar", *Cuadernos electrónicos de Filosofía del Derecho,* nº 42, 2020, pp. 20-21.

a la integridad física, sexo, filiación; cuestiones todas ellas propias de la naturaleza humana que no puede negarse ni construirse de forma particular, pues es común para todos.

Parece que se está separando la naturaleza humana del Derecho de familia, y esto, a todas luces, y, aunque solo sea a través de la fuerza de los hechos y los datos, parece imposible. En este sentido MARTINEZ DE AGUIRRE describe esta cuestión de forma muy interesante, afirmando que la biología y la naturaleza humana, no pueden obviarse para el Derecho y menos para el Derecho de familia, pues este regula diferentes situaciones en función, al final, de la diferente biología o realidad natural del hombre. Afirma este autor "la fuerte relación entre las instituciones básicas de Derecho de familia (principalmente filiación, pero también el matrimonio) y su fundamento natural, así como las consecuencias que esta relación puede tener en su regulación"[188]. De este modo, y acudiendo al fundamento natural de la filiación y procreación (dos personas de diferente sexo que mantienen relaciones sexuales), puede explicarse la diferente regulación de aquella, con diversas normas y presunciones legales, según sean los "progenitores" personas de diferente sexo o no. La maternidad subrogada, por otra parte, vulnera la dignidad humana, en el sentido que prueban los datos reales contractuales y mercantilistas, del dominio que los "futuros padres" ejercen sobre la totalidad de la madre gestante, y no solo de su embarazo, sino sobre toda su persona, tal y como recogen determinadas cláusulas contractuales de la transacción, lo que vulnera totalmente la dignidad humana ligada

---

188 MARTÍNEZ DE AGUIRRE, C., "Con la naturaleza hemos topado. Reflexiones sobre estrategias de presentación de la ley natural al hilo del nuevo Derecho de Familia", *Prudentia Iuris, N. Aniversario,* p. 312.

a los beneficios económicos que produce[189]; sin olvidarnos de que reducen al bebé a mera mercancía, objeto de contrato patrimonial, donde las relaciones propias de filiación desaparecen, convirtiéndolo en objeto casi de propiedad, desdibujando su naturaleza humana, incompatible con ello.

A la vista de estas nuevas regulaciones, parece que el Derecho civil se desvincula —al menos en algunas normas— de la naturaleza humana, poniendo el foco en la concepción de persona como pura libertad, que se construye a sí misma, con independencia de su naturaleza; pero, eso no es cierto y esta —la persona— sigue siendo la base del Derecho civil como desde aquí se defiende.

---

189 Incluso para autores que están a favor de la posibilidad de la disponibilidad parcial del cuerpo de la mujer a través de la maternidad subrogada, como decisión amparada por la autonomía de la voluntad, entienden que esta decisión puede superar los límites de la propia autonomía de la voluntad por inferir en la dignidad humana y derechos fundamentales. En este sentido, REDONDO SACEDA, L., "Libre disposición sobre el cuerpo: la posición de la mujer en el marco de la gestación subrogada", *EUNOMÍA Revista en Cultura de la Legalidad* , nº 12, abril-septiembre, 2017, pp.131-146: "si bien creo que es posible admitir que una mujer, en uso de libre disposición del cuerpo y ejerciendo su autonomía en un marco de racionalidad, independencia y opciones relevantes, puede decidir suscribir este contrato y puede hacerlo en un nivel de autogobierno pleno, las consecuencias del contrato para ella tienen una incidencia directa en su libertad individual, anulando la misma durante un período de tiempo establecido y afectando a derechos fundamentales que son inherentes a la dignidad y, por ello, irrenunciables. Por tanto, desde una perspectiva de los derechos fundamentales, aunque la suscripción de un contrato de gestación subrogada pueda quedar amparada por la autonomía personal, las consecuencias derivadas del contrato implican una pérdida de libertad sobre el propio cuerpo y, en definitiva, sobre la propia persona",

No obstante, analicemos, a continuación, esos supuestos materia de Derecho civil donde se está produciendo ese renacer de la autonomía de la voluntad.

3.3.1.- "Privatización"[190] del matrimonio

Las reformas legales sobre el matrimonio de 2005 que impulsó el matrimonio entre personas del mismo sexo, el divorcio "expres" sin causa, y la más reciente reforma de la Ley de Jurisdicción Voluntaria de 2015, que permite la celebración del matrimonio y el divorcio ante notario, han ido configurando un matrimonio casi a la carta, donde lo único relevante para el mismo (y su extinción a través del divorcio) es la voluntad del individuo como consecuencia del libre desarrollo de su personalidad que defiende el art. 10 CE. Atrás quedan las consideraciones sobre el matrimonio como institución dirigida a la procreación y sostén de la familia, basada en la diferenciación de sexos, que tenía entre sus funciones la protección de aquella. El matrimonio se ha desinstitucionalizado y, hoy, se ve casi como un derecho subjetivo, que depende exclusivamente de la voluntad manifestada por el contrayente, sin otro motivo o causa que querer contraerlo, como expresión de su personalidad. Esta es la visión que del matrimonio aporta la Ley 13/2005, de 1 de julio, de reforma del Código civil en materia de derecho a contraer matrimonio[191].

---

[190] Tal y como lo denomina DE PABLO CONTRERAS, P. en MARTÍNEZ DE AGUIRRE ALDAZ, C. (coord.), *Curso de Derecho Civil*, tomo IV, 5ª ed., Madrid, 2016, p. 63, y recoge BARBER CÁRCAMO, R. en *Proyecto docente e investigador*, ob. cit. p. 124.

[191] Según prueban las siguientes palabras de su Exposición de motivos: "Se admite hoy sin dificultad que esta convivencia en pareja es un medio a través del cual la personalidad de un amplio número de personas, convivencia mediante la cual se prestan entre sí apoyo emocional y económico, sin más trascendencia que la que

De igual forma, no debe extrañar que, si esto es así, la forma de extinción a través del divorcio se base igualmente en la voluntad de ponerle fin, sin necesidad de hacer constar causa alguna que justifique su disolución, tal y como inmediatamente después introdujo la Ley 15/2005, de 8 de julio, de reforma del Código civil y de la Ley de Enjuiciamiento Civil en materia de separación y divorcio. La voluntad unilateral de cualquiera de los cónyuges basta para poner fin al matrimonio, desligando la separación y el divorcio de causas que supongan el incumplimiento de los deberes matrimoniales como era hasta entonces[192].

La mera voluntad es la causa tanto del matrimonio como del divorcio, tendencia voluntarista que queda aumentada ante la posibilidad de que sea un Notario, fedatario público que recoge la voluntad de las partes en un documento fehaciente (escritura pública), quien pueda, a su vez, constatar estos hechos, sin necesidad de acudir a un Juez, posibilidad introducida por la Ley 15/2015, de 3 de julio, de jurisdicción voluntaria, eliminando el divorcio judicial en determinados casos.

La posibilidad del divorcio, sencillo, basado en la simple voluntad, ha llevado a un aumento de los divorcios, y estos producen más problemas sociales, gastos, enfermedades

---

tiene lugar en una estricta relación privada, dada su, hasta ahora, falta de reconocimiento formal por el Derecho".

192 La Exposición de motivos de esta ley es todavía más clara en cuanto a la inspiración voluntarista de la reforma: "Con este propósito, se estima que el respeto al libre desarrollo de la personalidad, garantizado por el art. 10.1 CE, justifica reconocer mayor trascendencia a la voluntad de la persona cuando ya no se desea seguir vinculado con su cónyuge. Así, el ejercicio de su derecho a no continuar casado no puede hacerse depender de la demostración de la concurrencia de causa alguna, pues la causa determinante n oes más que el fin de esa voluntad expresada en su solicitud, ni, desde luego, de una previa e ineludible situación de separación".

psicológicas que la indisolubilidad del matrimonio —conforme a la ley natural—[193]. Estos hechos, nos llevan a considerar, siguiendo a MARTINEZ DE AGUIRRE en este punto, que el matrimonio "es una institución mucho más funcional desde el punto de vista social que los modelos alternativos, y que esa funcionalidad es mayor a medida que aumenta la estabilidad matrimonial"[194]. Este autor concluye que la norma y las instituciones basadas en la ley natural tienen mejor encaje en nuestro ordenamiento civil, y que este no debería separarse de ese fundamento, aunque solo fuera por consecuencias prácticas. Además de estos argumentos de carácter utilitarista, no podemos olvidar que la institución del matrimonio y sus propiedades esenciales tienen su base en la antropología personalista que aquí se defiende; por lo tanto, cualquier reducción del matrimonio a la pura voluntad, irá en contra de la propia naturaleza de la persona.

---

193 Sobre datos estadísticos que avalan estas afirmaciones de la relación entre divorcio y perjuicios personales, patrimoniales y económicos, véase: MARTÍNEZ DE AGUIRRE, C., "El divorcio revisitado. Datos y reflexiones sobre estabilidad matrimonial y divorcio", en Prieto Álvarez, T. (ed.). *Acoso a la familia. Del individualismo a la ideología de género.* Granada. Comares, 2016, pp. 108 y ss. Y los estudios: para Inglaterra, The Relationships Foundation, *Cost of Family Failure Index* (índice anual, disponible en http://www.relationshipsfoundation.org/ family-policy/cost-of-family-failure-index/, último acceso: 28 de julio de 2022); para Estados Unidos, Walberg, R. & Mrozek, A. (2009). *Private choices, public costs. How failing families cost us all.* Institute of Marriage and Family of Canada, 22 y sigs. (disponible en http://www.imfcanada. org/issues/private-choices-public-costs, último acceso: 28 de julio de 2022).

194 MARTINEZ DE AGUIRRE, C., "Con la naturaleza hemos topado. Reflexiones sobre estrategias de presentación de la ley natural al hilo del nuevo Derecho de Familia", ob. cit., p. 317.

3.3.2.- Transexualidad y elección de sexo

Siendo este un tema complejo que provocaría una reflexión mucho más profunda, me limito aquí a poner de relieve la creciente importancia de la voluntad en la decisión del cambio de sexo. Esto se produce como consecuencia del libre desarrollo de la personalidad y de la identidad sexual, que lleva a configurar la posibilidad de cambiar el sexo biológico para adecuarlo al sexo sentido o psicológico, como un derecho de la personalidad: el derecho a libre determinación de la identidad sexual y expresión de género.

La Ley 3/2007, de 15 marzo, reguladora de la rectificación registral de la mención relativa al sexo de las personas, posibilitó el cambio de sexo en el Registro para las personas con disforia de género, sin necesidad de cirugía de reasignación de sexo, bastando un diagnóstico médico de disforia de género y la acreditación de tratamiento durante dos años[195]. Pero, esta ley junto con el reconocimiento del matrimonio entre personas del mismo sexo por la Ley 13/2005 —que solucionaría en parte los problemas del matrimonio entre personas que no habían conseguido cambiar la mención del sexo en el Registro— parece que no es suficiente para amparar el nuevo derecho a la identidad sexual mucho más amplio que un mero cambio de sexo.

Este nuevo derecho se basa en la autonomía y libertad individual de cada persona a decidir cuál es su sexo (sentido

---

195 Previo a esta ley, la DGRN ya había admitido el matrimonio entre personas de distinto sexo legal, pero igual sexo biológico (RRDGRN 8 y 31 enero 2001), contraviniendo la jurisprudencia del TS que consideraba nulo el matrimonio entre personas del mismo sexo físico, ya que solo admitía el cambio de sexo registral, pero ello no facultaba para contraer matrimonio o realizar actos o negocios jurídicos como "sexo femenino" pues el cambio registral no implicaba el cambio de sexo completo.

o querido), y qué prácticas han de realizarse sobre su cuerpo para conseguir aquel, además de una serie de acciones de reconocimiento y respeto por parte de los demás hacia la persona que libremente decide sobre ello.

La sexualidad binaria queda desterrada y se abren múltiples opciones al individuo que se basan solo en su derecho a la determinación sexual. Esta ley tiene su fundamento claro en la Teoría de género, con una concepción antropológica muy peculiar, a caballo entre el subjetivismo voluntarista del existencialismo y componentes del estructuralismo marxista, para los que la persona se construye a sí mismo en sintonía con las circunstancias externas, ambiente y cultura en la que le toca vivir y como quiera. La teoría de género "parte de un dualismo que distingue en la persona el sexo (biológico), del género (lo construido)"[196]; son realidades diferentes, y el cuerpo (y su realidad biológica) queda como separado de la persona, no tiene importancia, y lo determinante es el género que se puede elegir y cambiar a voluntad pues no está en relación con el cuerpo y sexo; sino que depende de la sociedad y de lo que se crea, entienda o quiera en un momento determinado. Por eso "cada uno puede elegir su propia identidad y orientación sexual: todo es diverso y relativo, el hombre y la mujer se crean a sí mismos sin ninguna referencia a su naturaleza sexuada"[197]. De nuevo, se aparta o se deja de lado la naturaleza humana, y desde luego, choca con la concepción antropológica personalista que defendemos que entiende a la persona como un ser con cuerpo y alma unidos indisolublemente, donde el cuerpo es esencial a aquella y la determina por naturaleza. No compartimos esta idea de persona desgajada de su naturaleza y realidad biológica, que puede modificarse a voluntad.

---

196 LACALLE NORIEGA, M., *La persona como sujeto de Derecho,* ob. cit., p. 20.

197 LACALLE NORIEGA, M., ob. cit., p. 21.

Pero, esta postura ha alcanzado mucho predicamento en nuestra sociedad, y ha provocado cambios legislativos que tratan de recoger y amparar esta ideología de género. De este modo, el grupo parlamentario Podemos, presentó en 2018 una Proposición de ley sobre la protección jurídica de las personas "trans" y el derecho a la identidad sexual y expresión de género, que no ha prosperado, en la que se recogía y organizaba el desarrollo de este derecho basado en la libre voluntad del individuo[198] e igualmente se ha desarrollado en varias leyes autonómicas[199].

---

198 En la Exposición de motivos de la proposición de Ley, precedente de la actual Ley, se afirma lo siguiente: "La presente Ley configura el derecho a la libre determinación de la identidad sexual y expresión de género en el respeto a la autonomía y libertad de cada persona a ser y manifestar cuál es su sexo sentido y qué prácticas han de realizarse sobre su cuerpo. Esta concepción implica que cada persona ha de tener la facultad de elegir sobre sus opciones vitales, su identidad sexual y expresión de género sin ningún tipo de injerencia o intromisión, lo cual plantea una relación distinta entre los poderes públicos y las personas trans. Al reconocer el derecho a la libre determinación de la identidad sexual y expresión de género de la persona, los poderes públicos se convierten en garantes de un derecho que históricamente ha estado sujeto a la discrecionalidad gubernamental. Se restituye a la persona el derecho inherente a decidir sobre su propio cuerpo y su ser. Los poderes públicos asumen el correlativo deber de establecer las medidas para garantizar dicho derecho y erradicar toda forma de discriminación por motivo de identidad sexual y expresión de género." Disponible en http://www.congreso.es/public_oficiales/L12/CONG/BOCG/B/BOCG-12-B-220-1.PDF.

199 Entre otras: Ley 2/2014, de 8 de julio, integral para la no discriminación por motivos de identidad de género y reconocimiento de los derechos de las personas transexuales en Andalucía; Ley 2/2016, de 29 de marzo, de identidad y expresión de género e igualdad social y no discriminación de la Comunidad de Madrid (LCM 2016\88); Ley 8/2016, de 30 de mayo, de Libertad Sexual de la Islas Baleares (LIB 2016\16416); Ley Foral 8/2017, de 29 de junio (LNA 2017\172).

El 27 de junio 2022 el gobierno de coalición presidido por Pedro Sánchez dio luz verde al Proyecto de Ley para la Igualdad Real y Efectiva de las Personas Trans y para la Garantía de los derechos de las Personas Lesbianas, Gais, Trans, Bisexuales e Intersexuales (LGTBI), que se remitió a las Cortes y tras su tramitación, se publicó en el BOE el 2 de marzo 2023, como Ley 4/2023, de 28 de febrero, para la igualdad real y efectiva de las personas trans y para la garantía de los derechos de las personas LGTBI[200]. En esta ley o se reconoce el "derecho" a cambiar de sexo sin necesidad de operación quirúrgica, y la posibilidad de que los menores lo soliciten a partir de los 12 años, sin ser necesaria si quiera la aprobación judicial o asistencia paterna a partir de los 16 años[201]. Se confirma que, con esta nueva ley, únicamente se requiere para cambiar de sexo la voluntad de la persona, pues se elimina la necesidad de presentar informes médicos o legales, operaciones quirúrgicas, y se prohíben las terapias de conversión, dejando de considerarse la disforia de género como una enfermedad.

La ley aprovecha también para establecer multas por discriminación al colectivo LGTBI, y a quien no comparta esta ideología, así como va a permitir el reconocimiento de la filiación de mujeres lesbianas y bisexuales no casadas, dando un paso más en la separación entre la filiación y la naturaleza humana, como veremos a continuación, y genera situaciones de desigualdad de derechos y oportunidades para aquellas personas

---

Ley 4/2018, de 19 de abril, de Identidad y Expresión de Género e Igualdad Social y no Discriminación de la Comunidad Autónoma de Aragón. Ley 8/2014, de 28 de octubre, de no discriminación por motivos de identidad de género y de reconocimiento de los derechos de las personas transexuales de Canarias., de Cataluña.

200 Véase la Ley definitiva en https://www.boe.es/buscar/act.php?id=BOE-A-2023-5366.

201 Entre los 12 y 14 años se necesita autorización judicial, entre 14 y 16 asistencia paterna.

que no pertenezcan a este colectivo, en circunstancias en las que también deberían ser protegidas como estas[202].

Esta reforma es absolutamente criticable, desde nuestro punto de vista, pues prescinde totalmente de la realidad biológica de la persona y, en definitiva, de la naturaleza humana; convirtiendo el sexo (género) en algo disponible, objeto de la autonomía de la voluntad, como si de un negocio jurídico unilateral se tratara. No puede llevarse a este extremo la autonomía de la voluntad, a cuestiones que, por afectar a la propia naturaleza humana, deberían ser indisponibles y absolutas, pues determinan a la persona y no pueden construirse o generarse al libre albedrío.

De nuevo, aquí, se pone de manifiesto la corriente del relativismo que, al prescindir de la verdad del ser, de la naturaleza, reduce la persona a la voluntad o libertad absoluta, convirtiéndose el deseo de cada uno, o de cada colectivo en fuente del

---

202 El Consejo de Estado, en su informe sobre el Anteproyecto de la Ley LGTBI, subraya este aspecto, afirmando que: "Se quiere decir con ello que la ley anteproyectada, si bien responde a la loable finalidad de establecer un marco normativo que garantice la igualdad y evite la discriminación de las personas sometidas a su ámbito de aplicación, contempla medidas de actuación pública y políticas públicas, y contiene determinadas previsiones, que propician el, sin duda, indeseado efecto de generar situaciones de discriminación positiva y, por tanto, de discriminación, por lo general indirecta, de aquellas personas no contempladas en su ámbito subjetivo de aplicación, especialmente significativa respecto de las mujeres, que contradicen los postulados derivados del principio de igualdad consagrado en el artículo 14 CE, y se contienen singularmente en la Ley Orgánica 3/2007, de 22 de marzo, para la igualdad efectiva de mujeres y hombres." Y lo refiere a supuestos donde las personas LGTBI tienen una notable preferencia y una superior legitimación para la defensa por posible discriminación y falta de igualdad. Creándose el riesgo de crear o establecer "ordenamientos jurídicos" particulares para distintos colectivos o personas. Esto va en contra del carácter general de la ley, de la igualdad de las personas, y de su propia naturaleza

derecho, en título legitimador, de un pretendido derecho (el del cambio de sexo) que no es tal. No compartimos la consideración de un "derecho" a la posibilidad de cambio de sexo; no puede ser un verdadero derecho cuando no puede, en realidad, reclamarse frente a quién tenga que entregárselo; ¿es realmente "lo suyo", lo justo, exigible frente a otro que viene obligado a darlo? ¿quién debe repartirlo y cómo? Una cosa es que se pueda rectificar un nombre en el Registro civil (aunque el derecho al nombre constituya la identidad de la persona), y otra entender que existe un derecho al cambio de sexo, basado en el derecho a la autodeterminación de género, cuando este se identifica plenamente con la voluntad, con el libre albedrío, prescindiendo de toda consideración física o natural[203]. ¿Puede ser un derecho fundamental, general, absoluto e indisponible, a la vez, relativo, disponible y particular?

3.3.3.- Filiación

Probablemente el avance de la autonomía de la voluntad en el Derecho a la filiación, como parte importante del Derecho de familia, ha sido uno de los más significativos, sustituyendo incluso a los preceptos de carácter imperativo y de estado que rigen el mismo.

---

203 Este derecho a la autodeterminación de género es definido en las actuales legislaciones autonómicas como «el reconocimiento de su identidad de género, libremente determinada». La exposición de motivos de la Ley 2/2014, de 8 de julio, integral para la no discriminación por motivos de identidad de género y reconocimiento de los derechos de las personas transexuales de Andalucía12 establece: «En la persona imperan las características psicológicas que configuran su forma de ser y se ha de otorgar soberanía a la voluntad humana sobre cualquier otra consideración física. La libre autodeterminación del género de cada persona ha de ser afirmada como un derecho humano fundamental».

De este modo, ya en las Leyes de reproducción asistida se introdujo la autonomía de la voluntad como clave en la determinación de la filiación y, probablemente, haya alcanzado su punto más extraordinario como criterio determinante de la filiación, en el caso de la "doble maternidad por naturaleza". La reforma del art. 7.3 Ley de Técnicas de Reproducción Humana Asistida (LTRHA), en 2007, permitió que fuera la sola voluntad de quien dice ser madre, el criterio determinante de la filiación, con preferencia a la determinación con base en la verdad biológica. Esta modificación vino a contentar a los colectivos homosexuales que no estaban satisfechos con la filiación por adopción que se les permitió a partir de la Ley 13/2005, buscando la posibilidad de que se reconociera la filiación por naturaleza, en la que no encajaban, pues esta exigía la diferenciación sexual de los progenitores. La LTRHA se remite al régimen general de determinación de la filiación y, por lo tanto, no alteró los títulos de determinación de la filiación por naturaleza del Código civil.

Así las cosas, y ante la demanda del colectivo homosexual, se introdujo el párrafo 3° del art. 7 LTRHA[204], que permite, al menos para matrimonios formados por mujeres, la determinación de la filiación por naturaleza para la madre no gestante que así lo reconoce. Se introduce un nuevo título de determinación de la filiación, e incluso un nuevo tipo de filiación "la doble maternidad por naturaleza". Eso sí, se establecen como requisitos para ello: que el nacimiento sea consecuencia de técnicas de reproducción asistida, que exista previo matrimonio entre la madre gestante y la declarante, que el reconocimiento

---

204 Art. 7.3 LTRHA: "Cuando la mujer estuviere casada, y no separada legalmente o de hecho, con otra mujer, esta última podrá manifestar conforme a lo dispuesto en la Ley del Registro Civil que consiente en que se determine a su favor la filiación respecto al hijo nacido de su cónyuge".

se haga sobre un *nasciturus* concreto, antes del nacimiento del mismo y constante matrimonio. Hay que decir que, con posterioridad a este artículo, el TS[205] inaplicó estos requisitos y fue mucho más allá a la hora de dar carta de reconocimiento a la voluntad de la madre, sin exigir, siquiera, que la declaración de voluntad se produjera con anterioridad al nacimiento del hijo. Esto condujo a la reforma en 2015 del art. 7.3 con su redacción actual, que suprime la temporalidad de la declaración del consentimiento.

La voluntad, el querer ser madre, se impone como título determinante de la filiación alterando todo nuestro sistema de filiación basado en la verdad biológica, encumbrando la posesión de estado como criterio determinante, y olvidando, en definitiva, la realidad biológica, natural que ella implica. Se produce definitivamente una ruptura en la relación filiación/ heterosexualidad.

Esa cada vez más clara separación entre la filiación y la heterosexualidad, trae consigo un panorama complejo en la

---

205 En las sentencias de 5 diciembre 2013 y 15 enero 2014. Estas sentencias han sido duramente criticadas por la doctrina "por introducir un criterio contrario a la filosofía que lo anima, esto es, insertar la libre voluntad en un régimen inspirado por la verdad biológica", BARBER CÁRCAMO, R., "Doble maternidad legal, filiación y relaciones parentales", *Derecho Privado y Constitución*, nº 28, enero/diciembre 2014, pp. 93-136. Igualmente, critican estas sentencias y la solución adoptada por el Tribunal Supremo: QUICIOS MOLINA, S., "¿Cómo puede determinarse la maternidad de la esposa de la mujer que ha dado a luz un hijo concebido utilizando alguna técnica de reproducción asistida? (Comentario a la STS 5 diciembre 2013)", *C.C.J.C.* nº 95, mayo/agosto 2014, pp. 609-630; INIESTA DELGADO, J.J., "La filiación derivada de las formas de reproducción humana asistida", en *Tratado de Derecho de la Familia* (dir. Yzquierdo Tolsada y Cuena Casas), 2ª ed., vol. V, Aranzadi-Thomson Reuters, Cizur Menor, 2017, pp. 963 ss. y ARECHEDERRA ARANZADI, L., *Realidad, ilusión y delirio en el derecho de filiación*, Madrid, Dykinson, 2017.

regulación de la filiación, pues, según el sexo de los progenitores, será de aplicación un determinado régimen u otro. En palabras de MARTINEZ DE AGUIRRE: "El Derecho positivo, empleado como palanca para forzar determinados cambios sociales, topa con la tozudez de la biología, que le obliga a introducir diferencias entre los distintos supuestos, y a negar así en la práctica las enfáticas afirmaciones de igualdad que están en la base de esas reformas legales"[206]. La filiación en definitiva tiene un fundamento de Derecho natural que no puede negarse.

En tema de filiación, también es una práctica constatada —cada vez con más frecuencia— que las acciones de filiación entabladas y que han ocasionado jurisprudencia del TS en este sentido, revelan una aproximación voluntarista a la determinación de la filiación que choca con las características tradicionales de las acciones de estado.

Como comenta BARBER CÁRCAMO, tras la reforma del Código civil de 1981, se produce un cambio importante en lo que a la filiación se refiere, pues a partir de entonces, se defiende el derecho a no discriminación por razón de nacimiento, el interés del menor es preminente al del progenitor y la verdad biológica se convierte en principio rector de aquella que se inspira en el principio de investigación de la paternidad. Como la autonomía de la voluntad puede conducir a resultados contrarios a la verdad biológica, parece descartarse en ese momento como criterio de determinación de la filiación[207]. Pero, a partir de los derechos fundamentales y del libre desarrollo de la personalidad, el interés del padre pugna con el interés del menor "de modo que la determinación de la filiación ya no se centra

---

206 MARTÍNEZ DE AGUIRRE, C., "Con la naturaleza hemos topado... ", ob. cit., p. 316.

207 PARRA LUCAN, M.A., "Autonomía de la voluntad y derecho de familia", ob. cit., p. 3.

en la protección de éste, sino en el establecimiento de una relación donde ambos términos, progenitor e hijo, juegan al mismo nivel, ejercitando el primero su derecho al libre desarrollo de la personalidad". Y concluye, afirmando que, últimamente, analizando los casos más recientes de acciones de filiación entabladas, "se deprende una tendencia creciente a su empleo desde el prisma de la autonomía privada o más directamente desde un marcado voluntarismo, manejando el estado civil conforme a la conveniencia del demandante"[208]. Ello puede dar lugar a que se determine la filiación por un mero reconocimiento fruto de la autonomía de la voluntad que se oponga a la realidad biológica, o a su prueba, con los perjuicios que esto puede suponer para ese menor, si se lleva a cabo una posible impugnación posterior.

El Tribunal Supremo ha intentado poner coto a estas acciones de filiación desviadas de su fundamento institucional, subrayando que no se puede dejar al arbitrio del demandante el *dies a quo* para el inicio del cómputo de la acción de impugnación de paternidad y que las normas que regulan el Derecho de filiación son imperativas porque se refieren al estado civil de las personas, por tanto, indisponibles y fuera de la autonomía de la voluntad.

3.3.4.- Eutanasia

El derecho a decidir sobre el fin de la propia vida es uno de los derechos de nuevo cuño que se fundamentan en la autonomía de la voluntad del individuo llevada, a mi parecer, hasta el extremo, de tal forma que este tiene capacidad de decisión sobre su propia personalidad jurídica y física.

---

208 BARBER CÁRCAMO, R., "Comentario de la STS 12 de enero de 2015 (260/2015)", en *Comentarios a las sentencias de unificación de doctrina*, vol. 7º (2015), Madrid, 2017, pp. 459-472.

El derecho a la vida, como derecho fundamental, absoluto, inherente al ser humano e indisponible, se transforma, como consecuencia del derecho a la elección y libre determinación, en un derecho relativo y disponible en determinadas condiciones legalmente establecidas.

De nuevo, la autonomía de la voluntad, el voluntarismo y el relativismo absoluto, se erigen como principio informador y sustentador de un nuevo derecho que conculca el derecho fundamental a la vida, recogido en el art. 15 CE.

En la pasada legislatura se presentaron varias proposiciones de ley de la eutanasia por parte de los principales partidos políticos, dos de ellas, correspondientes a Unidas Podemos y el Partido Socialista Obrero Español (PSOE), que plantearon directamente el derecho a poner fin a la vida, y la tercera y cuarta proposición eran de Ciudadanos y el Partido Popular, pero en ellas se planteaba esencialmente los Cuidados Paliativos con el fin de amortiguar el sufrimiento.

El objeto de la proposición de ley de Unidas Podemos —aunque fue rechazada— era "regular el derecho que asiste a las personas a solicitar y recibir ayuda médica para poner fin a su vida si se cumplen determinados requisitos", y hacía hincapié en que, en la solicitud de la eutanasia, debe prevalecer la autonomía de la voluntad de los pacientes sobre la vida humana[209]. El Partido socialista justifica[210] el derecho al libre ejercicio de los derechos de la persona ante el proceso final de su vida en los derechos fundamentales de la dignidad humana y libre desarrollo de la

---

209 "La eutanasia que nos llega. Reflexión médica, jurídica y moral", Universidad Católica de Valencia y Observatorio de Bioética Instituto Ciencias de la vida. Disponible en https://es.zenit.org/wp-content/uploads/2020/01/LA-EUTANASIA-QUE-NOS-LLEGA.pdf

210 Proposición de Ley Orgánica de regulación de la Eutanasia, Disponible en: https://www.psoe.es/media-content/2020/02/PPL-dignidad-persona-final-vida.pdf

personalidad (art. 10 CE), el derecho a la vida, integridad física (art. 15 CE) e intimidad personal y familiar (art. 18.1 CE), así como en la prevalencia de la autonomía de la voluntad sobre el derecho a la vida cuando exista un sufrimiento que así lo justifique: "En estos procesos la prolongación de la vida no debe considerarse un bien superior al derecho de los pacientes a disponer de sus últimos días de acuerdo a sus creencias y convicciones personales". Todo ello fundamentado asimismo en el reconocimiento de la autonomía del paciente en la Ley de 41/2002, de 14 de noviembre, básica reguladora de la autonomía del paciente y obligaciones en materia de información y documentación clínica[211].

La Ley fue aprobada finalmente a través de la Ley Orgánica 3/2021, de 24 de marzo, de regulación de la eutanasia. Su exposición de motivos afirma que "la presente Ley pretende dar una respuesta jurídica, sistemática, equilibrada y garantista, a una demanda sostenida de la sociedad actual como es la eutanasia. La eutanasia significa etimológicamente «buena muerte» y se puede definir como el acto deliberado de dar fin a la vida de una persona, producido por voluntad expresa de la propia persona y con el objeto de evitar un sufrimiento".

---

[211] Justifican este parecer en la sentencia del TC 37/2011 que afirmó que el rechazo al tratamiento, intervención o procedimiento recomendado por los sanitarios forma parte del artículo 15 CE, al entenderse como "una facultad de autodeterminación que legitima al paciente, en uso de su autonomía de la voluntad, para decidir libremente sobre medidas terapéuticas y tratamientos que puedan afectar a su integridad, escogiendo entre las distintas posibilidades, consintiendo su práctica o rechazándolas", y continua afirmando que sería "precisamente la manifestación más importante de los derechos fundamentales que pueden resultar afectados por una intervención médica: la de decidir libremente entre consentir el tratamiento o rehusarlo, posibilidad que ha sido admitida por el Tribunal Europeo de Derechos Humanos, aun cuando pudiera conducir a un resultado fatal (STEDH, de 29 abril 2002)."

Continúa justificando su admisión dando los siguientes argumentos, basados todos ellos en la prevalencia de la autonomía de la voluntad y la capacidad configuradora de cada persona sobre su vida, según las tendencias y demandas de la sociedad: "Y es, precisamente, obligación del legislador atender a las demandas y valores de la sociedad, preservando y respetando sus derechos y adecuando para ello las normas que ordenan y organizan nuestra convivencia. La legalización y regulación de la eutanasia se asientan sobre la compatibilidad de unos principios esenciales que son basamento de los derechos de las personas, y que son así recogidos en la Constitución española. Son, de un lado, los derechos fundamentales a la vida y a la integridad física y moral, y de otro, bienes constitucionalmente protegidos como son la dignidad, la libertad o la autonomía de la voluntad. Hacer compatibles estos derechos y principios constitucionales es necesario y posible, para lo que se requiere una legislación respetuosa con todos ellos. No basta simplemente con despenalizar las conductas que impliquen alguna forma de ayuda a la muerte de otra persona, ... Se busca, en cambio, legislar para respetar la autonomía y voluntad de poner fin a la vida de quien está en una situación de padecimiento grave, crónico e imposibilitante o de enfermedad grave e incurable, padeciendo un sufrimiento insoportable que no puede ser aliviado en condiciones que considere aceptables, lo que denominamos un contexto eutanásico. Con ese fin, la presente Ley regula y despenaliza la eutanasia en determinados supuestos, definidos claramente, y sujetos a garantías suficientes que salvaguarden la absoluta libertad de la decisión, descartando presión externa de cualquier índole."

No podemos estar más en desacuerdo con estas afirmaciones, en las que se observa una exagerada preminencia del derecho a decidir, de la autonomía de la voluntad, sobre un derecho fundamental inherente y absoluto y, en consecuencia, indisponible. En primer lugar, porque el ejercicio de la autonomía de la voluntad solo es lícito si con el mismo se persigue un fin lícito, orientado al bien del sujeto, pero no cuando provoca un daño; no podemos justificar el evitar un mal (el sufrimiento de una persona), con otro mal (la muerte)[212]. Además, no podemos reducir todo al debate simplista de si es posible disponer, o no, de un bien (la vida) por parte de su titular, como si de un derecho subjetivo patrimonial se tratara y si esa libertad, o capacidad de decisión y disposición, debe estar protegida y garantizada. Y es que no puede examinarse este problema desde una perspectiva jurídico-positiva y aislada. El tema es más complejo; para empezar, el "bien vida", no es disponible, no está configurado como tal en nuestro ordenamiento, más bien al contrario, es un derecho fundamental absoluto y por tanto inalienable, protegido por la propia constitución. Pero, además, el tema trasciende a la propia singularidad del individuo siendo necesario extenderlo a su realidad ontológica[213], como persona íntegra y social, por lo que no puede resolverse con base en su exclusiva voluntad, y el Derecho (positivo) debe fundamentarse y valerse de otras ciencias para dar respuesta a esta cuestión; es en el Derecho natural donde el rechazo a esta práctica encuentra su sentido. Efectivamente, la naturaleza humana —una vez más— no puede separarse del Derecho, pues es su base. Ya hemos dicho en repetidas ocasiones que ser persona para el Derecho es de origen natural, y no una cualidad técnica jurídica que atribuye el ordenamiento; luego con

---

212 "La eutanasia que nos llega. Reflexión médica, jurídica y moral", ob. cit., p. 2. También, como afirma VICTOR CATHREIN, S.J., "el Derecho es una parte esencial del orden moral" y "son moralmente buenas para el hombre aquellas acciones que, conforme a su naturaleza racional, se acomodan a todas sus relaciones para consigo mismo, para con los demás hombres, y para Dios, su creador y fin último". Véase en *Filosofía del Derecho. El Derecho natural y el positivo,* Trad. De Alberto Jardon, Reus, Madrid, 7ª edición, 2002, pp. 272-273.

213 MEDINA MORALES, D., "Muerte digna. Vida digna. Una reflexión. Un debate", *Cuadernos de Bioética,* XXIV, 2013/3ª, p. 403.

más razón, cuando hablamos del bien, derecho, a la vida, sin el que la persona no existe como tal, ya que el bien protegido es su propio ser, por lo que el derecho a la vida es un derecho a ser persona, a existir. Es un derecho natural originario que debe protegerse de principio a fin sobre el que no se puede disponer y decidir, justificándolo en un derecho de elección o predominio de la mal entendida autonomía de la voluntad.

Considero que este gigantismo del principio de la autonomía de la voluntad en el Derecho civil no patrimonial, personal, es un defecto que el Derecho civil debe corregir, pues este tiene que estar en perfecta consonancia con el Derecho natural, el orden natural y sus principios inmutables, que lo fundamenta, inspira y a la vez persigue.

La voluntad del individuo, por relativa y particular, puede no estar bien formada, y ser mutable, característica esta de la que debe huir el Derecho, pues debe fundarse en principios inmutables y generales y no en la conveniencia de la mayoría, y menos del individuo concreto. El individualismo profundo llevado al extremo y guiado por lo que la ley establece como posible, válido y obligatorio, conduce a estas situaciones extremas que deben rechazarse. Lo que la Ley natural rechaza no puede aceptarlo el Derecho positivo sin más; este debe estar en perfecta consonancia con el Derecho natural, que no es sino la expresión jurídica de aquella y del orden moral[214].

---

214 "Muchos derechos son ya concedidos al hombre por la ley natural, así el derecho a la vida, a la libertad, al honor, a la posesión y al mismo tiempo es impuesto a todos los demás también por la ley moral natural, el deber de respetar ese derecho. Es, por lo mismo, imposible que pueda existir un derecho a algo malo por su naturaleza. ... Si se niega el carácter moral del Derecho y de los deberes jurídicos, se quita toda su dignidad y su nobleza al orden jurídico entero". VICTOR CATHREIN, S.J., *Filosofía del Derecho. El Derecho natural y el positivo,* Trad. De Alberto Jardon, Reus, Madrid, 7ª edición, 2002, p. 276.

En definitiva, considero que el Derecho civil en este punto debe dialogar con la Filosofía del Derecho y otras ciencias que ayuden a reconducir la autonomía de la voluntad como principio general del Derecho civil, como reflejo del Derecho natural, y sobre todo donde alcanza su sentido, en el derecho patrimonial, pues los bienes en juego son particulares, disponibles, y no necesitados de especial protección.

Como conclusión de todo este epígrafe quiero subrayar que la aparente "humanización" en la que se ha visto inmerso el Derecho civil en los últimos años, con la preponderancia de la dimensión más íntima, personal y familiar del ser humano respecto a sus relaciones patrimoniales no ha sido tal. Podría parecer que se acerca a la concepción antropológica que aquí se defiende, de considerar a la persona como un ser completo biopsicosocial, sin embargo, se aleja cada vez más de nuestros postulados. Esto es así porque lejos de contemplar a la persona en su totalidad, la reduce a una de sus dimensiones: la voluntad.

La antropología subyacente hoy en día en el Derecho civil, y a la vista de las últimas propuestas y proposiciones -y las que se avecinan-, dista mucho de ser la más adecuada y de procurar la dignidad, igualdad, y libertad de la persona, como ser de fines. Se hace necesario re-pensar el Derecho civil, y dotarle de sentido pleno basado en la persona. Esta tendencia de futuro del Derecho civil que reconduce a la persona como "libertad pura" no es asumible ni conveniente.

3.4.- DERECHO CIVIL Y LA SOCIEDAD DIGITAL

La sociedad está inmersa en un vertiginoso cambio gracias al desarrollo e implantación de las nuevas tecnologías digitales y de comunicación (TIC's). Las nuevas alternativas digitales están revolucionando todos y cada uno de los aspectos de la sociedad actual, produciéndose la transformación desde la sociedad de la información a la sociedad del conocimiento, la digital.

La sociedad digital es, entonces, el resultado del proceso de transformación que se está llevando a cabo en las estructuras de la sociedad, como consecuencia de la incidencia en aquellas de las tecnologías digitales.

La transformación digital ha supuesto unos cambios y avances significativos en la vida cotidiana de la persona a los que, en consecuencia, debe hacer frente el Derecho civil. Destacamos dos supuestos en los que la intervención del Derecho civil va a ser decisiva en el futuro, consecuencia de los avances de la sociedad digital, como son: la contratación a través de plataformas electrónicas intermediarias que impulsan una nueva forma de contratación entre particulares y los avances de la Inteligencia Artificial (IA) aproximándose los robots a entes autónomos con capacidad de aprendizaje y de decisión, debiendo analizarse la responsabilidad en que, como tales, puedan incurrir, o si pueden equipararse a "personas".

3.4.1.- Resurgimiento de las relaciones inter privatos en una economía colaborativa

La economía colaborativa surge en los últimos años como un fenómeno imparable que ha revolucionado las reglas del mercado tradicional, para poner en el centro al consumidor que ahora ofrece y decide lo que quiere consumir gracias al intercambio de bienes y servicios entre iguales, pares (*peers*). Desde su inicio, la economía colaborativa, o *sharing economy,* pretende la mejor utilización de recursos infrautilizados mediante su uso compartido; prevalece el acceso a los bienes, su uso y posesión, más que la propiedad exclusiva de los mismos, para su mejor aprovechamiento. En ella predomina la idea de compartir e intercambiar bienes y servicios utilizando las tecnologías digitales a través de las plataformas en línea[215].

Ha tenido un crecimiento exponencial[216] en los últimos años debido a las nuevas tecnologías e internet pues, gracias a este medio, los oferentes de bienes y servicios han podido contactar con una pluralidad de demandantes de estos para cerrar sus acuerdos de colaboración.

Las plataformas digitales son fundamentales ya que son la única manera de poner en conexión a esos intercambiadores de bienes y servicios; gracias a ellas y a su intermediación se consigue que se cierren los negocios buscados por ambos participantes, de una forma mucho más rápida y eficaz, reduciendo

---

215 Sobre concepto y caracteres de economía colaborativa, véase: GARCÍA-OCHOA MAYOR, D., "Economía colaborativa y financiación", *Diario La Ley*, nº 8807, de 20 de julio de 2016, pp. 1-14; TOURIÑO, A., "La economía colaborativa desde la óptica de la competencia desleal. Análisis de los autos de medidas cautelares dictados en los casos de Uber, Blablacar y Cabify", *Actualidad civil,* nº 4, abril 2016, pp. 1-13; VILALTA NICUESA, A.E., "La regulación europea de las plataformas de intermediarios digitales en la era de la economía colaborativa", *Revista Crítica de Derecho Inmobiliario,* nº 756, pp. 275-330; ALFONSO SÁNCHEZ, R., "La economía llamada colaborativa", en *Retos Jurídicos de la Economía colaborativa en el contexto digital* (R. Alfonso Sánchez y J. Valero Torrijos, Dirs.), Thomson-Reuters Aranzadi, Cizur Menor, 2017, y en general en toda la obra de este capítulo; AZNAR TRAVAL.A., *Economía colaborativa, Alojamiento y Transporte,* Cizur Menor, Aranzadi Thomson Reuters, 2017; QUATTRONE, G., PROSERPIO, D., QUERCIA, D., CAPRA, L., Y MUSOLES, M., "Who benefits from the «Sharing» Economyof AirBnb?", *International World Wide Web Conference,* nº 16, 2016, pp. 1385-1394.

216 En cinco sectores claves de la economía colaborativa se generaron unos ingresos de 3 600 millones de euros en 2015 en la UE: alojamiento (alquiler a corto plazo); transporte de personas; servicios para la vivienda; servicios profesionales y técnicos, y financiación colaborativa. Agenda para la economía colaborativa, ob. cit., p. 2.

los intermediarios, facilitando la búsqueda y elección automatizada de la mejor opción para ellos de entre todas las ofertadas. Son por tanto verdaderos intermediarios en línea, ajenos a la relación contractual que se lleva a cabo entre los usuarios.

Con estos tres sujetos intervinientes (plataformas, oferentes y demandantes), en la economía colaborativa se perfila una nueva forma de contratación. En ella distinguimos dos tipos de relaciones jurídicas: Las relaciones verticales entre la plataforma intermediaria con los usuarios o participantes (proveedores u oferentes y consumidores o demandantes, normalmente no profesionales), que es una relación de intermediación; y la relación horizontal entre los prestadores de servicios y usuarios, que se genera a *posteriori*, entre ambas partes, que será el contrato subyacente[217], o realmente principal, que se ha gestado y ha sido posible gracias a la intervención de las plataformas, pero sin que ellas tomen parte en este contrato subyacente que se celebra y perfecciona entre los usuarios; resultando totalmente ajenas a él, pero facilitadoras del mismo.

Este entramado de relaciones jurídicas se representa con forma triangular, pues son tres los sujetos implicados, situando a la plataforma en el vértice de dicho triángulo que une o conecta a los otros dos sujetos: proveedores y consumidores. Se generan relaciones jurídicas entre ellos diferenciadas y completamente distintas. Una nueva forma de contratar con nuevos caracteres.

En esa nueva forma de contratación, y centrándonos en las relaciones horizontales, se produce una relación jurídica entre sujetos privados: los proveedores de bienes o prestadores de servicios y los destinatarios finales de esos bienes y servicios.

---

217 Compraventa de bienes, alquiler de bienes, arrendamiento de servicios, préstamo o actividades de financiación....

Tradicionalmente, los proveedores han sido empresas o profesionales, y los destinatarios finales los consumidores o particulares, generando las relaciones contractuales clásicas, empresario con consumidor (*business to consumer*, B2C), o entre empresas (B2B). En la economía colaborativa, se produce un cambio significativo respecto al rol que adoptan los particulares y las empresas en la contratación, de forma que el proveedor puede ser también un particular, y el destinatario final otro particular o una empresa que actúa incluso como consumidor, al ser este cualquier persona física o jurídica que actúa en un ámbito ajeno a una actividad empresarial o profesional(art. 3 TRLDCU).

Esta inversión o modificación de los roles tradicionales genera confusión o dificultad a la hora de clasificar las relaciones y la legislación aplicable a las mismas. Se desdibuja la tradicional diferencia entre proveedores y consumidores, haciendo que, a veces, no sea fácil distinguir cuándo estamos ante un proveedor profesional y cuándo ante un particular y cuando, en consecuencia, se deba aplicar una legislación u otra en relación con los consumidores. En definitiva, surgen nuevas formas de contratación entre los sujetos intervinientes. A las relaciones tradicionales entre empresa y consumidor (B2B) o entre empresas (B2B), se añaden las relaciones contractuales entre consumidores o particulares en ambos papeles -proveedor y destinatario- (C2C), o entre particulares (proveedores) y empresas (C2B).

En concreto, en la relación C2C, tanto el proveedor como el destinatario son particulares. El proveedor de bienes o servicios es un particular (prosumidor o *prosumer*) que los ofrece al destinatario final (otro particular), a través de la plataforma en línea que actúa como mera intermediaria, pero eliminando los intermediarios comerciales típicos de la contratación tradicional[218]. Es un tipo de contratación nueva que surge al

---

[218] Se supera la economía en cadena (*chain economy*); esta implica que desde que sale el bien del productor y llega al consumidor final, ha

hilo de la economía colaborativa y que ha sido posible gracias a las nuevas tecnologías y a las plataformas en línea.

Sus rasgos diferenciadores son:

- La plataforma intermediaria no interviene en el negocio subyacente entre prosumidor y el cliente, pero lo ha posibilitado desde que pone en contacto a la oferta y la demanda.
- El prosumidor o proveedor de bienes y servicios no es un prestador de servicios de la sociedad de la información; en consecuencia, al contrato que se celebra con él no puede aplicarse la LSICE ni, tampoco son exigibles los deberes de información propios de los prestadores de estos servicios (las plataformas).
- La existencia del prosumidor implica una desconfiguración del rol tradicional de los particulares en la contratación de bienes y servicios, y se difuminan los contornos entre el particular y la empresa, que deben aclararse.
- No existe asimetría contractual propia de una relación de consumo, pues el contrato se lleva a cabo entre pares (particulares).
- La contratación entre los particulares, sin embargo, es una contratación en masa, se trata de contratos de adhesión, que los consumidores o destinatarios finales

---

pasado por muchas manos e intermediarios comerciales, mientras que la economía colaborativa supone un traspaso del bien prácticamente directo del productor o prestador del servicio al destinatario final. Sobre el concepto y diferencias entre la *chain economy* y *triangle economy*, véase el documento del Parlamento Europeo: European Parlamient, Think Tank. "Online Platforms: How to Adapt Regulatory Framework to the Digital Age?", disponible en http://www.europarl.europa.eu/thinktank/en/document.html?reference=IPOL_BRI(2017)607323, p. 4.

suscriben aceptando las condiciones generales de la contratación que ha establecido un tercero ajeno a ese contrato: la plataforma intermediaria. El destinatario final de los bienes contrata aceptando las condiciones generales establecidas en el contrato de acceso suscrito con la plataforma intermediaria.

- No se trata, sin embargo, de contratos vinculados, pues la no celebración efectiva del contrato subyacente no anula, o borra, el contrato de acceso previo con la plataforma.

Esta nueva forma de contratación genera conflictos y problemas que deben abordarse, pues no queda claro cuál es la regulación aplicable a ellos, ya que son particulares, pero no consumidores propiamente dichos porque no hay asimetría entre las partes, aunque, sin embargo, contratan por medio de condiciones generales de la contratación a través de las plataformas que las establecen.

Creemos que se trata de contratos civiles que se regulan por el Código Civil, y leyes especiales, pero, con una laguna importante en cuanto a la regulación de la protección de estos particulares, ya que al no ser aplicable la normativa de protección de consumidores y usuarios, quedan desprotegidos, como ya hemos dicho. Sin olvidar, no obstante, y debido a la supranacionalización del Derecho civil que estas nuevas formas de contratación a través de las plataformas electrónicas en línea, deberá adaptarse a la legislación europea, sobre todo, a los nuevos reglamentos europeos: Ley de Servicios Digitales (LSD) y Ley de Mercados Digitales (LDM)[219].

---

219 Reglamento UE 2022/2065, Reglamento de Servicios Digitales, denominado “Ley de Servicios Digitales”. Disponible en https://eur-lex.europa.eu/ES/legal-content/summary/digital-services-act.html. Y el Reglamento UE 2022/1925, Reglamento de Mercados digitales, denominado “Ley de Mercados digitales”, disponible en

Es en este nuevo tipo de relaciones entre pares, entre personas particulares, consecuencia de la economía colaborativa, donde el Derecho civil surge con fuerza, pues a él debe corresponder su regulación, saliendo del ámbito doméstico que últimamente se le atribuía. Un nuevo tipo de relaciones personales a las que deberá hacer frente.

3.4.2.- La persona electrónica

Otro de los grandes retos a los que se enfrenta el Derecho civil como consecuencia de la sociedad digital es la consideración de un nuevo tipo de persona, la persona electrónica que se añade a las ya existentes persona jurídica y física. ¿Es posible la personalidad electrónica?

Si bien es cierto que esta posibilidad es todavía lejana, no lo es menos que es ya una cuestión sobre la que se está trabajando. En la Unión Europea se empezó a desarrollar el Informe sobre la persona jurídica electrónica, cuyas recomendaciones se recogen, en la Resolución del Parlamento Europeo de 16 de febrero 2017, donde se recogen las recomendaciones destinadas a la Comisión sobre normas de Derecho civil sobre robótica[220], y la Resolución del Parlamento Europeo, de 12 febrero 2019 sobre una política global en materia de inteligencia artificial y robótica.

En estas recomendaciones se hacía expresa mención a la posibilidad de dotar de personalidad a los robots:

---

https://eur-lex.europa.eu/ES/legal-content/summary/digital-markets-act.html, que fomentan el impulso, contratación y responsabilidad de las plataformas en línea.

220 Véase en https://www.europarl.europa.eu/doceo/document/TA-8-2017-0051_ES.html?redirect

"Se trata de crea a largo plazo una personalidad jurídica específica para los robots, de forma que como mínimo los robots autónomos más complejos puedan ser considerados personas electrónicas responsables de reparar los daños que puedan causar, y posiblemente aplicar la personalidad electrónica a aquellos supuestos en los que los robots tomen decisiones autónomas inteligentes o interactúen con terceros de forma independiente" (Rec. Nº 59-f).

Los avances de la inteligencia artificial (IA) están dando como fruto la fabricación de robots cada vez más sofisticados, máquinas inteligentes y autónomas, con capacidad de ser entrenadas para pensar y tomar decisiones de manera independiente, con mayores capacidades y facultades, que, aunque lejos de asemejarse a un humano, son capaces de desarrollar funciones en las que pueden incurrir en responsabilidad y desarrollar un aprendizaje autónomo, siendo capaces de tomar decisiones y variarlas según las circunstancias. A la vez, pueden propiciar situaciones en las que se hagan acreedores de determinadas actuaciones, planteándose por ello si son sujetos de derechos y obligaciones; es decir, si deben equipararse a la persona jurídica, como tales. No hay que olvidar que la propia resolución citada, considera que "existe la posibilidad de que a largo plazo la inteligencia artificial supere la inteligencia humana".

Se trata de un reto científico, técnico, jurídico y ético, donde el Derecho civil debe participar en el debate de si los robots deben ser considerados o no como personas, aunque solo lo sean a efectos jurídicos, y en las implicaciones que ello supondría. La personalidad electrónica en ningún caso puede ser similar o tomar como modelo a la persona física, pues nada tiene que ver con ella, y eso supondría equipararla a un ser humano, con todos los derechos inherentes al mismo (vida, integridad, honor, dignidad...) derechos propios y exclusivos del hombre. Tampoco tiene coincidencia exacta con la persona jurídica, pues esta es más bien una ficción que crea el Derecho para que determinados entes no personales puedan actuar en el tráfico jurídico, pero siempre a través de sus representantes, que siempre son personas físicas; cosa difícil de aplicar a un robot, pues no creo que nadie actúe como su representante.

En definitiva, y dejando cuestiones éticas al lado, el estatuto de la "persona electrónica", jurídicamente hablando, es un tema muy complejo, que no comparto, pues no puedo equiparar a una máquina, objeto para el derecho, con un sujeto de derechos y obligaciones, y parece que esta es la postura también dominante en Europa. Desde nuestra óptica antropológica, no entendemos una persona para el Derecho que no esté basada en su propia naturaleza, pues ser persona para el Derecho es algo natural; luego difícilmente podemos defender una persona electrónica a la que —desde luego y entre muchas otras cosas— le falta la base corpórea, el entendimiento, la voluntad y la afectividad propia de la persona, tal y como nosotros lo entendemos. La personalidad jurídica debe basarse en la naturaleza humana, no es una categoría otorgada por el legislador.

Después de las recomendaciones de la Resolución de 2017, la Unión Europea ha publicado una Estrategia Europea Digital, en la Comunicación de la Comisión al Parlamento COM (2020) 66 final, de 19 de febrero de 2020 y se acaba de publicar el Libro Blanco sobre Inteligencia Artificial[221], pero en ellas no

---

221 Disponible en https://ec.europa.eu/info/sites/info/files/commission-white-paper-artificial-intelligence-feb2020_en.pdf. En el libro Blanco se pretende promover la inversión en la investigación y desarrollo de la IA, fomentar su estudio e investigación mediante la creación de centros de excelencia y de prueba, atracción de los mejores profesionales para ello, pero también plantea cuestiones sobre la responsabilidad de los fabricantes y proveedores, la consideración de cuándo una IA es de alto riesgo, la necesidad de supervisión humana de la actuación de los robots.

se aborda el tema de la personalidad electrónica que parece superado y/o rechazado, sino más bien el impulso científico de la IA y la necesidad de una regulación sobre robótica que ofrezca un marco legal claro para el desarrollo de esta industria.

En el mismo sentido se manifiesta el recién publicado Reglamento europeo sobre IA, de 13 junio 2024[222].

En cualquier caso, creo que el Derecho civil y la teoría general de la capacidad jurídica y la responsabilidad consecuente tienen mucho que aportar en la resolución de este nuevo avance científico, pues son muchas las cuestiones relativas a la responsabilidad y dependencia humana de los robots que debe abordar el Derecho civil. En concreto, deberá afrontarse la responsabilidad del dueño del robot y lo relativo a la protección de datos por las imágenes que este capte, la del fabricante, así como, en su caso, la del propio robot, si finalmente se optará por ello[223].

---

222 Véase: Reglamento (UE) 2024/1689 del Parlamento Europeo y del Consejo, de 13 de junio de 2024, por el que se establecen normas armonizadas en materia de inteligencia artificial y por el que se modifican los Reglamentos (CE) nº 300/2008, (UE) nº 167/2013, (UE) nº 168/2013, (UE) 2018/858, (UE) 2018/1139 y (UE) 2019/2144 y las Directivas 2014/90/UE, (UE) 2016/797 y (UE) 2020/1828 (Reglamento de Inteligencia Artificial)., disponible en https://www.boe.es/buscar/doc.php?id=DOUE-L-2024-81079.

223 La propia Resolución 16 de febrero de 2017 del Parlamento Europeo establece que: "cuanto más autónomos sean los robots, más difícil será considerarlos simples instrumentos en manos de otros agentes" y añade "en el supuesto en que un robot pueda tomar decisiones autónomas, las normas tradicionales no bastarán para generar responsabilidad jurídica por los daños ocasionados por el robot, ya que no permitirán determinar la parte que ha de hacerse cargo de la indemnización, ni exigir a la parte que repare el daño causado."

Capítulo 4

Nueva conceptualización del Derecho de cosas

4.1.- CONCEPTO Y FUNDAMENTO DEL DERECHO DE COSAS Y LOS DERECHOS REALES PARA LA PERSONA

Una vez estudiado qué es, cómo se configura el Derecho civil en la actualidad y cuáles son sus retos de futuro, nos detenemos en este apartado para ofrecer el concepto y fundamento de una parte especial de este: El Derecho de cosas.

El Derecho civil puede dividirse en dos subordenamientos: el Derecho civil patrimonial y el Derecho civil no patrimonial, según estudie la dimensión y relaciones personales o económicas del hombre. Así, el Derecho civil patrimonial comprende las nomas e instituciones a través de los cuales se realizan y ordenan las actividades económicas del hombre. A su vez, dentro de este, podemos diferenciar la parte estática, o Derecho de cosas, y la dinámica que se identifica con el Derecho de obligaciones y contratos.

El Derecho de obligaciones pretende estudiar el cambio de manos de los bienes entre los hombres y la cooperación entre ellos mediante la prestación de servicios, y está formado por las normas básicas de la organización económica; es decir, las normas a través de las cuales se realizan los fines de atribución y de explotación de los bienes económicos, el intercambio de manos de dichos bienes y la cooperación social.

Sin embargo, el Derecho de cosas, parte estática o pasiva del Derecho civil patrimonial, es el estatuto jurídico de los bienes económicos, es decir, aquella parte del Derecho civil que pretende resolver la atribución, la utilización y disfrute de los bienes económicos, tratando de repartir a cada uno —persona— los suyos. En concreto, trata de dar respuesta a la extensión y límites de esta dominación: extensión cuantitativa (qué cantidad de bienes se pueden poseer y explotar), cualitativa (qué tipo de poderes se pueden ejercer sobre los bienes) y temporal (cuál es la duración de las formas de explotación). Por tanto y, en resumen, el Derecho de cosas pretende regular qué bienes se pueden explotar, cuál es su destino y si este se debe ejercer al arbitrio de cada uno, o por el contrario, debe estar coordinado y regulado.

Pues bien, es el Derecho de cosas el objeto de la asignatura "Derechos reales e inmobiliario", cuya propuesta docente se hará en la tercera parte de este trabajo. En ella se pretende estudiar cuáles son los poderes directos, inmediatos y absolutos que el hombre tiene sobre los bienes, las cosas, como bienes económicos susceptibles de dominación (derechos reales), sus caracteres, su eficacia, su desarrollo y sus formas de publicidad para conseguir la oponibilidad *erga omnes* que les caracteriza, a través del Registro de la propiedad y la posesión[224]. La relación

---

224 Sobre "Derechos reales" en general, véase las principales obras y manuales de la doctrina, entre otros: ALBALADEJO GARCÍA, M., *Derecho Civil,* Tomo III, Derecho de Bienes, Edisofer, Madrid; CASTÁN TOBEÑAS, J., *Derecho Civil Español, común y foral,* Tomo II, *Derecho de Cosas.* Volumen 1°, *Derechos reales en general. El dominio. La posesión.* Volumen 2°, *Los derechos reales restringidos,* Ed. Reus, Madrid; COSSÍO Y CORRAL, A., *Instituciones de Derecho Civil,* Tomo II, *Derechos Reales y Derecho Hipotecario,* Civitas, 1988; DÍEZ-PICAZO, L., *Fundamentos de Derecho Civil Patrimonial,* Tomo III. Civitas, Madrid y DÍEZ-PICAZO, L./GULLÓN BALLESTEROS, A., *Sistema de Derecho Civil,* Volumen III, 1° y 2°, *Derechos de cosas* y *Derecho Inmobiliario Registral,* Tecnos, Madrid; ESPIN CÁNOVAS, D., *Manual de Derecho Civil Español* I, Volumen II, *Derechos Reales,* Editorial Revista de Derecho Privado, Madrid;

jurídico-real, la relación hombre-cosa, es el objeto material de la asignatura, que debe examinarse siempre desde la perspectiva de qué es lo justo en esas relaciones jurídico-reales, y en la atribución de los bienes —objeto formal—.

Las normas que regulan esas relaciones directas entre el hombre y las cosas forman parte del Derecho civil patrimonial, pero, a la vez, están en íntima conexión con otras ramas del Derecho, como el ordenamiento jurídico público y principios políticos y constitucionales y, a lo largo de la historia, han cambiado según las distintas consideraciones económicas y políticas de la propiedad. Exactamente igual que lo ya explicado para el Derecho civil, pues el Derecho de cosas es parte esencial de este. Por tanto, tampoco puede entenderse de forma aislada, y debemos tratar de coordinar esta asignatura con otras muchas, y con otras ciencias, que le dan sentido y coherencia.

GÓMEZ GÁLLIDO, J. /DEL POZO CARRASCOSA, P., *Lecciones de Derecho Hipotecario,* Marcial Pons, 2000; LACRUZ BERDEJO, J.L., (y otros), *Elementos de Derecho Civil,* Tomo III, *Derechos Reales,* Volúmenes 1° y 2°, Dykinson, Madrid y *Elementos de Derecho Civil,* Tomo III bis, *Derecho Inmobiliario Registral,* Dykinson, Madrid; LASARTE ÁLVAREZ, C., *Principios de Derecho Civil,* Tomo IV, *Propiedad y derechos reales de goce.* Tomo V, *Derechos reales y Derecho Hipotecario,* Marcial Pons y *Compendio de Derechos reales,* Marcial Pons, Madrid, 2012; PEÑA Y BERNALDO DE QUIRÓS, M., *Derechos Reales. Derecho Hipotecario,* Tomo I, *Propiedad. Derechos reales (excepto los de garantía).* Tomo II, *Derechos de garantía. Registro de la Propiedad,* Centro de Estudios Registrales, 2ª ed. Madrid; PUIG BRUTAU, J., *Compendio de Derecho Civil,* Volumen III, *Derechos reales. Derecho hipotecario,* Bosch, Barcelona; PUIG BRUTAU, J., *Fundamentos de Derecho Civil,* Tomo III, Volumen 1°, *El derecho real. La posesión. La propiedad: sus límites. Adquisición o pérdida. Ejercicio de acciones,* Bosch, Barcelona; ROCA SASTRE, R.M./ROCA SASTRE MUNCUNILL, L., *Derecho hipotecario,* Ed. Bosch, Barcelona. GÓMEZ GÁLLIGO, F.J., *Derecho registral teórico y práctico: Volumen I : parte teórica : teoría de la calificación registral,* Editorial Carperi, Madrid, 2020.

Por eso, antes de repasar su evolución y su configuración en la actualidad, debemos reflexionar también, sobre el por qué y el para qué de esta parte del Derecho. ¿Cuál es el sentido del Derecho de cosas? ¿Por qué necesita el hombre de las cosas? ¿Por qué y para qué es preciso repartirlas y establecer diferentes relaciones entre el hombre y las cosas?

El hombre, la persona, desde la concepción biopsicosocial que hemos dado, es un ser dotado de cuerpo y alma; partes inescindibles de la misma realidad personal. De este modo, el hombre necesita de bienes materiales para el desarrollo de su cuerpo, y para poder vivir y realizar sus funciones biológicas principales. Esos bienes deben estar a su alcance, debe ser capaz de usarlos, transformarlos en nuevos recursos y, en definitiva, reconocer que la propiedad sobre los mismos es una cuestión de supervivencia humana. Por ello, entendemos que corresponde al hombre organizar el reparto de los bienes, para que todos puedan utilizarlos y usarlos para su propio crecimiento y perfección, de una manera justa.

No obstante, la atribución de los bienes al hombre debe realizarse en consonancia con lo dispuesto en el principio del destino universal de los bienes, que trasciende del puro ordenamiento positivo, para ser un mandato del Derecho natural, tal y como se entiende en la Doctrina Social de la Iglesia (DSI). Este principio se trata "ante todo de un derecho natural, inscrito en la naturaleza del hombre, y no sólo de un derecho positivo, ligado a la contingencia histórica"; además este derecho es «originario». Es inherente a la persona concreta, a toda persona, y es prioritario respecto a cualquier intervención humana sobre los bienes, a cualquier ordenamiento jurídico, a cualquier sistema y método socioeconómico: «Todos los demás derechos, sean los que sean, comprendidos en ellos los de propiedad y comercio libre, a ello [destino universal de los bienes] están subordinados: no deben estorbar, antes al contrario, facilitar su realización, y es un deber social grave y urgente hacerlos volver a su finalidad primera»"[225].

El destino universal de los bienes no significa que todos los bienes sean de todos, o todos estén a disposición de uno solo, sino que "si bien es verdad que todos los hombres nacen con el derecho al uso de los bienes, no lo es menos que, para asegurar un ejercicio justo y ordenado, son necesarias intervenciones normativas, fruto de acuerdos nacionales e internacionales, y un ordenamiento jurídico que determine y especifique tal ejercicio"[226].

Así, el Derecho de cosas surge para hacer efectivo el reparto de los bienes materiales entre los hombres conforme al destino universal de los bienes. En consecuencia, el Derecho de cosas se encargará de delimitar los bienes que pueden ser objeto de propiedad, qué facultades implica esta, cómo pueden usarse los bienes de otros y cuáles son los límites y limitaciones en ese uso y atribución, para que sea haga de forma justa, dando a cada uno lo suyo. En este sentido, ya adelantó Juan Pablo II[227], el concepto de hipoteca social, para referirse al hecho de que la propiedad privada, sobre la que no cabe duda de su legitimidad y licitud, incluida la propiedad de los medios de producción, está gravada, limitada por su función social que debe hacer efectivo y real el destino universal de los bienes[228].

---

225 Compendio de la Doctrina Social de la Iglesia, Capítulo Cuarto, III. Principio del uso universal de los bienes, párrafo 172. Disponible en http://www.vatican.va/roman_curia/pontifical_councils/justpeace/documents/rc_pc_justpeace_doc_20060526_compendio-dott-soc_sp.html#IV.%20EL%20PRINCIPIO%20DE%20SUBSIDIARIDAD

226 Compendio de la Doctrina Social de la Iglesia, ob. cit., párrafo 173.

227 JUAN PABLO II, en *Discurso inaugural de la III Conferencia General del Episcopado Latinoamericano* (Puebla de los Ángeles [México] 28-1-1979.

228 En este sentido, véase SANZ DE DIEGO, R., "La hipoteca social", *Aula Social DSI,* disponible en https://auladsi.net/hipoteca-social, y

Por otra parte, la propiedad es el derecho real por excelencia, pues implica que su titular puede obtener de la cosa todas las utilidades que ofrece. La concepción del derecho de propiedad determina el reparto de los bienes entre los hombres de una manera u otra, y la propiedad privada, que supone que determinados bienes se atribuyen a algunas personas en exclusividad, de forma que pueden impedir su uso a otros, está también subordinada al principio del destino universal de los bienes. Esto explica las limitaciones que deben imponerse a la propiedad precisamente para conseguir ese uso universal y común de todos los bienes. La propiedad privada se constituye en un medio para alcanzar ese uso común, y no como un fin en sí misma, de ahí que surja la función social de la propiedad: "El individuo no puede obrar prescindiendo de los efectos del uso de los propios recursos, sino que debe actuar en modo que persiga, además de las ventajas personales y familiares, también el bien común"[229], por eso, deben surgir vínculos de uso entre las cosas objeto de propiedad privada, y el resto de las personas.

---

que comenta "la hipoteca social" de Juan Pablo II, y afirma que: "Un inmueble hipotecado sigue siendo propiedad de su dueño. Pero si éste no cumple con sus obligaciones o deudas (avaladas mediante la hipoteca de ese bien) deja de ser efectiva su propiedad y pasa al acreedor o a quien tiene derecho al fruto de las obligaciones contraídas por el dueño. Paralelamente, en el campo moral —en el que se mueve la doctrina social de la Iglesia— la propiedad de los bienes de producción «se justifica moralmente cuando crea, en los debidos modos y circunstancias, oportunidades de trabajo y crecimiento humano para todos» (*Centesimus Annus,* 43). Y deja de justificarse cuando no hace posible el destino universal de los bienes y el derecho a su uso común (*Laborem exercens,* 14,3)."

229 Ob. cit., párrafo 178.

Pero, por otra parte, no podemos olvidar que la propiedad privada de los bienes asegura la supervivencia del hombre, al aprovecharse de ellos y de sus frutos, facilitando su desarrollo como persona y convirtiéndose en medio necesario para su autonomía personal. Debe entenderse, por lo tanto, como una ampliación de la libertad humana, en cuanto su ejercicio contribuye a su responsabilidad, pues el dominio de los bienes y su reparto, le permite ejercer su función responsable en la sociedad y en la economía[230]. De este modo, como afirma LACALLE NORIEGA, "la propiedad privada o un cierto dominio sobre los bienes externos aseguran a cada cual una zona absolutamente necesaria para la autonomía personal y familiar, y deben ser considerados una prolongación de la libertad humana".[231] Pero, la relación entre la propiedad y la libertad no se agota en el aspecto físico o corporal por su contribución al desarrollo y supervivencia del hombre, sino que, el hecho de que exista propiedad privada de los bienes y no una propiedad colectiva de aquellos, pertenecientes al Estado, siendo este quien atribuya y distribuya los bienes materiales y su uso, hace que el hombre sea independiente del Estado; sea más libre y no dependa de los designios del Estado, cambiantes en cada momento, para conseguirlos. Así, "una de las funciones de la propiedad es la de asegurar un dominio de justa libertad, no solamente en materia económica sino también en materia política, cultural y religiosa... por lo tanto, podemos ligar la

---

230 Concilio Vaticano II, Const. past. *Gaudium et spes,* 71: AAS 58 (1966) 1092- 1093; cf. León XIII, Carta enc. *Rerum novarum: Acta Leonis XIII,* 11 (1892) 103-104; Pío XII, *Radiomensaje por el 50° aniversario de la « Rerum novarum »*: AAS 33 (1941) 199; Id., *Radiomensaje de Navidad* (24 de diciembre de 1942): AAS 35 (1943) 17; Id., *Radiomensaje* (1 de septiembre de 1944): AAS 36 (1944) 253; Juan XXIII, Carta enc. *Mater et magistra*: AAS 53 (1961) 428-429.

231 LACALLE NORIEGA, M., *La persona como sujeto de Derecho,* Dykinson, Madrid, 2013, p. 291.

propiedad no solo con la dimensión corporal del ser humano sino también con su dimensión racional que le permite la previsión del futuro y de la libertad”[232].

La propiedad, y por ende, el resto de los derechos reales, que no son sino facultades desgajadas de aquel, son elementos esenciales para el desarrollo de la persona, pues contribuyen a su desenvolvimiento como ser humano (corporal), pues le proporcionan los elementos básicos para su supervivencia física, pero, a la vez, contribuyen a su desarrollo como ser racional, al influir de forma decisiva en su libertad a través de la responsabilidad de su ejercicio.

Por eso, es el Derecho de cosas debe responder en su función (contribuir y ordenar la atribución del uso de los bienes materiales al hombre) a esta doble perspectiva: lograr la justa atribución de los bienes contribuyendo a garantizar la autonomía y la libertad de la persona en su faceta corporal y racional.

Debemos entender la asignatura de derechos reales desde esta perspectiva y con este fundamento, teniendo siempre presente la consideración de la persona como el ser de fines, desde la concepción antropológica que se ha explicado. Esta concepción de la asignatura debe quedar patente en la forma de explicarla y transmitirla al alumno, pues como iremos viendo, una concepción antropológica o del sentido de la asignatura diferente, puede hacer variar sus postulados y contenidos.

Una vez examinada la importancia del Derecho de cosas y los derechos reales en la justa atribución de los bienes materiales al hombre como garantía de su libertad personal, debemos detenernos en el origen y evolución de esta materia.

---

[232] LACALLE NORIEGA, M., ob. cit. y loc. cit.

4.2.- VICISITUDES CONFIGURADORAS DE LA MATERIA DE DERECHOS REALES EN LA ACTUALIDAD

Desde sus orígenes, los derechos reales han sido parte importante del Derecho civil, pues la preocupación por la propiedad (sobre todo inmobiliaria), su defensa, y su extensión, ha sido una constante para el hombre, desde el Derecho romano hasta la actualidad.

En efecto, tanto en el Derecho romano (*Ius civile*), como en el Derecho medieval, la propiedad inmobiliaria (en aquel momento rústica), los derechos de servidumbre que recaían sobre ella, sus limitaciones, las facultades de goce, disfrute y enajenación de aquella, y la garantía que suponían los propios inmuebles para asegurar operaciones en el tráfico jurídico, constituían una parte esencial del ordenamiento jurídico privado.

Con la concepción moderna del Derecho civil, como Derecho privado común de la persona, y su recepción en los códigos, el Derecho de cosas y los derechos reales, cuyo mayor exponente es el derecho de propiedad, alcanzan su momento de esplendor, llegando casi a identificarse el Derecho civil con ellos. Pues, como ya hemos explicado con anterioridad, el Derecho civil en ese momento es prácticamente derecho patrimonial, ya que el concepto de persona que manejaba el legislador se reducía a su dimensión económica, considerándolo como sujeto titular de derechos y obligaciones de carácter patrimonial, basadas en la autonomía de la voluntad del individuo.

Precisamente, en la época de la codificación, tras terminar la revolución francesa, el concepto de propiedad que predominaba —y así se transmite a nuestro Código—, es el de una propiedad privada, exclusiva y absoluta. El liberalismo se impone en la configuración del Código, que así recibe un concepto de propiedad prácticamente sin limitaciones (art. 348CC), donde el propietario puede usar y disponer de la misma a su libre albedrío.

Además, se recibe en el Código una idea de propiedad inmobiliaria agraria o rústica, como corresponde a la época, plasmada en un sinfín de artículos que hoy, incluso, nos sorprenden[233].

En la actualidad, partiendo de ese concepto de propiedad que recibió el Código y si examinamos los caracteres de la asignatura de Derechos reales, o Derecho de cosas, veremos que, al igual que ha ocurrido con todo el Derecho civil, el Derecho de cosas se ha visto sometido a los mismos procesos de "desintegración" "constitucionalización" "personificación o despatrimonialización", "publificación" y "supranacionalización" que aquel, que van a caracterizar a la asignatura de derechos reales como la conocemos en la actualidad.

4.2.1.- Desintegración

En el siglo XIX durante la codificación, y ante el retraso de esta causado por la oposición de los foralistas, se produce la separación o disgregación de una parte importante de lo que debería ser el Código civil, y se aprueba y publica la Ley Hipotecaria en 1861. Las razones para ello fueron eminentemente prácticas: existía la urgente necesidad de dotar de publicidad a los derechos reales inmobiliarios, fundamentalmente a la hipoteca que necesitaba de su publicidad a través del Registro de la propiedad, para que los acreedores prestaran con garantías de cobro, y se diera seguridad al crédito territorial. Ante esta situación, se decide adelantar la publicación de parte del Código civil que debería haber sido el Libro destinado al Registro de la Propiedad y, por meras razones de urgencia legislativa, nace separado de él y así permanece hasta la actualidad, pues nunca se volvió a incorporar al mismo. No obstante, esta

233 Por ejemplo: 612 y 613, 499, 485, 465, 366-374 CC, etc.

separación, puramente práctica, no implica la desintegración del Derecho de cosas en una ley especial, pues las remisiones entre el Código y la Ley hipotecaria (y su correspondiente reglamento), son expresas, formando un mismo ordenamiento civil. De este modo, baste ver los arts. 606- 608 CC, sobre todo este último que afirma que "para determinar los títulos sujetos a inscripción o anotación, la forma, efectos y extinción de las mismas, la manera de llevar el Registro y el valor de los asientos en sus libros, se estará a lo dispuesto en la Ley Hipotecaria". Igualmente, el art. 1880 CC y, en relación con el derecho real de hipoteca, remite para su regulación a la misma Ley Hipotecaria. Esta remisión expresa significa dos cosas: a) Que la Ley hipotecaria sigue vigente en su totalidad tras la publicación del Código civil, sin que este lo haya derogado, y b) que las disposiciones de la Ley Hipotecaria se incorporan al Código como si fueran parte de él[234]. Se trata, por tanto, de una disgregación meramente formal y coyuntural, pero el ordenamiento civil es completo en este aspecto.

Más tarde, se publican otras leyes especiales separadas del Código que afectan a materia propia de los derechos reales, como pueden ser, la Ley de propiedad horizontal (para la que también hay remisión expresa del Código en el art. 396CC), o las leyes relativas a propiedad intelectual e industrial, que se separan del Código por la especialidad de su materia; pero, ello, no significa que el Derecho de cosas quede vacío de contenido, o se diluya en esas leyes especiales, ya que estas vuelven al Código para encontrar su base y fundamento, y forman parte de todo el marco normativo de la asignatura de derechos reales.

---

234 AMORÓS GUARDIOLA, M. Y CHICO ORTIZ, J.M., "Comentario al art. 608 CC" en Comentarios al Código Civil, Tomo VII, disponible en https://libros-revistas-derecho.vlex.es/vid/articulo-608-251683?_ga=2.157021939.973958722.1590160908-271930914.1589389796.

4.2.2.- Constitucionalización o socialización

Como ocurrió con todo el Derecho civil, la publicación de la Constitución española de 1978 afectó e influyó en el Derecho de cosas, y en los derechos reales. Probablemente, el cambio más importante que supuso fue la nueva concepción del derecho propiedad que introdujo la Constitución. En efecto, se pone fin a la concepción liberal del derecho de propiedad como derecho absoluto, sin limitaciones ni vinculaciones, introduciendo en su contenido propio la denominada "función social de la propiedad". La concepción de la persona como ser social que vino de la mano de la Constitución y del Estado social de Derecho que estableció en España, produjo un cambio importantísimo con respecto a la propiedad privada[235] que, existiendo y reconociéndose de forma expresa por la Constitución en el art. 33[236], incorporó esa función social en su contenido,

---

235 Conviene señalar que el cambio de una propiedad sin vinculaciones y absoluta, a una propiedad social, no se produjo de golpe, sino que fue paulatino, y ya varias leyes anteriores a la Constitución se encargaron de perfilar la función o aspecto social del derecho de propiedad privado, que ya no era igual que el derecho decimonónico y liberal que se incorporó en el Código.
De este modo, en 1954 se aprueba la Ley de Expropiación forzosa por causa de interés social y en particular por incumplimiento de la función social de la propiedad. A su vez, las Leyes del Suelo establecen un interés entre el suelo urbano y el interés público, y se limitan, por ejemplo, facultades que en el siglo XIX eran esenciales al dominio como, por ejemplo, edificar. La Ley de Minas sólo deja a la propiedad privada el disfrute de los yacimientos de escaso valor económico. Y, por último, la legislación agraria limita las facultades del dueño de fundos rústicos.

236 Art. 33 CE:
"1. Se reconoce el derecho a la propiedad privada y a la herencia.
2. La función social de estos derechos delimitará su contenido, de acuerdo con las leyes.

delimitándolo. La propiedad aparece, hoy en España, como derecho de las partes (art. 33.1 CE), pero con aspecto social[237].

Se trata de una propiedad de corte capitalista, en la que se reconoce la propiedad privada, la libertad de empresa y la opción democrática. No se incluye entre los derechos fundamentales y libertades públicas, sino entre los derechos y deberes de los ciudadanos, y se enmarca en un contexto social[238]. Pero, a

---

3. Nadie podrá ser privado de sus bienes y derechos sino por causa justificada de utilidad pública o interés social, mediante la correspondiente indemnización y de conformidad con lo dispuesto por las leyes."

237 Sobre el nuevo concepto y caracteres del Derecho de propiedad, tras la Constitución española, y su la nueva delimitación de contenido, véase, entre muchos otros pues la literatura es muy amplia, los siguientes: CALVO SAN JOSÉ, M. J., *La función social de la propiedad y su proyección en el sistema de compensación urbanística,* 1ª edición, Ediciones Universidad de Salamanca, Salamanca, 2000; CHICO ORTIZ, J. M., "El derecho de propiedad ante la nueva legislación urbanística", *RDU* nº 33, 1973, págs. 97-126; COCA PAYERAS, M., *Tanteo y Retracto, función social de la propiedad y competencia autonómica,* Publicaciones de Real Colegio de España, Bolonia, 1988; DE LOS MOZOS, J. L., *El derecho de propiedad: crisis y retorno a la tradición jurídica,* Edersa, Madrid, 1993; DÍEZ PICAZO, L., "Los límites del derecho de propiedad en la legislación urbanística", *RDU,* núm. 23, 1971, págs. 13-34; GROSSI, P., *La propiedad y las propiedades. Un análisis histórico,* Civitas, Madrid, 1992; MONTES PENADÉS, V. L., *La propiedad privada en el sistema de Derecho civil contemporáneo,* Civitas, Madrid, 1980; MONTES VICENTE, L., *La propiedad privada en el sistema del derecho civil contemporáneo, (un estudio evolutivo del Código Civil hasta la Constitución de 1978),* Civitas, Madrid, 1980; REY MARTINEZ, F., *La propiedad privada en la constitución española,* Boletín Oficial del Estado, Centro de Estudios Constitucionales, Madrid, 1994.

238 Por ejemplo, el art. 40 CE dispone que "los poderes públicos promoverán las condiciones favorables para el progreso social y económico y para una distribución de la renta regional y personal más equitativa, en el marco de una política de estabilidad económica", el art. 45.2 CE señala que "los poderes públicos velarán por la utilización racional

la vez, puede verse limitada, o constreñida, en su ejercicio por el interés general quedando subordinada a este en los casos en que existiera conflicto entre ambos, tal y como establece el art. 128 CE[239].

El Derecho de propiedad se configura y protege como un haz de facultades individuales sobre las cosas, pero, también y al mismo tiempo, como un conjunto de deberes y obligaciones establecidas de acuerdo con las leyes, en atención a valores o intereses de la colectividad; es decir, a la finalidad o utilidad que cada categoría de bienes objeto de dominio está llamada a cumplir. La función social no es una limitación al ejercicio del derecho de propiedad privada, sino que constituye o delimita su contenido, es decir, forma parte de la nueva concepción del derecho de propiedad tras la CE. El Tribunal Constitucional en su Sentencia nº 37/1987 de 26 de marzo, RTC/1987/37[240] señala que la función social es un

de todos los recursos naturales, con el fin de proteger y mejorar la calidad de la vida y defender y restaurar el medio ambiente, apoyándose en la indispensable solidaridad colectiva", y el art. 47 CE establece que "todos los españoles tienen derecho a disfrutar de una vivienda digna y adecuada. Los poderes públicos promoverán las condiciones necesarias y establecerán las normas pertinentes para hacer efectivo este derecho, regulando la utilización del suelo de acuerdo con el interés general para impedir la especulación".

239 Art. 128.1 CE:
"Toda la riqueza del país en sus distintas formas y sea cual fuere su titularidad está subordinada al interés general".

240 La STC 8 de abril de 1981, por la que se identifica el contenido esencial con la parte del contenido del derecho subjetivo sin la cual éste se desnaturaliza o bien con aquella parte que es absolutamente necesaria para que los intereses jurídicamente protegidos, que dan vida al derecho, resulten real, concreta y efectivamente protegidos. De este modo, se rebasa o se desconoce el contenido esencial cuando el derecho queda sometido a limitaciones que lo hacen impracticable, lo dificultan más allá de lo razonable o lo despojan de la ne-

elemento estructural de la definición del derecho de propiedad, también se refiere a ella como factor determinante de la delimitación legal del contenido del derecho: "la fijación del «contenido esencial» de la propiedad privada no puede hacerse desde la exclusiva consideración subjetiva del derecho o de los intereses individuales que a éste subyacen, sino que debe incluir igualmente la necesaria referencia a la función social, entendida no como mero límite externo a su definición o a su ejercicio, sino como parte integrante del derecho mismo. Utilidad individual y función social definen, por tanto, inescindiblemente el contenido del derecho de propiedad sobre cada categoría o tipo de bienes".

Pues bien, como ya hemos dicho antes, la función social de la propiedad, introducida por la CE de 1978, no es algo nuevo realmente, puesto que desde las posturas que aquí se defienden, es parte integrante de este derecho desde sus inicios y forma parte de su esencia, ya que se basa en el principio del destino universal de los bienes[241]. De este modo, el ejercicio de

---

cesaria protección. Estos dos caminos no son alternativos ni menos todavía antitéticos, sino que, por el contrario, se pueden considerar como complementarios, de modo que, al enfrentarse con la determinación del contenido esencial de todo concreto derecho, pueden ser conjuntamente utilizados, por contrastar los resultados a los que por una u otra vía puede llegarse.

241 La tradición cristiana nunca ha aceptado el derecho a la propiedad privada como absoluto e intocable: «Al contrario, siempre lo ha entendido en el contexto más amplio del derecho común de todos a usar los bienes de la creación entera: el derecho a la propiedad privada como subordinada al derecho al uso común, al destino universal de los bienes».[372] El principio del destino universal de los bienes afirma, tanto el pleno y perenne señorío de Dios sobre toda realidad, como la exigencia de que los bienes de la creación permanezcan finalizados y destinados al desarrollo de todo el hombre y de la humanidad entera.". Compendio de la Doctrina Social de la Iglesia, ob. cit., párrafo 177, que recoge Juan Pablo II, Carta enc.

la propiedad privada, que excluye en principio del uso y disfrute de esos bienes a quienes no son sus titulares o no tienen un derecho real sobre los mismos, queda sometido al bien común, de forma que "El individuo no puede obrar prescindiendo de los efectos del uso de los propios recursos, sino que debe actuar en modo que persiga, además de las ventajas personales y familiares, también el bien común". Es decir, es de esencia del propio derecho de propiedad que su ejercicio y uso se haga de forma individual, pero buscando el bien común que no es sino el bien de todas y cada una de las personas, de forma que no sería lícito un ejercicio del derecho de la propiedad que perjudicara el bien de todos.

Así creo que debe entenderse la función social de la propiedad: cede el ejercicio individual, el bien particular, ante el destino universal de los bienes, consecuencia del bien común.

No cabe otra interpretación, a mi modo de ver, de la función social de la propiedad, en el sentido de pretender que la función social suponga la claudicación de la propiedad privada ante otros intereses particulares, por muy numerosos que sean, ni siquiera del interés general cambiante con el tiempo y muchas veces teñido de carga ideológica. Solo el bien común justifica la función social. Y este debe entenderse como "el conjunto de condiciones de la vida social que hacen posible a las asociaciones y a cada uno de sus miembros el logro más pleno y más fácil de la propia perfección"[242], sin que pueda considerarse como la suma de los bienes de sus integrantes, sino que es uno, común e indivisible, y solo puede obtenerse o alcanzarse juntos. Es el Bien de todos y cada uno de los hombres, y solo se

---

Laborem exercens, 14: AAS 73 (1981) 613 y Cf. Concilio Vaticano II, Const. past. *Gaudium et spes*, 69: AAS 58 (1966) 1090-1092; *Catecismo de la Iglesia Católicaa*, 2402-2406, respectivamente.

242 Compendio de la Doctrina Social de la Iglesia, párrafo 164, extraído de *Constitución Pastoral Gaudium et Spes*,(1965), n. 26.

puede alcanzar en cuanto que cada uno busca su propio bien, su perfección, en relación con los demás, y orientado a ese Bien común general, "porque la sociedad, a su vez, está ordenada a la persona y a su bien[243]".

Descendiendo a la aplicación práctica, vemos todo esto en un concreto ejemplo: el de la okupación de viviendas. Cuando se enfrenta el derecho de propiedad sobre un inmueble particular, con el pretendido derecho a una vivienda digna de otro particular, el resultado de este enfrentamiento se debe resolver, no en aras de la función social de la propiedad, sino de la confrontación de dos derechos particulares, y así es como lo entendemos. Únicamente, entraría la función social de la propiedad —y por lo tanto el bien común— cuando la limitación de ese derecho de propiedad privada se justifique en el bien de todos y cada uno de los hombres; es decir que en la búsqueda del bien particular se orientara a ese bien común general, y no a su propio bien.

Esta nueva concepción del derecho de propiedad y su contenido van a impregnar todo el Derecho de cosas y de los derechos reales, pues no puede olvidarse que el derecho de propiedad es el más importante de todos ellos. En este sentido, sí podemos decir que los derechos reales se han constitucionalizado, pues se han adaptado a las nuevas reglas, pero no por ello han desaparecido o han quedado como residuales, sino que se amoldan a las nuevas circunstancias y limitaciones que desde allí se imponen. El nuevo concepto y contenido del derecho de propiedad, admitiendo una nueva concepción de la persona como ser social, va a marcar el devenir del resto de los derechos reales.

---

243 IBÁÑEZ LANGLOIS, J. M., *Doctrina social de la Iglesia,* EUNSA, 1990, p. 86.

4.2.3.- Despatrimonialización o personificación

Hablar de una despatrimonialización del Derecho de cosas puede parecer una *contradictio in terminis*. El Derecho de cosas, como ya hemos dicho, es Derecho civil patrimonial, por lo que si realmente se despatrimonializara, no existiría. Pero, es que, esta despatrimonialización, al igual que en todo el Derecho civil, supone, no la desaparición del contenido patrimonial, sino su subordinación a la dimensión más personal o íntima de la persona. Se debe colocar la persona por delante del interés económico, y las instituciones patrimoniales son, ahora, instrumentos para el desarrollo integral de aquella.

Esta "personificación" del Derecho civil también alcanza a los derechos reales, de forma que se adaptan, y dejan de considerar a la persona como mero sujeto de derechos y obligaciones de carácter patrimonial. De tal modo que, a partir de ahora, por ejemplo, en determinadas circunstancias puede primar el derecho a la vivienda de personas vulnerables, sobre la obligación de pago de un préstamo hipotecario, o de un arrendamiento; al igual que deben promoverse propiedades de protección oficial, o alquileres básicos vitales; o la designación de un determinado domicilio para el libre desarrollo de la personalidad de los menores; así como la nulidad de determinadas cláusulas contractuales de préstamo hipotecario por una falta de deber de información, o a veces incluso engaño, a la parte más débil del contrato. Es decir, el Derecho de cosas no se fija tanto en la propia relación directa e inmediata con la cosa y su título legitimador a través de la existencia de un derecho real, sino que se van a alterar ciertas reglas de este subordenamiento. De este modo, predominan en ciertos casos las circunstancias personales de los sujetos de derecho en vez de su relación previa con las cosas, porque se identifica el derecho con una facultad moral[244], no con la cosa en sí, con lo justo que solo se puede exigir frente a quien me lo tiene que entregar. Se prefiere, entonces, a un arrendatario que no paga y ya no tiene título que justifique su posesión, frente a un propietario con un poder directo e inmediato sobre la cosa, basado en un mejor derecho a poseer, por las circunstancias de vulnerabilidad de ese arrendatario que tiene facultad para reclamar. Hasta ahora, eso no había ocurrido en el Derecho cosas, donde un mejor derecho a poseer basado en un título legitimador prevalecía sobre un mero tenedor. Probablemente, y en casos concretos, este cambio es bueno, y corresponde con la justicia que consiste en dar a cada uno lo suyo, y lo justo —el derecho— en algunos casos sea dar prioridad a ese poseedor inferior frente al superior; es decir, se está actuando correctamente y con justicia; pero, el peligro es que estos supuestos concretos se generalicen por parte del legislador, dando mayor legitimidad a quién, según las normas del Derecho de cosas, no debería tenerla. Lo que nos lleva a plantearnos si puede la justicia hacer acepción de personas, si es correcta esta intervención, y si debemos crear "derechos" según tipo de personas. Es decir, si se puede identificar el derecho con la facultad que compete a cada individuo para reclamar algo, separándolo de la realidad, de lo que se le debe dar, lo justo o lo suyo (la cosa).

Consideramos que esto no debe ser así, y solo se puede buscar la justicia en el caso concreto donde puede ocurrir que lo que se reclame sea precisamente lo que se le debe dar, lo justo; pero no se puede generalizar y legislar por intereses sectoriales que lleven a diferenciar distintos tipos de personas y que no se tenga en cuenta la responsabilidad individual de cada uno, ni

---

244 Esta identificación del derecho con una cualidad o facultad moral a exigir, apartándose de la visión realista, que identifica el derecho con una cosa debida, es propia de la teoría del derecho subjetivo desarrollada principalmente por Guillermo de OCKHAM.

la pretendida legitimación de derechos (subjetivos) con base en deseos socialmente respaldados. De igual forma, no puede entenderse a la persona como objeto fruto de la sociedad o del poder establecido, sin libertad y autonomía, que deba ser especial objeto de protección que justifique la intervención pública.

No olvidemos que la idea que aquí se defiende, desde el realismo jurídico, es que el derecho es una cosa, lo suyo. De este modo, si identificamos el derecho con la cosa, solo se podrá reclamar o exigir algo cuando esta exista y se esté en condiciones de tenerla y exigirla a quien deba entregarla. Por eso, por ejemplo, no creemos que exista un derecho a la vivienda como tal, genérico, porque solo podemos exigir una vivienda cuando nos sea debida y frente a quién la tenga que entregar en el caso concreto, no como mera facultad moral. Por eso, no puede siempre, bajo un pretendido "tengo derecho a..." (facultad moral), otorgar la cosa a quien realmente no le corresponde.

Todos estos ejemplos son consecuencias de la "personificación" del Derecho de cosas, de los derechos reales, que antes eran improbables. La vinculación entre el Derecho patrimonial y el no patrimonial es hoy más estrecha que nunca, aunque a veces se desdibuja o se acude para ello a una concepción del Derecho que no compartimos.

4.2.4.- Publificación

No cabe duda de que, a partir de la constitucionalización de los derechos reales y en concreto del derecho de propiedad y su nueva función social, la "invasión" "injerencia" o, mejor dicho, el desvanecimiento de los límites entre el Derecho público y el privado en materia de Derecho de cosas es cada vez mayor. Para terminar de configurar el derecho de propiedad a través de su función social, el legislador interviene cada vez con más frecuencia, estableciendo límites y limitaciones al mismo, sobre todo en la propiedad urbana, con un sinfín de normativa urbanística[245]. No cabe duda de que la propiedad urbana se ha publificado, pues no puede desconocerse toda la regulación administrativa a la que hay que atenerse cuando se pretende iniciar una construcción, siendo para ello insuficiente las normas del Código, a través del contrato de obra y la propiedad inmobiliaria. De igual forma, por ejemplo, se han establecido limitaciones a la propiedad para eliminar barreras arquitectónicas a las personas con discapacidad, prevaleciendo dicho interés al del propietario o constructor[246] que, a su vez, supuso la modificación de la propia Ley de Propiedad Horizontal reduciendo las mayorías necesarias para adoptar el acuerdo de eliminación de barreras arquitectónicas, o la instalación de ascensor. O un sinfín

---

245 Por todas, Real Decreto Legislativo 7/2015, de 30 octubre por el que se aprueba el texto refundido de la Ley del Suelo y Rehabilitación Urbana. Y el Real Decreto 1093/1997, de 4 de julio, por el que se aprueban las normas complementarias al Reglamento para la ejecución de la Ley Hipotecaria sobre inscripción en el Registro de la Propiedad de actos de naturaleza urbanística, que pone de manifiesto la estrecha relación entre los actos urbanísticos y el derecho de cosas, al ser necesaria su inscripción en el Registro para su oponibilidad o publicidad formal.
Además, la regulación en esta materia es extensísima, ya que la competencia de urbanismo está transferida a las CCAA y son muchísimas las normas autonómicas y municipales existentes.

246 Por ejemplo, se inició con la Ley 15/1995, de 30 de mayo sobre límites del dominio sobre inmuebles para eliminar barreras arquitectónicas a las personas con discapacidad, y las posteriores Real Decreto 505/2007, de 20 de abril, sobre condiciones básicas de accesibilidad de las personas con discapacidad para el acceso y utilización de los espacios públicos urbanizados y edificaciones; Real Decreto 233/2013, de 5 de abril que regula el Plan Estatal de fomento del alquiler de viviendas, la rehabilitación edificatoria, y la regeneración y renovación urbana 2013-2016; Ley 8/2013, de 26 de junio, sobre la rehabilitación, regeneración y renovación urbanas (LRRR).

de limitaciones o servidumbres en aras del interés general, de carácter público, que van redibujando las posibilidades de actuación y facultades del propietario del inmueble.[247]

También se ha producido cierta publificación en materia de hipotecas otorgadas por entidades financieras y de crédito que se ven sometidas a una estrecha vigilancia y control por parte del regulador, que ha influido en los contratos personales entre aquellas y los particulares[248].

---

[247] Véase todas las servidumbres administrativas, algunas contenidas en el propio Código civil, y muchas otras en leyes administrativas especiales que limitan en derecho de propiedad; baste por ejemplo y como enumeración ejemplificativa: la Ley 22/1988, de Costas de 28 de julio, modificada por la ley 2/2013 de 29 de mayo de Protección y Uso Sostenible del Litoral; La Ley 16/1985, de 25 de junio, del Patrimonio Histórico Español; La Ley de 12 de marzo de 1975, de Zonas e Instalaciones de Interés para la Defensa Nacional, y su Reglamento de 10 de febrero de 1978; La Ley 2/1985, de 21 de enero, sobre Protección Civil; Ley 42/2007, de 13 de diciembre, del Patrimonio Natural y de la Biodiversidad; Real Decreto Legislativo 2/2008, de 20 de junio por el que se aprueba la Ley del Suelo; Real Decreto 297/2013 de 26 de abril, regula las Servidumbres Aeronáuticas, etc.

[248] Baste por toda la normativa MIFID (Market in Financial Instruments Directive) que se corresponde con la Directiva 2014/65/UE relativa a los mercados de instrumentos financieros que ha derogado la Directiva 2004/39/CE sobre instrumentos financieros, cuya trasposición en España se ha realizado a través de la Ley 24/1998 de Mercado de valores reformada por la Ley 47/2007; además, el RD 217/2008 de 15 febrero, de régimen jurídico de empresas de servicios de inversión y de las demás entidades que prestan servicios de inversión y la Orden EHA/2899/2011, de 28 octubre de transparencia y protección del cliente de servicios bancarios, en sus arts. 11 y 12, Circular Banco de España 5/2012 de 27 junio que desarrolla esta Orden, en sus capítulos II y III. Real Decreto-ley 14/2018, de 28 de septiembre, por el que se modifica el texto refundido de la Ley del Mercado de Valores, aprobado por el Real Decreto Legislativo 4/2015, de 23 de octubre y Real Decreto Ley

Siendo esto una realidad, no quiere decir que los derechos reales hayan perdido su carácter netamente privado, en absoluto; siguen siendo poderes directos e inmediatos de los hombres sobre las cosas, pero es cierto que, en algunos aspectos, se han tenido que adaptar a las exigencias administrativas. A pesar de ello, lo que le corresponde al Derecho de cosas en esta etapa es localizar y defender los intereses privados existentes en esas relaciones jurídicas de carácter público.

4.2.5.- Supranacionalización

Probablemente, los derechos reales sean la parte del Derecho civil de más difícil armonización europea; no existe prácticamente acervo comunitario en esta materia que se centra, como ya pusimos de relieve *supra*, en el derecho contractual[249]. Ello se debe, en primer lugar, a que la competencia legislativa en materia de derechos reales de la UE no está nada clara, sobre todo cuando el art. 345 del TFUE (Tratado Fundacional de la Unión Europea) parece un obstáculo para ello, al afirmar que "el presente tratado no prejuzga en modo alguno el régimen de la propiedad en los Estados miembros". Parece que establece un límite negativo a la posible competencia legislativa de la Unión, pero este precepto debe interpretarse con cierta flexibilidad, admitiendo dicha competencia, aunque solo de forma indirecta, cuando ello suponga favorecer las libertades europeas —de mercancías, trabajadores, establecimientos, servicios y capitales— y, en definitiva, el mercado único, y para determinados aspectos de la propiedad [250]. En segundo lugar,

---

de medidas urgentes para la adaptación del derecho español a la normativa de la Unión Europea en materia del mercado de valores.

249 Véase el apartado 2.2.5. Supanacionalización del Derecho civil.

250 SIMÓN MORENO, H., *La armonización de los derechos reales en Europa*, tesis doctoral, pp. 153-166. Disponible en https://www.tesisenred.net/

la propia materia que se trata de unificar no es proclive a ello, ya que los sistemas de transmisión de propiedad y los derechos reales limitados son muy diferentes en cada país, y están ligados y vinculados a sus fuentes históricas (romana o germánica) y a sus costumbres, difíciles de renunciar[251]. Por último, probablemente la armonización no sea tan necesaria como en el Derecho contractual, porque la transnacionalidad de las relaciones jurídico-reales es mucho más improbable al consistir en el poder concreto de una persona sobre una cosa, sin intervención de otro sujeto de distinta nacionalidad; aunque sí podría resultar útil la posibilidad de, por ejemplo, una garantía común para obtener financiación en la compra de un inmueble situado en otro país distinto del de la nacionalidad del propietario, facilitando con ella la libre circulación de capitales. A ello contribuye la aplicabilidad general de la *lex rei sitae*, es decir, de la ley del lugar donde se encuentra el bien, que soluciona los problemas de conflicto de ley aplicable, sin que haga tan necesaria la búsqueda de criterios comunes y su armonización.

A pesar de ello, se han producido intentos de unificación de la legislación y cierta armonización en materia de derechos reales, si bien en temas muy concretos y puntuales, destacando la mayor regulación en el tema de la propiedad intelectual, o garantías[252].

---

bitstream/handle/10803/8761/tesi.pdf?sequence=1&isAllowed=y. Publicada en el libro: *El proceso de armonización de los derechos reales europeos*, Tirant Lo Blanch, Valencia, 2013.

251 En este sentido, véase ORDUÑA MORENO, J., *Los sistemas de transmisión de la propiedad inmobiliaria en el derecho europeo*, (Orduña Moreno, J, Puente Alfaro, F, Martinez Velencoso, L. y Cooke, E.), Civitas, Madrid, 2009.

252 Las iniciativas legislativas europeas en materia de derechos reales más importantes —sin que sean relevantes— han sido:

Los mayores avances se han producido en tema de hipoteca e, incluso, se publicó en 2007, el Libro Blanco del mercado hipotecario, con el objetivo de sentar las bases para alcanzar un mercado hipotecario común. Este Libro Blanco tiene su origen en el Libro Verde sobre el crédito hipotecario de 2005, que sometía a audiencia pública la posible introducción de una hipoteca común para Europa (la eurohipoteca) para conseguir un mercado hipotecario común.

Los esfuerzos doctrinales para la armonización de los derechos reales han sido varios, aunque menores que en materia contractual, y entre ellos destacamos:

- Directiva 93/7, de 15 de marzo, relativa a la restitución de bienes culturales que hayan salido de forma ilegal del territorio de un Estado miembro.
- Directiva 2011/7/UE del Parlamento Europeo y del Consejo, de 16 de febrero de 2011, por la que se establecen medidas de lucha contra la morosidad en las operaciones comerciales, que establece la posibilidad de reserva de dominio de los bienes como garantía del vendedor.
- Directiva 2002/47, de 6 de junio de 2002, sobre acuerdos de garantía financiera. Recoge dos modalidades de garantía: a) la transmisión de la propiedad en garantía (denominados por la Directiva acuerdos de garantía financiera con cambio de titularidad) y b) la prenda
- Directiva 2008/122, de 14 enero de 2009, de protección de los consumidores con respecto a determinados aspectos de los contratos de aprovechamiento por turno de bienes de uso turístico, de adquisición de productos vacacionales de larga duración, de reventa y de intercambio.
- El Libro Verde de sucesiones y testamentos. En el que se recoge la discusión sobre la transmisión mortis causa del derecho de propiedad.
- Directiva 2004/48, de 29 de abril, regula el respeto a los derechos de propiedad intelectual.

a) En el Marco Común de Referencia para el Derecho Privado Europeo (*DCFR*) se recogen diversos preceptos relativos a la propiedad y derechos reales mobiliarios, mientras que se elude toda referencia a la propiedad y derechos reales sobre inmuebles, pues no es su objetivo. En la Comunicación de 2004 se excluyeron definitivamente los derechos reales del marco común de referencia debido a la complejidad de su armonización. No obstante, como decíamos, se hace referencia a varias garantías mobiliarias como el derecho de prenda, transmisión de la propiedad en garantía y retención de la propiedad en garantía. Y, asimismo, se hace referencia a la figura del *trust*.

b) El grupo de Trento. Que pretende elaborar el *Common Core of European Private Law,* buscando realizar un mapa, una descripción detallada de los derechos de los estados miembros, resaltando aquellos puntos que tengan en común, así como los que les separan. Y en ese mapa descriptivo analizan los contratos, la propiedad y la responsabilidad. En tema de propiedad y derechos reales, destacan sus trabajos sobre las garantías inmobiliarias[253].

c) Grupo de investigación sobre la eurohipoteca. Surge en 2004, dando continuidad a los trabajos ya existentes desde 1960 que buscaban una garantía inmobiliaria común para toda Europa, dirigidos por el profesor CLAUDIO SEGRE. El primer borrador de eurohipoteca se lleva a cabo en 2003, por juristas alemanes y posteriormente se reelabora por juristas españoles de la Universidad de Valladolid y Tarragona en 2004 y 2005 respectivamente[254],

---

253 *Security Rights in Immovable Property,* comisión dirigida por FIORENTINI/WATT/VAN DER MERWE, 2008.

254 Fueron los profesores MUÑIZ ESPADA Y NASARRE AZNAR quienes participaron de primera mano en los trabajos de configuración

viendo la luz de forma definitiva en 2006. Establecen un modelo de garantía inmobiliaria común, segura, independiente del crédito que asegura, por lo tanto, de carácter abstracto, lejos del modelo actual español —accesoria y causal—, que va a ser la eurohipoteca, según proponía el Libro Blanco sobre la integración de los mercados de crédito hipotecario de 2007. La eurohipoteca está teóricamente configurada, pero no ha llegado a implantarse en Europa, ya que los Estados miembros no han llevado a cabo las reformas internas necesarias, flexibilizando sus legislaciones hipotecarias, para adoptarla.

d) Instituto Universitario de Florencia (EUI). Este Instituto de investigación tiene una sección dedicada a las ciencias jurídicas, con una línea de investigación sobre el Derecho privado europeo "*Europeanisation of Private Law*". Dentro de esta línea de investigación, se ha elaborado un estudio sobre el derecho de propiedad inmobiliaria (*Real property and procedure in the European Union*).

---

y propuesta de la eurohipoteca. Entre sus trabajos, destacamos: GRUPO DE INVESTIGACIÓN DE LA EUROHIPOTECA, "Proyecto de investigación europeo Eurohipoteca: puntos para la discusión", *RCDI,* nº 685, septiembre-octubre 2004; NASARRE AZNAR, S. y STÖCKER, O., "Propuesta de regulación de un derecho real de garantía inmobiliaria no accesorio. El ejemplo de Europa central", *RCDI,* nº 671, mayo-junio 2002, pp. 930 y ss; NASARRE AZNAR, S., "The Eurohypothec: a Common Mortgage for Europe", *The Conveyancer and Property Lawyer,* January-February 2005; NASARRE AZNAR, S., "Reacciones al Libro Verde de la Unión Europea sobre el crédito hipotecario en torno a la Eurohipoteca", en MUÑIZ ESPADA, E., SÁNCHEZ JORDÁN, Mª. E., y NASARRE AZNAR, S., *Un modelo para una Eurohipoteca. Desde el Informe Segré hasta hoy,* Colegio de Registradores de España, Madrid, 2008; MUÑIZ ESPADA, E., *Bases para una propuesta de Eurohipoteca,* Tirant lo Blanch, Valencia, 2004; MUÑIZ ESPADA, E., *La propuesta de una hipoteca independiente en el Derecho español,* Madrid, 2008.

Su metodología de trabajo es muy similar a la del *common core,* y buscan ofrecer puntos de encuentro entre las diversas legislaciones europeas en aras de una posible y futura homogenización[255].

e) EULIS (*European Land Information Service*). Este proyecto buscaba crear un portal de acceso único a todos los registros de la propiedad europeos. No se trata, por tanto, de un registro único, sino simplemente, la posibilidad de acceder a cada uno de ellos desde el mismo sitio web para obtener la información registral necesaria. El proyecto se impulsó a raíz del Libro Blanco de 2007 ya que, en él, a instancias de la Comisión Europea, se estableció como una de las prioridades y se fomentó la inclusión, en este servicio, del resto de los países europeos que no se encontraban adheridos. Hoy en día EULIS, además de permitir el acceso electrónico a todos los registros de los países miembros, ofrece la información del proceso registral de cada estado miembro, de forma que podemos saber en qué momento y fase se encuentra cada inscripción particular, así como toda la información necesaria para poder solicitarla y practicarla.

Por último, hay que destacar que la jurisprudencia europea, a través de las sentencias el TJUE, sí que ha influido de forma notable en el devenir del derecho real de hipoteca cuya regulación ha tenido que adaptarse a la legislación europea de protección de consumidores, como ya expusimos anteriormente[256], alterando su procedimiento de ejecución y, en definitiva, su eficacia como garantía del crédito territorial.

---

[255] Sobre las conclusiones alcanzadas por este grupo, véase, SIMON MORENO, H., *La armonización de los derechos reales en Europa,* ob. cit. pp. 227-228.

[256] Veáse, *supra,* "Supranacionalización" e intranacionalización del Derecho civil.

En este sentido, cada vez más, se está produciendo la europeización de los derechos reales.

En suma, los derechos reales en el Derecho de la Unión siguen fragmentados, dispersos y su armonización es todavía lejana, a pesar de los esfuerzos tanto legislativos como doctrinales que se están llevando a cabo. Por lo tanto, un estudio actual de los derechos reales debe tener presente esta tendencia, por remota que sea, e incorporar las nuevas directrices que lleguen desde Europa, pero sin olvidar que la centralidad de esta materia sigue siendo nacional.

A modo de conclusión: los derechos reales son una parte del Derecho civil, la vertiente estática de su componente patrimonial, que goza de caracteres propios que la diferencian de aquellas otras materias que engloba el Derecho civil, pero, a la vez, comparte con este todas las características que lo identifican como disciplina autónoma, pues es parte fundamental de ella. Es la parte del ordenamiento civil que estudia las relaciones jurídicas de la persona con los bienes económicos, supeditadas a la persona, con todo lo que ello supone, siempre desde la perspectiva de la atribución a cada uno de lo que le corresponda, de lo suyo (objeto formal).

Por lo tanto, considero que debe entenderse que el objeto de la concreta asignatura que luego examinaremos, "Derechos reales e inmobiliario", son las relaciones que se establecen entre las personas y las cosas, procurando un reparto adecuado de las mismas a cada persona, o colectividad.

4.3.- RETOS DE FUTURO DEL DERECHO DE COSAS

Corresponde realizar en este apartado una prospectiva del Derecho de cosas a la luz de la configuración actual descrita.

Podríamos decir que la tendencia en el Derecho de cosas, como parte del Derecho civil patrimonial, es en algunos puntos contraria a la tónica general descrita para el Derecho civil, y en otros coincidente con aquella.

4.3.1.- La globalización en los derechos reales

Ya pusimos de relieve cómo la armonización europea en materia de derechos reales es más lenta que en el derecho de la contratación, y los avances son menores, centrándose los pocos que existen en el tema de garantías, tanto mobiliarias, como inmobiliarias, con especial referencia al derecho de hipoteca.

Probablemente, sea en torno a la efectividad de la hipoteca sobre una vivienda familiar donde se ha producido una mayor incorporación del Derecho de la Unión al Derecho civil. De cara al futuro, creo que esta armonización sobre las garantías reales irá avanzando poco a poco, pues es interesante y útil conseguir una garantía transfronteriza común para operaciones inmobiliarias en los distintos países de la Unión. Esta es una de las tendencias de futuro que ya quedó apuntada.

A nivel internacional, probablemente, los mayores avances en tema de globalización se van a producir en torno a la vivienda, *housing*. Es una preocupación constante solucionar los problemas de acceso a la vivienda para la población y, como comentaremos a continuación, se trata de uno de los sectores donde más intervención pública se está produciendo, por el fin social que persiguen. Este intervencionismo público en materia de vivienda va a tener sus consecuencias relevantes para el derecho de propiedad y el resto de los derechos reales inmobiliarios.

Tras la crisis de 2008, se ha puesto de relieve la importancia que tiene la vivienda tanto a nivel personal, familiar, y por tanto social, como desde luego económico. Se trata de un bien que es tanto un activo financiero, con un valor de mercado elevado, como un derecho de las personas garantizado por la propia

CE[257] y en tratados internacionales. El acceso a la vivienda, sus formas de financiación, sus distintas modalidades de uso (propiedad, arrendamiento, cesión…) es una preocupación y fuente de investigación y avance científico para el Derecho, desde una perspectiva transversal y multidisciplinar, ya que debe abordarse tanto desde la economía, fiscalidad, derecho público, políticas públicas y sociales, como por parte del Derecho privado, y en concreto de los derechos reales. Se trata de un área de trabajo multidisciplinar, internacional y con un fondo social importantísimo. La vivienda es un fenómeno complejo que merece un estudio interdisciplinar y de sistemas comparados, cuyo avance queda corroborado por el aumento de organizaciones internacionales, fundaciones, o instituciones que se dedican al estudio comparado y multidisciplinar de aquella.

Entre otras destacamos, por ejemplo, la Cátedra Unesco de Vivienda[258], de la Universidad Rovira i Virgili, que lleva activa desde 2013, que es un foco de avance clarísimo en tema de acceso a la vivienda, su gestión, organización y su consideración como activo financiero. Está cátedra está auspiciada por la Unesco. También nos encontramos con otras organizaciones y redes internacionales de investigación específicas, como la *European Network for Housing Research* (ENHR)[259]. ENHR se creó en 1998 para proporcionar una plataforma de encuentro para instituciones y profesores para la investigación sobre la vivienda. Promueve la investigación en temas de vivienda a través de

---

257 Art. 47 CE: "Todos los españoles tienen derecho a disfrutar de una vivienda digna y adecuada. Los poderes públicos promoverán las condiciones necesarias y establecerán las normas pertinentes para hacer efectivo este derecho, regulando la utilización del suelo de acuerdo con el interés general para impedir la especulación. La comunidad participará en las plusvalías que genere la acción urbanística de los entes públicos."

258 Véase en http://housing.urv.cat/es/portada/presentacion/catedra/

259 Véase en https://www.enhr.net/enhrconferences.php.

la organización de congresos internacionales, publicaciones, foros etc. En el mismo sentido, podemos destacar *Housing Europe* o FEANTSA, centrada en los problemas derivados de los sin hogar, y el creciente número de publicaciones especializadas en temas inmobiliarios y vivienda, como *Housing Studies, Journal of Law in the Built Environment* y la *European Journal of Housing Policy*.

Además, existen otras organizaciones como la IRES (*International Real Estate Society*)[260] que se trata de la federación internacional que engloba las sociedades regionales sobre *real estate*, la europea (ERES), americana (ARES), latinoamericana (LARES), asiática (ASRES), y africana (AFRES). Estas sociedades no solo tratan la investigación en temas inmobiliarios, sino que tienen un plan más ambicioso en cuanto que buscan la educación en el sector inmobiliario y su desarrollo en los distintos países. Entre sus fines destacan: Fomentar la comunicación, la cooperación y la coordinación en materia de investigación y educación inmobiliaria a nivel mundial; alentar y ayudar en el establecimiento de programas de educación e investigación sobre bienes raíces en todo el mundo y fomentar la investigación sobre temas inmobiliarios internacionales.

La preocupación, investigación y docencia en el sector inmobiliario, y más en concreto en temas de acceso a la vivienda, están adquiriendo unas dimensiones globales e internacionales que antes eran impensables, y este es uno de los caminos de la globalización de la asignatura de derechos reales, en los que hay que trabajar.

---

260 Véase http://www.iresnet.net/

4.3.2.- La limitación de la autonomía de la voluntad en los derechos reales

La autonomía de voluntad ha tenido un incremento en el Derecho civil no patrimonial, en temas de familia y persona, tal y como ya hemos puesto de relieve, sin embargo, cada vez se encuentra más limitada en el Derecho civil patrimonial y también estamos comprobando esa tendencia en los derechos reales.

Esto se manifiesta en temas jurídico-reales que tienen un trasfondo social, en los que hay un interés más necesitado de protección al que hay que dar prevalencia sobre los intereses particulares pactados; como son —y en relación con el punto anterior— lo relativo a la vivienda familiar, la garantía real de hipoteca para su financiación y a las limitaciones que se establecen en el derecho de propiedad por esas mismas razones.

a) Vivienda familiar

El especial régimen jurídico de la vivienda familiar, en el ordenamiento español, se explica por la necesidad de protección de la familia, que resulta del todo oportuna desde el marco constitucional y desde la realidad social y económica presente en nuestro país. Es decir, nuestra Constitución Española (CE) recoge el compromiso de los poderes públicos en materia de protección social, económica y jurídica de la familia y el derecho al disfrute de una vivienda digna por parte de los ciudadanos[261]. Se entiende que es el lugar clave y necesario para el mantenimiento familiar y de la prole, donde todos los integrantes de la unidad familiar, y sobre todo los menores, deben alcanzar su plenitud como personas. Se convierte así, en el marco indispensable para el correcto desenvolvimiento de la

---

[261] Artículos 39 y 47 de la Constitución Española (CE).

familia, que necesita de un lugar físico donde vivir y satisfacer sus necesidades primarias de alimentación y relación, como ser corpóreo que es la persona. De ahí que su disposición y otras facultades propiamente dominicales se vean limitadas por la función social de la propiedad (art. 33CE) y el propio desarrollo de la personalidad (art. 10 CE). Por eso, cada vez son mayores las intervenciones públicas con relación al inmueble que sirve de vivienda. Estas limitaciones se establecen tanto en el Código civil, como leyes especiales (LAU), o también y más recientemente, en la propia LEC, al limitar la ejecución de la vivienda familiar o habitual cuando sea objeto de hipoteca[262], o

---

262 Véase por ejemplo, la limitación del 1320 CC para llevar a cabo los actos de disposición sobre la misma, constante matrimonio, y sea cual sea la titularidad en virtud de la cual se ocupa el inmueble y con independencia de a quién pertenezca; el derecho de adquisición preferente que tiene el cónyuge supérstite sobre la vivienda habitual —familiar—, al morir el otro cónyuge, o bien el derecho a que se constituya un derecho de uso o habitación a su favor sobre ese bien (1406 y 1407 CC); no podrá disponerse de la vivienda sobre la que se establezca el derecho de uso, en caso de divorcio, por su titular (aunque sea de titularidad exclusiva de uno de los cónyuges), sin el consentimiento del otro a cuyo favor se hubiera atribuido el derecho de uso (art. 96.4 CC); el art. 15 LAU establece la posibilidad de que el cónyuge al que se le atribuya el uso de la vivienda familiar arrendada, tras la nulidad, separación o divorcio, pueda decidir continuar en el uso de la misma, a pesar de no ser él el titular del mismo; el art. 593 LEC, permite la inembargabilidad de la vivienda habitual; el art. 21 LH, reformado por la Ley 1/2013 de protección del deudor hipotecario añadiendo un nuevo párrafo tercero, en el que se establece la obligatoriedad de que en las escrituras de préstamo hipotecario se indique si la vivienda sobre la que recae la hipoteca es la habitual o no, para hacer este dato oponible a terceros ya que, en su ejecución, se han establecido límites, posibilidades de negociación y liberación de la vivienda, adjudicación al acreedor por un 70% del valor de la deuda si queda desierta la subasta, suspensión de la ejecución si se está dentro del umbral de exclusión, etc.

en la Ley por el Derecho a la Vivienda de 2023. De igual forma, el uso a la vivienda familiar, que puede disgregarse de la titularidad dominical tras una crisis matrimonial, alcanza la categoría de un derecho familiar que resulta oponible y protegido en aras de protección de los menores que vivan en el domicilio familiar, a veces incluso sin estar inscrito en el registro, alterando la regla tradicional de la oponibilidad de los derechos reales. Esta vivienda familiar, creo, que va a ser cada vez más protegida, tal y como indican por ejemplo, las medidas adoptadas con el estado de alarma derivado del Covid 19, como ya pusimos de manifiesto, permitiendo la suspensión de los lanzamientos derivados de una ejecución hipotecaria cuando se trate de personas vulnerables, —que ya se prolonga por 12 años—, la suspensión del pago del préstamo hipotecario que recae sobre ellas, y la suspensión o moratoria en los pagos de la renta cuando sea una vivienda en alquiler[263]. Todo esto supone una mayor injerencia del legislador en las relaciones *inter privatos*, que limitan la facultad de disposición, la facultad de uso y la de disfrute pues impide al propietario ejercitar libremente

---

263 En este sentido: RD Ley 6/2020 de 10 de marzo, que modifica la Ley1/2013 de protección del deudor hipotecario, establece una nueva prórroga en la suspensión de los lanzamientos consecuencia de las ejecuciones hipotecarias de las viviendas habituales para las personas que ya la Ley 1/2013 consideraba en el umbral de exclusión; el RD Ley 8/2020, de 17 de marzo establece la moratoria en el pago de los préstamos hipotecarios de las viviendas habituales; el RDL 11/2020, de 31 de marzo recoge la suspensión extraordinaria del lanzamiento en los procedimientos desahucio por impago de renta de las viviendas habituales de las personas en situación de vulnerabilidad por causa del Covid 19, y que demuestren la imposibilidad de acceso a otra vivienda, así como la prórroga obligatoria de los contratos arrendamiento vivienda habitual, regidos por la LAU, y por último establece moratorias arrendaticias que suponen la suspensión del pago de la renta.

las mismas. Considero que esta tendencia de regulación de la autonomía de la voluntad en el tema de la propiedad y la vivienda habitual va a mantenerse y aumentarse para conseguir el acceso a la vivienda de todos y garantizar el derecho constitucional a una vivienda digna. Es un cambio inmediato y que va a continuar como consecuencia del estado social en el que nos encontramos. Habrá que analizar y ver si son adecuadas a derecho, justas, las medidas que encorsetan la autonomía de la voluntad en un ámbito patrimonial, en favor de un "derecho a la vivienda" probablemente mal entendido.

Además, la vivienda familiar es el punto de unión entre la vertiente más patrimonialista del Derecho civil, pues se tratar del bien de mayor valor económico del patrimonio de una familiar, con la vertiente social-familiar de esta rama del Derecho: el derecho de familia. En efecto, a través de este especial inmueble se relacionan dos vertientes o dimensiones de la persona: su patrimonio, su relación con los bienes y las cosas, y su dimensión social en el ámbito de la familia, pues es en ella donde se justifica la propiedad de los bienes para su subsistencia y necesidades. El estudio de la vivienda familiar, para conseguir su accesibilidad a todas las personas, y que así tengan un lugar donde desenvolverse, es uno de los grandes retos del Derecho de cosas, y tendencia de futuro importante. Habrá que analizar detenidamente la Ley 12/2023, de 24 de mayo por el derecho a la vivienda y sus consecuencias.

Y en otro ámbito de cosas, pero relacionado con esto último, no podemos olvidarnos de la pluralidad de limitaciones a las que está sometida la propiedad inmobiliaria, la facultad de construcción (*ius aedificandi*), de enajenación (*ius disponendi)* y de uso y disfrute (*ius uti et fruendi*), por parte de servidumbres administrativas, y limitaciones de carácter público en aras del bien común o el interés general. Baste, por ejemplo, el RD Ley 11/2020, de 31 marzo que conduce a la publicación de la Orden ministerial 336/2020 de 9 abril, en la que se posibilita a las administraciones publicas la ocupación o adquisición de inmuebles privados para satisfacer las necesidades de vivienda de las personas vulnerables, o víctimas de la violencia de género[264].

Estas limitaciones dominicales se han ido ampliando y aumentando; reduciendo por contra el derecho de propiedad a su núcleo esencial (como derecho general y abstracto), lo que supone una transformación clara del derecho de propiedad en los últimos años, y que considero que va a continuar, como consecuencia de la función social de la propiedad, como ya pusimos de relieve.

---

264 La Orden TMA/336/2020, de 9 de abril, por la que se incorpora, sustituye y modifican sendos programas de ayuda del Plan Estatal de Vivienda 2018-2021, en cumplimiento de lo dispuesto en los artículos 10, 11 y 12 del Real Decreto-ley 11/2020, de 31 de marzo, por el que se adoptan medidas urgentes complementarias en el ámbito social y económico para hacer frente al COVID-19, recoge en su art. 4 lo siguiente:
Artículo 4. Programa de ayuda a las víctimas de violencia de género, personas objeto de desahucio de su vivienda habitual, personas sin hogar y otras personas especialmente vulnerables.
Las comunidades autónomas y las ciudades de Ceuta y de Melilla pondrán a disposición de la persona beneficiaria una vivienda de titularidad pública, o que haya sido cedida para su uso a una administración pública, aunque mantenga la titularidad privada, adecuada a sus circunstancias en términos de tamaño, servicios y localización, para ser ocupada en régimen de alquiler, de cesión de uso, o en cualquier régimen de ocupación temporal admitido en derecho. Cuando no se disponga de este tipo de vivienda, la ayuda podrá aplicarse sobre una vivienda adecuada, de titularidad privada o sobre cualquier alojamiento o dotación residencial susceptible de ser ocupada por las personas beneficiarias, en los mismos regímenes.

b) Hipoteca

El derecho real de hipoteca, por ser una de las garantías más importantes que favorecen el crédito territorial, es el principal objeto de armonización europea en materia de derechos reales, como ya dijimos y, además, una de las instituciones que más modificaciones ha sufrido como consecuencia de su adaptación a la legislación europea y la protección a los consumidores.

Todo esto ya ha sido puesto de relieve, pero es importante volver a incidir en ello porque ha supuesto un descenso en la contratación de hipotecas, pues ya no pueden incluirse en ella determinadas cláusulas y ha tenido que modificarse su procedimiento de ejecución, lo que a la postre ha significado la pérdida de eficacia de este derecho real. Y por supuesto, una merma de la autonomía de la voluntad entre el acreedor y el deudor hipotecario, que va a seguir creciendo, cuando este último sea un consumidor o persona física. Nos remitimos desde aquí a lo ya explicado y lo dejamos apuntado como tendencia de futuro, pues creo que aumentará la protección del consumidor y, en consecuencia, la limitación en la libertad de contratación hipotecaria y su eficacia en el futuro.

4.3.3.- Derechos reales y sociedad digital

Al igual que en el Derecho civil en general, el Derecho de cosas y los derechos reales están sufriendo una transformación y una adaptación a los dictados de la nueva sociedad digital. El derecho de propiedad, el derecho de uso, la posesión, las nuevas formas de uso, de transmisión de la propiedad y las nuevas formas de publicidad y acreditación de los derechos reales que traen las nuevas tecnologías son algunos de los aspectos y retos a los que el Derecho civil va a tener que hacer frente en los próximos años.

Destacamos, entre los nuevos retos digitales que merecen una atención especial por parte del estudioso de los Derechos reales, la necesidad de dar respuesta a la cuestión de si es posible que se lleve a cabo la transmisión de la propiedad inmobiliaria a través de plataformas intermediarias hoy en día[265].

Creemos que sí se pueden vender inmuebles a través de plataformas en línea, y estas desde luego pueden servir, al igual que en el arrendamiento, para agilizar este contrato, y para conseguir de manera más rápida y eficaz casar la oferta con la demanda adecuada, entre compradores y vendedores, a modo de la plataforma electrónica que ya existe para facilitar las transacciones inmobiliarias transnacionales, del Colegio de Registradores de España. La Asociación Europea de Registradores de la Propiedad (ELRA), de la que forma parte el Colegio de Registradores de España, ha puesto en marcha la primera plataforma electrónica transfronteriza para facilitar las transmisiones inmobiliarias de forma telemática. Todos los trámites realizados a través de esta irán firmados con un certificado reconocido de firma electrónica, que identifica a los actores de la operación y su función en la misma. Esta plataforma se denomina NETPRO, y a través de ella se puede realizar todo el intercambio de documentación necesaria para la compraventa

---

265 ARRUÑADA, B., "Limitaciones de "blockchain" en contratos y propiedad", *Revista Crítica de Derecho Inmobiliario,* Año nº 94, Nº 769, 2018, pp. 2465-2493; GONZÁLEZ-MENESES GARCÍA-VALDECASAS, M., "Blockchain: ¿el notario del futuro?", *Anales de la Academia Matritense del Notariado,* Tomo 57, 2016-2017, pp. 323-353; VILALTA NICUESA, A.E., *Smart legal contracts y blockchain,* Wolters Kluwer, Madrid, 2019; SIEIRA GIL, J. y CAMPUZANO GÓMEZ-ACEBO, J., "Blockchain, tokenización de activos inmobiliarios y su protección registral", *Revista Crítica de Derecho Inmobiliario,* nº 775, 2019, pp. 2277- 2318; PAÑOS PÉREZ, A., "El Registro de la Propiedad como sistema de garantía en la era de la Blockchain", *Revista Crítica de Derecho Inmobiliario,* nº 776, 2019, pp. 2905-2944.

(información registral, situación jurídica y fiscal de la vivienda, etc.), así como los trámites posteriores (encargo de pago de impuestos, cambios de domiciliación de agua, gas, etc.), prestando además el servicio de archivo seguro y mensajería garantizado con el certificado de firma reconocido tanto del notario extranjero como del gestor contratado en el país donde se quiera comprar el inmueble. Pues bien, ¿puede aplicarse este modelo con las variantes necesarias a las compraventas también nacionales?[266] Hay que estudiar las dificultades que nuestro peculiar sistema de título y modo supondría para ello, pues la transmisión a través de una *traditio* electrónica es una cuestión complicada.

No obstante, sí es posible la transmisión digital de la propiedad a través de plataformas. La digitalización en la transmisión de la propiedad es hoy una realidad, ya que puede hacerse a través de la transmisión de los *tolken* inmobiliarios, mediante la tecnología de *blockchain*. En efecto, la *tokenización* de activos inmobiliarios, como mecanismo tecnológico que implica la representación de un derecho real -o participaciones indivisas del mismo- sobre un determinado bien inmueble, a través de un valor digital denominado *token*, en una cadena de bloques o *blockchain*, es perfectamente posible. El desarrollo de esta técnica, el papel del registro de la propiedad en este nuevo sistema de transmisión, sus ventajas e inconvenientes, son cuestiones a las que el Derecho inmobiliario y los derechos reales tendrá que hacer frente tarde o temprano.

---

266 NETPRO es una herramienta es el resultado del proyecto CROBECO (*Cross Border e-Conveyancing*), financiado por la Unión Europea. Distribuido en dos fases, CROBECO I definió los fundamentos jurídicos para la aplicación de los Reglamentos europeos Roma I y Roma II, que permiten aplicar la legislación del país del comprador en la compraventa de una vivienda respetando la normativa hipotecaria y registral del país en el que se encuentre el inmueble.

4.3.4.- Conclusión

Para terminar, no quería dejar de apuntar, como conclusión, que el futuro de los derechos reales, del Derecho de cosas, pasa por su adaptación al nuevo medio y eso supone, con carácter general, dos cosas ya apuntadas:

a) Su adecuación —o subordinación— a intereses superiores dignos de protección (sean menores, personas vulnerables, acceso a la vivienda, interés general). Esto es consecuencia de la "personificación" del Derecho civil ya iniciada y apuntada, que sigue en línea ascendente.

b) Su modernización, adaptándose a las nuevas exigencias de la sociedad digital, en cuanto a la utilización de nuevas tecnologías, pero, asimismo, su incardinación en una sociedad más colaborativa, donde la propiedad exclusiva y absoluta es preterida en aras de un uso o posesión compartida, más razonable y sostenible.

SEGUNDA PARTE

CONTEXTUALIZACIÓN NORMATIVA, CURRICULAR E INSTITUCIONAL DEL DERECHO CIVIL COMO ASIGNATURA, CON ESPECIAL ATENCIÓN A LOS DERECHOS REALES

Capítulo 5

Contexto normativo, institucional y curricular

5.1.- MARCO NORMATIVO DE LOS PLANES DE ESTUDIOS DEL GRADO EN DERECHO: ESPECIAL REFERENCIA AL DERECHO CIVIL

Después de analizar y proponer nuestro concepto del Derecho civil y del Derecho de cosas, que no pueden entenderse sin la persona, dedicamos este epígrafe a describir, si bien someramente, el marco normativo y los sucesivos planes de estudios en los que se ha contemplado la materia de "Derecho civil" y su concreta asignatura "Derechos reales e inmobiliario". Considero que es necesario contextualizar la asignatura para su mejor comprensión y poder ofrecer luego mi propuesta personal de enseñanza a partir del concepto dado. Tendré en cuenta el marco general universitario, pero luego lo adaptaré a la concreta universidad en la que ejerzo como docente, la Universidad Francisco de Vitoria, pues es en ella donde trato de poner en práctica mi personal propuesta de enseñanza del Derecho civil y del Derecho de cosas.

Antes de entrar a analizar el marco actual de la enseñanza del Grado en Derecho en España, debe hacerse un breve y pequeño repaso para poner en contexto los antecedentes normativos de los planes de estudios en Derecho[267].

---

[267] Se parte en nuestro estudio de los antecedentes más próximos a los planes de estudios actuales, de forma breve, sin ánimo de elaborar un

Durante muchos años, los estudios de Derecho estaban regulados por el denominado "Plan del 53", aprobado por el Decreto de 11 agosto de 1953 (BOE 29 de agosto). Este plan de estudios estructuraba la Licenciatura en Derecho en 5 años, dividiendo las asignaturas obligatorias en formativas y básicas, que se impartían en los primeros años de carrera, para ir introduciendo —a partir de tercer curso— las asignaturas más jurídico-positivas. La metodología docente se centraba en la "lección magistral", seguida del estudio de manuales por los alumnos, siendo una formación teórica y académica. La evaluación prevista en este sistema era a través de exámenes parciales y/o finales exclusivamente, con dos convocatorias, ordinaria y extraordinaria, en junio y septiembre[268].

---

estudio histórico de los sucesivos cambios en los modelos de planes de estudios de Derecho que no corresponde a este proyecto docente, y sin remontarnos a los orígenes de los estudios de Derecho en el sistema continental. Sobre los antecedentes históricos de estos planes de estudios, puede verse entre otros a: HERNANDO MASDEU, J., "Una perspectiva histórico-comparada de los modelos de planes de estudios en derecho", en *Enseñar Derecho en el S.XXI. Una guía práctica sobre el Grado en Derecho* (Rodríguez-Arana, J y Palomino, R. Dirs.), Thomson-Reuters Aranzadi, Cizur Menor, 2009, pp. 37-59.; BETANCOURT-SERNA, F., "Valoración histórica de las reformas de los Planes de Estudios de Derecho en la ilustración europea", en *La licenciatura en Derecho en el contexto de la convergencia Europea* (León Benítez, M.R., Coord.), Tirant lo Blanch, Valencia, 2007; CASTÁN TOBEÑAS, J., "Sobre la enseñanza del Derecho", *Revista de Ciencias Jurídicas y Sociales*, nº 8, 1919, pp. 510 y ss.

268 Inicialmente, el plan de estudios de 1953 también incluía un curso de Sociología que los alumnos podían realizar durante cualquier año, a partir de segundo curso, y unas prácticas de contabilidad no obligatorias, aunque con los años, se eliminaron para adaptar el plan a nuevas asignaturas que los cambios políticos exigían, como el derecho comunitario. Véase HERNANDO MASDEU, J., "Una perspectiva histórico-comparada de los modelos de planes de estudios en derecho", en *Enseñar Derecho en el S.XXI. Una guía práctica*

En el plan de estudios de 1953 la materia de Derecho civil se dividía en 4 asignaturas: Derecho civil, parte general, Derecho de las obligaciones y contratos y responsabilidad civil, Derechos reales e hipotecario y Derecho de familia y sucesiones. Luego nos detendremos un poco más en su análisis.

Posteriormente, en 1990 se inicia un cambio con respecto al plan de estudios universitarios a raíz de la mayor autonomía universitaria que se concede a las universidades para la elaboración de sus planes de estudios, que tiene su base de cómputo en créditos y no en horas de clase (1 crédito= 10h lectivas). En concreto, el Real Decreto 1424/1990, de 26 de octubre, por el que se establece el título universitario oficial de Licenciado en Derecho y las directrices generales propias de los planes de estudios conducentes a su obtención, estructuró la Licenciatura en dos ciclos, con una duración total entre cuatro y cinco años, y una duración mínima por ciclo de dos años. La carga en créditos de la licenciatura no podía ser inferior a 300 créditos, y la de cada ciclo no podía ser inferior a los 120 créditos. Asimismo, se establecía que la carga lectiva oscilaría entre veinte y treinta horas semanales, incluidas las enseñanzas prácticas. En ningún caso la carga lectiva de la enseñanza teórica debía superar las quince horas semanales[269]. En este nuevo plan, se configura al Derecho civil como una materia troncal obligatoria y cuya impartición debía realizarse tanto en el primer ciclo, como en el segundo; si bien, en este, de manera más escasa y dando lugar, como luego veremos, a la aparición de asignaturas optativas de Derecho civil, desgajadas de las tradicionales troncales, para su estudio en el segundo ciclo.

---

sobre el Grado en Derecho (Rodríguez-Arana, J y Palomino, R. Dirs), Thomson-Reuters Aranzadi, Cizur Menor, 2009, pp. 58-59,

269 Sobre los cambios experimentados en el plan de estudios de Derecho, en 1990, véase BUJAN, F., *La reforma de los estudios de Derecho,* Dykinson, Madrid, 1992.

La Universidad Francisco de Vitoria (UFV) que inició sus estudios de Derecho en 1993, como centro adscrito a la Universidad Complutense de Madrid (UCM), incorporó el plan de estudios que tenía la Universidad Complutense, el Plan del 53, pues esta universidad no cambió su plan hasta la entrada del EEES. Sin embargo, la UFV, al constituirse en Universidad privada, cambió su plan, conforme al RD 1990, dando lugar al "Plan 2003", vigente en la UFV hasta la entrada en vigor del Plan Bolonia, y aprobado por Resolución de 29 de octubre de 2002, de la propia Universidad, por la que se ordenaba la publicación del plan de estudios de Licenciado en Derecho, publicado en el BOE el 24 diciembre 2002. Conforme a este plan, la carrera de Derecho en la UFV se estructuró en 5 años, y en dos ciclos, el primero de tres años y el segundo de dos, con un total de 312 créditos.

El gran cambio a todos los niveles se produjo en 2010 con la entrada en funcionamiento del Plan Bolonia que introdujo en España la necesidad de acercar y hacer compatibles los estudios universitarios españoles con los del resto de la Unión Europea, para poder hacer realidad la libertad de circulación y reconocimiento de todos los estudiantes de la Unión.

5.1.1.- Clasificación de las competencias en el Libro Blanco de la ANECA sobre el Título de Grado en Derecho y plan de estudios del Grado en Derecho a partir del Espacio Europeo de Educación Superior

Con la Declaración de Bolonia de 19 de junio de 1999, firmada por 29 ministros europeos, se pretendió aumentar la compatibilidad y comparabilidad de los sistemas universitarios europeos para alcanzar el Espacio Europeo de Educación Superior (EEES); buscando la convergencia de todos ellos, eliminando obstáculos a la movilidad académica de estudiantes, titulados, profesores y personal de administración y servicios.

Este proceso de convergencia se fundamenta o basa en los siguientes pilares:

- Sistema Europeo de Transferencia de Créditos (ECTS–*European Credit Transfer System*). Con este sistema se quiere establecer un criterio uniforme que permita la comparación y la transferencia de los cursos impartidos en cualquier estado europeo a partir de una unidad de medida común, el "crédito europeo".
- Suplemento Europeo al Título. Es un documento que se anexa al título universitario y que describe los estudios cursados para hacer posibles una homologación y comparación a nivel europeo.
- Sistema de titulaciones de 2 ciclos. Siguiendo el modelo anglosajón, las titulaciones consisten en un primer ciclo de Grado, de carácter generalista, y un segundo ciclo de Máster (formación avanzada de carácter especializado). Al Máster le siguen los estudios para la obtención del grado de Doctor.
- Promoción de la movilidad entre países, tanto para estudiantes universitarios como para profesores, investigadores y personal administrativo.
- Promoción de la cooperación europea en materia de aseguramiento de la calidad con miras al desarrollo de criterios y metodologías comparables.
- Promoción de la necesaria dimensión europea en la enseñanza superior, especialmente por lo que respecta a la elaboración de programas de estudios, de cooperación interinstitucional, los programas de movilidad y los programas integrados de estudios, formación e investigación.

De todo ello, puede decirse que las ideas básicas o principales del EEES son dos: a) Crear un espacio de educación superior común, abierto, para la movilidad de los estudiantes y profesores, y b) la convergencia de nuevos modelos y metodologías que conduzcan a la formación permanente o "aprendizaje a lo largo de toda la vida".

El Plan Bolonia, con la implantación del EEES, se puso definitivamente en marcha en España en 2010[270], y supuso un cambio importante en los planes de estudio de todas las carreras universitarias que debían adaptarse al mismo, en virtud del Real Decreto 1393/2007, de 29 de octubre, por el que se establece la ordenación de las enseñanzas universitarias oficiales (BOE núm. 260 de 30 de octubre de 2007)[271]. Este RD establece que cada grado tendrá 240 ECTS, que deben distribuirse obligatoriamente de la siguiente forma: 60 ECTS de formación básica, de los cuales, al menos 36 estarán vinculados con alguna de las materias que figuran en el anexo II del RD, para la rama de conocimiento en la que se pretenda adscribir el título; y serán 6 asignaturas de 6 ECTS adscritas a Derecho, que se deben impartir en la primera mitad del plan de estudios; los otros

---

270 Aunque su implantación fue aprobada tras el Real Decreto 1125/2003, de 5 de septiembre, por el que se establece el sistema europeo de créditos y el sistema de calificaciones en las titulaciones universitarias de carácter oficial y validez en todo el territorio nacional (BOE núm. 224, de 18 de septiembre de 2003.

271 El marco normativo completo que trajo la progresiva implantación del EEES a las universidades de España es el siguiente: RD 1125/2003 de 5 de septiembre, por el que se establece el sistema europeo de créditos y el sistema de calificaciones en las titulaciones universitarias de carácter oficial y; RD 1044/2003 de 1 de agosto por el que se establece el procedimiento para la expedición del Suplemento Europeo al Título, por las universidades españolas; RD 56/2005, de 21 de enero, por el que se establece la estructura de las enseñanzas universitarias y se regulan los estudios oficiales de grado y su reforma por el RD1509/2005, de 16 de diciembre; para terminar con el arriba citado RD 1393/2007, de 29 de octubre por el que se establece la ordenación de las enseñanzas universitarias oficiales, que deroga el anterior RD de 2005.

24 créditos de formación básica pueden ser de la misma u otra rama de conocimiento del anexo II. Si bien, la Conferencia de Decanos de las Facultades de Derecho de las Universidades Españolas entendió, para la correcta formación de los juristas, que se debían establecer como obligatorias y dentro de esa formación básica, asignaturas de las que la antigua Licenciatura en Derecho establecía como troncales[272].

De este modo, y centrándonos en Derecho, el Grado en Derecho pasa a tener definitivamente 4 años de duración, dividido en dos ciclos: el primero de formación básica obligatoria, y el segundo en el que se pueden abrir itinerarios de especialización según materias. El Grado en Derecho, se completará tanto para el ejercicio de la abogacía como para la especialización profesional o la investigación, con un Máster de un año de duración.

Entre las novedades que surgen del EEES, además de la estructura de los planes de estudios basada en la unidad de medida básica del crédito europeo de transferencia (ECTS) que computa tanto horas lectivas como trabajo efectivo del alumno dentro y fuera del aula, se encuentra la necesidad de orientar dichos planes de estudios a la obtención, no solo de conocimientos teóricos, sino sobre todo de resultados de aprendizaje y competencias. El nuevo Espacio de Educación Superior comporta "una reorganización conceptual de los sistemas educativos para adaptarse a los nuevos modelos de formación centrados en el trabajo del estudiante"[273].

Es necesario saber, entonces, cuáles son los resultados de aprendizaje y las competencias que un estudiante de Derecho

---

[272] GARCÍA PIÑEIRO, N. y AGUILERA IZQUIERDO, R., "Marco normativo actual de las enseñanzas universitarias oficiales", en *Enseñar Derecho en el S.XXI,* ob. cit., p. 64.

[273] PAGANI, R., "El crédito europeo y el sistema educativo español", Informe Técnico, 2002, p. 5.

debe alcanzar, con el fin de orientar y organizar el plan de estudios en torno a los mismos. Se hace preciso, por tanto, determinar primero esos resultados de aprendizaje y competencias necesarias para, después, estructurar los programas correspondientes.

Podemos definir las competencias como lo hace el documento sobre las Directrices para la Elaboración de los Títulos del Ministerio de educación y ciencia que afirma que "las competencias son una combinación de conocimientos, habilidades (intelectuales, sociales, etc.), actitudes y valores que capacitarán a un titulado para afrontar con garantías la resolución de problemas o la intervención en un asunto en un contexto académico, profesional o social determinado"[274]. Siguiendo en este punto a MESEGUER VELASCO[275], las competencias tienen una triple vertiente: cognitiva (conocimientos que deben adquirirse, saber); volitiva (tener capacidad para ejecutar el conocimiento en situaciones prácticas, saber hacer); y ética (tener unos valores necesarios en el ejercicio profesional y aplicación de la misma en busca del bien)[276]. Todo ello implica, a

---

274 MINISTERIO DE EDUCACIÓN Y CIENCIA, Borrador de propuesta *Directrices para la Elaboración de los Títulos Universitarios de Grado y Máster,* 2006, apartado 15.

275 MESEGUER VELASCO, S., "Análisis y elaboración de un catálogo de competencias y herramientas aplicables a las disciplinas de Ciencias Sociales y Jurídicas", *Enseñar Derecho en el Siglo XXI,* ob. cit., pp. 20 y ss.

276 Sobre el concepto y clases de competencias, véase: GOÑI ZABALA, J.M., *El Espacio Europeo de Educación superior, un reto para la universidad,* Octaedro/ICE Universidad de Barcelona, Barcelona, 2005; PERRENOUD, P., *Construir competencias desde la escuela,* Dolmen, Santiago de Chile, 1999; ZABALZA, M., *Guía para la planificación didáctica de la docencia universitaria en el marco del EEES,* Universidad de Santiago de Compostela, 2005; CABERO ALMENARA, J., *Formación del profesorado universitario en estrategias metodológicas para la incorporación del aprendizaje en red*

mi entender, que esa vinculación entre inteligencia, voluntad y sus referentes éticos subyacentes en las competencias, supondrá una determinada concepción antropológica que debemos tener en cuenta a la hora de establecer las competencias de un Grado concreto.

Además, las competencias están estrechamente relacionadas con el ejercicio profesional del Grado en que se insertan, y no pueden desligarse de ello. Como dice el propio art. 9 del RD 1393/2007, las enseñanzas de Grado "tienen como finalidad la obtención por parte del estudiante de una formación general, en una o varias disciplinas, orientada a la preparación para el ejercicio de actividades de carácter profesional". Es decir, las enseñanzas de Grado universitario pretenden formar profesionales con las competencias y habilidades necesarias para su inserción rápida en el mercado laboral.

Por eso, a la hora de estructurar un determinado plan de estudios universitario, se parte de cuáles son las competencias que dicha titulación debe procurar para el correspondiente ejercicio profesional del egresado. Una vez determinadas estas, se organizará el plan de estudios conforme a las mismas, y cada asignatura deberá procurar que el estudiante adquiera alguna de ellas a lo largo de sus estudios universitarios. En consecuencia, y desde mi punto de vista, cada asignatura adquiere un papel fundamental en la formación y preparación del egresado, como parte

---

en el EEES; Programa de Estudios y Análisis, Ministerio de Educación y Ciencia, 2005; RIESGO GONZÁLEZ, M., "El enfoque por competencias en el EEES y sus implicaciones en la enseñanza y el aprendizaje", *Tendencias Pedagógicas,* nº 13, 2008, pp.79-105; DELGADO GARCÍA, A.M., BORGE BRAVO, R., GARCÍA ALBERO, J., OLIVER CUELLO, R. Y SALOMON SANCHO, L., *Evaluación de las competencias en el Espacio Europeo de Educación Superior: una experiencia desde el Derecho y la Ciencia Política,* Bosch, Barcelona, 2006.

indispensable, como herramienta básica del hombre -profesional, que debe influir en la sociedad a través de su buen hacer.

Para conocer cuáles son esas competencias que necesariamente debe alcanzar un graduado en Derecho, se hicieron varios estudios entre los que destacamos, a nivel de competencias generales de un Grado, el Proyecto *Tuning* a nivel europeo, liderado por las Universidades de Deusto y de Groningen, que clasifica pormenorizadamente los diversos tipos de competencias. En segundo lugar, el Libro Blanco de la ANECA sobre el Título de Grado en Derecho[277], que valoramos positivamente puesto que concreta estas competencias en los estudios de Derecho y tiene en cuenta la demanda social y laboral nacional.

En el Proyecto *Tuning*[278] se diferenciaron las competencias genéricas (destrezas comunes a cualquier titulación), de las específicas (las propias o particulares de una titulación concreta), se seleccionaron treinta competencias genéricas derivadas de tres categorías: instrumentales, interpersonales y sistémicas. Se pidió a los encuestados que evaluasen la importancia y el nivel de logro de cada competencia por titulaciones de cada área temática y también que clasificarán las cinco competencias más importantes.

Posteriormente, el Libro Blanco del Título de Grado en Derecho de la ANECA, a través de una encuesta realizada a profesionales, analizó dos tipos de competencias: las competencias genéricas o transversales y las competencias específicas. En ambos casos, siguió las directrices del proyecto *Tuning Educational Structures in Europe*, tanto para definirlas como para clasificarlas y las puso en relación con las competencias demandadas por el

---

277 Véase Libro Blanco ANECA de Derecho: http://www.aneca.es/var/media/150240/libroblanco_derecho_def.pdf

278 Proyecto Tuning http://tuning.unideusto.org/tuningeu/, p. 39.

entorno profesional. En concreto, el Libro Blanco de la ANECA[279] distingue hasta 18 perfiles profesionales distintos de un licenciado en Derecho, y define respecto de cada uno de ellos cuáles son las competencias genéricas —instrumentales, interpersonales, sistémicas— y específicas más importantes para ese perfil determinado. Mientras que en las genéricas baja al detalle especificando cada una de ellas, en las específicas no se mencionan competencias concretas, sino que únicamente se afirma qué clase de competencia específica —disciplinar, profesional o académica— parece más importante en ese perfil.

Los resultados sobre las competencias más importantes que debe adquirir un graduado en Derecho, según el Libro Blanco de Derecho de ANECA son los siguientes:

A. Competencias genéricas o transversales del Grado en Derecho

1. Competencias instrumentales

Las competencias instrumentales miden las capacidades y el nivel de formación del graduado. Se trata, por tanto, de singularizar los elementos esenciales que definen el nivel de formación de un estudiante de Derecho. Se destacan las siguientes:

- Habilidades cognoscitivas referidas a la capacidad de comprender y manejar ideas, conceptos y pensamientos.

---

279 AGENCIA DE EVALUACIÓN DE LA CALIDAD Y ACREDITACIÓN, *Libro Blanco: Título de Grado Derecho,* junio 2005, en línea, ref. 17.07.2008, disponible en web: http://www.aneca.es/activin/docs/libroblanco_derecho_def.pdf.
Los perfiles profesionales que distingue el Libro Blanco son: procuradores, notarios, registradores, juzgados de primera instancia, secretarios judiciales, fiscales, funcionarios de escala superior, funcionarios de la administración local, funcionarios de escala media, funcionarios de la Unión Europea, banca, gran empresa, pequeña y mediana empresa, asesoría y consultoría, sindicatos, ONG y asociaciones.

- Capacidades metodológicas para organizar el tiempo y las estrategias de aprendizaje, tomar decisiones o resolver problemas.
- Destrezas tecnológicas relacionadas con la utilización de herramientas de computación y de gestión de la información.
- Destrezas lingüísticas, tales como la comunicación oral y escrita o el conocimiento de una segunda lengua.

Pues bien, la enumeración de las competencias identificadas son las siguientes:

- Capacidad de análisis y síntesis.
- Capacidad de organización y planificación.
- Comunicación oral y escrita en la lengua nativa.
- Conocimiento de una lengua extranjera.
- Conocimientos de informática relativos al ámbito de estudio.
- Capacidad de gestión de la información.
- Resolución de problemas.
- Capacidad de decisión.

El Libro Blanco de la ANECA destaca que las competencias menos valoradas por los profesionales del Derecho son el *conocimiento de una lengua extranjera*, y los *conocimientos de informática*[280]. El resto de las competencias son altamente valoradas y, en concreto,

[280] Probablemente, hoy en día, estas competencias más valoradas han sufrido un cambio, debido al nivel de idiomas de los estudiantes que, en teoría, es mejor que hace unos años, y se inclinen por una competencia digital más amplia que el simple manejo informático.

las más apreciadas son *la capacidad de análisis y síntesis, la comunicación oral y escrita, la resolución de problemas, y la capacidad de decisión.*

2. Competencias interpersonales

Las competencias interpersonales miden las habilidades individuales de relación social y de integración en distintos colectivos, a través de la valoración de la capacidad de desarrollar trabajos en equipos específicos y multidisciplinares, de desarrollar un espíritu crítico y autocrítico y de adquirir un compromiso ético y social. Estas competencias tienden a facilitar los procesos de interacción social y cooperación.

Y en este caso las habilidades valoradas que destacan, especialmente, son:

- Trabajo en equipo.
- Trabajo en equipo de carácter interdisciplinar.
- Trabajo en un contexto internacional.
- Habilidades en las relaciones interpersonales.
- Reconocimiento a la diversidad y la multiculturalidad.
- Razonamiento crítico.
- Compromiso ético.

Las competencias menos valoradas son el *trabajo en un contexto internacional* y *el reconocimiento de la diversidad y la multiculturalidad*; por el contrario, las más apreciadas son el *razonamiento crítico* y, sin ninguna excepción la competencia catalogada como indispensable por los encuestados es el *compromiso ético* (alcanzando casi el 91% de las puntuaciones).

b) Competencias sistémicas

Las competencias sistémicas miden las cualidades y habilidades individuales que conciernen a los sistemas como totalidad. Suponen una combinación de la capacidad de comprensión, el conocimiento y la motivación que permiten al individuo percibir y analizar cómo las partes de un todo se relacionan y se agrupan. Evidentemente, se tiene en cuenta la capacidad de idear y planificar cambios que reporten mejoras en el funcionamiento global del sistema, e incluso para diseñar nuevos sistemas. Requieren como base la adquisición previa de competencias instrumentales e interpersonales.

Y aquí, destacamos como destrezas que se deben alcanzar:

- Aprendizaje autónomo.
- Adaptación a nuevas situaciones.
- Creatividad.
- Liderazgo.
- Conocimiento de otras culturas y costumbres.
- Iniciativa y espíritu emprendedor.
- Motivación por la calidad.
- Sensibilidad hacia temas de la realidad social, económica y medioambiental.

En este caso, la competencia menos valorada es *el conocimiento de otras culturas y costumbres*, seguida del *liderazgo*, y alcanzan las puntuaciones más altas tanto la *motivación por la calidad* como el *aprendizaje autónomo.*

B. Competencias específicas del Grado en Derecho

Son aquellas que deben adquirirse en el grado en Derecho y en cada una de las asignaturas que lo conforman que implican tanto los conocimientos teóricos (saber), como el conocimiento práctico (saber hacer) y el compromiso ético del sujeto que las adquiere (ser). Esta triple vertiente da lugar a tres tipos de competencias específicas: las académicas (conocimientos teóricos), las profesionales (técnicas, destrezas y habilidades aplicadas a una profesión concreta) y competencias disciplinares (conjunto de conocimientos prácticos requeridos para involucrarse en cada uno de los sectores profesionales singularizados dentro del ámbito jurídico, y relativas al compromiso ético).

Los resultados del estudio del Libro Blanco ponen de manifiesto que el concepto más valorado son las competencias profesionales, con una puntuación de 3,52, y los conocimientos disciplinares, con 3,43, mientras que se concede menor importancia a las competencias académicas, si bien su puntuación, 2,84, también se antoja relativamente alta.

Teniendo en cuenta esta clasificación, el Libro Blanco de Derecho establece un listado de las competencias específicas finales que debe reunir todo graduado en Derecho, después de poner de manifiesto la imposibilidad de asignar competencias específicas concretas a cada una de las disciplinas del Grado. Están convencidos de forma unánime "sobre la participación que todas y cada una de esas materias son susceptibles de tener, en mayor o menor grado, en la adquisición de todas o de la gran mayoría de las competencias. De tal modo, que resulta absolutamente desaconsejable realizar una asignación particularizada de las mismas que inevitablemente pecaría de arbitraria e inexacta"[281].

---

281 Libro Blanco de Derecho, ANECA, ob. cit., p. 182. http://www.aneca.es/var/media/150240/libroblanco_derecho_def.pdf

Y estas competencias son:

1. Tomar conciencia de la importancia del Derecho como sistema regulador de las relaciones sociales.
2. Conseguir la percepción del carácter unitario del ordenamiento jurídico y de la necesaria visión interdisciplinaria de los problemas jurídicos.
3. Capacidad para utilizar los principios y valores constitucionales como herramienta de trabajo en la interpretación del ordenamiento jurídico.
4. Capacidad para el manejo de fuentes jurídicas (legales, jurisprudenciales y doctrinales).
5. Desarrollo de la oratoria jurídica. Capacidad de expresarse apropiadamente ante un auditorio.
6. Capacidad de leer e interpretar textos jurídicos.
7. Capacidad de redactar escritos jurídicos.
8. Dominio de las técnicas informáticas en la obtención de la información jurídica (bases de datos de legislación, jurisprudencia, bibliografía).
9. Capacidad de utilizar la red informática (Internet) en la obtención de la información y en la comunicación de datos.
10. Adquisición de una conciencia crítica en el análisis del ordenamiento jurídico y desarrollo de la dialéctica jurídica.
11. Adquisición de valores y principios éticos.
12. Desarrollo de la capacidad de trabajar en equipo.
13. Capacidad de negociación y conciliación.
14. Conocimientos básicos de argumentación jurídica.
15. Capacidad de creación y estructuración normativa.

16. Comprensión y conocimiento de las principales instituciones públicas y privadas en su génesis y en su conjunto.
17. Comprensión de las distintas formas de creación del Derecho en su evolución histórica y en su realidad actual.

A partir de entonces, los planes de estudio del Grado en Derecho deben construirse teniendo en cuenta tanto las competencias genéricas como las específicas que el Libro Blanco ha establecido, pues un buen jurista debe ser aquel que adquiera dichas competencias necesarias. No hay que olvidar que parte de esas competencias, como las más valoradas por los demandantes de empleo, han cambiado desde la realización de este estudio, y considero que hay que estar pendiente de esa evolución para la configuración de los planes de estudios adecuados y realistas.

Tuve la oportunidad de analizar y comparar la evolución de estas competencias en el año 2008, cuando realizamos el estudio "Análisis y elaboración de un catálogo de competencias y herramientas aplicables a las disciplinas de Ciencias Sociales y Jurídicas", sobre las competencias necesarias en el nuevo Grado en Derecho, (2008)[282], poniendo de manifiesto las divergencias existentes entre las competencias establecidas en el Libro Blanco de ANECA y lo preferido por los empleadores[283].

---

282 "Análisis y elaboración de un catálogo de competencias y herramientas aplicables a las disciplinas de Ciencias Sociales y Jurídicas", cursos 2008 y 2009, Centro Universitario Villanueva y Editorial Thomson-Aranzadi, que tuvo como resultado el libro *Enseñar Derecho en el Siglo XXI. Una guía práctica sobre el Grado en Derecho,* RODRÍGUEZ ARANA, J. Y PALOMINO, R. (Dirs.), y Goñi Rodríguez de Almeida, M y Meseguer Velasco, S. (Coords.), Ed. Aranzadi, Pamplona, 2009.

283 En el capítulo de libro elaborado por mí, en la monografía anteriormente citada "Catálogo de competencias necesarias en el Grado en Derecho", en *Enseñar Derecho en el siglo XXI,* ob. cit., pp. 103-120. En este estudio se pone de manifiesto como competencias

Teniendo en cuenta esas competencias, las distintas universidades españolas empezaron a realizar sus nuevos planes de estudios, confiados en la autonomía universitaria que el Real Decreto 1393/2007 les concedió, dando lugar a tantos planes de estudios del Grado en Derecho como universidades existen en nuestro país. En cada uno de ellos, el Derecho civil ocupa una posición diferente y con unas competencias y resultados de aprendizaje diferentes. Analizamos, a continuación, algunos de estos planes, para concluir si las competencias que pretenden alcanzar con esta materia, se corresponden con el concepto que hemos ofrecido antes.

5.1.2.- Especial referencia a la asignatura Derecho civil en las universidades españolas y sus competencias: evolución de la asignatura en los planes

Una vez que se ha descrito la evolución general del plan de estudios de Derecho en España, y las bases de la actual configuración de los nuevos, descendemos al análisis de la concreta asignatura de Derecho civil en esos mismos planes de estudios, en los antiguos y los actuales.

A) Derecho civil en el plan de 1953

El plan de 1953, aprobado por el Decreto de 11 agosto, estableció un plan de 5 años para la licenciatura en Derecho, en

---

tanto genéricas como específicas, más valoradas por los empleadores, las siguientes: capacidad de análisis y síntesis; capacidad de comunicación oral (oratoria y retórica jurídica), capacidad de negociación, capacidad de redacción (de textos jurídicos), capacidad de argumentación y convicción, compromiso ético y capacidad de resolución de problemas aplicando los conocimientos a la práctica.

la que el Derecho civil se segmentaba en 4 asignaturas básicas y obligatorias: Parte general de Derecho civil; Obligaciones y contratos; Derechos reales e hipotecario, y Derecho de familia y sucesiones, que se impartían (como todas las asignaturas) con carácter anual, de segundo a quinto curso por el orden citado. Esta misma estructura la adoptó la Universidad Francisco de Vitoria en sus inicios como centro adscrito a la Universidad Complutense de Madrid.

Principalmente, las asignaturas se basaban en la lección magistral a cargo del profesor, y el alumno era un "oyente" que debía estudiar la asignatura a través de los correspondientes manuales adaptados al sistema. La evaluación se realizaba a través de pruebas orales o escritas, parciales y finales, donde el alumno básicamente se limitaba a reproducir los conocimientos adquiridos de los manuales, sin que se valorara nada más que esos conocimientos técnicos vertidos en la prueba realizada. No se pretendía más que alcanzar ciertos conocimientos teóricos que el alumno debía ser capaz de repetir; probablemente, no se establecía como objetivo ni siquiera la comprensión de los conocimientos, ni su aplicación práctica. Con esta metodología, llamada "aprendizaje por recepción", como bien explica LACALLE[284], el profesor da y el alumno recibe y repite, predominando lo teórico sobre lo práctico, con un carácter principalmente descriptivo, que transmite una visión positivista del Derecho al alumno.

B) Derecho civil en el plan de 1990

Los estudios de Derecho, tras el Real Decreto 1424/1990, se estructuran en una Licenciatura dividida en dos ciclos, en la que aparecen tanto asignaturas troncales como optativas para

---

284 LACALLE NORIEGA, M., "Enseñar un nuevo Derecho centrado en la persona", *Metafísica y Persona. Filosofía, conocimiento y vida,* año 4, enero-junio 2012, nº 7, pp. 106-107.

los últimos años de la carrera, siendo el Derecho civil una asignatura de carácter predominantemente troncal, tal y como disponía el propio Real Decreto 1990.

El Derecho civil se dividía en 4 asignaturas de carácter obligatorio y troncal: El primer ciclo se reservaba para las asignaturas de: Derecho de la persona (antigua parte general); Derecho patrimonial que incluye: Obligaciones y contratos; Responsabilidad extracontractual; Propiedad y derechos reales, Derecho inmobiliario y registral; dejando para el segundo ciclo la asignatura de Derecho de familia y sucesiones. La división que hace este plan de estudios hace surgir, al amparo de la mayor autonomía universitaria, nuevas asignaturas independientes dentro de la materia común, como son el Derecho inmobiliario y registral, la Responsabilidad extracontractual y Registro civil, antes incluidas en Derechos reales e hipotecario y en el Derecho de obligaciones y contratos.

En la Universidad Francisco de Vitoria, en sintonía con lo establecido como marco general en el RD 1990, se aprueba el nuevo plan de estudios en 2002, mediante Resolución de 29 de octubre de 2002: el plan 2003. En este plan, la carrera se estructura en 5 años, con dos ciclos, el primero con tres cursos y el segundo con dos, con un total de 312 créditos (1 crédito= 10h lectivas).

El Derecho civil se configura como una materia mayoritariamente troncal, a la que se le otorgan 36 créditos troncales, divididos en 4 asignaturas (Civil I, II, III y IV), correspondiendo a: Parte general (Derecho privado y derecho de la persona, 6 créditos) en primer año; Derecho de las obligaciones y contratos y Responsabilidad civil (segundo curso, 12 créditos); Derechos reales e Inmobiliario (tercer curso, 9 créditos) y Derecho de familia y sucesiones (cuarto curso, 9 créditos); e igualmente existía una asignatura optativa, Registro civil, de 4,5 créditos impartida en el tercer año. Es decir, se mantuvo, al menos en lo que al Derecho civil se refiere, una estructura muy similar al plan del 53, y con un peso del casi 13% de los créditos de la carrera, 40,5 créditos, del total de 312, lo que pone de manifiesto la importancia de esta materia en la formación de los futuros juristas.

Hay que señalar que se mantiene prácticamente idéntica la estructura de la materia de Derecho civil, a la del Plan de 1953, distribuyendo la materia en 4 asignaturas principales, y con idéntico contenido, salvo el "Registro civil" que queda como optativa.

Una vez más, se subraya la importancia de esta asignatura para los estudios de Derecho. De igual forma puede apreciarse que la elevada cantidad de créditos para la asignatura de "Derecho de obligaciones y contratos" (doble que una asignatura normal) hacen ya presagiar su importancia, su extensión, y la probabilidad (como así ocurrió después) de verse dividida en dos. De igual forma, salían reforzadas en cuanto a carga lectiva Derecho civil III y IV, cuestión, a mi modo de ver, necesaria para afrontar lo vasto de su contenido.

Tanto el contenido, la extensión, la carga lectiva y el orden cronológico del Derecho civil en el plan de estudios de 2003, en la UFV, nos parece adecuado. Se sigue el *iter* natural de la explicación del Derecho civil, se ordena su docencia, se le dedica más tiempo, lo que supone una mejora en la comprensión del estudiante y, en definitiva, considero que *a priori* garantiza el aprendizaje por los alumnos.

C) Derecho civil en el EEES, Plan 2007

Con el Plan Bolonia, y como ya hemos explicado, las Universidades establecen nuevos planes de estudios, cada cual diferente al de la otra, partiendo de las competencias que debe adquirir un graduado en Derecho, establecidas en el Libro Blanco de la ANECA

El nuevo Grado en Derecho, al igual que el resto de los Grados, se configura —en principio— como unos estudios en el primer ciclo, de cuatro años de duración, de carácter generalista, cuya especialización se alcanzará en segundo ciclo a través de un Máster, o en el tercero con los estudios de Doctorado.

Prácticamente, podemos afirmar que cada Universidad elaboró su propio plan de estudios, con gran libertad[285], pues el Real Decreto dibujó las líneas maestras, pero no descendió a describir cómo debían estructurarse los planes de las carreras. Por eso, no vamos a analizar todos los planes de estudio de las universidades españolas, pues sería prolijo e innecesario hacerlo para el fin de este proyecto que no es sino contextualizar la asignatura de Derecho civil en universidades semejantes a la UFV, pero también de distinto carácter, con el fin de obtener una visión más neutra.

Para ello, se propone analizar los planes de estudios de dos universidades públicas y dos universidades privadas referentes en la enseñanza del Derecho, y que podrían ser competencia de la Universidad Francisco de Vitoria. La selección de estas universidades se ha basado en el reconocido prestigio que tienen en la enseñanza del Derecho, formando buenos juristas. Las universidades que vamos a analizar son: las privadas, San Pablo- CEU y Universidad de Navarra, y las públicas, Universidad de Oviedo y Universidad Carlos III de Madrid. Las compararemos con el plan de estudios de la Universidad Francisco de Vitoria, marco obligatorio donde se inserta la asignatura cuya docencia imparto.

Expondremos sus planes de estudio, con la finalidad de comparar cómo han estructurado la asignatura (única) de Derecho

---

[285] Fruto de la mayor autonomía universitaria que les concedió la reforma de la Ley Orgánica 4/2007 de 21 de diciembre, por la que se modifica la LO6/2001, de 21 de diciembre de Universidades.

civil y las competencias que, en cada una de las universidades, se considera que debe adquirir un alumno por medio del Derecho civil, para replantearnos, posteriormente en su caso, si son estas las más adecuadas y hacer una propuesta de mejora si así se considera.

1. Universidad San Pablo- CEU

La Universidad San Pablo- CEU ofrece 6 asignaturas obligatorias de Derecho civil, y cuatro optativas.

Las 6 asignaturas obligatorias se corresponden con las tradicionales 4 asignaturas del plan 53, si bien, la última de ellas, "Derecho de familia y sucesiones", se encuentra dividida en dos asignaturas independientes de 3 ECTS cada una. El resto de las asignaturas son: "Introducción al Derecho privado y derecho de la persona" (cuyos contenidos coinciden básicamente con el Derecho civil general, o Derecho civil I del plan 53; "Derecho de las obligaciones y de los contratos" (6 ECTS), igual que el anterior; "Derechos reales" (6 ECTS), pero en este caso, separado de su segunda parte, el "Derecho hipotecario o inmobiliario registral", que sí formaba parte de aquella en el 53 y en otras universidades. Además, encontramos como optativas, precisamente, el "Derecho hipotecario" (4,5 ECTS), "Propiedad intelectual" (3 ECTS), "Derecho del menor y discapacidad" (3 ECTS), y "Derecho comparado de Obligaciones" (4,5 ECTS). Las dos primeras optativas, serían propiamente materia de "Derechos reales", pero se ha preferido desgajarlas de la mismo, por su peculiaridad temática y su extensión, lo cual nos parece muy adecuado. La asignatura de "Derecho del menor" debería ser parte de "Derecho civil general", o de la persona, pues se centra en la falta de capacidad de obrar de este. Considero que esta asignatura, a pesar de su importancia, no es necesario que se separe de la asignatura de "Parte general del Derecho civil, Derecho de la persona". La última, no forma parte del tronco normal del Derecho civil, al analizarse ordenamientos extranjeros.

Vemos que la carga lectiva de Derecho civil es de 24 ECTS de formación obligatoria, y 15 ECTS de optatividad, con un total de 39 ECTS, es decir el 16,25% de los créditos totales del grado, un elevado porcentaje que indica la importancia de esta materia.

Con respecto a la estructura, como he adelantado, me parece acertada la separación de las asignaturas de "Derecho de familia y sucesiones", en dos, pues son materias que no tienen mucho contenido común, y cuyo tratamiento por separado me parece conveniente, ya que el alumno consigue de esta manera identificarlas mejor, y el profesor, aunque con las mismas horas que si estuvieran juntas, puede distribuir mejor el tiempo de explicación para cada una de ellas. Por otra parte, comparto también el carácter optativo y la separación de las asignaturas de "Derecho hipotecario" y "Propiedad intelectual", con un régimen diferenciado y propio en su contenido. Las otras dos optativas creo que no son necesarias, pues todo lo relativo al menor y al discapacitado debe y puede estudiarse en "Derecho de la persona", y el "Sistema comparado de derecho de obligaciones", realmente excede de la materia de Derecho civil propio, y por su gran especialización podría ser más adecuada como asignatura del segundo ciclo en un Máster, o un título propio de comparación de sistemas, o *global law*.

La Universidad San Pablo-CEU considera que la educación universitaria "no solo debe ocupar el ámbito del estudio elegido, también ha de ser integral: una formación que capacite profesionalmente y que permita crecer como persona, con valores… basados en el humanismo cristiano"[286]. Con

---

[286] En https://www.uspceu.com/Portals/0/docs/centros/facultad-de-derecho/Folleto_Derecho.pdf?ver=2019-11-18-125203-090

ese fin, entiende que las competencias transversales propias que debe adquirir un jurista son la visión interdisciplinar, conciencia crítica, capacidad de reflexión, creación y estructuración normativa, conciencia del derecho como sistema regulador, y complementa su visión del jurista como persona que necesita aprendizaje de valores y principios éticos. Pues, continúan afirmando, "es fundamental lograr una visión integral del ser humano, en su dimensión trascendente, con criterios fundados y rigurosos acerca de la sociedad y de la cultura actual. Es importante, asimismo, conseguir que el alumno desarrolle la capacidad para discernir el lugar que ocupa el hombre en la naturaleza y la sociedad, y para reflexionar sobre el significado profundo de la existencia del hombre."

Tiene una visión del egresado en Derecho con un fundamento antropológico importante. Pero ¿qué competencias son las que específicamente deben adquirirse a través del Derecho civil? ¿coinciden o contribuyen a esta visión humanista del jurista?

Para todos las asignaturas de Derecho civil, se establecen una serie de competencias específicas básicas, que consisten, en general, en la capacidad de comprensión del ordenamiento jurídico y del Derecho; a través de los derechos civiles patrimoniales (obligaciones y contratos, reales, sucesiones) el alumno debe adquirir competencias más instrumentales, como la capacidad para hacer análisis críticos, saber manejar fuentes y bases de datos jurídicas; mientras que mediante las asignaturas de Derecho civil basadas en la persona (persona, familia, el menor..), se pretende que el alumno tenga capacidad para utilizar los principios y valores derivados de los principios generales del Derecho y que conozca el ordenamiento jurídico español[287].

---

[287] Las competencias que deben adquirirse a través de la materia de Derecho civil en el CEU son las siguientes:

Entendemos que estas competencias son importantes y, en general, consideramos que todas ellas deberían adquirirse a través de todas las asignaturas de Derecho civil. Sin embargo, no se justifica mucho que la utilización de los principios generales del Derecho, solo se adquieran a través de las asignaturas de Derecho civil personalistas, y no en las de carácter patrimonial, porque, como hemos tratado de exponer antes, también en estas materias es importantísima la traslación de los principios generales del derecho (reflejo de los principios de la ley natural) en el ordenamiento positivo.

Por otra parte, se echa de menos, después de confirmar la base antropológica de los estudios de Derecho, que no haya ninguna competencia específica destinada a tal fin. Sí es cierto que existen competencias transversales de humanidades en otras asignaturas[288], pero, creemos que una especial forma de

---

Para todas las asignaturas de Derecho civil:
CE8 Comprender el Derecho español como producto último de una compleja evolución jurídica.
CE11 Comprender la importancia del Derecho como sistema regulador de las relaciones sociales a nivel nacional y/o internacional.
Para las asignaturas de Derechos civil patrimonial, además:
CE17 Ser capaces de realizar un análisis crítico, evaluación y síntesis de ideas nuevas y complejas en el marco de las relaciones jurídicas nacionales e internacionales.
CE20 Adquirir la capacidad para manejar fuentes y bases de datos para obtención de información legal, jurisprudencial, doctrinal, bibliográfica y otras relacionadas con el área.
Para las asignaturas de Derecho civil de la persona y familia:
CE22 Capacidad para utilizar los principios y valores derivados de los principios generales del Derecho como herramienta de trabajo en la interpretación del ordenamiento jurídico.
CE6 Conocer el conjunto del ordenamiento jurídico español, de sus fuentes materiales, formales y de conocimiento.

[288] Las competencias transversales de humanidades que recoge el CEU son: CT1 Analizar los fundamentos básicos del pensamiento occidental y las realidades sociales contemporáneas en relación con el

enseñar con un objetivo claro de formar juristas que reflexionen sobre el papel del hombre en la sociedad, como tiene la Universidad San Pablo-CEU, debería quedar reflejado en todas sus asignaturas, y añadir en cada una de ellas alguna competencia transversal o específica que contribuya a alcanzar ese objetivo. Esto es lo que, en principio, y de acuerdo con la misión de la UFV, se plasmará en la propuesta de docencia que ofrezco para la asignatura de "Derechos reales e inmobiliario". Es decir, entiendo que también deben obtenerse esas competencias transversales de carácter humanista del Derecho civil, que es el derecho de la persona por excelencia, regulando su relaciones privadas y familiares, pues en esta asignatura el fundamento antropológico debe quedar claro.

2. Universidad de Navarra

La Universidad de Navarra, al igual que la Universidad San Pablo – CEU y la Francisco de Vitoria, es una universidad privada, católica, de reconocido prestigio y que proclama como misión de la Facultad de Derecho: "Formar juristas con una

---

pensamiento teológico moral procedente de la concepción cristiana del hombre y la sociedad. CT2 Realizar valoraciones sobre la persona, la sociedad, la conducta humana y sus implicaciones en la vida práctica. CT3 Conocer y diferenciar las distintas corrientes éticas. CT4 Realizar juicios de valor reflexivos sobre las normas y valores sociales. CT5 Razonar y argumentar de forma escrita y oral las conclusiones extraídas del análisis de textos profesionales. CT6 Analizar el impacto que las realidades sociales y las corrientes de pensamiento tienen sobre los acontecimientos históricos en el ámbito del título. CT7 Realizar juicios de valor reflexivos sobre los procesos históricos. CT8 Aplicar los conocimientos adquiridos y ser capaz de desenvolverse y resolver problemas en un contexto internacional, bilingüe y pluridisciplinar. Desde luego, al menos, la CT1, CT2, CT4, podrían estar presentes, y deberían adquirirse a través del aprendizaje en Derecho civil, derecho de la persona.

sólida formación académica y capaces de afrontar nuevos retos, pero que además sean capaces de tener un impacto positivo y duradero en la sociedad a través de su profesionalidad, integridad y espíritu de servicio"[289].

Para ello, estructura su plan de estudios en Derecho en los 4 preceptivos años, y las asignaturas de Derecho civil las distribuye en dos materias diferentes: a) Derecho de la persona, familia, sucesiones y derechos reales, que incluye las asignaturas de Derecho civil del mismo nombre; y b) Obligaciones y contratos, que incluye las asignaturas de Derecho civil, "Teoría general de las obligaciones y contratos", así como la asignatura separada de esta de "Contratos civiles", junto con otra serie de asignaturas propias de otras áreas del Derecho mercantil y laboral[290]: "Obligaciones y contratos: Teoría general de las obligaciones y contratos civiles"; "Contratos civiles"; "Estatuto del empresario y derecho de la competencia"; "Sociedades"; "Derecho de la contratación de los valores y de la insolvencia"; "Derecho del trabajo".

Sorprende esta distribución del Derecho civil en dos materias diferentes, separando únicamente del resto de las materias civiles, las correspondientes a obligaciones y contratos civiles. Esta separación entendemos que es porque se ha preferido estudiar conjuntamente todos los contratos de Derecho privado que puede ofrecer el ordenamiento, siendo ese el criterio diferenciador y no el sujeto contratante de aquellos (persona, empresario o trabajador). Creemos que, siendo válida esta diferenciación, el "Derecho de obligaciones y contratos" es parte

---

289 Véase en https://www.unav.edu/web/grado-en-derecho/presentacion

290 Componen esta materia de Obligaciones y contratos las siguientes asignaturas: Teoría general obligaciones y contratos civiles; Contratos civiles; Estatuto del empresario y derecho de la competencia; Sociedades; Derecho de la contratación de los valores y de la insolvencia; Derecho del trabajo.

esencial del Derecho patrimonial civil; es su cara dinámica, pues supone el intercambio de bienes y servicios entre particulares; bienes, que se les adjudican a través de la parte estática del Derecho patrimonial como es el Derecho de cosas (derechos reales), que nos indica qué bienes son susceptibles de apropiación humana y qué relación tiene el hombre sobre ellos. Ambas partes del Derecho civil están estrechamente vinculadas, y no puede entenderse una sin la otra, por lo que no comparto su separación, aunque lo sea solo a efectos sistemáticos.

La distribución de asignaturas de Derecho civil quedaría así: 5 asignaturas obligatorias, con un total de 24 ECTS: "Derecho de la persona" (3 ECTS), que recoge la parte de introducción al Derecho civil, la persona física y jurídica, registro civil, en primer curso; en el segundo curso, "Teoría general de las Obligaciones y Contratos" (6 ECTS) y "Contratos civiles" (3 ECTS); "Derechos reales" (6 ECTS) en tercero; y "Derecho de familia y Sucesiones" (6 ECTS) en cuarto curso. Además, se ofrecen dos optativas con un total de 6 ECTS: "Derecho de daños" (3 ECTS), en segundo curso y en tercero "Derecho inmobiliario y registral" (3 ECTS). El Derecho civil tiene un peso de 30 ECTS, que equivale al 12,5% del total de los créditos del Grado en Derecho.

Viendo la distribución de créditos y materias, creemos que es adecuada, como lo era en el CEU, y compartimos la existencia de esas dos asignaturas optativas, y su ponderación en créditos. Nos parece también correcta la separación de los contratos de la "Teoría general de obligaciones y contratos", y la suma de ambas (9 ECTS) nos parece muy adecuada para la extensión de la asignatura. "Derechos reales", sin el Derecho registral, con 6 créditos, queda perfectamente dimensionada; pero, no entendemos que la parte introductoria de "Derecho civil y la persona" tenga solo 3 ECTS, pues es una materia básica, que debe ser muy bien explicada, salvo que, realmente, toda la parte propia de introducción al Derecho civil esté asumida en Teoría del Derecho y solo se explique la persona en ella, pero no parece el caso por la descripción de la asignatura. "Derecho de familia y sucesiones" queda con 6 ECTS, si bien, como luego argumentaremos, nos parece escaso, y preferimos la división de ambas materias en dos asignaturas diferenciadas.

Por otra parte, y divisiones sistemáticas fuera, las asignaturas de Derecho civil (aun perteneciendo a dos materias diferentes) comparten competencias, al menos la mayoría de ellas, lo que indica la proximidad de las asignaturas en cuanto pretenden hacer adquirir al alumno las mismas habilidades.

De este modo, todas las asignaturas de Derecho civil comparten las competencias básicas, que son competencias previas, que se suponen al alumno para enfrentarse a sus estudios universitarios, y las mismas competencias genéricas que inciden en tres aspectos: poseer conocimiento general de la disciplina, saber expresar y transmitir correctamente ideas y localizar y gestionar las fuentes jurídicas[291]. Luego, cada asignatura en concreto tiene

---

291 Las competencias básicas y genéricas para todas las asignaturas de derecho civil son:
CB1. Que los estudiantes hayan demostrado poseer y comprender conocimientos en un área de estudio que parte de la base de la educación secundaria general y se puede encontrar a un nivel que, si bien se apoya en libros de texto avanzados, incluye también algunos aspectos que implican conocimientos procedentes de la vanguardia de su campo de estudio. CB2 Que los estudiantes sepan aplicar sus conocimientos a su trabajo o vocación de una forma profesional, y posean competencias que suelen demostrarse por medio de la elaboración y defensa de argumentos y resolución de problemas dentro de su área de estudio. CB3. Que los estudiantes tengan capacidad de reunir e interpretar datos relevantes (normalmente dentro de su área de estudio) para emitir juicios que incluyan una reflexión sobre temas relevantes de índole social, científica o ética. CB4 que los estudiantes puedan transmitir información, ideas, problemas y soluciones a un público tanto especializado como no especializado. CB5 Que los estudiantes hayan

una competencia específica propia relativa solo a los conocimientos teóricos que debe adquirir el alumno de cada asignatura[292].

Tanto las competencias genéricas como las específicas nos parecen adecuadas, pero insuficientes. Probablemente, un alumno que estudia Derecho civil debe saber hacer más cosas de las que se enumeran en la Memoria del Grado en Derecho de la Universidad de Navarra, como luego defenderemos. Por otra parte, y al igual que ocurría en el CEU, a pesar de ser una Universidad que declara en su misión la preocupación por formar juristas que sean capaces de influir en la sociedad con espíritu de servicio, sorprende que no haya una correlación entre la misión y el perfil de jurista que se quiere formar, con las competencias que en Derecho civil deben adquirirse. Probablemente, se adquieran a través de otras asignaturas, pero entendemos que también desde el Derecho civil, como ya hemos dicho, debería

---

desarrollado aquellas habilidades de aprendizaje necesarias para emprender estudios posteriores con un alto grado de autonomía. CG1. Poseer un conocimiento general de la disciplina y la metodología jurídicas que permitan el ejercicio de actividades de carácter profesional en el ámbito del Derecho o la adquisición de los títulos complementarios exigidos por la ley para determinadas actividades profesionales. CG2 Expresar y transmitir adecuadamente ideas complejas que permitan comunicar, de manera oral y escrita, soluciones fundadas en Derecho a un público especializado o no. CG3. Localizar y gestiona correctamente las fuentes jurídicas, tanto legales, jurisprudenciales y doctrinales.

292 Las competencias específicas del Grado en Derecho de la Universidad de Navarra para las diferentes asignaturas de Derecho civil son:
CE11. Conocer el Derecho de la persona, tanto física como jurídica.
CE12. Conocer el régimen jurídico de la propiedad y de los derechos reales en cosa ajena.
CE13. Conocer el Derecho de familia y el régimen sucesorio.
CE 16. Conocer los principios básicos que regulan el régimen de las obligaciones y de los contratos civiles y mercantiles

subrayarse estas habilidades y competencias que incidan en el carácter marcadamente antropológico de la materia.

3. Universidad de Oviedo

La Universidad de Oviedo es una universidad pública, y por lo tanto con un perfil muy diferente a las anteriores y a la propia Universidad Francisco de Vitoria. La calidad de su enseñanza y la buena preparación de sus alumnos en Derecho, lo dilatada de su historia (más de 400 años), y el volumen elevado de alumnos que forma cada año, nos han hecho seleccionarla para el breve estudio que estamos planteando.

La Facultad de Derecho de la Universidad de Oviedo considera el Derecho civil como una única materia y lo divide en 5 asignaturas, 1 básica (Derecho civil I), 3 obligatorias (Derecho civil II, III y IV) y una optativa (Responsabilidad civil); todas ellas de 6 ECTS, por lo que la carga de Derecho civil en el plan de estudios es de 30 ECTS, un 12,5% del total de créditos.

Las asignaturas de Derecho civil tienen el siguiente contenido y lugar en el plan de estudios: En primer curso se ofrece como asignatura básica "Derecho civil I", que tiene el contenido típico y tradicional de esta asignatura (Introducción Derecho civil, persona, registro civil, al que se añade la teoría general del contrato (que normalmente se estudia con la de obligaciones), y las relaciones familiares (filiación, adopción, patria potestad) muchas veces dentro del Derecho de familia. El "Derecho civil II" es obligatoria y se estudia en segundo curso, segundo semestre; su contenido es el de teoría general de las obligaciones, y el estudio de los contratos civiles (la teoría general de estos se vio en civil I); En tercer curso se ofrece la asignatura obligatoria de "Derecho civil III", que incluye los derechos reales y el derecho inmobiliario registral, así como la optativa de responsabilidad civil. Por último, en 4° curso se imparte "Derecho civil IV" que estudia el Derecho de familia y sucesiones, juntos, si bien, aligerado al haberse estudiado las relaciones familiares en civil I.

Al estar todas las asignaturas de Derecho civil dentro de la misma materia, a esta se le atribuyen en bloque una serie de competencias básicas, generales y específicas para toda la materia, que luego se concretarán para cada asignatura dentro de la guía docente. Las competencias (tanto generales como específicas) son más numerosas que en las universidades anteriores, lo que nos parece adecuado, debido al peso específico tan importante de esta asignatura en los estudios de Grado en Derecho. Son muchos créditos, por lo que el estudiante debe ser capaz de adquirir a través de ella muchas de las competencias del título. Entre las específicas, destacamos el que el estudiante será capaz, a través del Derecho civil, de entender, comunicar, expresarse tanto oral como por escrito, manejar las fuentes, argumentar y rebatir jurídicamente[293]. Es importante

---

293 Véase las competencias de Derecho civil en la Memoria del Título de Grado en Derecho de Universidad de Oviedo, disponible en http://calidad.uniovi.es/garantiainterna/seguimientotitulos/derecho?p_p_id=C1NNVisorBibliotecaDocumentos_WAR_C1NNVisorBibliotecaDocumentos_INSTANCE_Osw7&folderNuevo=3993130

Las competencias generales y específicas que debe adquirir un estudiante del Grado en Derecho en Oviedo, a través del Derecho civil son:

Competencias generales: CG1 Conocimiento y respeto a los derechos humanos y fundamentales, incluido el principio de igualdad y el principio de accesibilidad universal CG2 Conocimiento, respeto y promoción de los valores propios de una cultura de paz y democrática CG3 Que los estudiantes demuestren poseer y comprender conocimientos en la ciencia jurídica que parten de la base de la Educación Secundaria General, y suelen encontrarse a un nivel que, si bien se apoya en libros de texto avanzados, incluyen también algunos aspectos que implican conocimientos procedentes de la vanguardia de la ciencia jurídica. CG4 Que los estudiantes sepan aplicar sus conocimientos a su trabajo o vocación de una forma profesional y posean las competencias

que suelen demostrarse por medio de la elaboración y defensa de argumentos y la resolución de problemas con mentalidad. Competencias 3-2 jurídica CG5 Capacidad de reunir e interpretar datos relevantes para emitir juicios que incluyan una reflexión sobre temas relevantes de índole social, científica o ética CG6 Capacidad para transmitir información, ideas, problemas y soluciones a un público tanto especializado como no especializado CG7 Desarrollo de habilidades de aprendizaje necesarios para emprender estudios posteriores con un alto grado de autonomía CG8 Capacidad para la aplicación de los conocimientos a la vida profesional CG9 Capacidad de comunicación correcta oral y escrita CG10 Manejo de fuentes en el idioma inglés CG11 Capacidad de utilización de herramientas informáticas y tecnologías de la comunicación CG12 Capacidad para buscar, obtener y seleccionar información CG13 Capacidad de análisis y síntesis CG14 Capacidad de organización y planificación CG15 Capacidad crítica y autocrítica. CG16 Capacidad para elaborar y defender argumentos CG17 Capacidad de discusión colectiva del conocimiento CG18 Capacidad para tomar decisiones CG19 Capacidad para resolver problemas CG20 Habilidades en las relaciones interpersonales CG21 Capacidad de negociación y conciliación CG22 Capacidad de iniciativa y espíritu emprendedor CG23 Capacidad creativa para encontrar nuevas ideas CG24 Capacidad de liderazgo CG25 Capacidad de trabajo autónomo CG26 Capacidad para trabajar en equipo CG27 Capacidad para trabajar en ámbitos multidisciplinares y en un contexto internacional CG28 Reconocimiento de la diversidad y la multiculturalidad.
Competencias específicas Graduado o Graduada en Derecho por la Universidad de Oviedo: CE1 Adquisición de conocimientos, habilidades y valores socio-jurídicos para la interpretación de ordenamiento jurídico CE2 Toma de conciencia de la importancia del Derecho como sistema regulador de las relaciones sociales CE3 Percepción del carácter unitario del ordenamiento jurídico y de la necesaria visión interdisciplinaria de los problemas jurídicos CE4 Capacidad para utilizar los principios y valores constitucionales como herramienta de trabajo en la interpretación del ordenamiento jurídico CE5 Conocimiento de los principios y conceptos básicos del ordenamiento jurídico, en un contexto global, plural y cambiante CE6 Conocimiento de las diferentes formas de creación y aplicación

señalar que muchas de las competencias genéricas que señalaba el Libro Blanco de ANECA se encuentran recogidas en las que debe adquirir el estudiante a través del Derecho civil, incorporando algunas que no habían aparecido hasta ahora, como la capacidad de trabajo en equipo, el conocimiento de una segunda lengua, la capacidad de negociación, el reconocimiento de la multiculturalidad y capacidad de trabajar en entornos internacionales, o la utilización de las TICs. Entendemos que, a no ser que la asignatura se imparta en inglés, la capacidad de segundo idioma no se va a adquirir a través del Derecho civil; pero sí nos parecen importantes las otras competencias nuevas que exigen nuevas metodologías en el aula, la comparación de sistemas jurídicos y reconocimiento de otros ordenamientos con distintas peculiaridades fundadas en la diferente idiosincrasia de cada país.

---

del Derecho en su evolución histórica y en su realidad actual CE7 Conocimiento de las principales instituciones públicas y privadas en su génesis y en su conjunto CE8 Conocimiento de los procedimientos del sistema jurídico CE9 Capacidad de creación y estructuración normativa CE10 Capacidad para la búsqueda, manejo, comprensión e interpretación de fuentes jurídicas (legales, jurisprudenciales y doctrinales) CE11 Capacidad para utilizar las técnicas informáticas en la obtención y comunicación de información jurídica CE12 Capacidad para interpretar documentos jurídicos CE13 Desarrollo de la oratoria jurídica. Capacidad para expresarse apropiadamente ante un auditorio CE14 Capacidad para desarrollar un discurso jurídico correctamente estructurado de forma escrita. Capacidad para redactar escritos jurídicos CE15 Capacidad para interpretar el ordenamiento jurídico desde la reflexión crítica. Desarrollo de la dialéctica jurídica CE16 Conocimientos básicos de la argumentación jurídica CE17 Capacidad para aplicar el conocimiento teórico a la resolución práctica del Derecho y adquisición de los instrumentos necesarios para acceder a la formación especializada para el ejercicio profesional del derecho.

En cuanto a las específicas, todas ellas nos parecen correctas y simplemente habrá que adaptar los sistemas de evaluación y metodologías para conseguirlas.

4. Universidad Carlos III de Madrid

Se trata de una universidad pública, de reciente creación (en comparación con otras públicas), con un gran nivel académico, muy buena inserción de sus alumnos en el mercado laboral, y una sólida preparación de los estudiantes en Derecho.

La Universidad Carlos III pone el énfasis en el perfil profesional de sus alumnos, aptos para el desempeño de funciones jurídicas, pues afirma que "el Grado en Derecho tiene como objetivo la formación de profesionales especializados en el ejercicio de las denominadas profesiones jurídicas (abogacía, judicatura, fiscalía, notaría, registradores/as, etc.) capaces de desarrollar su actividad en sectores de gran relevancia social como la función pública, la empresa, la asesoría, la consultoría o la esfera política, entre otros"

Estructura el Derecho civil como una única materia, dentro del bloque de Derecho privado, y lo divide en 7 asignaturas, 5 obligatorias (que corresponden en general al tronco tradicional del Derecho civil), y 2 optativas, con un total de 33 ECTS, lo que supone una carga del 13,75% de los créditos del Grado en Derecho.

La distribución exacta que se hace de estas asignaturas y su asignación de créditos es la siguiente: En primer curso, "Introducción al Derecho civil y la persona" (obligatoria), con solo 3 ECTS, centrándose en la persona física y jurídica, registro civil, y dejando fuera lo relativo al derecho subjetivo, negocio jurídico. En segundo curso, se imparte en el primer semestre "Derecho de contratos" (obligatoria) con 6 ECTS, dedicado al estudio tanto de la teoría general como de los contratos específicos. Me sorprende su colocación temporal antes que el "Derecho de obligaciones", pues entiendo que este es la base necesaria para comprender los contratos, y no viceversa, aunque estos sean fuente de aquellas. En el segundo semestre se imparte "Derecho de obligaciones y daños", (obligatoria), con otros 6 ECTS, que incluye, por tanto, esa teoría general de obligaciones más la responsabilidad civil, justificando así los 6 créditos totales que tiene. En tercero, se explica "Derechos reales", obligatoria, con otros 6 ECTS, sin el "Derecho inmobiliario registral" que es optativa de 3 ECTS, ni "Propiedad Intelectual" que constituye asimismo una asignatura optativa independiente con otros 3 ECTS. Como en otras ocasiones, considero esta división de asignaturas y la asignación de créditos muy acertada por la diferencia sustancial de los contenidos de estas materias. Por último, en cuarto curso se ofrece la asignatura obligatoria de "Derecho de familia y sucesiones" (juntas), con una carga lectiva de 6 ECTS.

En cuanto a las competencias que debe adquirir un alumno de la Carlos III, a través de la asignatura de Derecho civil, hemos de decir que sorprende, en primer lugar, la breve referencia que a las mismas se hace en las guías docentes, donde el profesor se limita a hacer un resumen sobre ellas, a veces, mezcladas con los objetivos o resultados de aprendizaje[294]. Hay

---

[294] Véanse las competencias que deben alcanzarse en las distintas asignaturas de Derecho civil de esta Universidad, tal y como aparecen descritas en sus guías docentes:
"Introducción al derecho civil y la persona":
Alcanzará, desde la comprensión y el análisis crítico, un nivel razonable de conocimientos de la disciplina, que aprenderá a manejar convenientemente en la solución de conflictos prácticos. El alumno adquirirá en este primer curso destrezas en el empleo del lenguaje técnico jurídico en el ámbito del Derecho Civil, así como en el manejo básico de las fuentes bibliográficas y jurisprudenciales.
"Contratos":
Los objetivos de la asignatura son:–alcanzar un nivel razonable de conocimientos sobre la materia, con una exigencia alta en comprensión

que destacar que se incide, en coherencia con el objetivo de profesionalidad de sus alumnos, en una competencia práctica,

---

y capacidad crítica.–adquirir la capacidad de aplicar las normas jurídicas a los hechos sociales.–introducir al alumno en los rudimentos de la técnica del dictamen jurídico, conforme a una metodología propia del Derecho civil patrimonial.–aprender a analizar sentencias en materia de contratos.–analizar algunos contratos de especial relevancia social.–familiarizarse con el uso de materiales complementarios, como comentarios especializados a los textos legales, artículos doctrinales, etc.
"Derecho de obligaciones y daños":
Alcanzar un nivel razonable de conocimientos sobre la materia, con una exigencia alta en comprensión y capacidad crítica, aplicándolos a relaciones obligatorias concretas.–Adquirir la capacidad de aplicar las normas jurídicas a los hechos sociales.–Practicar y perfeccionar la técnica del dictamen jurídico, conforme a una metodología propia del Derecho civil patrimonial.–Practicar y perfeccionar el análisis y el uso de sentencias en materia de obligaciones y, especialmente, en materia de responsabilidad extracontractual.–Analizar algunos contratos de especial relevancia en la actualidad, con especial énfasis en los elementos de la obligación y sus garantías.–Usar en la argumentación materiales complementarios, como comentarios especializados a los textos legales, artículos doctrinales y comentarios jurisprudenciales.
"Derechos reales":
Los objetivos básicos de la asignatura Derechos reales se dirigen a:
Conseguir que el alumno alcance un nivel razonable de conocimientos de la disciplina.
Manejar convenientemente los conocimientos teóricos en la solución de los problemas prácticos.
"Derecho Inmobiliario registral":
Un adecuado conocimiento sobre el funcionamiento práctico del Registro de la Propiedad -una institución central en el tráfico inmobiliario- y sus principales funciones. Se pretende capacitar al alumno para el asesoramiento en la realización de operaciones inmobiliarias y en la constitución de garantías, especialmente necesarias para que fluya el crédito en un contexto de crisis económica como el actual.

que lleve al alumno a saber aplicar los conocimientos teóricos a los problemas prácticos para resolverlos, así como una más teórica, conseguir un nivel razonable de conocimientos de la disciplina en cuestión, y obtener el lenguaje técnico jurídico adecuado de cada asignatura. Por otra parte, también se ponen

---

"Derecho de familia y sucesiones":
El alumno alcanzará, desde la comprensión y el análisis crítico, un nivel razonable de conocimientos de la disciplina, que aprenderá a manejar convenientemente en la solución de conflictos prácticos. El alumno adquirirá en este curso destrezas en el empleo del lenguaje técnico jurídico en el ámbito del Derecho de Familia, así como en el manejo básico de las fuentes bibliográficas y jurisprudenciales. Se pretende que el alumno conozca con desenvoltura el aspecto teórico y muy especialmente desde la praxis de una rama que se encuentra en auge. Baste tomar como referencia el índice de divorcios existentes en España, las situaciones de desamparo de menores, los matrimonios entre no nacionales, o el ejercicio cada vez más habitual de las acciones de filiación. Es responsabilidad de la Universidad proporcionar un base suficiente y sólida de conocimientos y técnicas que serán aplicadas en el futuro.
-II- El alumno alcanzará, desde la comprensión y el análisis crítico, un nivel razonable de conocimientos de la disciplina, que aprenderá a manejar convenientemente en la solución de conflictos prácticos. El alumno adquirirá en este curso destrezas en el empleo del lenguaje técnico jurídico en el ámbito del Derecho de Sucesiones, así como en el manejo básico de las fuentes bibliográficas y jurisprudenciales. Se pretende que el alumno conozca con desenvoltura el aspecto teórico y muy especialmente desde la praxis de una materia indispensable. Baste tener en cuenta los denominados Protocolos Familiares que contemplan numerosas disposiciones testamentarias en ordena a la sucesión de la empresa o de la gestión empresarial. Por otra parte, existe un claro impulso desde la Unión Europea para la armonización de determinados aspectos en materia de Derecho Sucesorio, habiéndose publicado a tal efecto un Libro Verde y constituido un grupo de expertos. Es responsabilidad de la Universidad proporcionar un base suficiente y sólida de conocimientos y técnicas que serán aplicadas en el futuro.

de relieve las competencias instrumentales específicas de saber manejar las fuentes bibliográficas y jurisprudenciales, así como la capacidad para elaborar dictámenes o escritos jurídicos. También subrayamos las competencias de capacidad de análisis crítico y comprensión de la materia.

Echamos de menos una mejor identificación de las competencias necesarias, ya que en las guías docentes quedan, a mi juicio, un tanto desconfiguradas; sin embargo, nos parece razonable la elección de esas competencias acordes con el perfil eminentemente práctico y profesional del egresado que quieren conseguir.

Ahora bien, creo que a través del Derecho civil deberían adquirirse más competencias que las simplemente técnicas, como son las que mayoritariamente se pretenden adquirir en este Grado. Un buen profesional no puede realmente serlo si no viene avalado por otra serie de competencias de carácter interpersonal, como la capacidad de trabajo en equipo, o la de negociación y conciliación, así como otras competencias más personales como, por ejemplo, la adquisición de una conciencia crítica en el análisis del ordenamiento jurídico y desarrollo de la dialéctica jurídica, y la adquisición de valores y principios éticos, que les permitan valorar éticamente las situaciones y soluciones que deben ofrecer; pues no podemos olvidar que el Derecho es el arte de lo justo, y todo jurista debe buscar la justicia y el bien. Eso debe reflejarse en las competencias que todo graduado debe adquirir a través de una materia tan importante y con tanto peso específico en la carrera de Derecho, como es el Derecho civil.

5.2.- MARCO INSTITUCIONAL Y CURRICULAR CONCRETO

5.2.1.- Contextualización de la asignatura de Derecho Civil en el Plan de Estudios del Grado en Derecho de la Facultad de Derecho, Empresa y Gobierno de la UFV

Una vez analizados algunos de los planes de estudios del Grado en Derecho más relevantes en España, como no podía ser de otra manera, tenemos que analizar cómo se encuentran actualmente diseñados los estudios de Derecho, y en concreto el Derecho civil, en la anterior Facultad de Ciencias Jurídicas y Empresariales, hoy Facultad de Derecho, Empresa y Gobierno de la Universidad Francisco de Vitoria, donde imparto mi docencia. Es el entorno del que debo partir para, posteriormente, hacer mi propuesta personal tanto del plan de estudios como, sobre todo, de la materia de Derecho civil y de la asignatura "Derechos reales e inmobiliario".

Es conveniente recoger previamente la forma en que viene estructurada actualmente, en la titulación, la asignatura referida, dado que se trata, sin duda, del marco en el que debe desarrollarse la docencia, diferente en cada una de las universidades y facultades de Derecho. Además, hay que tener en cuenta que, debido a la implantación del EEES en la universidad española, los profesores deben ajustarse a las directrices generales del título, y de la propia asignatura que viene marcadas en la Memoria del Grado en Derecho, y de las correspondientes guías docentes de las asignaturas, a las que obligatoriamente hay que ceñirse. Por eso, es imprescindible, situar y contextualizar la asignatura en su concreto plan de estudios.

En los más de 25 años de vida de esta Universidad, el Grado —antes Licenciatura— en Derecho, se ha estructurado en torno a tres planes de estudios distintos, incluido el actual, los dos primeros se han explicado de forma breve en el apartado anterior, y nos centraremos en el actual -al tiempo de escribir estas líneas-, que convive con el recién estrenado en el curso 23-24, al que me referiré posteriormente.

El primero de ellos, al nacer la universidad como centro adscrito a la Universidad Complutense de Madrid, adoptó su mismo plan de estudios, que era el Plan del 53, con sus 4 asignaturas de Derecho civil ya explicadas. Posteriormente, en 2002, al convertirse en universidad privada, e independiente por tanto de la UCM, se aprueba un nuevo plan de estudios para los estudios de Derecho, también explicado con anterioridad.

El plan de estudios actual del Grado en Derecho en la Facultad de Derecho, Empresa y Gobierno (anterior Facultad de Ciencias Jurídicas y Empresariales) está ya adaptado al EEES, y se aprobó por Resolución de la Universidad Francisco de Vitoria de 18 enero de 2011, publicada en el BOE de 7 febrero 2011. Posteriormente, este plan de estudios sufrió una modificación, con respecto a las asignaturas optativas (se incrementó el número de estas), mediante la resolución de la propia universidad de 18 de febrero de 2014 (BOE 3 marzo 2014).

Lo analizamos:

Como todo plan de estudios de Derecho adaptado al Plan Bolonia, la carrera se estructura en 4 años, con un total de 240 créditos, y en el caso de la UFV en cinco módulos: El Derecho y su contexto, el Derecho privado, Derecho público, Desarrollo personal y profesional, Prácticas profesionales y Trabajo de fin de Grado. Dentro de cada módulo, existen diferentes asignaturas.

Modulo I: El Derecho y su contexto.

Asignaturas del módulo I: Teoría del Derecho, Filosofía del Derecho, La persona como sujeto del Derecho, Historia del pensamiento, Historia del Derecho en occidente, Derecho romano, Filosofía aplicada, Antropología fundamental y Educación para la responsabilidad social.

Modulo II: Derecho privado.

Asignaturas del módulo II: Derecho civil, Derecho mercantil y Derecho del trabajo.

Modulo III: Derecho público

Asignaturas del módulo III: Derecho político, Derecho penal, Derecho administrativo, Derecho financiero y tributario, Derecho procesal y Derecho internacional y comunitario.

Módulo IV: Desarrollo personal y profesional

Asignaturas del módulo IV: Comunicación, Idioma moderno, Empresa y Formación en Valores.

Módulo V: Prácticas profesionales y Trabajo de Fin de Grado

Asignaturas del módulo V: Prácticas profesionales y Trabajo de Fin de Grado

Pues bien, la materia de Derecho civil se incardina dentro del Módulo II, y viene descrita en la Memoria de Verificación del Grado, de la siguiente forma: "Derecho Civil. Esta materia constituye el núcleo del Derecho sustantivo. A partir de una introducción básica a la teoría general de obligaciones y contratos, se profundiza en éstos, así como en la responsabilidad extracontractual y el Derecho de daños. Por otro lado, se estudia la propiedad y otros derechos reales, con especial énfasis en el Derecho inmobiliario. Se aborda asimismo el estatuto jurídico de la familia y las sucesiones y el Derecho canónico. Y, con objeto de ofertar un plan que tenga en cuenta las necesidades de la sociedad actual, se incluye el estudio del Derecho informático. En la materia civil se estudiará con carácter transversal las relaciones civiles en que interviene algún elemento extranjero (normas de Derecho internacional), y con carácter específico, los conflictos de leyes y Derecho procesal civil".

Tras esa descripción se encuentra la distribución de la materia en las siguientes asignaturas: 6 asignaturas obligatorias y 2 optativas, que suman un total de 36 ECTS, lo que supone una carga lectiva muy significativa del 15% del total del Grado; no obstante, no todas las asignaturas incluidas dentro de la materia de Derecho civil son propiamente de este ámbito, como ahora explicaremos.

Las asignaturas pilares de Derecho civil son: “Teoría general de las obligaciones y contratos”, OB, con 6 ECTS, que se imparte en primer curso; en segundo curso, primer trimestre, la continuación de la anterior, “Contratación civil y mercantil”, OB, 6 ECTS; en el segundo semestre se imparte “Derechos reales e inmobiliario”, OB, con otros 6 ECTS; ya, en tercer curso, en el primer semestre, se ofrece como obligatoria, y con 6 ECTS “Familia y sucesiones”, y en el segundo semestre “Derecho de daños”, obligatoria con 3 ECTS y “Conflicto de leyes”, también de 3 CTS y carácter obligatorio.

Por último, se ofrecen como optativas las asignaturas de “Derecho informático (protección de datos) y comercio electrónico”, y “Derecho canónico”, ambas con 3 ECTS, y en cuarto curso.

Este es el plan de estudios donde se inserta la concreta asignatura de “Derechos reales e inmobiliario”, objeto de especial estudio de esta obra que influye en la forma de exponer y explicar la asignatura examinada. Como cuestiones propias de este plan de estudios, que lo hacen diferente de los de otras universidades, podemos destacar el hecho de que no exista una asignatura de lo que tradicionalmente se llamaba “Derecho civil I”, o “Introducción al Derecho civil”. En la Universidad Francisco de Vitoria se ha distribuido el contenido propio de esta asignatura entre “Teoría del Derecho”, que asume toda la parte de la norma jurídica, derecho subjetivo, y negocio jurídico, y “La persona como sujeto de derecho”, que asume el contenido relativo a la persona, capacidad jurídica y de obrar (con las instituciones tutelares) derechos de la personalidad, nacionalidad y domicilio. Del mismo modo, en esta asignatura se estudian las relaciones paterno-filiales. Sin embargo, al suprimirse la asignatura de "Derecho civil I", no se estudia en el Grado, ni el concepto propio del Derecho civil, su historia con el importante proceso de codificación y su relación con los derechos forales (imprescindible para entender hoy en España el Derecho civil), ni el registro civil en profundidad. Igualmente, al asumir la asignatura de "La persona como sujeto de derecho", muchos más temas que los estrictamente civiles, no se profundiza en alguna de las materias más importantes que suponen un punto de unión claro entre el Derecho civil y la persona como sujeto del mismo, y no tanto como sujeto del derecho en general; pues, no puede olvidarse que el Derecho civil es precisamente el Derecho de la persona. En este sentido, abogamos por una reestructuración del plan de estudios que vuelva a establecer una asignatura propia de Derecho civil, que analice la introducción al mismo y a la persona como sujeto del Derecho civil.

Por otra parte, el ensamblaje de las asignaturas de "Derecho canónico" y "Conflicto de leyes" dentro de la materia de Derecho civil no nos parece adecuado, pues su ámbito y contenido escapan propiamente a esta materia. El "Derecho canónico", aunque en este caso solo se refiera al matrimonial canónico, forma un ordenamiento jurídico autónomo y, aunque en determinadas ocasiones es complementario al civil pues pueden regular realidades personales y sociales coincidentes, es independiente del mismo, como establecen los acuerdos del Concordato con la Santa Sede. No consideramos conveniente incluirlo en esta materia, pues ya no es el derecho de la persona, sino de la persona bautizada católica y en sus relaciones con la Iglesia y otros bautizados.

La asignatura de "Conflicto de leyes" es una asignatura propia de Derecho internacional privado que, si bien soluciona los conflictos de leyes a través de las normas de conflicto del propio Código Civil, su especialización hace que deba ser separada de aquella.

El resto de las asignaturas sí son propiamente de Derecho civil, y su estructura va a influir también en la forma de enseñar la asignatura de "Derechos reales e inmobiliario".

De este modo, la falta de "Derecho civil I" dificulta a veces la comprensión por parte del alumno de todo el ordenamiento jurídico español, y se encuentra con dificultades a la hora de entender la existencia de distintos criterios resolutivos, según la comunidad autónoma con Derecho foral propio, en cuestiones civiles. Consideramos adecuada la separación en dos asignaturas distintas de la tradicional asignatura "Derecho de obligaciones y contratos", por su extensión, y muy acertado el estudio conjunto de los contratos civiles y mercantiles cuya base común es la teoría general de obligaciones y contratos civil, y que ofrece al alumno una visión más completa de los negocios jurídicos entre particulares, siendo esta una tendencia de futuro del Derecho civil como se ha explicado en la primera parte.

Con respecto a la asignatura de "Familia y sucesiones", hay que decir que conserva la estructura y contenido tradicional de esta, pero probablemente, sería bueno plantearse el dividirla en dos asignaturas diferentes, por lo extenso y diferente de su contenido, como ya hemos explicado antes. Y en cuanto a la asignatura de "Derechos reales e inmobiliario", como luego se expondrá, también se sugiere una separación en dos asignaturas o un mayor número de créditos, pues la materia es muy extensa.

Por último, y con relación a la asignatura optativa de "Contratación electrónica", creemos que hoy en día debe integrarse dentro de la de "Teoría general de obligaciones y contratos", pues es la forma ya casi normal de contratar, y no puede ser objeto de una especialidad.

De este modo, propondríamos modificar la materia de Derecho civil en la Universidad Francisco de Vitoria —y en general para cualquier plan de estudios según nuestra concepción del mismo— de esta forma:

1. Introducción al Derecho civil y de la persona (6 ECTS)
2. Teoría general de obligaciones y contratos (6 ECTS. Incluyendo contratación electrónica).
3. Contratación civil y mercantil (6 ECTS).
4. Derechos reales (6 ECTS).
5. Familia (aspecto patrimonial) y Sucesiones (6 ECTS).

Optativas: Derecho inmobiliario registral (3 ECTS) y Derecho de Daños (3 ECTS)

En cuanto a las competencias que deben adquirir los estudiantes del Grado en Derecho de la UFV a través del Derecho civil, hemos de decir que son muchas y variadas. Prácticamente todas las competencias específicas del Libro Blanco de la ANECA deben adquirirse a través de esta materia, si bien, cada asignatura proporcionará el aprendizaje de unas u otras[295].

---

[295] Competencias que se adquieren a través del Derecho civil en UFV: COMPETENCIAS GENERALES ▪ Conocer el contenido sustantivo de las disciplinas jurídicas y las complementarias a éstas. ▪ Adquirir la capacidad de análisis, síntesis, valoración y razonamiento crítico. ▪ Aplicar los conocimientos teóricos a la resolución de problemas. ▪ Investigar, manejar fuentes y gestionar información. ▪ Aprender de modo autónomo. ▪ Comunicarse de modo oral y escrito ante diferentes contextos, utilizando el lenguaje técnico cuando la situación así lo requiera. ▪ Desarrollar los aspectos necesarios para saber trabajar en equipo, adaptarse a las nuevas situaciones, ser tolerantes, desarrollar un comportamiento ético y un compromiso social. COMPETENCIAS ESPECÍFICAS ▪ Reflexionar sobre su propio aprendizaje con sentido autocrítico, identificando aspectos de mejora en función de criterios de calidad y excelencia. ▪ Utilizar retroalimentación. ▪ Desarrollar la oratoria jurídica y la capacidad de expresarse apropiadamente ante un auditorio. ▪ Leer e interpretar textos jurídicos. ▪ Redactar textos jurídicos,

Creemos que, probablemente, sea muy extensa la enumeración de las competencias, pues tan malo es centrarse solo en alguna de ellas, como pretender abarcar todas. Hay que ajustar y reasignar, desde mi punto de vista, las competencias establecidas para esta materia en la memoria. Este ajuste lo haremos posteriormente, desde la asignatura de "Derechos reales e Inmobiliario", y la concepción que explicaremos de la misma, según la forma que tenemos de entenderla y que debe reflejar tanto la especificidad de la materia como la misión,

---

y otros documentos de interés universitario, con claridad, precisión, y una utilización correcta de la terminología jurídica. ▪ Trabajar en equipo, contribuyendo activamente a la tarea del grupo. ▪ Adquirir conciencia del Derecho como instrumento regulador de las relaciones sociales. ▪ Conocer los conceptos, instituciones y relaciones jurídicas y su fundamento. ▪ Conseguir la percepción del carácter unitario del ordenamiento jurídico y de la necesaria visión interdisciplinar de los problemas jurídicos. ▪ Analizar el contexto histórico, social, económico, político, filosófico, ético, cultural y religioso de las distintas instituciones jurídicas, económicas y sociales. ▪ Identificar el vocabulario propio del ámbito jurídico, político, económico y filosófico. ▪ Desarrollar criterios para la resolución de problemas y la toma de decisiones. ▪ Ofrecer soluciones creativas e imaginativas a problemas jurídicos, personales y profesionales, por el enfoque o las fuentes utilizadas. ▪ Desarrollar la capacidad de negociación y conciliación en la solución de conflictos. ▪ Utilizar los principios y valores constitucionales para interpretar el ordenamiento jurídico. ▪ Aplicar principios y valores éticos en la vida personal y profesional. ▪ Desarrollo de la dialéctica jurídica. ▪ Manejar las fuentes jurídicas (legales, jurisprudenciales y doctrinales) aplicables al caso de estudio. ▪ Dominar las técnicas informáticas en la obtención de la información jurídica (bases de datos de legislación, jurisprudencia, bibliografía) ▪ Ejercitar la investigación en los diversos momentos que la componen. ▪ Mostrar una conciencia crítica en el análisis del ordenamiento jurídico, siendo capaz de identificar la adecuación de la norma al ideal de Justicia. ▪ Desarrollar hábitos de pensamiento riguroso, ejercitando la capacidad de análisis y síntesis.

visión y perfil del egresado que queremos conseguir, como profesional: jurista en busca de la verdad y del bien.

Queda claro que, según este mapa competencial, el alumno que aprende y asimila el Derecho civil va a obtener casi la totalidad de las competencias del Grado en Derecho, lo que refleja la importancia de la materia en este. Esto, en principio, es positivo, pero considero que implica un ajuste perfecto de cada una de las metodologías y herramientas docentes para la obtención de los resultados de aprendizaje, y competencias previstas. Exige hacer un mayor esfuerzo para equilibrar y ajustar el sistema de evaluación que debe valorar realmente si se ha producido esa adquisición de competencias y, en definitiva, una exquisita estructura de la guía docente de cada asignatura de Derecho civil; porque tan importante es qué se pretende enseñar, como cómo conseguimos que se aprenda. La enumeración teórica de un sinfín de competencias no implica su obtención; no por ello, sin los mecanismos adecuados para conseguirlo, lograremos que el alumno las asuma.

5.2.2.- Contextualización de la asignatura de Derechos reales en Facultad de Derecho, Empresa y Gobierno de la UFV

La asignatura de "Derechos reales e inmobiliario", como ya hemos explicado, en el actual plan de estudios de la Facultad de Derecho, Empresa y Gobierno de la Universidad Francisco de Vitoria, se imparte en segundo curso, segundo semestre, y tiene una carga lectiva de 6 ECTS; dentro de la asignatura de Derecho civil, en el Módulo II de Derecho privado del plan de estudios aprobado por Resolución de 18 enero 2011 de la Universidad Francisco de Vitoria, publicada en el BOE de 7 de febrero de 2011.

Se trata de la tercera asignatura de Derecho civil (cronológicamente hablando), para la que, previamente, los alumnos han estudiado las asignaturas de "Teoría general de las obligaciones y contratos", y "Contratación civil y mercantil".

Su situación, con posterioridad temporal a estas, es adecuada, ya que los derechos reales, en su mayoría, se constituyen a través de nuestro especial sistema de transmisión de la propiedad del título y modo; siendo el título, ciertos contratos traslativos del derecho real, por lo que no puede entenderse la asignatura de derechos reales sin haberse explicado claramente, antes, qué son los contratos, como parte del binomio inescindible que forman junto con el modo o *traditio*, el *iter* formativo de aquellos. Además, no puede olvidarse que tanto el "Derecho de obligaciones y contratos" como el "Derecho de cosas" (derechos reales) son la parte activa o dinámica y la parte estática de una misma realidad jurídica: el Derecho civil patrimonial. De este modo, ambas asignaturas se complementan en el estudio del patrimonio de la persona, dando una visión global del mismo.

Luego, sistemáticamente, la asignatura está bien contextualizada.

También, los alumnos han visto con anterioridad dos asignaturas imprescindibles para el buen desarrollo y comprensión de esta asignatura como son "La persona como sujeto del Derecho" y "Teoría del Derecho". La primera es necesaria en cuanto explica el concepto de persona, no solo como sujeto de derechos y obligaciones, visión formalista y reduccionista de la persona, sino como un ser preexistente al Derecho, "una categoría dada", racional, autorreflexivo, libre y portador de dignidad.[296] Además, se encarga de exponer cuál es la capacidad

296 Véase ALONSO PÉREZ, M., "Reflexiones sobre el concepto de la persona en el Derecho Civil de España", recogiendo parecer de Federico DE CASTRO Y SAVIGNY, p. 1124. Y, también, NOVALES ALQUÉZAR, M.A., "El concepto de persona en el

de la persona, y la necesaria para realizar determinados actos y negocios jurídicos de disposición (necesaria para la constitución de los derechos reales). La "Teoría del Derecho" es básica para la comprensión del negocio jurídico, de nuevo como base de transmisión de los derechos reales, y del derecho subjetivo, pues estos no son sino concreciones de aquel. Hay que insistir en la necesidad de que estas asignaturas previas se expliquen en todo su programa, y se llegue a explicar y profundizar en estos conceptos previos necesarios, pues, si no, hay que dedicar parte de la docencia de "Derechos reales e inmobiliario" a incidir en ellos.

Por otra parte, y como ya dijimos antes, sí se echa de menos que no se haya explicado la parte general de Derecho civil y derechos forales, resultando complicado, a veces, para los alumnos, comprender la multiplicidad de sistemas forales en nuestro ordenamiento civil; a veces tan ricos en supuestos jurídico-reales concretos, como los derechos de garantía o servidumbres, diferentes en cada comunidad con Derecho civil foral.

En cuanto a las asignaturas que van después, creemos que también es adecuada su situación, ya que no interfieren en la explicación de los derechos reales, que pueden entenderse perfectamente sin haber visto todavía aquella parte del ordenamiento civil; si bien, aunque todo el Derecho de sucesiones es eminentemente patrimonial y a través del mismo se produce también la transmisión de los derechos reales (609 CC), su peculiaridad y características diferenciales hacen que puede explicarse más tarde sin problemas.

Derecho civil ante una antropología dual", *Thématha. Revista de Filosofía,* nº 39, 2007, pp. 269-279.

En conclusión, sistemáticamente la asignatura está bien situada, siempre y cuando en las asignaturas de "Teoría del Derecho" y "La persona" se incida en los aspectos básicos necesarios para comprender esta asignatura. Por si no fuera así, proponemos un cambio en el plan, introduciendo una nueva asignatura de Derecho civil: la "Introducción al Derecho civil", con el fin de que no quede nada improvisado, y se asienten las bases o fundamentos necesarios para la comprensión de la asignatura que estamos analizando.

Por otra parte, entiendo que podría ser conveniente que esta asignatura se explicara en tercer curso, pero simplemente porque puede suponer un grado de mayor madurez jurídica del alumno, lo que facilitaría la comprensión de determinados conceptos más abstractos. Como luego veremos, estos cambios que propongo han sido aceptados e incorporados en el nuevo plan de estudios del Grado en Derecho, aprobado el año pasado por la Fundación Madrid +D.

La asignatura comprende tanto los derechos reales en general como el Derecho inmobiliario al que se dedican dos temas. La amplitud de temario hace que los 6 ECTS se queden escasos para la asignatura. Por eso, se propone separar el Derecho inmobiliario en una nueva y diferente asignatura, de 3 ECTS, porque tiene sustantividad propia, aunque estrechamente ligada a los derechos reales. En efecto, el Registro de la propiedad es el medio para dotar de oponibilidad plena a esos derechos reales, característica derivada de su absolutividad esencial, pero, sin la publicidad en el Registro, y solo para los derechos inscribibles, esta no se alcanza. Por eso, su vinculación es total, pues un derecho real inscribible no alcanza su plena esencia sin el Registro, ya que no es perfectamente oponible *erga omnes.*

Sin embargo, la existencia de muchos derechos reales que no pueden inscribirse, la propia naturaleza mixta o compleja del Derecho registral (civil, procesal, administrativo), los diferentes principios que rigen esta materia (principios registrales o hipotecarios), y la especificidad de sus normas, hacen que pueda estudiarse separadamente de aquella, constituyendo, solo a efectos sistemáticos y didácticos, una asignatura independiente. De esta forma, podría estudiarse en profundidad y los alumnos llegarían a entender bien una parte del Derecho completa y autónoma, aunque no independiente, que en la mayoría de los casos no se estudia, pero que tiene una especial importancia, pues, muchas veces, altera las tradicionales normas y principios civiles (*nemo dat quod no habet*, por ejemplo). Todo ello hace imprescindible su conocimiento por parte de un buen jurista que debe conocer en profundidad la totalidad del ordenamiento español y sus interconexiones.

Por último, es necesario para la perfecta contextualización de la asignatura de Derechos reales e inmobiliario, hacer referencia a la guía docente actual en vigor en el curso 2024-25. Como ya hemos dicho, el profesor debe ceñirse de forma obligatoria a lo que en ella se expone, siendo el marco en el que debe desarrollarse la docencia, propio y específico en cada Universidad.

Corresponderá en la siguiente parte de esta obra analizar cómo está planteada la asignatura y hacer las correspondientes propuestas críticas, cambios y mejoras en la guía docente que se propondrá, siempre desde el enfoque y concepto que hemos dado a la asignatura de "Derechos reales e inmobiliario", en el bloque anterior.

5.2.3.- Nuevo plan de estudios del Grado en Derecho 2023. El College

Al terminar de escribir este libro, la Fundación Madrid+D aprobó y dio el visto bueno al nuevo plan de estudios para el grado en Derecho de la Universidad Francisco de Vitoria, que se acaba de implantar en el curso 2023-24, iniciándolo solo en el primer curso.

El nuevo plan de estudios obedece a la transformación que está experimentando la Facultad de Derecho Empresa y Gobierno en los últimos años, que pretende ofrecer a los alumnos un plan novedoso y ambicioso, que cambia totalmente la estructura de los estudios en nuestra Facultad.

Se trata de la construcción del College, al estilo de los *colleges* anglosajones que ofrezca al alumno una formación global, multidisciplinar, internacional y transversal, que provoque en el alumno una inquietud intelectual amplia, no reducida a los conocimientos estancos de su grado, sino que pretende aspirar a la unidad de saberes como clave para la verdadera formación universitaria.

Esta nueva estructura acoge a varios grados: Derecho, Economía, Relaciones Internacionales, International Business Management y Política y Filosofía. Los estudiantes en el primer año cursaran una serie de asignaturas comunes que les permitan esa globalidad y multidisciplinariedad que cambie su mirada, y en segundo curso elegir el grado que quieran continuar. Tanto los contenidos como la metodología que se ofrece en este primer curso son innovadores y obligan, en consecuencia, a modificar los planes de estudios actuales para adaptarlos a esta nueva estructura.

El Grado en Derecho también ha tenido que ser modificado para poder compatibilizarlo con este nuevo esquema, y tiene un fundamento y objetivos diferentes al actual.

En concreto, en la justificación de la memoria del nuevo grado presentado a la Fundación Madrid+ D se describe el grado de la siguiente forma:

"El nuevo planteamiento de nuestro grado responde a la necesidad de volver al espíritu último de lo que debe ser el que hacer de la Universidad y del ser universitario: "la búsqueda de la verdad".

Y la búsqueda de la verdad no se puede abordar desde lo particular y concreto, requiere una mirada y conocimiento amplios y transdisciplinar de la realidad.

Asimismo, la necesidad de una aproximación transdisciplinar viene exigida por la complejidad inherente al paradigma de sociedad abierta en el que el estudiante habrá de desarrollar su profesión jurídica. La reforma del plan de estudios se justifica en la urgencia de dotar al estudiante de contexto, pero también de una mayor solidez en sus conocimientos jurídicos. Contexto, en la medida en que ya no es suficiente con limitarse al gozar de una cierta soltura en un ámbito particular del saber, sino que el desempeño futuro de la profesión, y el compromiso con el bien común, requieren conjugar los principios y metodologías de muchas disciplinas. Solidez, que se busca a través de una reorganización curricular de las asignaturas del plan anterior.

La comprensión de todos estos ámbitos le concederá al estudiante un grado superior de madurez y amplitud de miras a la hora de profundizar en el estudio de la sociedad que le rodea y del papel que desempeñan la justicia y el Derecho en la búsqueda del equilibrio y sostenibilidad sociales.

El grado que presentamos reordena las asignaturas de modo que todas las que tienen que ver con contextualización y herramientas, necesarias para el mejor aprovechamiento de los conocimientos, estén en primero. De modo que en segundo curso el alumno se adentra en el estudio más especializado del Derecho, con la formación teórica y técnica necesarias para una mejor comprensión y aprovechamiento de los contenidos."

El nuevo plan de estudios en el que se impartirá la asignatura de Derechos reales e inmobiliario es el siguiente:

GRADO EN DERECHO
ÁMBITO DE CONOCIMIENTO DERECHO Y ESPECIALIDADES JURÍDICAS

PRIMER CURSO (1 SEM Y 2 SEM)					
ASIGNATURA	TIPO.	SEM.	ECTS	MÓDULO	MATERIA
Fundamentos de Empresa	OB	1 SEM	6	Formación Disciplinar	Entorno Económico Empresarial
Fundamentos de Economía	FB	1 SEM	6	Formación Básica	Economía
Fundamentos y Teoría del Derecho	FB	1 SEM	6	Formación Básica	Bases del Derecho
Fundamentos de Gobierno	FB	1 SEM	6	Formación Básica	Ciencia Política
Introducción a los Estudios Universitarios	OB	1 y 2 SEM	6	Formación Disciplinar	Humanidades
Habilidades y Competencias de la Persona	FB	1 y 2 SEM	6	Formación Básica	Interdisciplinar
Herramientas Aplicadas a la Profesión Jurídica	FB	2 SEM	6	Formación Básica	Interdisciplinar
Contabilidad para Juristas	FB	2 SEM	6	Formación Básica	Interdisciplinar
Historia del Pensamiento en Occidente	OB	2 SEM	6	Formación Disciplinar	Humanidades
El Origen del Derecho Común Europeo	FB	2 SEM	6	Formación Básica	Bases del Derecho
TOTAL			60		

SEGUNDO CURSO (3 SEM Y 4 SEM)					
ASIGNATURA	TIPO.	SEM.	ECTS	MÓDULO	MATERIA
Fundamentos de Derecho Civil	FB	3 SEM	6	Formación Básica	Bases del Derecho
Constitucional I	OB	3 SEM	6	Formación Disciplinar	Derecho Constitucional
Teoría General del Delito y de la Pena	FB	3 SEM	6	Formación Básica	Bases del Derecho
Derecho Internacional Público	OB	3 SEM	6	Formación Disciplinar	Derecho Internacional y Comunitario
Antropología Fundamental	OB	3 y 4 SEM	4,5	Formación Disciplinar	Humanidades
Educación para la Responsabilidad Social	OB	3 y 4 SEM	4,5	Formación Disciplinar	Humanidades
Teoría General de Obligaciones y Contratos	FB	4 SEM	6	Formación Básica	Bases del Derecho
Constitucional II	OB	4 SEM	6	Formación Disciplinar	Derecho Constitucional
Derecho Penal Parte Especial	OB	4 SEM	6	Formación Disciplinar	Derecho Penal y Procesal
Contratación Civil y Mercantil	OB	4 SEM	6	Formación Disciplinar	Derecho Civil y Procesal
Derecho Internacional Privado	OB	4 SEM	3	Formación Disciplinar	Derecho Internacional y Comunitario
TOTAL			60		

TERCER CURSO (5 SEM Y 6 SEM)					
ASIGNATURA	TIPO.	SEM.	ECTS	MÓDULO	MATERIA
El Proceso Civil	OB	5 SEM	6	Formación Disciplinar	Derecho Civil y Procesal
Introducción a la Teología	OB	7 SEM 5 SEM	4,5	Formación Disciplinar	Humanidades
Derecho de la Unión Europea	OB	5 SEM	4,5	Formación Disciplinar	Derecho Internacional y Comunitario
Fundamentos de Derecho Financiero y Tributario	OB	5 SEM	3	Formación Disciplinar	Derecho Financiero y Tributario
Derecho Mercantil I	OB	5 SEM	6	Formación Disciplinar	Derecho Mercantil
Mentalidad Emprendedora: Casos de Estudio	OB	5 SEM	3	Formación Disciplinar	Entorno Económico Empresarial
Resolución Extrajudicial de Conflictos	OB	5 SEM	3	Formación Disciplinar	Derecho Civil y Procesal
Derechos Reales e Inmobiliarios	OB	6 SEM	6	Formación Disciplinar	Derecho Civil y Procesal
Derecho Administrativo I	OB	6 SEM	6	Formación Disciplinar	Derecho Administrativo
Sistema Tributario	OB	6 SEM	6	Formación Disciplinar	Derecho Financiero y Tributario
Derecho del Trabajo	OB	6 SEM	6	Formación Disciplinar	Derecho del Trabajo
El Proceso Penal	OB	6 SEM	3	Formación Disciplinar	Derecho Penal y Procesal
Derecho Concursal	OB	6 SEM	3	Formación Disciplinar	Derecho Mercantil
TOTAL			60		

CUARTO CURSO (7 SEM Y 8 SEM)					
ASIGNATURA	TIPO.	SEM.	ECTS	MÓDULO	MATERIA
Derecho de Familia y Sucesiones	OB	7 SEM	6	Formación Disciplinar	Derecho Civil y Procesal
Ética y Deontología	OB	5 SEM 7 SEM	4,5	Formación Disciplinar	Humanidades
Derecho Administrativo II	OB	7 SEM	6	Formación Disciplinar	Derecho Administrativo
Fiscalidad Internacional	OB	7 SEM	4,5	Formación Disciplinar	Derecho Financiero y Tributario
Sostenibilidad Global	OB	7 SEM	3	Formación Disciplinar	Entorno Económico Empresarial
Derecho Mercantil II	OB	7 SEM	6	Formación Disciplinar	Derecho Mercantil
Filosofía del Derecho	OB	8 SEM	6	Formación Disciplinar	Filosofía del Derecho
Prácticas Profesionales	P. EXT.	8 SEM	6	Prácticas y Trabajo Fin de Grado	Prácticas
Trabajo Fin de Grado	TFG	8 SEM	6	Prácticas y Trabajo Fin de Grado	Trabajo Fin de Grado
Optativas	OP	8 SEM	12		
TOTAL			60		

5.2.3.1.- Cambios con respecto a la asignatura de Derechos reales e Inmobiliario

La asignatura sigue siendo obligatoria, de 6 ECTS y pasa a impartirse en segundo cuatrimestre de tercer curso.

Este cambio de ubicación nos parece correcto, ya que la madurez de los alumnos será mejor para entender la asignatura —a veces compleja— y tendrán más recursos jurídicos y de aprendizaje desarrollados en los dos cursos anteriores.

En cuanto a la contextualización de la asignatura de Derechos reales e inmobiliario con respecto al plan anterior, se produce una serie de mejoras, a nuestro entender:

a) Se incorpora la asignatura de Fundamentos de Derecho civil, que dotará al alumno de la visión concreta del Derecho civil, que habíamos echado en falta en el anterior plan de estudios, y que sugeríamos su incorporación, si bien le dimos el nombre de "Introducción al Derecho civil". De este modo, por fin, el alumno, conocerá la existencia de los distintos ordenamientos civiles españoles y su forma de organizarse, cuestiones necesarias para el estudio posterior de cualquier asignatura de Derecho civil. Igualmente, se asentarán los conceptos básicos del Derecho civil imprescindibles para la comprensión de esta asignatura: capacidad, derecho subjetivo, negocio jurídico, la norma, la influencia del tiempo en el derecho... Cuestiones todas ellas que se trataban de explicar en otras asignaturas (Teoría del Derecho y La persona como sujeto de Derecho), pero que se debían repetir en la asignatura de Derechos reales porque, por falta de tiempo en las otras asignaturas y no ser su materia propia, no se habían asimilado con totalidad. Es por tanto bueno y conveniente la introducción de esta nueva asignatura, para descargar a las otras y ayudar a un mejor aprendizaje de los alumnos.

b) Temporalmente, la asignatura de Derechos reales e inmobiliario se coloca con posterioridad a "Teoría General de las Obligaciones y Contratos", y "Contratación civil y mercantil", al igual que antes, por lo que damos por repetido lo señalado en el plan anterior, y entendemos que es buena su contextualización.

c) Por último, se imparte en el 5º semestre la asignatura "El proceso civil". Es una buena decisión porque en el plan anterior, se explicaba en cursos posteriores a Derechos reales e Inmobiliarios, lo que dificultaba enormemente la explicación de las acciones civiles en defensa de los derechos reales, el procedimiento de embargo y el de ejecución de prenda e hipoteca, que debían ser, al menos, dibujados en la asignatura de derechos reales, sin ser esa su sede natural.

Con estas modificaciones temporales y la inclusión de la nueva asignatura de Fundamentos de Derecho civil, antes de cursar Derechos reales e inmobiliario, el alumno llega —en teoría— mucho mejor preparado para afrontar la asignatura, pues ya ha adquirido conocimientos básicos necesarios para entenderla. Del mismo modo, el profesor se podrá dedicar a explicar con más detenimiento el contenido propio de la asignatura sin tener que detenerse en las explicaciones de cuestiones ajenas —pero necesarias— a los Derecho reales e inmobiliario.

Por otra parte, es una pena que no se haya aprovechado el cambio del plan de estudios para introducir la asignatura optativa de Derecho inmobiliario registral (3 ECTS) que sugeríamos, pues esto supondría el poder impartir con más tranquilidad la de Derechos reales, y un mejor conocimiento del ordenamiento registral tan necesario.

TERCERA PARTE
LA DOCENCIA DEL DERECHO DE COSAS EN EL GRADO EN DERECHO: LOS DERECHOS REALES E INMOBILIARIO. UNA PROPUESTA PRÁCTICA Y PERSONAL

Después de analizar qué es el Derecho civil, qué es el Derecho de cosas, ligados ambos inexorablemente a la persona en su concepción más amplia, y tras ver cómo se insertan en el *curriculum a*cadémico y normativo del Grado en Derecho, dedicamos esta tercera parte a exponer nuestra peculiar forma de enseñar el Derecho de cosas (como parte del Derecho civil) según lo que se acaba de explicar en los bloques anteriores.

La peculiar visión y conceptualización del Derecho civil y el Derecho de cosas que hemos tratado de ofrecer debe reflejarse en la forma de enseñar esta materia, introduciendo —para ello— los cambios necesarios en la metodología y las herramientas utilizadas, teniendo siempre claro cuál es el sentido de la asignatura que se trata de impartir: el para qué y el sentido de la misma que debe impregnar toda su docencia.

Para ello, dedicaremos esta tercera parte a analizar, en primer lugar, qué papel tiene la Universidad y el profesor en la formación de los alumnos, cuestión necesaria para, después, descender ese papel a la concreta asignatura de Derechos reales e inmobiliario y, teniendo claro cuál es el sentido, el para qué de esa parte del Derecho, tratar de explicar a partir de aquel, cómo debe impartirse la asignatura: qué metodologías y sistema de evaluación parecen más adecuados para ello.

Capítulo 6

Introducción: la misión de la universidad y el papel del profesor

La Universidad debe formar buenos profesionales que sean capaces de integrarse en la sociedad que les toca vivir para impulsarla en todos los aspectos en busca del bien común y de la verdad. Pero, la misión de la Universidad no puede -ni debe- agotarse en la formación técnica o práctica: reducir la función de la Universidad a la preparación de buenos técnicos especialistas en un ámbito concreto de una ciencia, no hace sino reducir la propia visión del universitario a un mero tecnócrata o especialista técnico; sabio en determinadas habilidades, pero ignorante en el desempeño de su propia profesión, que no puede separarse de la sociedad en la que vive, y a la que debe contribuir. El universitario debe ser una persona completa, íntegra, lo que implica alcanzar otros saberes complementarios con su especificidad técnica, que dotan a esta de sentido y finalidad[297].

---

297 Las universidades en su origen no eran sino comunidades de profesores en busca de la verdad, que pretendían el saber integral para sus alumnos, incidiendo en las disciplinas que fomentaban esa búsqueda, a través del diálogo y contraste de opiniones. La Universidad se ha ido transformando, olvidando esta búsqueda de la verdad, a través de una separación entre razón y fe, entre razón y filosofía, dando lugar a una predominancia del pensamiento utilitarista y relativo, de forma que hoy en día la Universidad es una institución mucho más pragmática enfocada a la formación práctica, y técnica (útil) de sus alumnos, separando los saberes, desgajando la ciencia empírica y experimental de su razón y sentido último. Sobre estos aspectos, véase LACALLE NORIEGA, M., *En busca de la Unidad del Saber*, Universidad Francisco

De este modo, un universitario meramente técnico está incompleto si no incorpora otros saberes en su haber, pues la inteligencia de la persona tiene tanto una dimensión técnica como sapiencial[298]. Como dice FERNÁNDEZ-CARVAJAL "un técnico inculto es un pésimo técnico, aunque su técnica sea aneja a tan altas ciencias como la filosofía o la teología"[299]. Para que el universitario sea culto es necesario que tenga una formación general, completa, que le sirva para desenvolverse en la vida. Un conocimiento meramente técnico, práctico, útil, separado de otras disciplinas, sin que se plantee su sentido y finalidad, no es verdadero conocimiento universitario.

ORTEGA y GASSET afirmaba que la Universidad tiene tres funciones: a) transmitir cultura b) la enseñanza de las profesiones y c) la investigación científica y educación de nuevos hombres de ciencia, añadiendo también que tenía que servir de poder espiritual de la sociedad[300]. Con estas afirmaciones, ORTEGA huye de una visión reduccionista de la misión de la Universidad, y pone el énfasis precisamente en la necesidad de complementariedad y generalidad de la formación del universitario, para que llegue a ser "culto". Entendiendo por cultura aquello que hace que la vida humana tenga cierto sentido[301],

---

de Vitoria, 2018, pp. 9-21. Afirma esta autora que, "las universidades han abandonado su vocación originaria para convertirse en escuelas profesionales de alto nivel"; ob. cit., p.15.

298 Véase LACALLE NORIEGA, M., *En busca de la Unidad del Saber*, ob.cit., p.14

299 FERNÁNDEZ-CARVAJAL, R., *Retorno de la Universidad a su esencia*, Universidad de Murcia, Murcia, 1994, p. 26.

300 ORTEGA Y GASSET, J., "Misión de la Universidad", en *Misión de la Universidad y otros ensayos sobre educación y pedagogía*, Alianza, Madrid, 1983, 2010 (reimpresión), p. 41.

301 Afirma ORTEGA: "lo que salva del naufragio vital, lo que permite al hombre vivir sin que su vida sea tragedia sin sentido o radical envilecimiento". "Misión de la Universidad", ob. cit., p. 35.

insistiendo en que el hombre no puede vivir sin ideas, y reivindicando que la Universidad debe lleva a cabo la "ilustración" del hombre, enseñándole "la plena cultura del tiempo"[302]. Si se me permite, lo que ORTEGA entiende por culto es, para mí, ser "persona", con todas sus dimensiones, pues la persona es por definición un ser completo, que debería integrar la educación y cultura como aquello que le dota de sentido, aunque en determinadas ocasiones una persona no tenga esa oportunidad de educación sin que por ello deje de serlo.

TERUEL LOZANO[303] reinterpreta a ORTEGA afirmando que la Universidad debe tener una misión formativa (educativa, de enseñanza), pero no de cualquier enseñanza, sino de saberes cualificados, profesionales y superiores, que impliquen un fondo humanista y crítico, además de estimular un compromiso ético. En segundo lugar, entiende que la Universidad debe desarrollar la ciencia, fomentarla, porque es inseparable de aquella aunque sean distintas, y por último, considera, al igual que ORTEGA, que la Universidad debe servir de poder superior de la sociedad, interviniendo en esta y guiándola.

Compartimos esta visión de la misión de la Universidad; la Universidad es mucho más que un ente formador de profesionales, o técnicos, tiene un importante papel en la sociedad, en cuanto que debe influir y marcar las tendencias desde la ciencia que cultiva a través de su investigación y, a la vez, porque forma personas, con una educación integral, superior, crítica y

---

302 Véase ORTEGA Y GASSET, J., "Misión de la Universidad", ob. cit., p.67.

303 TERUEL LOZANO, G.M., "La formación jurídica tras la reforma bononiense en la universidad española: ¿juristas o mecánicos del derecho?", en *Los perfiles del jurista en el siglo XXI,* (Canedo Arrillaga, M.P. y Gordillo Pérez, L. (Dirs.), Civitas Thomson-Reuters, Cizur Menor, 2016, pp. 78-87.

humanista. Estas personas son quienes van a contribuir al devenir de la sociedad, buscando el bien común de todos.

Por eso, la Universidad debe seguir trabajando, o volver a ello, para fomentar la unidad del saber, y desterrar la fragmentación y especialización en sus estudiantes; solo con una visión completa, unitaria que implique la multidisciplinariedad de saberes, en busca del sentido de cada ciencia en conexión con las demás, contestando a las preguntas sobre la propia existencia, para alcanzar la verdad de lo que se estudia, se puede cumplir la misión real de la Universidad[304]. Y es que, en definitiva, eso es formar personas, ya que la persona es el centro y objetivo de la labor universitaria y de la sociedad en la que se desenvuelve.

Por eso, creemos que no puede entenderse que la misión de la universidad sea conformar simplemente profesionales o técnicos, como así parece desprenderse de los últimos textos y normativas que regulan la Universidad a partir del Acuerdo de Bolonia[305]. En efecto, de ellos se infiere que las enseñanzas universitarias deben enfocarse principalmente en la empleabilidad de los graduados; es decir, en formar buenos profesionales. Creemos que esto es solo una parte, si se quiere *conditio sine qua non*, de la misión de la Universidad, pero en ningún caso su meta única y final. Por eso, no nos parece adecuado que un Grado universitario, o una concreta asignatura, busquen solo obtener competencias instrumentales o técnicas (saber hacer o saber), olvidándose de aquellas otras competencias interpersonales o sistémicas de carácter genérico y

---

304 En este sentido, LACALLE NORIEGA, M., *En busca de la unidad del saber*, ob. cit., p. 15.

305 El propio RD 1393/2007, de 29 de octubre por el que se establecen las enseñanzas universitarias así lo afirma, diciendo que los estudios de grado pretenden preparar al estudiante para el ejercicio de la actividad profesional.

transversal que ayudan a la formación completa e integral del universitario; es más, debe formarse a las personas más allá incluso de aquello que se expresa en términos competenciales y escapa a estos.

Abogamos, entonces, por una misión múltiple de la Universidad que debe reflejarse en sus planes de estudios, en sus metodologías y formas de enseñar, con el triple fin de formar personas integralmente, investigar, e intervenir en la sociedad en busca de la verdad y el bien.

Si hablamos de las facultades de Derecho, que forman juristas, especialistas en el arte de lo justo, esta misión compleja de la Universidad todavía debe hacerse más patente, ya que la búsqueda de la justicia es clave en nuestra sociedad y justo en eso consiste el Derecho. Se trata de una ciencia —como ya dijimos en la primera parte de este trabajo—, de una disciplina intelectual y académica, eminentemente práctica, que debe estimularse, sin lugar a duda, desde la Universidad, pues eso es parte de su misión.

Como dice LACALLE NORIEGA, "la profesión del jurista, en sus distintas modalidades, es profundamente humanista y entraña gran responsabilidad, pues ejerce una función social de primer orden. El jurista se ocupa de la justicia y se interesa por la persona y muchos de sus bienes más valiosos: la vida, la libertad, la familia, el honor, el patrimonio"[306]. Este concepto del jurista es el que debe impregnar la enseñanza del Derecho, como arte de lo justo, y lo justo no puede entenderse sin ser reflejo de la Ley y el orden natural que debe impregnar los estudios de Derecho.

---

306 LACALLE NORIEGA, M., "Enseñar un nuevo Derecho centrado en la persona", *Metafísica y Persona. Filosofía, conocimiento y vida,* año 4, enero-junio 2012, nº 7, p. 102.

Es decir, una visión limitada de la misión de las facultades de Derecho sería el formar técnicos en leyes, que sepan aplicarlas y discernir lo legal de lo ilegal, pegados al ordenamiento positivo, cambiante en cada época, sin que se planteen si es justa la solución que este otorga o no. No estaríamos formando verdaderos juristas con una visión completa de lo que es el Derecho, y sus relaciones con las otras ciencias o disciplinas que le dan sentido.

El jurista, como todo universitario, debe buscar la verdad y el bien común; si cabe, más que cualquier otro universitario, pues el Derecho es facilitador de ese bien común a través de la búsqueda de lo justo y bueno.

No es posible enseñar el arte de lo justo y de dar a cada uno lo suyo, sin enseñar su conexión con el Derecho natural porque para saber qué es "lo suyo" —el Derecho— es necesario plantearse cuestiones más allá de las estrictamente legales, intentando averiguar cuál es la verdad última que le dota de sentido; qué es la persona y su dignidad son cuestiones que deben abordarse también en Derecho y desde el Derecho, pues si este tiene como objeto dar lo suyo a cada persona, desde la perspectiva de las relaciones sociales en las que se inserta, no puede entenderse sin aquellas. El Derecho trasciende a la ley positiva, al relativismo jurídico, por tanto, un jurista es más que un "conocedor de leyes", debe ser una persona con una formación completa, íntegra y multidisciplinar, y con inquietud por el sentido de las cosas y de su propia existencia, de qué es lo justo. Formar esa persona es misión de los profesores de Derecho. Por eso, entiendo que enseñar Derecho —y más aún enseñar Derecho civil— debe trascender al conocimiento técnico y, partiendo de la centralidad de la persona, buscando su bien, y con apoyo en otras disciplinas, reconociendo lo limitado y fragmentado del saber en Derecho, ser capaz de que el alumno entienda qué es lo justo en cada situación, para poder aplicarlo al caso concreto y contribuir así al bien común.

El profesor de Derecho debe intentar que el alumno busque, y encuentre "lo justo"; para ello ha de fomentar su capacidad crítica, la de reflexión y argumentación, el diálogo con otras ciencias, y la investigación en su disciplina. De este modo podremos conseguir un jurista global, con conocimiento no fragmentado, pues podrá entender que la concreta asignatura quc pretendemos explicar forma parte de un todo más amplio y superior como es el arte de lo justo. No podemos limitarnos a ser meros transmisores de conocimientos técnicos, de leyes, sino que debemos fomentar la inquietud en nuestros alumnos para que descubran el sentido de esas leyes y el sentido de justicia que existe detrás de ellas. Hay que tratar de poner en conexión lo que se explica (técnica jurídica) con su sentido último, tratando de dar respuesta a las cuatro preguntas fundamentales. Esto es, precisamente, lo que se propugna e impulsa desde el modelo formativo de la Universidad Francisco de Vitoria, que entiende que "el hombre es el ser que tiene que ser educado y es también el ser que no puede dejar de educar, pues desde el momento en que vive y se relaciona ya está haciendo una oferta, una propuesta de vida a quienes le rodean. La educación es, pues, el itinerario a través del cual se van desplegando las potencialidades de cada ser humano individual y concreto. Y la misión del educador es servir, acompañar, guiar y ayudar en ese proceso al educando, a cada educando"[307].

Pero, eso sí, no podemos olvidar que todo ello debe partir y tener como base el perfecto conocimiento técnico de la materia concreta por parte del alumno. Eso exige el dominio de la disciplina por parte del profesor, el cual debe ser capaz de inculcar y transmitir ese conocimiento al alumno y, aunque no debe agotarse en ello, tal y como hemos manifestado, es

---

[307] Véase "Formar para transformar en comunidad. El proyecto formativo de la Universidad Francisco de Vitoria", pp. 4 y 5.

la premisa básica para la formación del jurista[308]. No hay que demonizar tampoco —por supuesto que no—, la adquisición de conocimientos (saberes) técnicos del estudiante; son necesarios para su formación, pero el profesor debe saber guiarle para la comprensión de la finalidad verdadera de aquellos, y su adecuada aplicación práctica. Un jurista que no tenga conocimiento del ordenamiento, de sus fuentes, fundamentos y herramientas no puede ser capaz de aplicar luego esos conocimientos al caso concreto, buscando lo justo en cada situación. Por lo tanto, abogo por una sólida formación técnica -que por supuesto no se agota en repetición memorística de unos contenidos-, pero no única. Es la condición necesaria para, después, valiéndose de aquella, poder dar una solución justa a la cuestión que se plantea de una forma crítica, adecuada, razonada y fundamentada no solo en dicho conocimiento técnico.

En definitiva, el verdadero papel del profesor de Derecho entiendo que debe aunar todas estas cuestiones: transmitir un conocimiento riguroso de la materia, fomentar el espíritu crítico y la capacidad de reflexión en el alumno, para que, a través de una investigación profunda, sea capaz de poner en relación esa parcela de la ciencia, con otras que le sirvan para dotarle de fundamento y sentido, en busca de lo justo en cada situación concreta. Para ese objetivo, el profesor deberá ser capaz de planificar su enseñanza con esas metas, mediante las herramientas, metodologías y orientación de los contenidos adecuados a la obtención de tales habilidades y fines, consiguiendo despertar al alumno, hacerle descubrir y discernir por sí mismo cómo

---

[308] En este sentido, TERUEL LOZANO, G.M., "La formación jurídica tras la reforma bononiense en la universidad española: ¿juristas o mecánicos del derecho?", en *Los perfiles del jurista en el siglo XXI,* (Canedo Arrillaga, M.P. y Gordillo Pérez, L. (Dirs.), Civitas Thomson-Reuters, Cizur Menor, 2016, pp. 78-87.

debe responder a las cuestiones planteadas, para poder llegar a decidir qué es lo justo en cada una de ellas[309]. Esa debe ser la misión del profesor de Derecho, la de la facultad, y en definitiva la de la Universidad que acoge esos estudios.

---

309 Este es el planteamiento del modelo pedagógico dentro del proyecto formativo de la UFV, "Formar para transformar", ob. cit., pp. 13-18: Despertar, descubrir y decidir.

Capítulo 7

Finalidad de la asignatura de Derechos reales e inmobiliario: el "para qué"

Corresponde antes de analizar la concreta asignatura de Derechos reales e Inmobiliario, tratar de dar respuesta a cuál es el sentido último de la asignatura. Es decir, el para qué último de la misma. ¿Para qué enseño esta asignatura? ¿Qué pretendo despertar y transmitir a los alumnos?

Esta cuestión puede abordarse desde distintas perspectivas, según tengamos en cuenta al alumno, a la propia universidad, a la sociedad, o incluso al profesor.

Si nos quedamos en un plano meramente superficial, podríamos pensar que enseño para que los alumnos aprendan, o asimilen una serie de conocimientos técnicos y competencias que vienen descritos en la propia guía docente y memoria de ANECA. Esto desde luego debe ser una *conditio sine qua non*, es el primer para qué. Los alumnos deben estudiar derechos reales para obtener los conocimientos, las competencias y habilidades propias de la asignatura. Toda universidad y todo profesor debe aspirar a este mínimo, que es el que se exige *a priori* por la sociedad y a veces incluso por el propio alumnado: "proporcióneme los conocimientos y competencias suficientes para poder emprender con éxito mi actividad profesional". Enseñamos derechos reales para que sea un buen jurista, completo, y sepa desempeñar su función en esta área de conocimiento de forma intachable.

Pero, el para qué, el fin de la asignatura, no puede limitarse a eso, a ser un buen técnico. La enseñanza —y el aprendizaje— correcto de la asignatura debe aspirar a algo más.

Ese buen jurista debe ser capaz de formularse en su ejercicio aquellas cuestiones que choquen con el fin del hombre: con su perfección, que es el bien. No puede limitarse a repetir, aplicar, o resolver los problemas jurídicos que se le planteen sin siquiera analizar críticamente y con criterio si la solución que, por ejemplo, ofrece el ordenamiento es la adecuada y sirve para alcanzar la verdad y el bien a la que tiende el ser humano.

Debemos enseñar para despertar la conciencia crítica, la capacidad de asombro, el cuestionamiento de las "verdades oficiales", dotando al alumno de aquellas herramientas que le sirvan para, una vez cuestionadas, alcanzar la verdad, aunque sea contraria a lo mayoritariamente acordado.

LACALLE NORIEGA[310] lo explica muy bien, cuándo al hablar del sentido de la docencia de una asignatura afirma que "la Universidad debe ofrecer a los alumnos, desde cada área de conocimiento, las claves y los elementos de juicio necesarios para que puedan desarrollar el pensamiento crítico que les permita hablar con palabras propias sin verse dominados por los discursos mayoritarios o la corrección política. Solo se puede decir que una persona ha alcanzado la edad adulta cuando puede discernir, con los propios medios, entre lo verdadero y lo falso, formándose un juicio sobre la realidad objetiva de las cosas y asumiendo con responsabilidad las implicaciones y obligaciones que de ello se derivan".

---

310 LACALLE NORIEGA, M., "La pregunta por el sentido", en *Cuatro preguntas de razón abierta*, ob. cit., p. 53.

Luego, un segundo estadio del para qué enseño derechos reales debe dar respuesta a esas inquietudes: para dotar a los alumnos de las herramientas suficientes con las que puedan cuestionarse la realidad de lo establecido, la validez de las normas, su justificación, las soluciones generales que recogen, la idoneidad y la adecuación de aquellas a estas…

Pero, claro, y ¿para qué deben cuestionarse lo ya establecido? ¿Para qué les debemos dar esas herramientas? No puede ser solo cuestionar por cuestionar, aunque esto ya de por sí se trate de un ejercicio intelectual fantástico que debe diferenciar al universitario, sino que la capacidad de asombro, de crítica y de cuestionamiento debe realizarse para contrastar, en su caso, buscando la verdad y el bien.

Ese sería el verdadero y último para qué de la asignatura. Ese es el sentido último que toda docencia debe tener. La búsqueda de la verdad y el bien para contribuir y transformar la sociedad, contribuyendo al bien común. Para ello, nuestra ciencia —el Derecho— debe dialogar con la filosofía, porque el bien común debe ser pretendido y conformado por todos; todos los hombres deben contribuir al bien común, y nuestros alumnos deben, en consecuencia, ser capaces de ello, siendo este el último "para qué" de nuestra asignatura.

El bien es a lo que tiende el hombre para su perfección, está detrás de la propia naturaleza humana y el hombre necesita de los demás para conseguirlo, porque es un ser social; por eso, la sociedad es necesaria para que le hombre alcance su fin y, de este modo, el bien común se convierte en necesario para su perfección.

Pero, ese bien no se agota en el bien común, si no que tiene un sustrato más sólido. Todas las acciones del hombre deben dirigirse o acomodarse en la búsqueda del bien, deben ser libres, buenas y bien ordenadas, y eso implica, como dice

CATHREIN[311], que "son moralmente buenas para el hombre todas aquellas acciones que, conforme a su naturaleza racional, se acomodan a todas sus relaciones para consigo mismo, para con los demás hombres y para con Dios, su Creador y fin último, y la ley moral natural prescribe al hombre todo lo que es necesario para que su obrar, en relación a Dios, a sí mismo y a los demás hombres sea bueno y bien ordenado a adecuado a su naturaleza racional".

Si esta es nuestra consideración, y ese es el último "para qué" o sentido de nuestra asignatura, debemos ser capaces de despertar en el alumno una serie de interrogantes e inquietudes que consigan que inicie esa búsqueda.

Para ello, y en Derecho —ciencia objeto de nuestra docencia—, debemos ser capaces de conectar el ordenamiento jurídico con el orden moral y la ley natural. Esto supone plantearse cuestiones sobre la ley natural y el ordenamiento jurídico positivo y sus relaciones. La ley natural está compuesta de una serie de principios y valores morales inherentes al hombre y permanentes, que parten de sus inclinaciones naturales como son la supervivencia, la procreación y la búsqueda de la verdad, a los que debe tender. Es fundamental, por tanto, plantear al alumno cuál es la relación entre la ley natural y el ordenamiento positivo (a través del Derecho natural), y de dónde procede y descansa la ley natural, para ayudar al alumno a plantearse las cuestiones de fondo y sentido de la asignatura.

Solo de esta forma, el alumno será capaz de cuestionarse rectamente la validez e idoneidad de las normas jurídicas y los planteamientos jurisprudenciales a los que tenga que acudir en la resolución de un caso concreto, buscando la justicia y equidad en el mismo.

---

311 CATHREIN, V., *Filosofía del Derecho. Derecho natural y Derecho positivo*, ob. cit., p. 273.

¿Para qué enseño derechos reales? Para que el alumno se plantee las cuestiones que la ley natural, como guía de la búsqueda del bien y la verdad, interpela al ordenamiento jurídico real.

Y es que, como dice BENEDICTO XVI[312] (cuando era Cardenal Ratzinger), el Derecho no puede desvincularse de la fe, que es la que debe acompañar al Derecho, dotándole de estructura y razón última. Y esto es así porque la fe y la teología colaboran en la estructura del Derecho. El Derecho es un problema de la *recta ratio*, y la fe ayuda a la correcta formación de la *recta ratio* del hombre. "Esta recta razón debe tratar de discernir (más allá de las opiniones de moda y de las corrientes de pensamiento de moda) qué es lo justo, el derecho en sí mismo, lo que es conforme a la exigencia interna del ser humano de todos los lugares, y que lo distingue de aquello que es destructivo para el hombre. Tarea de la Iglesia y de la fe es contribuir a la sanidad de la "ratio" y por medio de una justa educación del hombre conservar a esa razón del hombre la capacidad de ver y de percibir". Deben plantearse las grandes cuestiones metafísicas, legales, naturales y teologales entrelazadas, y eso es lo que debemos tratar de buscar en clase.

Y el sentido último de la enseñanza del Derecho de cosas, debe ser, en consecuencia, que el alumno entienda y distinga qué es lo justo en la atribución de bienes conforme a la *recta ratio*.

¿Cómo se consigue eso? ¿Cómo contribuye la asignatura de derechos reales e inmobiliario, en su aplicación práctica, a alcanzar ese bien?

---

312 RATZINGUER, J., "La crisis del Derecho", Palabras de agradecimiento pronunciadas por el Cardenal Ratzinger el 10 de noviembre de 1999 con ocasión de serle conferido el grado de doctor *honoris causa* en derecho por la Facultad de Derecho de la universidad italiana LUMSA], 1999, p. 5.

Capítulo 8

Contribución de la asignatura de derechos reales e inmobiliario al bien

La docencia en Derechos reales, en Derecho civil en general, no debe limitarse a transmitir y que los alumnos asimilen las concepciones teóricas y los preceptos legales que los amparan, ni siquiera la capacidad de la aplicación de aquellos a la práctica, con base en el conocimiento de la jurisprudencia más consolidada. Un jurista, un civilista, un alumno que estudia Derecho civil, no puede limitarse a ser un buen técnico, sino que debe ser un buen profesional en el sentido más amplio de la palabra lo que incluye el buen hacer y, en nuestro caso, buscar y saber aplicar la justicia[313].

En efecto, tal y como pone de relieve el documento Misión UFV[314], en toda asignatura existe una actitud ética, que apunta

---

313 "El profesor de Derecho no puede limitarse a transmitir conocimientos técnicos. También debe guiar al alumno hacia la justicia y la prudencia. La técnica se refiere únicamente a la resolución del caso concreto, mientras que la prudencia consiste en la recta resolución del caso. Se ve así con claridad que la técnica, siendo indispensable para el jurista, noes, sin embargo, suficiente para que realice su oficio en plenitud. Entra dentro de nuestra tarea intentar que los futuros juristas que se sientan en nuestras aulas utilicen la técnica para buscar y realizar la justicia del caso concreto". LACALLE NORIEGA, M.: En busca de la unidad del saber, ob. cit., p. 34.

314 *Misión UFV. Nuestra Misión hoy*. Universidad Francisco de Vitoria, Madrid, 2010, p. 58.

a los fines últimos de la ciencia que se imparte, por ello, para plantearnos la cuestión ética en el Derecho civil, y en concreto en la asignatura de derechos reales, debemos preguntarnos: ¿Cuál es el fin último de esta asignatura y cómo llego a él? Ese fin, ¿cómo contribuye a la realización del jurista, a su perfección? ¿Cómo debe ser el correcto obrar de un jurista en relación con el Derecho civil? ¿Estoy formando a través de mi asignatura personas íntegras que contribuyan al bien común y a la justicia? ¿Plantea algún problema ético esta asignatura?

Si el Derecho es el arte de lo justo que implica que el jurista sepa distinguir qué es lo justo en cada momento y a quién corresponde[315], basándose tanto en el ordenamiento (lo justo positivo, el hombre atribuye y decide a través de las normas), como en los principios derivados de la ley natural (lo justo natural, donde lo justo se encuentra en la naturaleza de las cosas, en el ser completo del hombre y la sociedad), el correcto actuar de un jurista se conseguirá cuando, efectivamente, sea capaz de llevar a cabo tal función y fin. Debe ser capaz de buscar y practicar la justicia sin dejarse influir ni por la opinión mayoritaria o más demandada por la sociedad, ni por lo que el ordenamiento positivo establece si es contrario a la perfección de ser humano, "a riesgo de llevar a cabo uno de esos procesos sesgados y erróneos de decisión pública en democracia… calificados como *availabiliy cascades*"[316].

---

315 En la UFV entendemos el derecho como el "*ars boni et aequi*", el arte de lo bueno y de lo justo, tal y como se define en el *Corpus Iruis Civilis*. El Digesto de Justiniano, Versión castellana por Álvaro D´Ors et alii, con la ayuda del C.S.I.C, Aranzadi, Pamplona, 1968-1975, 1, 1, 1., y se recoge en el documento *Misión del Grado en Derecho,* Universidad Francisco de Vitoria, Madrid, p. 8.

316 ARBIZU LOSTAO, E., "La ética en el sistema financiero: un sistema de cumplimiento", *Boletín de Estudios Económicos de Deusto,* Vol. 69, nº 211, 2014, que desarrolla esta idea sobre los *availability cascades,* diciendo que "Estos procesos se caracterizan porque las

En el Derecho civil, el jurista, el civilista, debe saber apreciar en cada situación concreta que se plantee dentro de las relaciones personales, familiares y patrimoniales de la persona, qué es lo justo, y qué es lo que corresponde a cada uno. Y lo mismo pasa si concretamos un poco más, descendiendo a la asignatura de Derechos reales. El jurista íntegro cuya formación perseguimos debe ser capaz de reconocer lo justo, lo que es debido a cada uno en las relaciones patrimoniales jurídico-reales; es decir, debe ser capaz de llevar a cabo la correcta atribución de los bienes patrimoniales al hombre, y distinguir para defender las diferentes relaciones de poder que el hombre tiene sobre las cosas, otorgando a su titular la legitimación para defenderlas de injerencias ajenas, poniendo a cada uno en el goce y disfrute de los bienes que le correspondan.

Si nos planteamos en qué y cómo el Derecho se relaciona con el bien plenamente humano, y en concreto en qué medida mi asignatura contribuye a ello y a mejorar el mundo[317], la respuesta está en ese objeto o fin de los derechos reales:

---

autoridades, entendidas en sentido amplio como quieres han de decidir sobre una cuestión, bien sea en el Parlamento, en un tribunal o en un órgano de regulación, adoptan sus decisiones con fundamento no, como es de esperar y desear, en una observación objetiva y contrastada de la realidad, sino en la opinión pública generalmente extendida e inmediatamente disponible. En estos procesos se sustituye la averiguación de la verdad por la disposición del juicio o prejuicio de valor comúnmente extendido. Cuanto más difundida esté una opinión, en el sentido de que sean muchos los que la tienen y sea muy profunda su convicción, y cuanto mayor sea el coste social de disentir públicamente de la misma, menor es la probabilidad de que una autoridad se resista a la corriente".

317 AGEJAS ESTEBAN, J.A., "La pregunta ética", en *Cuatro preguntas de razón abierta* (Aranguren, J. dir.), Instituto Razón Abierta, Universidad Francisco de Vitoria, Madrid, 2020, pp. 38-62.

contribuir a la correcta y justa atribución y distribución de los bienes entre los hombres[318].

Este es el fin de la enseñanza de los derechos reales, y por tanto, un civilista experto en derechos reales, debe tener un conocimiento exhaustivo de las diferentes relaciones jurídico reales existentes, y de las facultades concretas que cada una de ellas otorgan a su titular (por ejemplo, no es lo mismo ser propietario con todas las facultades que se pueden tener sobre una cosa, que ser usufructuario al que solo corresponde la facultad de uso y de disfrute); así como de las limitaciones a las que se ve sometido su poder real, directo e inmediato sobre la cosa, para conseguir el respeto o deber de abstención de los demás, que contribuyan al pleno ejercicio de sus facultades. Pero, a la vez, esas limitaciones establecidas tienen un significado que transciende el mero individualismo, a veces contempladas por el ordenamiento positivo y que se establecen en aras de un interés general (que ojalá fuera bien común), de la sociedad, que debe prevalecer en momentos determinados sobre el interés particular de los individuos. Esto es lo que ocurre, por ejemplo, en las servidumbres administrativas en interés público de defensa nacional, o la posibilidad de expropiación de los bienes de propiedad privada por la función social de la propiedad, la cercenadura de determinados derechos limitados, vgr. hipoteca, o superficie, o uso del domicilio familiar, en aras de personas vulnerables o desfavorecidas. Otras veces, la defensa de esas facultades jurídico-reales y sus limitaciones descansan en principios superiores no contemplados expresamente por el ordenamiento, pero que el jurista debe conocer y defender para poder apreciar y aplicar lo justo en cada momento (por

---

318 Qué sea el bien plenamente humano depende de la concepción antropológica que tengamos de la persona. Desde nuestro punto de vista, para la persona como ser completo, ser de fines, el bien será aquello que le sirva para su perfección en su compleja realidad.

ejemplo, la defensa de la propiedad privada frente a ideologías estatales, o la defensa de derechos de uso en igualdad, sin tener en cuenta la ideología de género plasmada en determinados preceptos legislativos...).

En definitiva, esta asignatura contribuye a la formación del jurista aspirando a dotarle de las herramientas suficientes para que, primero, conozca, y segundo, aplique lo que corresponde a cada persona, lo justo, en los poderes que tiene sobre los bienes económicos y la justa distribución de los mismos en la sociedad.

De igual forma, con la metodología que presentamos, se pretende que el alumno sea capaz de analizar críticamente el ordenamiento, argumentar y defender sus tesis en pro de la justicia en el caso concreto, resolver las cuestiones prácticas que su ejercicio profesional le va a demandar teniendo siempre presente el fin último de esta asignatura. Igualmente, no podrá alcanzarse ese objetivo sin capacidad de esfuerzo y trabajo individual, pero también en grupo, con responsabilidad en cada una de las decisiones que adopte, y con sensibilidad suficiente respecto a las personas y situaciones concretas que se le planteen.

Un jurista mal formado en esta asignatura no sería capaz de realizar dicha atribución de bienes de forma correcta, generando desigualdades profundas en la sociedad, precisamente porque las relaciones hombre-cosa (relaciones jurídico-reales) no se entienden sin el entorno social en las que se insertan —y sin olvidarnos de que la persona tiene una importantísima dimensión social—. Los bienes son finitos, y corresponde hacer un justa distribución de los mismos, conforme a la ley positiva, desde luego, pero siempre que esta esté debidamente impregnada de la ley natural; caso contrario, el jurista debe ser capaz de discernir que, a pesar, de lo que establece la ley positiva, la solución al caso concreto que propone no es la adecuada, debiendo, nuestro alumno, analizar críticamente la misma, proponer lo que en justicia debería ser, y tratar de actuar correctamente según los patrones éticos basados en el Derecho natural y en el humanismo cristiano[319].

El cómo puede discernir el alumno lo justo en el caso concreto debe ser el objeto y fin principal de la docencia; debemos ser capaces de, a través de la enseñanza de "Derechos reales e inmobiliario", dotar al alumno de las herramientas para ello. De igual forma, no puede olvidarse que la persona es un ser biopsicosocial, compuesto de cuerpo y alma, y al ser un ser corpóreo necesita de los bienes materiales para el desarrollo de su cuerpo, y para poder vivir y realizar sus funciones biológicas principales. Esos bienes deben estar a su alcance, debe ser capaz de usarlos, transformarlos en nuevos recursos y, en definitiva, hay que reconocer que la propiedad sobre las cosas es una cuestión de supervivencia humana.

Por ello, entendemos que corresponde al hombre organizar el reparto de aquellos, para que todos puedan utilizarlos y

---

319 En este sentido, y sobre la necesidad de que el derecho positivo se adecue al natural, debiendo actuar incluso en contra de aquel buscando lo justo, se expresa la Comisión Teológica Internacional, en el documento "En busca de una ética universal: nueva perspectiva sobre la ley natural", diciendo que "En cuanto que derivan verdaderamente del derecho natural y por ello de la ley eterna, las leyes humanas positivas obligan en conciencia. En caso contrario no obligan. «Si la ley humana no es justa, ni siquiera es una ley». Las leyes positivas incluso pueden y deben variar para permanecer fieles a su propia misión. En efecto, por una parte, hay un progreso de la razón humana que, poco a poco, toma conciencia mejor de lo que se adapta mejor al bien de la comunidad, y, por otra parte, las condiciones históricas de la vida de las sociedades se modifican (para bien y para mal) y las leyes deben adaptarse. De este modo el legislador debe determinar lo que es justo en la concreción de las situaciones históricas". Disponible en http://www.vatican.va/roman_curia/congregations/cfaith/cti_documents/rc_con_cfaith_doc_20090520_legge-naturale_sp.html#_edn*., p. 31.

usarlos para su propio crecimiento, desenvolvimiento y perfección, de una manera justa. Ese reparto, como ya dijimos, debe hacerse a la luz del principio de destino universal de los bienes que establece la Doctrina Social de la Iglesia, y el Derecho de cosas surge para hacer efectivo el reparto de los bienes materiales entre los hombres conforme a ese principio. El Derecho de cosas debe encargarse de delimitar los bienes que pueden ser objeto de propiedad, qué facultades implica esta, cómo pueden usarse los bienes de otros y cuáles son los límites y limitaciones en ese uso y atribución, para que sea una atribución justa. De este modo, la asignatura de Derechos reales contribuye a los fines del hombre, y a la búsqueda del bien. Solo el reparto justo de esos bienes, conforme a estos criterios, será el recto actuar del jurista.

Sin olvidarnos, como ya se ha puesto de relieve en la primera parte de este trabajo, que también la propiedad privada y el uso de los bienes está en relación con la dimensión racional de la persona, pues contribuye a su libertad. La atribución de la propiedad de los bienes asegura la supervivencia del hombre, al aprovecharse de ellos y de sus frutos, facilitando su desarrollo como persona y convirtiéndose en medio necesario para su autonomía personal. La propiedad debe entenderse como una ampliación de la libertad humana, en cuanto su ejercicio contribuye a su responsabilidad, pues el dominio de los bienes y su reparto, le permiten ejercer su función responsable en la sociedad y en la economía. La justa atribución de los bienes hace al hombre más libre y responsable y, en consecuencia, coopera en la consecución de sus fines, y del bien.

Si traducimos lo que se acaba de exponer a situaciones prácticas concretas en las que la asignatura de Derechos reales e inmobiliario contribuye a los fines del hombre y a su fin supremo, el bien, podríamos poner varios ejemplos en los que un jurista puede verse éticamente comprometido. Para poder dar solución a estas cuestiones o problemas, ese jurista, ese estudiante de derecho, necesita una correcta formación en Derechos reales. Esto sería un ejemplo de lo que supondría una pregunta ética ampliada sobre la asignatura, que favorecieran esa atribución justa de los bienes. Nos planteamos las siguientes:

a) ¿Es posible olvidar y prescindir de lo dispuesto en el ordenamiento jurídico en relación con la garantía del préstamo hipotecario, impidiendo que el acreedor continúe la ejecución frustrada en vía personal, aludiendo a la falta de solvencia del deudor en situación de vulnerabilidad?

b) ¿Puede justificarse la "okupacion" de un inmueble en la función social de la propiedad y en la creación de un derecho a la vivienda como derecho fundamental sobre el derecho de propiedad privada?

c) ¿Puede justificar la función social de la propiedad prácticamente cualquier injerencia (incluso de interés privado) en la propiedad privada?

d) ¿Hasta dónde se debe permitir la explotación y el uso de los bienes por parte del hombre? Es decir, ¿hasta dónde debe alcanzar sus facultades sobre ellos?

e) ¿Qué tipo de propiedad —colectiva/privada— contribuye a la mejor distribución de riqueza y atribución de bienes al hombre?

f) ¿Hasta dónde puede llegar una entidad financiera para garantizar más operaciones inmobiliarias, abusando de su posición dominante?

g) ¿Cómo se relaciona la propiedad y la sostenibilidad? ¿En qué forma hay que plantearla para conseguir un desarrollo sostenible de las ciudades, del campo, y de la sociedad en definitiva?

h) ¿Cómo contribuye esta asignatura a combatir la desigualdad en la atribución de bienes?

j) ¿El sistema de propiedad privada, las limitaciones a la misma, las facultades en que consisten los derechos reales y las formas de uso que establece nuestro Código Civil son conformes al principio de destino universal de los bienes? ¿Contribuyen a la libertad, responsabilidad y fines del hombre?

Son cuestiones, todas ellas, que se han planteado ya en alguna ocasión, y que pueden plantearse en la realidad, a las que debe saber enfrentarse un jurista, actuando de acuerdo con la justicia, fin último del Derecho, y en las que su buen actuar, ético, puede comprometerse si no está bien formado.

La asignatura de Derechos reales contribuye dando respuesta a estos y muchos otros interrogantes que se pueden plantear, apoyando, de este modo, la formación del alumno como "buen jurista", que tiene como desempeño hacer el bien y buscar la verdad.

Planteamos a continuación, la estructura, organización, contenidos, metodologías y formas de evaluación de la asignatura Derechos reales e inmobiliario, acordes con las ideas que se acaban de expresar, para la consecución de la finalidad y objetivos previstos con ella.

Capítulo 9

Cómo enseñar Derecho (y derechos reales e inmobiliario): metodología docente y sistema de evaluación

Partiendo de la premisa de que en la docencia de toda asignatura "es fundamental la coherencia entre los objetivos de aprendizaje, la metodología didáctica desplegada y el sistema de evaluación"[320], y conforme a la idea de Universidad, y el modelo formativo propio de la Universidad Francisco de Vitoria[321] (que busca una formación integral del alumno universitario, que le dote de conocimientos técnicos así como de las habilidades necesarias para razonar, argumentar, reflexionar, y crítica, en la búsqueda de la verdad y el bien), entendemos y suscribimos las ideas de BARBER CARCAMO[322], cuando afirma que,

---

320 Véase el documento Guía docente del último módulo del curso sobre Razón Abierta de la UFV.

321 Véase el punto 2.1. Introducción: La misión de la Universidad y el papel del profesor, donde se afirma que abogamos "por una misión múltiple de la Universidad que debe reflejarse en sus planes de estudios, en sus metodologías y formas de enseñar, con el triple fin de formar personas integralmente, investigar, e intervenir en la sociedad en busca de la verdad y el bien", que se "sustenta precisamente en los pilares que se acaban de mencionar, a saber, la centralidad de la persona, la búsqueda de la verdad y el bien en comunidad, la formación integral, la síntesis de saberes, el servicio al bien común, acompañando siempre al estudiante."

322 BARBER CÁRACAMO, R., Proyecto *Docente e Investigador de Derecho Civil*, Ejercicio a Cátedra, Universidad de la Rioja, Logroño, 2018.

en la enseñanza del Derecho, "el profesor ha de ser capaz de introducir al alumno en la esquematización de la realidad en términos y categorías jurídicas, a fin de que lo jurídico pase de ser algo meta-real, sin conexión con la vida diaria, a constituir piedra angular de la misma. En segundo lugar, el profesor ha de presentar una vertiente axiológica a través de las oportunas consideraciones de los ideales que de suyo impulsan al Derecho, y finalmente, el profesor ha de atender al encuadre de éstos en el conjunto del ordenamiento jurídico. Con todo ello se consigue la introducción del alumno en la mentalidad jurídica, cuyo logro define la teleología propia de la enseñanza del Derecho. En suma, tal enseñanza debe transmitir al alumno no sólo los conocimientos científicos necesarios, sino también la prudencia requerida para su cabal aplicación con las necesarias dosis de sentido crítico."

Ese debe ser el objetivo metodológico que debemos alcanzar con la enseñanza de Derechos reales e inmobiliario: formar sólidos juristas con una capacidad de discernimiento y aplicación prudente de lo que es justo en la atribución de los bienes al hombre, en cada situación, de forma crítica y razonada. Para conseguirlo, las herramientas de aprendizaje y sistema de evaluación que se planteen deben estar alineados con ese objetivo.

De este modo, la enseñanza de Derecho reales e inmobiliario no puede hacerse de forma estanca o separada de las otras ramas o áreas del Derecho con las que convive de forma estrecha y con las que forma un todo que el alumno necesita comprender y saber[323], pero tampoco de otras ciencias a las que debe recurrir para dar respuesta a muchas cuestiones en

323 Muestra de ello, y como ya se ha dicho, es, por ejemplo, la publificación del Derecho civil, o la privatización del Derecho constitucional, que muestran zonas de intersección clarísimas entre las otrora partes separadas del Derecho.

las que el Derecho se agota o se confunde en su solución, pues no puede desvincularse de los principios de la Ley natural, ni de la Filosofía como ya expusimos.

Igualmente, una buena enseñanza de Derechos reales e inmobiliario debe partir o debe basarse en la investigación previa. El buen profesor debe investigar de manera exhaustiva y solo así podrá realmente transmitir al alumno la inquietud científica por la materia, enseñando los avances de esta, y despertando el interés real y científico de los alumnos.

Y como última premisa en la enseñanza de los Derechos reales e inmobiliario, creemos fundamental que el profesor sepa transmitir sus conocimientos con eficacia. El profesor debe saber comunicar, en el sentido más esencial de la palabra: que el mensaje llegue a su destinatario, al receptor, y este lo entienda, lo asimile y pueda actuar en consecuencia al mismo, aplicándolo a la práctica, haciendo que el alumno sea capaz de resolver las cuestiones que la realidad demanda.

Todas estas consideraciones de la docencia y la enseñanza del Derecho fueron recogidas por el propio EEES, si bien, más centrado en la empleabilidad del alumno que en su formación integral, pero en lo que aquí concierne, influyeron notablemente en la forma de enseñar Derecho. A partir del EEES, como también hemos comentado antes, la docencia, la enseñanza del Derecho se complica, pues exige, por una parte, mayor participación del alumno en su propia formación, investigando, estudiando, desarrollando competencias hasta entonces no relevantes, pero también, en consecuencia, supuso un cambio metodológico importante para el profesor, que ya no podía limitarse a exponer de forma teórica y oral sus conocimientos. Todo ello "complicó" la labor docente del profesor, dando como resultado la necesidad de adaptar su docencia a nuevas metodologías y herramientas de aprendizaje que fueran eficaces en conseguir esa mayor capacitación e implicación del alumno en su propia docencia. Se trata, en definitiva, de enseñar a aprender, poniendo el foco en el alumno. Como afirma PALOMINO[324], "siendo importante *quién* enseña o *lo que* enseña, han pasado a cobrar protagonismo *cómo* se enseña y los meta-objetivos de la enseñanza: *para qué* se enseña, realidad que se cifra en competencias".

Exponemos, a continuación, primero, la necesaria relación entre la docencia y la investigación -pues sin esta la docencia de cualquier materia queda incompleta- y, después, las herramientas metodológicas que se propone utilizar para la enseñanza de Derechos reales e inmobiliario, persiguiendo los objetivos descritos, y readaptando la metodología a los nuevos retos.

9.1.- LA INVESTIGACIÓN Y LA DOCENCIA

9.1.1.- Interrelación entre la investigación y la docencia

La investigación es parte de la docencia y esta no puede entenderse sin aquella, ni aquella sin esta. Ambas realidades son y deben ser las dos caras principales del trabajo del profesor universitario, como ya hemos dicho antes.

Un profesor que investiga está a la vanguardia de los temas de actualidad de su materia, de los problemas que en la realidad se suscitan y de las soluciones que a los mismos ofrece su ciencia. Todo ello repercute en una mejor docencia, de calidad, de actualidad y práctica, pues se exponen y explican todas las cuestiones sobre las que investiga.

---

324 PALOMINO LOZANO, R., "Introducción. Las claves del EEES: principios, reglas y recomendaciones", *en Enseñar Derecho en el siglo XXI. Una guía práctica sobre el Grado en Derecho,* (Palomino Lozano, R. y Rodríguez-Arana Muñoz, J., dir.), Thomson-Reuters Aranzadi, 2009, p. 32.

Viceversa, un buen docente, a través de las metodologías adecuadas, obtendrá de su docencia, y de las clases con sus alumnos, datos, cuestiones, preguntas y problemas sobre los que deberá investigar para analizarlos debidamente, y tratar de darles respuesta. De la docencia bien entendida, surgen grandes temas a los que debe darse respuesta a través de la investigación. No puede desvincularse la docencia de la investigación, hacerlo sería un error, y empobrecería ambas actividades.

Como afirma BARBER CÁRCAMO[325], "sólo el profesor que ama la investigación y la siente como una parte fundamental y esencial de su labor logra transmitir a los alumnos esa inquietud científica, esa impresión de que toda ciencia que no avanza retrocede, tan necesaria para lograr interesar al alumno, como sujeto activo, en la disciplina. Como se ha dicho repetidamente, el profesor enseña porque sabe, y sabe porque investiga". Y en este mismo sentido, concluye recogiendo las palabras de D´ORS, "que solo el investigador es un buen maestro"[326].

Por eso, una de las cuestiones que más se valora de los buenos profesores universitarios es que "razonan de forma valiosa y original en sus asignaturas, estudian con cuidado y en abundancia lo que otras personas hacen en sus disciplinas, leen a menudo muchas cosas de otros campos (en ocasiones muy distantes del suyo propio) y ponen mucho interés en los asuntos generales de sus disciplinas: las historias, controversias y discusiones epistemológicas. En resumen, pueden conseguir intelectual, física o emocionalmente lo que ellos esperan de

---

325 BARBER CÁRCAMO, R., *Proyecto docente e investigador. Ejercicio de Cátedra,* ob. cit., p. 163.

326 D'ORS, A., "Universidad e investigación", en *Nuevos papeles del oficio universitario,* Rialp, Madrid, 1980, p. 104.

sus estudiantes"[327]. Se trata, en efecto, de la base de la investigación, que debe reflejarse y transmitirse en sus clases.

Pero, la investigación no debe quedarse en una mero estudio y razonamiento por parte del profesor, sino que, como dice ORTEGA, requiere "plantearse problemas, trabajar en resolverlos y llegar a una solución. (…) Investigar es descubrir una verdad o su inverso: demostrar un error"[328]. Es decir, en la investigación debe promoverse la búsqueda de la verdad, sobrepasando los límites de la propia ciencia y acudiendo a otras, cuando en aquella no sea posible encontrar las respuestas adecuadas. La pregunta por el sentido, por el para qué, debe estar siempre presente en la investigación de un profesor universitario, porque tal y como describe el documento Misión de la UFV, "investigar no consiste sólo en aportar nuevos conocimientos, sino también en hacer posibles estas síntesis de saberes, esta superación legítima de los límites del propio método científico para llegar a campos del pensamiento que es importante que se desarrollen"[291].

De este modo, un buen profesor universitario debe tratar de llegar a la verdad de su ciencia, a través de la investigación y ser capaz de difundirlo, transferirla, primero a sus alumnos a través de la docencia, y también a la sociedad, contribuyendo de este modo, a su mejora.

Esto mismo se aplica a la investigación jurídica propiamente dicha, porque esta consiste en "la actividad intelectual que pretende descubrir las soluciones jurídicas, adecuadas para los problemas que plantea la vida social de nuestra época, cada vez más dinámica y cambiante, lo que implica también la necesidad de profundizar en el análisis de dichos problemas,

---

327 Véase BAIN, K., *Lo que hacen los mejores profesores universitarios*, Universitat de Valencia, Valencia, 2007, p. 27.

328 ORTEGA Y GASSET, J., *Misión de la Universidad*, ob. cit., pp. 139-140.

con el objeto de adecuar el ordenamiento jurídico a dichas transformaciones sociales, aun cuando formalmente parezca anticuado"[329]. La investigación con un planteamiento adecuado del por qué y para qué, debe contribuir al avance de la sociedad, a que sea una sociedad más justa, a la perfección de las personas que lo integran, buscando que se dé a cada uno lo suyo, que no es sino la finalidad del Derecho.

Todo ello debe hacerse desde una concepción antropológica concreta —explicada anteriormente—, en nuestro caso desde una filosofía personalista, que pasa por entender a la persona como un ser completo, íntegro, dotado de entendimiento, sentimiento, voluntad, libertad, sociabilidad y espiritualidad, un ser de fines. Toda investigación en Derecho de cosas debe partir de esta completa dimensión de la persona para entender y explicar mejor las relaciones jurídico-reales con las cosas o bienes que tiene bajo su dominio, y entender el para qué de ellas.

Como vemos, las cuestiones esenciales que nos podemos plantear para la docencia (sentido, ética, antropológica, epistemológica) deben replicarse también en la investigación, pues una no puede entenderse sin la otra. No podemos enseñar, transmitir, cuestiones que traten de responder a las cuatro preguntas fundamentales, basándonos en una investigación que ni siquiera se las plantee. La coherencia entre docencia e investigación, también y, sobre todo, en relación con las cuestiones fundamentales, debe ser indubitada.

---

329 FIX-ZAMUDIO, H., *Metodología, docencia e investigación jurídica*, Buenos Aires, 1995, p. 416.

9.1.2.- La investigación universitaria en el EEES y el EEI

La investigación en el profesor universitario siempre ha sido una de sus funciones o tareas esenciales, pero probablemente hasta la entrada en vigor del EEES no se explicitó esta labor de forma tan clara, amén de que se introdujo también la necesidad de que los alumnos se iniciaran en esta tarea, pues es la única forma de llegar a "saber"; además, se creó el Espacio Europeo de Investigación (EEI), que quedó vinculado con aquel, de forma que la educación superior no puede entenderse sin la investigación.

En 2000 se crea el EEI, con el objetivo puesto en avanzar en el "triángulo del conocimiento de la investigación, la innovación y la educación", como fuerzas motrices de la competitividad internacional y el desarrollo sostenible de Europa y como fundamento de una economía y una sociedad del conocimiento de primer plano[330].

Posteriormente, con el Libro Verde sobre el Espacio Europeo de Investigación, aprobado en 2007, se insiste en la necesidad de que las universidades europeas se sitúen en la intersección del Espacio Europeo de Investigación (EEI) y el

---

330 El concepto de EEI combina los siguientes elementos: un «mercado interior» europeo de la investigación, en el que los investigadores, la tecnología y los conocimientos circulan libremente; la coordinación efectiva a nivel europeo de las actividades, los programas y las políticas de investigación nacionales y regionales; y las iniciativas ejecutadas y financiadas a nivel europeo. RESOLUCIÓN DEL CONSEJO de 15 de junio de 2000 relativa a la creación de un Espacio europeo de investigación e innovación (DOCU 2000/C 205/01). Se puede consultar en https://ec.europa.eu/research/era/pdf/era_gp_final_es.pdf; última visita 20 diciembre 2022.

Espacio Europeo de Educación Superior (EEES)[331], y que se fomente la investigación en ellas, para superar la fragmentación existente en Europa. Por eso, se aprobó, en el documento Visión 2020 para el Espacio Europeo de Investigación[332], el reto de conseguir para el año 2020 un espacio de libre circulación de investigadores europeos, de conocimiento y de tecnología, la "quinta libertad".

Paralelamente, y como hemos adelantado, a su vez el EEES se fija en la importancia de la investigación para la docencia y enseñanza universitaria, e incorpora a esas tareas investigadoras al alumno. De este modo, la unidad que mide el trabajo académico del alumno, que es el crédito europeo, va a incluir las horas de investigación del estudiante. El art. 3 del RD 1125/2003, de 5 de septiembre, por el que se establece el sistema europeo de créditos y el sistema de calificaciones en las titulaciones universitarias de carácter oficial y validez en todo el territorio nacional, define el crédito europeo como "la unidad de medida del haber académico que representa la cantidad de trabajo del estudiante para cumplir los objetivos del programa de estudios y que se obtiene por superación de cada una de las materias que integran los planes de estudios de las diversas enseñanzas conducentes a la obtención de títulos universitarios de carácter oficial y validez en todo el territorio nacional... y en esta unidad de medida se integran las enseñanzas teóricas y prácticas, así como otras actividades académicas dirigidas,

---

331 *Libro verde sobre el espacio europeo de investigación: nuevas perspectivas*, COM (2007) 161 final, Bruselas, 4.4.2007, disponible en http://ec.europa.eu/research/era/pdf/era-public-consultation-results_en.pdf; última visita 20 diciembre 2022.

332 Comunicación de la Comisión al Parlamento Europeo, al Consejo, al Comité Económico y Social Europeo y al Comité de las Regiones *Un nuevo EEI para la investigación y la innovación* (2020), disponible en https://eur-lex.europa.eu/legal-content/ES/TXT/PDF/?uri=CELEX:52020DC0628&from=EN, última visita 20 diciembre 2022.

con inclusión de las horas de estudio y de trabajo que el estudiante debe realizar para alcanzar los objetivos formativos propios de cada una de las materias del correspondiente plan de estudios". Y el art. 4.3 dice: "en la asignación de créditos a cada una de las materias que configuren el plan de estudios se computará el número de horas de trabajo requeridas para la adquisición por los estudiantes de los conocimientos, capacidades y destrezas correspondientes. En esta asignación deberán estar comprendidas las horas correspondientes a las clases lectivas, teóricas o prácticas, las horas de estudio, las dedicadas a la realización de seminarios, trabajos, prácticas o proyectos, y las exigidas para la preparación y realización de los exámenes y pruebas de evaluación".

Por lo tanto, dentro del crédito europeo (ECTS) se incluyen las horas de trabajo de investigación que debe realizar el alumno para alcanzar las competencias técnicas y habilidades previstas en cada asignatura. La investigación pasa de ser algo propio de un buen docente, a predicarse también de los estudiantes. Esto alcanza su punto álgido con la elaboración de los Trabajos de Fin de Grado (TFG) o Trabajos de Fin de Master (TFM) que pueden tener marcado carácter investigador, debiendo seguirse la metodología y objetivos propios para un trabajo de investigación. En la memoria del Grado en Derecho de la UFV se prevé la realización de un TFG de carácter investigador, al poder consistir este en "Un análisis jurídico sobre un tema concreto, con estudio de doctrina y jurisprudencia", donde el alumno debe desarrollar las competencias y metodologías propias de la investigación jurídica.

No cabe duda de que la investigación se sitúa en el centro y es el nexo entre el EEI y el EEES; es necesaria tanto para la actividad del profesor, como para la enseñanza y transmisión de conocimiento al alumno y para su propio aprendizaje. Saber con mayúsculas implica investigar.

9.2.- HERRAMIENTAS DE APRENDIZAJE

Pero, además de investigar, el buen docente, para alcanzar el objetivo propuesto para la enseñanza del Derecho, y en concreto del Derecho de cosas, debe utilizar las metodologías y herramientas de aprendizaje adecuadas para conseguirlo. Entre ellas, y conforme a nuestra particular visión y concepto de la asignatura, consideramos que son adecuadas para obtener el objetivo y finalidad propuestos, las siguientes.

9.2.1.- La clase teórica: lección expositiva

La primera de las herramientas de aprendizaje que vamos a utilizar en la enseñanza de Derechos reales e inmobiliario es probablemente la más clásica y utilizada a lo largo de la enseñanza universitaria tradicional.

Se trata de la exposición de los fundamentos y bases teóricos de la asignatura por el profesor en clase. No se entiende una buena comprensión de la asignatura sin una previa explicación por parte del profesor de aquellos conceptos, principios, normas y cuestiones claves para entender y poder aplicar después a la realidad de la asignatura.

Si bien, esa exposición no puede limitarse a ser un monólogo por parte del profesor que, subido en su tarima, desgrane ante un auditorio pasivo que, en el mejor de los casos, copia lo que se le dice, sino que debe hacerse de forma activa, interpelativa, y provocando en el alumno su inquietud, su participación y suscitando sus preguntas, al hilo de las cuales debe continuar la explicación. Se trata de la lección expositiva, y no una mera lección magistral, pero eso sí, con base teórica clara, sistemática y acorde a los objetivos y resultados de aprendizaje propuestos. Es la adaptación de la lección magistral pura a un entorno colaborativo, donde "en el marco del desarrollo de una exposición de conocimientos en clase, se inserte la participación de los alumnos, organizados en su caso, en grupos pequeños para que discutan y reflexionen sobre lo que se les está enseñando"[333]. Esas reflexiones y disertaciones, a la vez, deben ser provocadas por el propio profesor que, a través de preguntas dirigidas y enfocadas a un razonamiento por parte de los alumnos, lleguen ellos mismos a ciertas conclusiones, que deberán discutirse y analizarse en clase con la participación de todos. Sería adaptar a la docencia tradicional un modelo semejante al socrático propio de los sistemas anglosajones, y más pensado para el método del caso (*case method*), en el que los alumnos y el profesor interaccionan sobre la base de discusión de casos o problemas, previamente preparados y que complementa la tradicional lección magistral o l*ecture*.

La revitalización de la lección expositiva conforme a lo que se acaba de indicar, supone un avance respecto de la tradicional lección magistral estática y unilateral, que implica en todo caso un profesor sólidamente formado, con dominio de su materia, un conocimiento de sus alumnos, y unas dotes de comunicación y empatía importantes.

Además, esa lección expositiva o teórica debe descansar siempre en un buen manual de referencia. Los alumnos deben poder acudir a un/unos manuales que contengan las cuestiones claves y básicas de la asignatura para que puedan consultarlo, leerlo, e intentar entenderlo; de forma ideal previamente a la explicación posterior del profesor de aquellas cuestiones más complicadas o para las que se necesita un grado de razonamiento jurídico y una madurez mayor que la que pueden tener los alumnos que se enfrentan por primera vez

---

[333] LLORENTE GOMEZ-SEGURA, C., "La lección expositiva en materias jurídicas", en Enseñar Derecho en el siglo XXI. Una guía práctica del grado en Derecho, (Rodriguez-Arana, J., y Palomino, R., Dir.), Thomson-Reuters, Aranzadi, 2009, p. 113.

a la asignatura (que no olvidemos que en nuestro plan de estudios se ofrece en 2° curso de carrera).

El destierro de los "apuntes" debe ser una realidad. El alumno debe aprender a leer y servirse de un manual que "procura al alumno la necesaria seguridad para afrontar con tranquilidad la asignatura, y le permite organizar de modo autónomo su trabajo, así como contar con una herramienta básica que guíe inmersiones más especializadas en la materia.[334]" De este modo, se consiguen dos objetivos: que el alumno lea y comprenda por su cuenta, despegándose de las "pantallas" que recogen la información de forma rápida y sesgada, y acudiendo a las fuentes tradicionales, que desarrollan un aprendizaje lento y reposado; y en segundo lugar, permite al profesor seleccionar en su lección teórica aquellas cuestiones relevantes que quiere explicar y en las que conviene detenerse sin sentirse apremiado por la planificación docente, abreviada y compactada.

9.2.2.- Clases o seminarios prácticos

Si, como ya hemos dicho, el Derecho es una ciencia teórico-práctica, su enseñanza debe reunir las mismas características. Hay que enseñar al jurista a aplicar el Derecho para obtener lo justo en cada caso concreto, y eso pasa por utilizar clases o seminarios prácticos donde los alumnos se enfrenten a situaciones reales o hipotéticamente reales, en las que se planteen cuestiones, problemas o hechos para aplicar el derecho y darles respuesta o solución. Como afirma GUTIERREZ DE CABIEDES, "si en cualquier ciencia la solución de casos de la vida es importante, ya que en toda solución práctica hay una dosis considerable de intuición extraña a la pura aplicación de los principios teóricos, en el Derecho se repite esta constante

---

[334] BARBER CÁRCAMO, R., *Proyecto docente e Investigador de Derecho civil.* Ejercicio a Catedra, ob. cit, p. 172.

y se añade otra que encarece aún más la importancia de la práctica, cual es la de que una ciencia jurídica separada de la aplicación directa o indirecta no es tal ciencia jurídica"[335]. No puede enseñarse el Derecho sin su aplicación práctica, por el propio carácter de esta ciencia. Hay que olvidarse de enseñar Derecho solo a través de conceptos teóricos que el alumno repite de forma memorística.

Aunque, en realidad, las clases prácticas necesitan de cierta teoría, pues muchas veces se plantean al alumno "supuestos de laboratorio" que deben solucionar utilizando los conocimientos teóricos. Por otra parte, la clase teórica o expositiva, como se deduce de lo indicado, está también conectada irremediablemente en las explicaciones y preguntas con las cuestiones prácticas, pues no podemos separar nítidamente ambas cuestiones.

No obstante, en estas clases o seminarios prácticos, nos referimos a aquellos espacios en los que se va a partir de un supuesto de hecho real (o ficticio), en el que se plantean ciertas cuestiones que el alumno (individualmente o en grupos) debe resolver. Es decir, se parte desde el inicio de un caso (*case*), de un problema, de una pregunta jurídica por resolver, y no de conceptos claves teóricos que explicar -como ocurre en la lección expositiva-.

Lo ideal es que en estas clases prácticas se utilice la metodología del caso (*case method*), importada de la Universidad de Harvard, donde se revolucionó la forma de enseñar Derecho, gracias a esta nueva metodología introducida por el decano Langdell, que decidió enseñar Derecho a partir de las sentencias y otros materiales proporcionados por el profesor (*cases*) que los tribunales norteamericanos emitían, de las que

---

335 Gutierrez de Cabiedes, "La enseñanza del Derecho", en *Estudios de Derecho procesal,* Pamplona, 1974, pp. 20 y 21.

los alumnos, a través de un método inductivo, debían obtener los principios generales y reglas jurídicas aplicadas en el caso. Esta metodología inductiva y la manera de enseñar se adapta mejor al sistema anglosajón, y a su Derecho, eminentemente práctico y basado en la casuística de los tribunales. El método del caso, en su recepción por nuestro sistema jurídico continental, ha experimentado cierta evolución y se ha contagiado o aproximado a otras metodologías basadas en casos, como el ABP (aprendizaje basado en problemas), que surgió en Canadá[336], acogiendo caracteres diferenciales y propios de cada uno.

De este modo, la clase práctica o seminario práctico que se propone como herramienta de aprendizaje en la asignatura de Derechos reales e inmobiliarios, siempre basada en hechos o casos que hay que solucionar, comparte rasgos de ambos sistemas y la explicamos de la siguiente forma:

Se proporcionará a los alumnos, previamente a la clase práctica, un supuesto de hecho, un problema que deba solucionarse, procedente bien de una sentencia bien de un caso real, o de un supuesto redactado *ad hoc* por el docente, al igual que los materiales o referencias de los materiales a los que deben acudir para solucionarlo. Se trata de una metodología que utiliza los casos prácticos para "la adquisición deductiva de conocimientos y la aplicación de estos a la práctica[337]". Mediante el mismo, el

---

336 Surge esta metodología, *Problem Based Learning* (PBL), en la universidad de McMaster, en la Facultad de Ciencias de la Salud, en los años setenta del siglo pasado, como resultado de la reflexión de un grupo de médicos sobre cómo enseñar la medicina. Véase al respecto, y entre muchos: BARROWS, H.S., "A taxonomy of problem-based methods", en *Medical Education* 20/6, 1986.

337 FERNÁNDEZ CANO, A.C., "La resolución de casos prácticos", *en Enseñar Derecho en el siglo XXI. Una guía práctica del Grado en Derecho,* (Rodriguez-Arana, J. y Palomino, R., Dir.), Thomson-Reuters, Aranzadi, 2009, p. 187.

alumno debe proponer solución a un supuesto práctico, partiendo de los conocimientos teóricos previos, proporcionados por la lección expositiva o teórica ya explicada.

Los alumnos, bien en grupo o individualmente según el caso de que se trate, deberán leer, entender, encontrar los hechos jurídicos relevantes, la cuestión jurídica, la clave del caso, encuadrar el problema en la parte del ordenamiento aplicable, buscar todas las fuentes necesarias para resolver (leyes, jurisprudencia y doctrina) y, por fin, redactar de forma argumentada sus soluciones o razonamientos, que deberán exponerse en clase el día señalado para la clase práctica.

Para mí, esta metodología es la base de la enseñanza la asignatura de Derechos reales e inmobiliarios, donde los temas, las clases y el cronograma están organizados en torno a las clases prácticas, de forma que las lecciones expositivas o teóricas son solo la ayuda inicial para resolver estos casos, base del aprendizaje del alumno. De este modo, se fomenta el aprendizaje basado en problemas, la clase invertida (el alumno ha tenido que leer, buscar, investigar y razonar previamente el caso), el aprendizaje colaborativo (si es en grupos), y se desarrollan varias de las competencias previstas para obtener los resultados de aprendizaje establecidos.

El alumno resulta motivado, dirige su aprendizaje, trabaja de forma diferente, y asimila mejor los conceptos teóricos que luego ve aplicados en la práctica.

Esta metodología tiene su reverso en la dificultad de preparación de los casos para el profesor que necesita invertir tiempo en ello, y sus capacidades de dirección del desarrollo de la clase, donde los alumnos pueden ser mucho más proactivos y exigentes. No obstante, considero que las bondades de esta herramienta compensan sobremanera los inconvenientes, ya que "facilita a los estudiantes la detección y calificación de los problemas jurídicos, así como su subsunción en las normas; fomenta competencias transversales como la cooperación y la capacidad de comunicación oral y escrita; revela con eficacia la complejidad y multidisciplinariedad del mundo jurídico, y, en suma, ayuda y motiva en la superación de la asignatura"[338].

9.2.3.- Trabajos de investigación y comentarios de jurisprudencia

La importancia del trabajo de investigación se pone de relieve ya que es una herramienta eficaz, acorde a la nueva metodología que exige la implantación del EEES en la Universidad, para obtener algunas de las competencias necesarias para un estudiante de grado. Investigar y escribir un trabajo que recoja dicha investigación tiene principalmente una finalidad de aprendizaje para el alumno. Es la manera de incorporar la investigación al trabajo del alumno, como antes hemos comentado.

Creemos que la investigación que debe realizarse en Grado, y en concreto en la asignatura de Derechos reales e inmobiliario, debe ser una investigación controlada, no muy extensa, sobre una cuestión muy concreta que ayude al alumno a realizar su TFG de carácter investigador, dotándole ya, de todas las herramientas y competencias que necesitará para culminar aquel. Por eso, ese trabajo de investigación breve que se propone es muy similar, en cuanto a la metodología a seguir, a un buen comentario de jurisprudencia. Por eso, englobamos ambas herramientas de enseñanza en este epígrafe.

Un trabajo de investigación es un estudio completo y concreto sobre una materia determinada, que normalmente realiza el alumno de forma individual, por el que se pretende aplicar, obtener o desarrollar conocimientos sobre esa materia objeto de estudio, a través de su análisis desde la doctrina,

---

[338] BARBER CÁRCAMO, R., *Proyecto docente e investigador,* ob. cit., p. 176.

jurisprudencia y legislación existente. En definitiva, implica una labor de acopio de información sobre lo que otros han dicho respecto a ese tema, y análisis de la misma, para que el investigador pueda, entonces, aportar su visión crítica, su razonamiento y su argumentación jurídica, con el fin de obtener unas conclusiones originales o novedosas en su labor de estudio o investigación[339].

Un análisis jurisprudencial es el comentario que realiza el alumno de una o varias sentencias, por el que se pretende analizar y criticar su significado, a través de una correcta interpretación de la misma desde el punto de vista doctrinal, legislativo y jurisprudencial.

La realización de un trabajo de investigación y un comentario de jurisprudencia, como ya hemos dicho, tienen una metodología muy parecida, pues puede decirse que el análisis jurisprudencial, bien hecho, y en su parte principal, no deja de ser sino un trabajo de investigación; eso sí, mucho más breve en extensión y con ciertas peculiaridades que hay que poner de relieve para diferenciar ambas figuras, que son distintas. Sin embargo, creemos que, si se empieza por realizar un buen comentario a una sentencia, se establecen las bases de una buena investigación y supone la iniciación en el desarrollo de un trabajo científico, que es lo que, en definitiva, pretendemos explicar en este epígrafe.

---

339 Sobre el concepto de trabajo de investigación, véase: ref. 20.11.2008, disponible en web: http://luzdeboriquen.galeon.com/ComoHacerUnTrabajodeInvestigación; ESPOT, M.R.: "Cómo se hace un trabajo de investigación en bachillerato", en línea, ref. 20.11.2008, disponible en web. http://www.unav.es/gep/Metodología/TrabajoInvestigaciónBachillerato; "Cómo se hace una tesis doctoral", en línea, ref. 20.11.2008, disponible en web: http://www.unav.es/gep/Metodología/TesisDoctoral, última actualización 23 junio 2008.

Tanto en el trabajo de investigación como en el análisis de jurisprudencia el alumno desarrolla o fomenta sus habilidades investigadoras, y mejora su capacidad de expresión escrita y en su caso oral. El estudiante debe realizar un minuciosa labor de búsqueda de fuentes jurídicas que le permitan conocer todo lo que se ha escrito sobre ese tema; además, debe saber interpretarlo, analizarlo y formarse una conciencia crítica respecto al mismo, para poder acabar redactando el trabajo de forma razonada, y con una buena argumentación jurídica y, si se le exige, debe saber exponerlo y hacer una defensa oral del mismo.

La realización de un buen comentario jurisprudencial o de un trabajo de investigación deben seguir los mismos pasos y acudir a las mismas fuentes. En efecto, al comentar una sentencia concreta o un grupo de sentencias que resuelven en el mismo sentido, hay que saber interpretar ese fallo y los fundamentos jurídicos que llevan al mismo a la luz de lo que establece la Ley, lo que opina la doctrina más relevante y por supuesto, con respecto a otras decisiones jurisprudenciales anteriores. Y cuando realizamos un trabajo de investigación, debe partirse de un análisis exhaustivo del tema —y comprensión del mismo— para poder formular la cuestión jurídica a la que se debe dar respuesta, acudiendo para ello, a las mismas fuentes doctrinales, legales y jurisprudenciales, e intentar ser capaz de contestar a esa cuestión jurídica planteada, o comprobar o refutar la tesis de partida, a través del razonamiento jurídico. Para todo ello, debe procederse en ambos casos i) a una lectura comprensiva de la sentencia o tema, ii) a una labor de búsqueda de información jurídica, y por último con esos datos, iii) a argumentar o criticar la decisión que recoge la sentencia analizada o responder la pregunta planteada y elaborar sus propias conclusiones al respecto.

En la asignatura de Derechos reales e Inmobiliarios se pretende incorporar el germen del trabajo de investigación a través de la elaboración de dictámenes jurídicos, documentos y herramientas clave del trabajo del jurista, donde debe plasmar la solución motivada y razonada al planteamiento que su cliente le propone a su abogado en un tema concreto. El abogado debe interpretar la voluntad de su cliente, clasificar jurídicamente los hechos, buscar jurisprudencia, legislación y normativa aplicable y razonar la respuesta que ofrece. Por eso, utilizo la forma de dictamen jurídico para enseñar a investigar a mis alumnos de 2º de Derecho.

9.2.4.- Debates y foros

En la lección expositiva, al introducir un planteamiento socrático en la formulación de preguntas y cuestiones al hilo de las explicaciones teóricas, se pueden suscitar debates en clase, improvisados, pero con fundamentación previa si el alumno ha sido capaz de estudiar con antelación los materiales/manual propuesto. Desde mi experiencia como profesora, los debates que se generan de este modo en clase son muy productivos, mantienen la atención del alumno, y hacen que las clases sean realmente eficaces (eso sí, exige por parte del profesor un buen dominio de la escena, evitando que el debate siga por derroteros no deseados).

Pero, junto a estos debates informales, encuadrados dentro de la lección teórica o expositiva, se alza como otra herramienta de aprendizaje eficaz, el planteamiento de debates preparados en clases señaladas. Normalmente, esta herramienta pone sobre la "mesa" de los alumnos una cuestión controvertida, que tiene puntos a favor y en contra, y se trata de que los alumnos los encuentren y defiendan, suscribiendo alguna de las posturas. Sin encuadrar estos debates en la rigidez de una sociedad o club de debate, el alumno aprende a investigar, a razonar, a argumentar y a exponer oralmente sus posiciones, algo básico para un jurista, sobre todo si quiere actuar en el foro.

Pero, además, el debate suscita algo fundamental en un estudiante en Derecho: aprender que el Derecho y su aplicación no es dogmático, no es un dogma que hay que creer, ni mucho menos ofrece una única solución para todos los casos, sino que el Derecho, como el arte de lo justo es variable, tiene matices, grados, es "gris"[340], y en cada situación concreta puede defenderse una posición, que en otra no valdría. El jurista debe saber, además, ponerse en la situación de defensa de los intereses de sus clientes, sea cual sea su posición (siempre que no vulnere los principios éticos) y, por lo tanto, el debate es una herramienta muy eficaz para que el alumno aprenda los pros y contras de cada postura.

Además, también es interesante utilizar las nuevas tecnologías que nos brinda el aula virtual para plantear debates en los foros de las asignaturas. De este modo, en Canvas, se pueden establecer en los foros cuestiones de actualidad e interés, planteando preguntas o colgando una noticia real que aborde un tema de la materia de clase, para que los alumnos opinen y den sus razonamientos jurídicos sobre aquellas. Se trata de una herramienta fácil de usar, que mide la participación e interés del alumno, y que les enseña, precisamente, a analizar críticamente la realidad jurídica, obligándoles a interpretar y ofrecer su postura fielmente argumentada.

Todas estas herramientas relacionadas con el debate inciden en la formación del razonamiento y argumentación jurídica del alumno.

---

340 Frente a creencias apriorísticas con las que los alumnos afrontan inicialmente el estudio del Derecho, como una ciencia exacta, en la que, a tal problema, siempre tal solución: o es blanco o es negro, me esfuerzo mucho en hacerles entender que el Derecho es gris; admite todos los matices posibles según las circunstancias concretas de cada caso, porque debe atribuirse lo justo, lo suyo en cada caso concreto.

9.2.5.- Tutorías

La consecución de los resultados de aprendizaje previstos en la asignatura de Derechos reales e inmobiliario no puede entenderse sin una especial relación profesor-alumno personalizada, a través de las correspondientes tutorías.

Las tutorías están reconocidas como un derecho del estudiante en el artículo 7.1. e) del Real Decreto 1791/2010, de 30 de diciembre por el que se aprueba el Estatuto del Estudiante Universitario341, donde se proclama el derecho de los estudiantes universitarios al asesoramiento y asistencia por parte de profesores, tutores y servicios de atención al estudiante. En particular, el artículo 8. 1. e) reconoce como derecho específico de los estudiantes de Grado "recibir orientación y tutoría personalizadas en el primer año y durante los estudios, para facilitar la adaptación al entorno universitario y el rendimiento académico, así como en la fase final con la finalidad de facilitar la incorporación laboral, el desarrollo profesional y la continuidad de su formación universitaria". Pero, además, de este derecho del estudiante y obligación del profesor legalmente establecidos, son una práctica constante y natural en la UFV, donde el reducido número de alumnos de las asignaturas, la cercanía en el trato, la atención personalizada y la preocupación por la formación integral del alumno son señas de identidad de nuestra Universidad.

Estas tutorías de la asignatura no deben confundirse con las mentorías propias del programa de acompañamiento de la Universidad, pero sí tienen cierta labor complementaria a aquel, desde el momento que en las tutorías el profesor se acerca más al alumno, tratando de entender sus dificultades de comprensión de la materia. Pero, no puede olvidarse que las tutorías tienen una doble —o hasta triple— función:

---

[341] BOE núm. 318, de 31 de diciembre de 2010.

Por una parte, y centrándonos en su función estrictamente académica, permiten enseñar, asesorar al alumno de forma particular sobre la propia materia, respondiendo a sus dudas concretas tanto de fondo como metodológicas, orientando en la elaboración de trabajos o resolución de casos, sugiriendo lecturas alternativas. A través de ellas, el profesor es capaz de ajustar de forma individual los distintos procesos y ritmos de aprendizaje de los estudiantes, ayudando especialmente a aquellos que se están quedando rezagados, pero también impulsando a los más brillantes, dedicándoles tiempo de calidad y fomentando la profundización en la asignatura.

Por otra parte, las tutorías tienen una función más amplia que traspasa la propia asignatura de Derechos reales, pues permiten al profesor conocer mejor a los alumnos, aconsejarles sobre otras asignaturas, itinerarios, sus futuros TFG, las salidas o dedicación profesional, oposiciones etc. A veces, son cauce para descubrir la vocación investigadora, la docente o una determinada inclinación profesional. Trasciende su función propiamente académica como herramienta eficaz de la asignatura, pero la completa y creo que entronca con la verdadera función del profesor-tutor universitario del siglo XXI para orientar, acompañar y guiar al estudiante, suscitando su responsabilidad en el desarrollo de su itinerario universitario.

Asimismo, puede servir en muchos casos para detectar problemas, cuestiones que les preocupan, capacidades diferentes en los alumnos que puedan luego tratarse en las mentorías por los especialistas en el desarrollo personal del alumno.

De este modo, la triple función de las tutorías hace que sean un medio necesario y muy interesante en la docencia de la asignatura, ya que no podemos entender la función del profesor desligada de la persona del alumno, en su totalidad.

9.2.6.- Aula Virtual

La enseñanza del Derecho, como de cualquier otra ciencia, no puede entenderse hoy sin herramientas tecnológicas que faciliten el aprendizaje del alumno. Esto se ha puesto todavía más de relieve, si cabe, a raíz de la epidemia de COVID 19, donde en un giro totalmente imprevisto, los docentes debimos adaptar nuestra forma de enseñar a través de la docencia *on line*, sin la cercanía de la presencialidad en ninguno de sus aspectos.

La enseñanza y el cumplimiento de los objetivos y resultados de aprendizaje fue posible gracias a las nuevas herramientas tecnológicas, al aula virtual, a través de la plataforma de CANVAS que se utiliza en la UFV.

Esta plataforma permite desarrollar un sinfín de actividades, herramientas, sesiones en línea, participación síncrona o diferida, generación de debates y foros, explicaciones a través de medios audiovisuales (vídeos, *podcast*...), entrega y corrección de trabajos, programar trabajos colaborativos, corrección en línea y *feed back* continuado y claro por parte del profesor a los alumnos, así como la posibilidad de generar un sistema de evaluación objetivo, eficaz y totalmente transparente.

En definitiva, el aula virtual, ha venido para quedarse; pero como un elemento totalmente integrado en la docencia presencial tradicional que facilita tanto la labor del profesor como, sobre todo, el aprendizaje activo del alumno.

En la asignatura de Derechos reales e inmobiliarios, el Aula Virtual es parte esencial de aquella. En el aula aparecen todos los materiales docentes, incluido el manual, separados por temas y bloques; recoge test de evaluación para cada uno de los bloques; los casos prácticos y sus materiales se encuentran también en el aula virtual para consulta y posterior entrega por parte de los alumnos a través de los buzones de entrega; se abren foros y debates continuados sobre temas de actualidad y se "cuelgan" noticias, leyes, y, en definitiva, todo tipo de materiales complementarios para los alumnos. De igual forma, es utilísima la posibilidad de realizar y exponer los vídeos cortos que cuelga el profesor con explicaciones concretas de determinados conceptos básicos, que le permiten avanzar en la clase teórica y sirven para la resolución de las prácticas.

Realmente, considero que no es una herramienta más (como lo es la clase teórica, las prácticas, los trabajos de investigación...), sino que hoy es un soporte diferente para realizar todas ellas. No se entiende la asignatura sin ella, ya que no es una herramienta externa y auxiliar al proceso docente, sino que enriquece el propio proceso docente, ya que "Las TIC´s ofrecen grandes posibilidades de hacer realidad una docencia significativa, ya que completan, ilustran y facilitan la profundización en las distintas materias, las relaciona más fácilmente con la actualidad del Derecho, flexibiliza los cauces de comunicación, dinamiza los instrumentos de evaluación al servicio del profesor, etc. Al mismo tiempo, las TIC´s atienden de modo directo al cultivo de destrezas y competencias que quedarían desatendidas en caso de que esas nuevas tecnologías no estuvieran presentes en el proceso docente"[342].

9.3.- SISTEMA DE EVALUACIÓN

Medir los resultados de aprendizaje de los estudiantes en la asignatura de Derechos reales e inmobiliario es una tarea fundamental puesto que determina la eficacia de la docencia, el grado de cumplimiento de sus objetivos, en función de la asimilación de la materia y aprendizaje de los estudiantes.

---

342 PALOMINO LOZANO, R., "El uso de las TIC´s en la enseñanza y aprendizaje de los estudios jurídicos", en *Enseñar Derecho en el siglo XXI. Una guía práctica sobre el Grado en Derecho,* ob. cit., p. 301.

La evaluación tiene dos funciones principales, tal y como afirma LÓPEZ ÁLVAREZ[343]: una la propiamente evaluadora que "busca la comunicación con el alumno para transmitirle los resultados de aprendizaje", y en segundo lugar la "calificadora" que acredita los conocimientos y capacidades adquiridos en la asignatura.

El sistema de evaluación que se planifique debe ser acorde con los objetivos propuestos, y debe medir realmente todo el proceso de aprendizaje de los alumnos, no bastando con limitarse a ser una forma de medir o evaluar conocimientos memorísticos al final de la asignatura, como ocurría en la docencia anterior al EEES. Evaluar no es examinar, y no se evalúa solo el aprendizaje, sino que se evalúa para el aprendizaje, tal y como manifiestan BONSÓN Y BENITO[344]. De este modo, los métodos o sistemas de evaluación que se planteen deben ser coherentes con los objetivos propuestos, con el desarrollo de la asignatura y con los resultados de aprendizaje previsto. La evaluación debe ser motivadora para el aprendizaje del alumno, ya que se trata de "la parte de nuestra actividad docente que tiene más fuertes repercusiones en los alumnos"[345], y puede conseguir que el alumno quiera aprender todo y sacar altas calificaciones, o si está mal planteada, puede desmotivar al alumno buscando solo su aprobado[346].

---

343 LÓPEZ ÁLVAREZ, L.F., Métodos de evaluación", en *Enseñar Derecho en el siglo XXI. Una guía práctica del Grado en Derecho,* ob. cit., p.364.

344 BONSON, M. Y BENITO, A., "Evaluación y aprendizaje", en *Nuevas claves para la docencia universitaria en el Espacio Europeo de Educación Superior,* (Benito, A. y Cruz A., Coords), Narcea, Madrid, 2007, p.87.

345 ZABALZA BERAZA, M.A., "Evaluación de los aprendizajes en la Universidad", en *Didáctica Universitaria,* (Garcia-Valcárcel Muñoz-Repso, A., Coord.), La Muralla, Madrid, 2000, p. 265.

346 LÓPEZ ÁLVAREZ, L.F., "Métodos de evaluación", en *Enseñar Derecho en el siglo XXI. Una guía práctica del Grado en Derecho,* ob. cit., p.356.

Hoy en día, la evaluación es clave en el desarrollo de la docencia, pues al medir el aprendizaje del alumno, sirve también para medir la calidad docente, impulsa su mejora y determina el cumplimiento de los objetivos propuesto. Como afirma D´ORS "una de las satisfacciones que solemos tener los profesores es la de comprobar cómo nuestros alumnos van aprendiendo a hablar sobre aquello mismo que les explicamos y ver cómo se lanzan a hablar entre ellos mismos sobre las materias que van estudiando"[347], y eso solo se puede comprobar a través de una evaluación continuada, constante y coherente.

Entendemos, en consecuencia con todo lo dicho, que la evaluación planificada debe ser: continua, motivadora, coherente y que incentive el aprendizaje, lo que exige una buen planteamiento previo, un *feed back* recurrente a los alumnos, métodos o pruebas con rúbricas claras que den transparencia al proceso de evaluación; pues el alumno debe conocer, desde el inicio del curso, los objetivos de aprendizaje, y los métodos para evaluarlos; solo así puede organizarse y autogestionarse en el proceso formativo.

De este modo, en la asignatura de Derechos reales se han planificado varias herramientas de evaluación para las distintas metodologías aplicadas, pues considero que la unión de todas ellas puede asegurar el proceso de aprendizaje del alumno. Se ha otorgado un 40% de la calificación de la asignatura a varias actividades formativas durante el curso, es decir con una evaluación continua, y el 60% al examen final.

Creo que las lecciones magistrales se avienen mejor con un examen o prueba objetiva, mientras que, para las clases prácticas, o la resolución de un caso resulta mejor la elaboración de un dictamen o escrito ajustado a una rúbrica previamente

---

347 D´ORS, A., *Nuevos papeles del oficio universitario,* Rialp, Madrid, 1980, p. 41.

señalada a los alumnos, que forman parte de su nota final. Las prácticas se corregirán semanalmente, realizando un breve *feedback* sobre la misma, a través del Campus virtual. A través de estas correcciones, el estudiante podrá mejorar en la resolución de las siguientes y comprobar qué aspectos de los conocimientos teóricos tiene asimilados o, por el contrario, pendiente de asimilación y estudio.

De igual forma, utilizo exámenes de test durante todo el curso, como pruebas objetivas, que permiten exigir al alumno pensar sobre la asignatura, relacionar los conceptos implicados y llegar a conclusiones propias. Estas pruebas se realizan a través del aula virtual, pero en clase, de forma presencial, y así el alumno ve los resultados al momento, y luego se corrigen en clase y se genera debate sobre las cuestiones. Los tests, por supuesto, forman parte de la evaluación continua. Además, es un sistema al que deberán enfrentarse en el futuro los alumnos de Derecho, porque es el empleado en la Prueba estatal de Acceso a la Abogacía y en algunas oposiciones.

Por otra parte, resulta de interés incentivar la participación de los alumnos a través de cuestiones planteadas en clase, foros, y especialmente en la resolución oral de los casos prácticos, y no cabe duda de que la evaluación de esas intervenciones es un estímulo eficaz. Por último, la defensa oral de los trabajos encargados de forma individual o grupal en clase, son también evaluados como parte de su nota continua en el curso, lo que hace que pongan más interés en su desarrollo.

El examen final que planteo pretende ser un reflejo de las herramientas docentes utilizadas y su evaluación, de forma que siempre tiene preguntas o cuestiones teóricas que pretenden evaluar los conocimientos técnicos necesarios y evaluar su capacidad de argumentación y redacción, así como la realización de un caso práctico similar a los desarrollados durante el curso, que demostrará si adquirieron las competencias necesarias.

Con todo ello, entiendo que cumplo con la premisa de adecuar la evaluación a los recursos y herramientas docentes propuestas, si bien hay que tener en cuenta que docencia y evaluación no son nunca procesos cerrados, sino sujetos al cambio en busca de la mejora constante, y variable según el grupo al que te enfrentas cada año.

Por último, quiero resaltar que las herramientas descritas para la evaluación pretenden obtener unos indicadores objetivos que sirvan para la calificación final, y se trata de indicadores que miden los objetivos de tarea, es decir, los productos físicos (trabajos, dictámenes, test, pruebas objetivas), así como los productos psíquico (las competencias y habilidades que con ellos queremos obtener: capacidad de análisis, de argumentación, de resolver problemas prácticos...). Pero, la evaluación debe procurar también medir los objetivos de la acción, es decir, el para qué de esos objetivos de tarea, y en definitiva el para qué del aprendizaje de esa asignatura. El sistema de evaluación no puede desvincularse de la pregunta por el sentido, y debe ser coherente con esta. Como dice VICTOR ORON[348], "El objetivo de la acción es responder a la pregunta de: "y todo eso ¿para qué?". Y ese para qué tiene que ser algo valioso, es decir, querido en sí mismo. Los objetivos de la tarea tienen grado de utilidad, sirven para algo, es decir, sirven para los objetivos de la acción. Los objetivos de la acción tienen grado de valor y son importantes en sí mismos. Los objetivos de acción son siempre de orden personal y responden a qué tipo de persona se quiere ser, cómo uno quiere relacionarse con los demás, cómo quiere vivir y entender la vida, etcétera. Los objetivos de la acción, por ser algo de valor, son válidos para toda persona, en todo tiempo y en todo lugar."

---

348 VÍCTOR ORÓN, J., "Taller 3. Evaluación formativa del uso de los indicadores en función del crecimiento personal", Material talleres Razón Abierta, Universidad Francisco de Vitoria, p. 1.

Para ello, se van a introducir en la asignatura dos herramientas que pretenden medir esos objetivos de tarea:

a) En primer lugar, en aquellas lecciones expositivas/ teóricas que sean clave para la asignatura, sin marcar los objetivos previamente al alumno, se pasará al final un breve cuestionario en el que se le preguntará para qué ha servido esta clase, qué ha aprendido en ella y cuál ha sido la finalidad. De este modo, sirve, primero de autoevaluación del profesor, para comprobar si he establecido de forma clara los objetivos y, en segundo lugar, para que el alumno piense en el para qué de lo explicado.

b) Además, al finalizar el periodo de sesiones docentes, se les pasará otro cuestionario en el que se les preguntará sobre cómo han visto la asignatura, si han aprendido, qué les ha resultado más difícil, qué ha sido más útil, y para qué creen que les ha servido. Igualmente, preguntaré por qué creen que han obtenido las calificaciones parciales que tienen y a qué se ha debido esa calificación.

Con estas dos sencillas herramientas puedo obtener indicadores muy útiles para ver si se han cumplido o no los objetivos de acción previstos, y si la asignatura ha servido a su fin; sirviendo en caso negativo de base para la mejora en el próximo curso.

Capítulo 10

Propuesta de guía docente de la asignatura de derechos reales e inmobiliario

Todo lo que se acaba de exponer debe plasmarse en la Guía docente, que es el "contrato" que presentamos a los alumnos, donde indicamos los contenidos, objetivos, competencias y resultados de aprendizaje que queremos obtener con la asignatura.

De este modo, a continuación, se propone la siguiente guía docente de la asignatura de Derechos reales e inmobliario, conforme al nuevo plan de estudios aprobado en octubre 2022 por la Fundación Madrid +D, ajustado a lo aprobado en la Memoria del Grado en Derecho, y con esa base (forzosa) se hace la siguiente propuesta, teniendo en cuenta todo lo que allí se establece y no puede modificarse:

Asignatura obligatoria, de 6 ECTS, impartida en el segundo cuatrimestre de tercer curso del grado en Derecho.

10.1.- OBJETIVO DE LA ASIGNATURA

Con la asignatura de Derechos reales e inmobiliario se pretende que el alumno sea capaz de reconocer lo justo, lo que es debido a cada uno, en las relaciones patrimoniales jurídico-reales. Es decir, debe de ser capaz de llevar a cabo la correcta atribución de los bienes patrimoniales al hombre, y distinguir las diferentes relaciones de poder que el hombre tiene sobre las cosas, otorgando a su titular la legitimación para defenderlas de injerencias ajenas, poniendo a cada uno en el goce y disfrute de los bienes que le correspondan, integrando la dimensión individual de base patrimonial de las relaciones jurídico-reales con la dimensión social de la persona, como pilares básicos del Derecho civil.

Se busca, en definitiva, contribuir a la correcta y justa atribución y distribución de los bienes entre los hombres, conociendo y cuestionando —en su caso— la normativa que rige las relaciones jurídico-reales, para la solución de los problemas derivados de ellas mediante soluciones jurídicas justas.

Un civilista experto en derechos reales debe tener un conocimiento exhaustivo de las diferentes relaciones jurídico-reales existentes, y de las facultades concretas que cada una de ellas otorgan a su titular; así como de las limitaciones a las que se ve sometido su poder real, directo e inmediato sobre la cosa, para conseguir el respeto o deber de abstención de los demás, que contribuyan al pleno ejercicio de sus facultades. Pero, a la vez, debe ser consciente de que esas limitaciones establecidas tienen un significado que transciende el mero individualismo, a veces contempladas por el ordenamiento positivo, y que se establecen en aras de un bien común, de la sociedad, que debe prevalecer en momentos determinados sobre el interés particular.

Los fines específicos de la asignatura son:

- Conocer y comprender el ordenamiento jurídico-real: las relaciones de la persona con los bienes, sus tipos, contenido, facultades y poderes sobre las cosas.
- Ser capaz de entender las limitaciones o deberes de respeto que dichas relaciones jurídico-reales del hombre sobre un bien concreto genera en el resto de la sociedad, buscando el equilibrio entre ambas relaciones (hombre-cosa, hombre-terceros).

- Distinguir, y conocer los diferentes tipos de derechos reales: posesión, propiedad, derechos limitados, y sus formas de adquisición, extinción y defensa.
- Analizar los problemas jurídicos que generan las relaciones jurídico-reales entre el hombre y la sociedad.
- Ser capaz de ofrecer soluciones a los problemas reales planteados, persiguiendo el ideal de la justicia, y la justa atribución de los bienes al hombre.
- Desarrollar el aprendizaje reflexivo, crítico y autónomo del alumno haciendo hincapié en la correcta utilización de la terminología jurídica y análisis de los conocimientos jurídicos adquiridos.

10.2.- DISTRIBUCIÓN TIEMPOS DE TRABAJO

ACTIVIDAD PRESENCIAL	TRABAJO AUTÓNOMO/ ACTIVIDAD NO PRESENCIAL
60 horas Clases presenciales Exposición de trabajos y casos Debates Comentarios de jurisprudencia Exámenes	90 horas Estudio del alumno Investigación y elaboración trabajos Resolución casos prácticos

10.3.- COMPETENCIAS

Básicas

- Que los estudiantes hayan demostrado poseer y comprender conocimientos en un área de estudio que parte de la base de la educación secundaria general, y se suele encontrar a un nivel que, si bien se apoya en libros de texto avanzados, incluye también algunos aspectos que implican conocimientos procedentes de la vanguardia de su campo de estudio.
- Que los estudiantes sepan aplicar sus conocimientos a su trabajo o vocación de una forma profesional y posean las competencias que suelen demostrarse por medio de la elaboración y defensa de argumentos y la resolución de problemas dentro de su área de estudio.
- Que los estudiantes tengan la capacidad de reunir e interpretar datos relevantes (normalmente dentro de su área de estudio) para emitir juicios que incluyan una reflexión sobre temas relevantes de índole social, científica o ética.
- Que los estudiantes puedan transmitir información, ideas, problemas y soluciones a un público tanto especializado como no especializado.
- Que los estudiantes hayan desarrollado aquellas habilidades de aprendizaje necesarias para emprender estudios posteriores.

Generales

- Adquirir capacidad de análisis, síntesis, valoración y razonamiento crítico.

- Conocer el contenido sustantivo de las disciplinas jurídicas y las complementarias a éstas.
- Aplicar los conocimientos teóricos a la resolución de problemas.
- Buscar documentación, manejar fuentes y gestionar información.
- Adquirir conocimientos de forma autónoma.
- Comunicarse de modo oral y escrito en diferentes contextos, utilizando un lenguaje técnico y apropiado.
- Desarrollar los aspectos necesarios para saber trabajar en equipo, adaptarse a las nuevas situaciones, ser tolerantes, desarrollar un comportamiento ético y un compromiso social.
- Adquirir conciencia de la naturaleza del derecho y del estatuto epistemológico de la ciencia jurídica.
- Percibir el carácter unitario del Ordenamiento Jurídico y de la necesaria visión interdisciplinar de los problemas jurídicos.

Creemos que todas ellas son competencias a cuya obtención va a contribuir —a nuestro juicio— la asignatura de Derechos reales e inmobiliario, debido a la metodología escogida, el contenido de la materia y la forma de evaluación prevista. Quiero resaltar especialmente las dos últimas, en las que creo que debo incidir, planteando a los alumnos qué es el Derecho, qué es el Derecho civil, y cuál es el método científico propio de la ciencia del Derecho, que se concretará perfectamente al resolver los problemas jurídicos que se plantean, pues debemos resolverlos con el mismo método. De igual forma, en la resolución y atribución de lo justo a cada uno, el alumno debe acudir no solo al Derecho civil sino a otras ramas del Derecho, a través de casos multidisciplinares, y dejar siempre la puerta abierta al para qué, de forma que el alumno se vea obligado a acudir a otras ciencias para resolver esta cuestión.

Específicas

- *El titulado o la titulada podrá reconocer y distinguir las principales instituciones del Derecho privado y adquirir conciencia de la pluralidad de ordenamientos jurídicos vigentes.
- El titulado o la titulada podrá enumerar y describir las fases, trámites y principios procedimentales específicos de los diferentes órdenes jurisdiccionales.
- *Al acabar el grado el alumno o alumna mostrará su habilidad en el arte de la oratoria jurídica y la capacidad de expresarse de forma clara y convincente ante un auditorio.
- Al acabar el grado el alumno o alumna desarrollará la capacidad de negociación y conciliación en la solución de conflictos.
- El titulado o la titulada al finalizar el grado habrá desarrollado hábitos de pensamiento riguroso, ejercitando la capacidad de análisis, síntesis y comparativa de datos.
- *El titulado o la titulada al finalizar el grado podrá ofrecer soluciones creativas y reales a problemas jurídicos concretos.
- *El titulado o la titulada al finalizar el grado habrá adquirido un concepto real del derecho y aplicará la necesaria visión interdisciplinar de los problemas jurídicos.
- *Al acabar el grado el alumno o alumna podrá redactar informes jurídicos y otros documentos de interés acadé-

mico con claridad, precisión terminológica y según una argumentación solvente.

- Al acabar el grado el alumno o alumna será capaz de analizar y elaborar un problema del ámbito disciplinar del Grado, aplicando los conocimientos, habilidades, competencias y estrategias adquiridos o desarrollados durante el mismo.
- *Al acabar el grado el alumno o alumna será capaz de trabajar en equipo y de forma colaborativa para desarrollar proyectos comunes.

*Se seleccionan con un asterisco aquellas competencias -dentro de las que prevé la memoria del Grado en Derecho para toda la materia- que se van a desarrollar con la asignatura de Derechos reales e inmobiliario. Entendemos que esas competencias específicas (productos psíquicos de los objetivos de tarea) se alcanzarán a través de las herramientas docentes previstas, y serán evaluadas, a través de indicadores claros.

La primera de ellas "El titulado o la titulada podrá reconocer y distinguir las principales instituciones del Derecho privado y adquirir conciencia de la pluralidad de ordenamientos jurídicos vigentes" se obtendrá básicamente a través de la lección expositiva o teórica, donde es labor del profesor asentar esos conocimientos que se medirán a través de los test de cada bloque y la prueba final objetiva (examen).

La segunda "Al acabar el grado el alumno o alumna mostrará su habilidad en el arte de la oratoria jurídica y la capacidad de expresarse de forma clara y convincente ante un auditorio", se pretende obtener a través de la exposición en clase de los trabajos de investigación y de la resolución de los casos prácticos que se propongan. Se medirá con la valoración de esa participación oral en clase conforme a una rúbrica previamente determinada.

"El titulado o la titulada al finalizar el grado podrá ofrecer soluciones creativas y reales a problemas jurídicos concretos".

La metodología basada en casos continuos durante toda la asignatura tiene como finalidad, precisamente que el alumno sepa afrontar un problema jurídico y ofrecer soluciones a los distintos supuestos que se plantean. Se valorará a través de la entrega de la solución de los supuestos conforme a la metodología propuesta.

Con respecto a la competencia "El titulado o la titulada al finalizar el grado habrá adquirido un concepto real del derecho y aplicará la necesaria visión interdisciplinar de los problemas jurídicos", hay que señalar que se fomentará a través de los casos prácticos, los trabajos de investigación o jurisprudencia y en las sesiones teóricas, pues no puede entenderse el Derecho de cosas separado del resto/s de ordenamiento/s español, ni tampoco el europeo. Los debates y foros son también herramientas eficaces para profundizar en ello, pues se llevan cuestiones reales que, por tanto, suelen ser interdisciplinares, buscando los diferentes puntos de vista para abordarlas.

La competencia "Al acabar el grado el alumno o alumna podrá redactar informes jurídicos y otros documentos de interés académico con claridad, precisión terminológica y según una argumentación solvente" se desarrollará fundamentalmente mediante la elaboración de trabajos escritos, tanto de investigación como comentarios de jurisprudencia, y la redacción de dictámenes que implican la labor de redacción, argumentación e investigación en una. Se mediará por la entrega del dictamen solicitado conforme a una rúbrica previamente determinada.

Por último, la competencia "Al acabar el grado el alumno o alumna será capaz de trabajar en equipo y de forma colaborativa para desarrollar proyectos comunes", se logrará también a través del dictamen que suelen realizar en grupo para repartirse los roles y las tareas, y los casos prácticos, serán tanto individuales como en grupo. Es fundamental que aprendan el trabajo en equipo (no en grupo), reparto de tareas, consecución de objetivo común, resolución de discrepancias y adopción de acuerdos.

Además de todas ellas, y ya de forma personal, y como resultado de este trabajo, aunque no están contempladas en la memoria del Grado en Derecho, me gustaría que mis alumnos al acabar el estudio de esta asignatura fueran capaces de "entender el sentido, fundamento y función del derecho de propiedad y de los derechos reales y aplicarlo en la resolución de las cuestiones que se les planteen". También busco que los alumnos sean capaces de "buscar la antropología que subyace en las normas que emanan del legislador para ser capaces de juzgarlas correctamente", pues solo así se adquiere la perspectiva precisa para entenderlas.

10.4.- TEMARIO

BLOQUE I. TEORÍA GENERAL DE LOS DERECHOS REALES

TEMA 1. EL DERECHO REAL EN GENERAL

1. Derecho de cosas: concepto, fundamento, finalidad y relación con el principio de destino universal de los bienes y con los fines de la persona. 2. Derecho real: concepto y caracteres. 3. Diferencias entre los derechos reales y los de obligaciones. Figuras intermedias. 4. Derechos reales limitados y su clasificación. 5. El sistema de *numerus apertus*.

TEMA 2. LA POSESIÓN

1. Concepto. Naturaleza jurídica. El uso de los bienes por el hombre. 2. Clases de posesión. 3. Estructura de la posesión: sujeto y objeto de la posesión. 4. Las presunciones posesorias. 5. Dinámica de la posesión: adquisición y pérdida; recuperación de la posesión. 5. Liquidación del estado posesorio. 7. La protección posesoria. Acciones posesorias.

TEMA 3. MODOS DE ADQUIRIR LOS DERECHOS REALES

1. Teoría general de los modos de adquirir: modos originarios y derivativos. Art. 609 CC. 2. Modos de adquirir exclusivos de la propiedad: ocupación: hallazgo y tesoro; 3. Accesión: clases. Accesión invertida. Construcción extralimitada.

TEMA 4. MODOS DE ADQUIRIR LOS DERECHOS REALES (II)

1. El sistema de título y modo como principal modo de adquisición de derechos reales en España: Título o contrato traslativo y la entrega o *traditio*: Referencia al Derecho comparado. La tradición: concepto, elementos, requisitos y clases. *Blockchain* y tokenizacion. 2. La Usucapión: concepto, fundamento, sujetos y objeto. Clases: ordinaria y extraordinaria, de bienes muebles e inmuebles. Requisitos: posesión, cómputo del tiempo y justo título y buena fe. Efectos: carácter automático, retroactividad, renuncia a la usucapión, usucapión liberatoria, usucapión y registro.

TEMA 5. EXTINCIÓN DE LOS DERECHOS REALES

1. Modos voluntarios. 2. Modos involuntarios. 3. Adquisición *a non domino*.

BLOQUE II. EL DERECHO DE PROPIEDAD

TEMA 6. EL DERECHO DE PROPIEDAD

1. Fundamento del derecho de propiedad y la libertad humana. 2. Valoración del derecho de propiedad en la historia: concepto, tipos de propiedad y su relación con los fines del hombre. 3. La propiedad en el ordenamiento jurídico español: Concepto y caracteres. La propiedad en el CC. La propiedad y la CE: Función social de la propiedad y su relación con la justa atribución de los bienes. 4.Estructura de la propiedad. Sujeto, objeto y contenido de la propiedad: Facultades que lo integran. Extensión del dominio. 5. Limitaciones de la propiedad. Concepto y fundamento de las limitaciones de la propiedad. Las relaciones de vecindad. Las prohibiciones de disponer. 6. Extinción de la propiedad.

TEMA 7. LAS ACCIONES PROTECTORAS DEL DOMINIO

1. Fundamento de la protección del derecho de propiedad: ¿es suficiente? 2. Acciones de dominio: reivindicatoria (especial consideración a sus requisitos: prueba del dominio del actor; posesión actual e indebida del demandado e identificación del objeto), declarativa, negatoria. 3. Otras acciones: Acción de deslinde y amojonamiento. La acción publiciana.

TEMA 8. PROPIEDADES ESPECIALES. LA COMUNIDAD DE BIENES

1. Concepto. Clases de comunidades: romana y germánica 2. El Condominio o copropiedad: concepto y principios rectores. 3. Régimen de la copropiedad. 4. Extinción de la comunidad y división cosa común y efectos. 5. Comunidades especiales.

TEMA 9. PROPIEDADES ESPECIALES. (II) LA PROPIEDAD HORIZONTAL

1.Concepto, naturaleza y regulación. 2.Constitución. 3. La cuota de participación. 4.Contenido: derechos y deberes del propietario; derechos y deberes de la comunidad de propietarios 5. Elementos comunes y privativos. 6. Organización de la propiedad horizontal. Toma de acuerdos y mayorías exigibles. 7. Extinción de la comunidad. 8. Los complejos inmobiliarios privados y otras formas de propiedad horizontal. 9. Propiedad intelectual. 10. Nuevos objetos de propiedad: la inteligencia artificial.

BLOQUE III. DERECHOS REALES LIMITADOS

TEMA 10. LOS DERECHOS DE USUFRUCTO, USO Y HABITACIÓN

1. Remisión al concepto, caracteres y tipos de los derechos reales limitados; diferencias con el derecho de propiedad (tema 1). 2. Concepto y características del derecho de usufructo. 3. Modos de constitución. 4.Elementos subjetivos, objetivos y contenido. 5.Causas de extinción del usufructo. 6. Usufructos especiales 7. Los derechos de uso y habitación.

TEMA 11. LAS SERVIDUMBRES

1. Cuestiones generales: Concepto y características 2. Clases: personales y prediales; continuas /discontinuas; aparentes/ no aparentes; positivas/ negativas; voluntarias/legales. 3. Modos de constitución: Ley, negocio jurídico, usucapión, destino aparente. 4. Modificación: por convenio interesados, por el tiempo, modificación externa del predio. 5. Contenido: Derechos dueño predio dominante; Obligaciones dueño predio dominante; Derechos dueño predio sirviente; Obligaciones dueño. 6. Extinción de las servidumbres 7. Tipos especiales de servidumbres: servidumbres voluntarias; servidumbres y comunidades de pastos; servidumbres legales; servidumbres de aguas; servidumbre de paso; medianería; luces y vista; desagüe de los edificios; distancias y obras intermedias entre construcciones.

TEMA 12. EL DERECHO DE SUPERFICIE Y OTROS DERECHOS DE DIVISION DE FACULTADES DOMINICALES

1.Concepto y clases: urbana y urbanística. 2. El derecho de sobreelevación y el de subedificación. 3. Los censos y la enfiteusis.

TEMA 13. DERECHOS REALES DE GARANTÍA

1. Derechos de garantía: concepto y caracteres comunes y diferencias de los derechos reales de garantía. 2. Prenda: concepto, constitución, contenido y extinción. Clases: especial referencia a la prenda de créditos y prenda de derechos. 3. Anticresis: concepto, características y régimen jurídico.

TEMA 14. DERECHOS DE GARANTÍA (II). HIPOTECA

1. Hipoteca: concepto, caracteres y clases (hipotecas especiales: de seguridad, máximo, flotante e inversa). 2. Constitución de la hipoteca 3. Estructura: Sujetos (acreedor, deudor hipotecario y tercer poseedor de finca hipotecada), objeto (bienes y derechos susceptibles de hipoteca, extensión objetiva y obligación garantizada). Responsabilidad hipotecaria 4. Vicisitudes hipoteca (I): Transmisión del crédito hipotecario, transmisión de la finca hipotecada y subrogación de préstamos hipotecarios. 5. Vicisitudes hipoteca (II). Ejecución. Especial estudio de la acción hipotecaria. Extinción y cancelación. Rango registral. 6. Hipoteca mobiliaria y prenda sin desplazamiento.

TEMA 15. DERECHOS DE ADQUISICIÓN PREFERENTE

1. Tanteo y retracto: concepto, caracteres y clases (legal y convencional). 2. Derechos legales de adquisición preferente: retracto y tanteo legal: Reconocidos Código Civil; reconocidos en la legislación arrendaticia: LAR y LAU; reconocidos en otras leyes; requisitos de ejercicio; plazo de ejercicio. 3. Retracto convencional: Concepto y regulación; requisitos y ejercicio; plazo. 4. Colisión de derechos de adquisición preferente. 5. Derecho de opción: Concepto y naturaleza; eficacia.

BLOQUE IV. DERECHO INMOBILIARIO REGISTRAL

TEMA 16. EL REGISTRO DE LA PROPIEDAD

1. El Derecho Registral Inmobiliario y publicidad registral. 2. Sistemas registrales. 3. El Registro de la Propiedad: organización y los libros del Registro. 4. Los asientos registrales. 5. Triple objeto registro: La finca registral, actos y títulos. 5. Inmatriculación de las fincas y operaciones registrales (agrupación, agregación, división y segregación). Exceso de cabida. 6. Procedimiento registral.

TEMA 17. PRINCIPIOS REGISTRALES y PUBLICIDAD REGISTAL

1. Especialidades y distinción de los principios informadores del Registro de la Propiedad. 2. Principios formales: Principio de legalidad. Principio de especialidad. Principio de rogación. Principio de tracto sucesivo. 3. Principios materiales: Principio de inscripción. Principio de prioridad: "*prior tempore potior iure*". Principio de legitimación. Principio de fe pública: mantenimiento de la adquisición (art. 34 LH) e inoponibilidad de lo no inscrito (ar. 32 LH). Concepto, requisitos de su aplicación, y efectos.

10.5.- METODOLOGÍA DOCENTE

La asignatura de Derechos reales e inmobiliario se adapta en su impartición a las nuevas metodologías docentes consecuencia de la implantación del EEES, que implicó el destierro de la tradicional clase magistral como única metodología docente aplicable, así como la asunción de las nuevas herramientas digitales, incorporadas en el sistema propio de la UFV, "Formar para transformar".

De este modo, y sin renunciar a las clases tradicionales, hoy lecciones expositivas, se utilizarán metodologías más activas que impliquen la mayor participación del alumno, con nuevas herramientas tecnológicas, con un proceso de captación de atención más rápido, para conseguir motivar al alumno, despertarle y provocarle la reflexión, análisis y planteamiento crítico de las cuestiones relevantes de la asignatura, con el fin de que pueda descubrir y decidir por sí solo y buscando el sentido último de la asignatura.

Es fundamental conseguir dotar al alumno de una capacidad crítica y analítica, enseñarle a pensar y razonar por sí mismo, pero con sólidos fundamentos jurídicos técnicos.

Para ello, la asignatura de Derechos reales e inmobiliario se plantea como una asignatura eminentemente práctica, con una base teórica suficiente, al igual que lo es la ciencia del Derecho (teórico-práctica), pues en definitiva el jurista debe saber determinar en un caso concreto, que es lo justo y argumentarlo.

Con ese fin, nos basaremos en diferentes herramientas metodológicas, pues la docencia a través de una sola de ellas no conseguiría este propósito teórico-práctico que busca formar sólidamente al alumno para provocar su interés, ayudarle a argumentar y decidir en el caso concreto la solución más justa.

Las actividades formativas previstas para esta asignatura, de forma general, en la nueva memoria del Grado en Derecho aprobada recientemente por la Fundación Madrid+D, son:

LECCIÓN MAGISTRAL PARTICIPATIVA: A diferencia de la lección magistral clásica, en la que el peso de la docencia recae en el profesor, en la lección magistral participativa buscamos que el estudiante pase de una actitud pasiva a una activa, favoreciendo su participación. Para ello es necesario que el docente realice una buena estructuración del contenido, tenga claridad expositiva y sea capaz de mantener la atención y el interés del estudiante

TRABAJO AUTÓNOMO. En esta metodología el alumno toma la iniciativa con o sin la ayuda de otros (profesores, compañeros, tutores, mentores). Es el estudiante el que diagnostica sus necesidades de aprendizaje, formula sus metas de aprendizaje, identifica los recursos que necesita para aprender, elige e implementa las estrategias de aprendizaje adecuadas y evalúa los resultados de su aprendizaje. El docente se convierte así en el guía, el facilitador y en una fuente de información que colabora en ese trabajo autónomo.

ESTUDIO EN GRUPO/COMUNIDES DE APRENDIZAJE: Se establecen grupos de alumnos que estudian juntos determinados contenidos de la materia. La clave fundamental es la organización del estudio, las normas que se establezcan y la responsabilidad del alumnado. La interacción y el apoyo mutuo entre ellos enrique los aprendizajes individuales de los miembros del grupo. Suelen utilizarse herramientas de comunicación que los lleve a favorecer su aprendizaje de forma conectada.

MÉTODO DEL CASO: Estudio de Casos: El profesor estructura situaciones profesionales concretas (hechos, sucesos reales o simulados) que deben analizar los estudiantes y que suelen tener como objetivo el conocimiento más profundo de la situación, su interpretación, la búsqueda de información, el establecimiento de hipótesis... con el fin de diseñar soluciones a los problemas detectados; en suma, la aplicación de conocimientos y destrezas a un ámbito ¿semiprofesional? Suele desarrollarse en entornos presenciales pero varias plataformas permiten que se desarrolle igualmente en espacios virtuales.

TUTORÍAS: Es el contacto presencial o síncrono periódico entre profesor y estudiantes, de forma grupal o individual. El profesor orienta a los estudiantes hacia la consecución de un objetivo.

Como podemos observar, estas cinco actividades descritas de forma general incluyen las herramientas docentes que hemos propuesto utilizar y hemos descrito en los apartados anteriores.

1. Lección teórica expositiva o magistral, que encaja dentro de la lección expositiva participativa, pues ya hemos explicado cómo en ella es fundamental la interacción con el alumno.

2. Clases prácticas, en las que se usarán metodologías de aprendizaje basado en problemas (ABP), y del método del caso, por medio de la resolución de casos prácticos individuales o en grupo. Metodología centrada en el aprendizaje, en la investigación y reflexión que siguen los alumnos para llegar a una solución ante un problema planteado por el profesor. El ABP se plantea como medio para que los estudiantes sean los protagonistas y

adquieran los conocimientos y los apliquen para solucionar un problema real o ficticio, sin que el docente utilice únicamente la lección magistral u otro método para transmitir ese temario. Prácticamente toda la asignatura se plantea como una sucesión de resolución de casos y problemas a partir de la explicación de mínimos ofrecida por el profesor. Coincide con la actividad denominada en la memoria, Método del caso.

3. Debates, foros y análisis crítico en clase: a través de formulación de preguntas y supuestos vinculados con el tema, realización de otras actividades de trabajo en grupo o colaborativo, con resolución y exposición por parte de los alumnos previa lectura y profundización de materiales ya facilitados *(Flipped Learning o Classroom).* Se trata de una metodología activa que desplaza la instrucción fuera del aula a través de vídeos o textos enriquecidos para aumentar el tiempo presencial en el que realizar tareas de nivel cognitivo superior propuestas y guiadas por el docente. Tanto en las clases presenciales como en remoto, el aprendizaje inverso se basa en facilitar los contenidos para el estudio autónomo por parte del alumno, pero sobre todo en diseñar actividades de aprendizaje significativas en el tiempo que comparten con el profesor, pudiendo integrarse en otras metodologías como el aprendizaje cooperativo o método del caso, o ABP. Facilita el aprendizaje autónomo del alumno y también si se encargan debates en grupo el trabajo en comunidades.

4. Trabajos de investigación y comentarios jurisprudencia. Se profundizará en el contenido con la realización de trabajos de investigación individuales y en grupo que exigirá su presentación y exposición oral, a través de la elaboración de un dictamen. Se fomenta de este modo las competencias investigadoras, la búsqueda de fuentes, planteamiento de tesis y preguntas jurídicas, argumentación y reflexión propia para tratar de responder a esa

pregunta jurídica principal, a través de una correcta redacción técnica-jurídica, así como la comunicación oral. Estas actividades implican, por supuesto, el aprendizaje autónomo del alumno, y el trabajo en comunidades.

5. Tutorías: seguimiento del trabajo a desarrollar por el alumno. Las actividades y/o trabajos a desarrollar por los alumnos se dirigirán por el profesor a través de las correspondientes tutorías de forma individualizada o en grupo. Si se tratara de solventar cuestiones suscitadas por un trabajo en grupo, resolverá aquellas dificultades respecto de la asignatura o trabajo a realizar que se planteen.

   Estas tutorías también podrán realizarse a través del Foro de la asignatura donde, asimismo, podrán participar los alumnos aportando su parecer en las cuestiones planteadas, fomentando un debate e intercambio de opiniones.

6. Aula Virtual. El Aula virtual es fundamental en el desarrollo de la asignatura, no es tanto una herramienta o actividad formativa cuanto un soporte técnico donde poder realizar todas las actividades descritas. Una de sus mejores utilidades es, precisamente, el planteamiento de debates en los foros virtuales, donde se lanzan cuestiones, temas o problemas de actualidad relacionados con la asignatura para que el alumno participe con sus opiniones fundamentadas en ellas.

10.6.- SISTEMA DE EVALUACIÓN

El sistema de evaluación que se propone tiene en cuenta las diferentes herramientas metodológicas propuestas, y pretende obtener una evaluación global, continua y completa de la adquisición del alumno tanto de los conocimientos previstos como de las competencias establecidas.

El sistema de evaluación es el siguiente, conforme a lo recogido en la memoria del Grado en Derecho aprobada por la Fundación Madrid+D, si bien con el nuevo plan de estudios está todavía por determinar los porcentajes exactos, nosotros hacemos una propuesta dentro de las horquillas previstas:

SISTEMA DE EVALUACIÓN GENERAL

1. EXAMEN FINAL: 60%.

Consistirá en la realización de una prueba escrita con un valor del 60% de la calificación de la asignatura. El examen comprenderá la totalidad de la materia contenida en el temario, y será presencial siempre y cuando la situación sanitaria lo permita, pudiendo ser modificados con el objetivo de cumplir las indicaciones dadas por las autoridades sanitarias.

2. ACTIVIDADES FORMATIVAS: 40%.

Dentro de ellas, se ponderarán:

- La realización de casos y supuestos prácticos realizados durante el curso (20%),
- Trabajo en grupo (ABP, rol play, trabajo investigación...) que se expondrá o resolverá de forma oral por sus componentes (10%) y
- La participación a través de foros y debates o intervenciones en clase (10%).

SISTEMA EVALUACIÓN REPETIDORES y ALUMNOS CON DISPENSA

Por las distintas situaciones en las que pueda encontrarse el alumno, atendiendo a la normativa de la universidad, aquellos que queden dispensados de asistencia a las clases, deberán realizar obligatoriamente los mismos trabajos y actividades que los alumnos del sistema ordinario de evaluación, salvo lo relativo a la participación, cuya nota se sumará al examen.

De este modo, el sistema de evaluación para ellos será:

Examen ordinario: 70%

Actividades Formativas: 30%

- La realización de casos y supuestos prácticos realizados durante el curso (20%),
- Trabajo en grupo (ABP, rol play, trabajo investigación, dictamen...) que se expondrá o resolverá de forma oral por sus componentes (10%).

REQUISITOS MÍNIMOS PARA APROBAR LA ASIGNATURA

Para la aplicación de los porcentajes indicados será necesario que la nota del examen final sea superior a un 5, en la escala de 1 a 10.

El examen final y la exigencia de obtener un 5 como nota mínima para la aplicación del resto de porcentaje es aplicable a todas las convocatorias.

CUESTIONES GENERALES

En las convocatorias extraordinarias dentro del curso académico se mantendrá la nota correspondiente a las actividades formativas. En las siguientes convocatorias, si el alumno no asistiera a las clases, se aplicará lo dispuesto para los casos de dispensa.

La matrícula de honor es un reconocimiento a la excelencia y es una facultad exclusiva del profesor de la asignatura conceder o no tal distinción.

Todas las pruebas susceptibles de evaluación estarán supeditadas a lo establecidos en la Normativa de Evaluación de UFV.

Las conductas que defrauden el sistema de comprobación del rendimiento académico, tales como plagio de trabajos o copia en exámenes son consideradas faltas graves según el artículo 7 de la normativa de convivencia de la UFV y serán aplicadas las sanciones oportunas como recoge el artículo 9 del mismo documento.

10.7.- BIBLIOGRAFÍA BÁSICA

Manual de referencia:

GOÑI RODRÍGUEZ DE ALMEIDA, M., *Los Derechos reales y su publicidad,* ebook, 2012.

AA.VV. *Guía de Derecho Civil, Teoría y Práctica,* Tomo IV, Thomson-Reuters Aranzadi, 2019.

DÍEZ PICAZO, L. y GULLÓN BALLESTEROS, A., *Sistema de Derecho civil, vol. III. Derecho de cosas. Derecho inmobiliario,* Tecnos, 10ª, 2019.

LACRUZ BERDEJO, J.L., *Elementos de Derecho Civil, III tomos 1 y 2,* Dykinson, 2008.

LACRUZ BERDEJO, J.L., *Elementos de derecho civil. III-bis. Derecho inmobiliario registra!,* Dykinson, 2003.

GÓMEZ GÁLLIGO, F.J y DEL POZO CARRASCOSA, P., *Lecciones de derecho hipotecario,* Marcial Pons, Ediciones Jurídicas y Sociales, 2006 (2 ed.).

Revistas de especial interés:

- Anuario de Derecho civil.
- Revista de Derecho civil.
- Revista de Derecho privado.
- Revista Crítica de Derecho inmobiliario.
- Derecho Privado y Constitución.
- Actualidad civil.

Legislación:

- Constitución española 1978.
- Legislación civil actualizada –Código Civil-,
- Ley Hipotecaria 1944-46 y Reglamento Hipotecario 1947.
- Ley de propiedad horizontal
- Texto Refundido de la Ley de Propiedad Intelectual.
- Ley de contratos de aprovechamiento por turno de bienes de uso turístico, de adquisición de productos vacacionales de larga duración, de reventa y de intercambio y de normas tributarias.

- Texto Refundido de la Ley del Suelo.
- Ley de Hipoteca Mobiliaria y prenda sin desplazamiento.
- Ley de Enjuiciamiento Civil.

Recursos electrónicos:

- http://dialnet.unirioja.es
- www.notariosyregistradores.com
- www.datadiar.es
- www.justicia.es
- www.boe.es
- www.noticiasjuridicas.es
- www.revistacritica.es
- www.cendoj.jurisprudencia.es

Bases de datos:

- Tirant lo Blanch
- La Ley

Referencias bibliográficas

AGEJAS ESTEBAN, J.A., "La pregunta ética", en *Cuatro preguntas de razón abierta* (Aranguren, J. dir.), Instituto Razón Abierta, Universidad Francisco de Vitoria, Madrid, 2020, pp. 38-62.

ALBALADEJO GARCÍA, M., *Derecho Civil*, Tomo I, 1, Barcelona, 1989.

- *Derecho Civil*, Tomo III, Derecho de Bienes, Edisofer, Madrid, 2016.

ALFARO AGUILA-REAL, J., "Concreción de la doctrina *rebus sic stantibus* en el RDL 15/2020: contratos con consumidores y arrendamiento", *Blog Derecho mercantil*, 22 de abril 2020, disponible en https://derechomercantilespana.blogspot.com/2020/04/concrecion-de-la-doctrina-rebus-sic.html.

ALFONSO SÁNCHEZ, R., "La economía llamada colaborativa", en *Retos Jurídicos de la Economía colaborativa en el contexto digital* (R. Alfonso Sánchez y J. Valero Torrijos, Dirs.), Thomson-Reuters Aranzadi, Cizur Menor, 2017.

ALONSO PÉREZ, M., "Reflexiones sobre el concepto de la persona en el Derecho Civil de España", *Anuario de Derecho Civil*, Vol. 36, nº 4, 1983, pp. 1117-1128.

ALVAREZ MEDINA, S., "La interferencia estatal en la vida privada y familiar", *Cuadernos electrónicos de Filosofía del Derecho,* nº 42, 2020, pp. 20-21.

ÁLVAREZ, S., "La interferencia estatal en la vida privada y familiar", *Cuadernos electrónicos de filosofía del derecho*, nº 42, junio, 2020, pp. 2-3.

AMORÓS GUARDIOLA, M. Y CHICO ORTIZ, J.M., "Comentario al art. 608 CC" en Comentarios al Código Civil, Tomo VII, disponible en https://libros-revistas-derecho.vlex.es/vid/articulo-608-251683?_ga=2.157021939.973958722.1590160908-271930914.1589389796.

- "Dos etapas en la evolución histórica del Derecho civil", en *Libro-Homenaje a Ramón Mª ROCA SASTRE,* Madrid, tomo I, 1976, pp. 496 y ss.

ARBIZU LOSTAO, E., "La ética en el sistema financiero: un sistema de cumplimiento ", *Boletín de Estudios Económicos de Deusto,* Vol. 69, nº 211, 2014.

ARCE JANARIZ, A., *Constitución y Derechos forales*, Tecnos, Madrid, 1987.

ARCE Y FLÓREZ-VALDES, J., *El Derecho civil constitucional*, Civitas, Madrid, 1991.

ARECHEDERRA ARANZADI, L., "El Derecho civil foral de Navarra en la Constitución y en el Amejoramiento del Fuero", en *Temas de Derecho civil foral navarro*, Madrid, 1991, pp. 11-53.

- *Realidad, ilusión y delirio en el derecho de filiación*, Dykinson, Madrid, 2017.

ARGELICH COMELLES, C., "Una reformulación comparada del arrendamiento de vivienda: la oportunidad perdida del Real Decreto-Ley 7/2019", *Actualidad Civil*, nº 1, enero 2020, pp. 1-49.

- *La expropiación temporal del uso de viviendas*, Madrid, Marcial Pons, 2017, pp. 69-340.

ARRUÑADA, B., "Limitaciones de "blockchain" en contratos y propiedad", *Revista Crítica de Derecho Inmobiliario*, Año nº 94, nº 769, 2018, pp. 2465-2493.

AZNAR TRAVAL.A., *Economía colaborativa, Alojamiento y Transporte*, Aranzadi Thomson Reuters, Cizur Menor, 2017.

BAIN, K., *Lo que hacen los mejores profesores universitarios*, Universitat de Valencia, Valencia, 2007.

BARBER CÁRACAMO, R., Proyecto *Docente e Investigador de Derecho Civil*, Ejercicio a Cátedra, Universidad de la Rioja, Logroño, 2018.

- "Comentario de la STS 12 de enero de 2015 (260/2015)", en *Comentarios a las sentencias de unificación de doctrina*, vol. 7º (2015), Madrid, 2017, pp. 459-472.
- "Doble maternidad legal, filiación y relaciones parentales", *Derecho Privado y Constitución*, nº 28, enero/diciembre 2014, pp. 93-136.

BARROWS, H.S., "A taxonomy of problema-based methods", en *Medical Education* 20/6, 1986.

BATLLE VAZQUEZ, M., *Repercusiones de la Constitución en el Derecho privado*, Madrid, 1933.

BESA P., VERA D., GARCÍA R., VIAL R., VALENZUELA J., SALAS HOERNIG C., "Evolución del Concepto de Derecho Civil", disponible en https://www.monografias.com/trabajos10/evco/evco.shtml, pp. 1-6. (última visita 25 marzo 2020)

BETANCOURT-SERNA, F., "Valoración histórica de las reformas de los Planes de Estudios de Derecho en la ilustración europea", en *La licenciatura en Derecho en el contexto de la convergencia europea* (León Benítez, M.R., Coord.), Tirant lo Blanch, Valencia, 2007.

BONET RAMON, F., "Derecho público y Derecho privado", *Revista de Derecho Privado,* 1955, pp. 631-654.

BONSON, M. Y BENITO, A., "Evaluación y aprendizaje", en *Nuevas claves para la docencia universitaria en el Espacio Europeo de Educación Superior,* (Benito, A. y Cruz A., Coords), Narcea, Madrid, 2007, pp. 87 y ss.

BUJAN, F., *La reforma de los estudios de Derecho,* Dykinson, Madrid, 1992.

BURGOS, J.M., "Algunos rasgos esenciales de la antropología personalista", *Thémata: Debate sobre las Antropologías,* nº35, 2005 pp. 495-500.

- *Introducción al personalismo,* Palabra, Madrid, 2012.

CABERO ALMENARA, J., *Formación del profesorado universitario en estrategias metodológicas para la incorporación del aprendizaje en red en el EEES,* Programa dc Estudios y Análisis, Ministerio de Educación y Ciencia, 2005.

CALVO CARAVACA, A.L., "Consideraciones entorno al artículo 1º de la Convención de Viena de 1980, sobre Compraventa Internacional de Mercaderías", en *Hacia un nuevo orden internacional y europeo: Estudios en homenaje al profesor don Manuel Díez de Velasco,* Tecnos, Madrid, 1993, pp. 1329-1348.

CALVO ESPIGA, A., "Sobre el método en el estudio del Derecho civil: una aproximación a la Historia", *Anuario de Derecho Civil,* vol. 58., nº4, 2005, pp. 1599-1652.

CALVO SAN JOSÉ, M. J., *La función social de la propiedad y su proyección en el sistema de compensación urbanística,* 1ª edición, Ediciones Universidad de Salamanca, Salamanca, 2000.

CÁMARA LAPUENTE, S y ARROYO I MAYUELAS, E., *La revisión de las normas europeas y nacionales de protección de los consumidores,* Civitas, Madrid, 2012.

- "El control de cláusulas abusivas sobre el precio: de la STJUE 3 junio 2010 (Caja Madrid) a la STS 9 mayo 2013 sobre cláusulas suelo", *Revista CESCO de Derecho de Consumo,* nº. 6, 2013, pp. 98-115.
- "Transparencias, desequilibrios e ineficacias en el régimen de las cláusulas abusivas", *Anales de la Academia Matritense del Notariado,* Tomo 55, 2015, pp. 549-644.

- "Doce tesis sobre la STJUE de 21 diciembre 2016: Su impacto en la jurisprudencia del TJUE y del TS, no sólo sobre la retroactividad de la nulidad de las cláusulas suelo", *Indret: Revista para el Análisis del Derecho,* nº. 1, 2017 y
- "Las (seis) SSTS posteriores a la S.T.J.U.E 21 diciembre 2016. El control de transparencia sigue en construcción, muta y mutará aún más: hacia la transparencia subjetiva". (Comentario a Las SS.T.S. de 24 febrero 2017, 9 marzo 2017, 20 abril 2017 y 25 mayo 2017)", *Boletín del Colegio de Registradores de España,* nº 42, 2017, pp. 1770-1790.

CARPINTERO, J., *Una introducción a la ciencia jurídica,* Civitas, Madrid, 1989.

CARRASCO PERERA, A., *El Derecho civil: señas, imágenes y paradojas,* Tecnos, Madrid, 1988.

CASAMITJANA I COSTA, A., "El Dret civil català: Ara i ver el futur", *Revista urídica de Cataluña (RJC),* 1982, pp. 803 y ss.

CASTÁN TOBEÑAS, J., *Derecho civil español común y foral,* I, 1, Madrid, 1948 (edición actualizada por De Los Mozos), *Derecho Civil Español,* I, 1, Salamanca, 1977.

- *Derecho Civil Español, común y foral,* Tomo II, *Derecho de Cosas.* Volumen 1º, *Derechos reales en general. El dominio. La posesión.* Volumen 2º, *Los derechos reales restringidos,* Ed. Reus, Madrid, 1994.
- "Sobre la enseñanza del Derecho", *Revista de Ciencias Jurídicas y Sociales,* nº 8, 1919, pp. 510 y ss.

CASTELLANOS RUIZ, E., "La convención de Viena de 1980 sobre compraventa internacional de mercaderías: Ámbito de aplicación, carácter dispositivo y disposiciones generales", *Cuadernos De La Maestría En Derecho,* nº 1, 2011, pp. 77-161. Disponible en https://revistas.usergioarboleda.edu.co/index.php/Cuadernos/article/view/157 (última visita 2 junio 2020).

CENDEJAS BUENO, J.L., "De lo justo natural a lo justo positivo en la escolástica española", *Studia historica. Historia moderna,* vol.44, nº1, 2022, pp. 153-183.

CERDA GIMENO, J., "¿Nueva Compilación del Derecho civil de Baleares, o modificación de la vigente?", *Cuadernos Facultad de Derecho,* nº12, 1985, pp. 77-90.

- "Aproximación a un concepto técnico del ordenamiento civil", *Cuadernos de la Facultad de Derecho,* nº5, 1963, pp. 29-60.

CHICO ORTIZ, J. M., "El derecho de propiedad ante la nueva legislación urbanística", *Revista de Derecho Urbanísitico y medioambiente (RDU)* nº 33, 1973, pp. 97-126.

CICU, A., *El derecho de familia,* trad. Santiago Sentis Melendo, Ediar, Buenos Aires, 1947.

COCA PAYERAS, M., "Aproximación a un concepto técnico del ordenamiento civil", *Cuadernos de la Facultad de Derecho,* nº5, 1963, pp. 29-60.

- "¿Nueva Compilación del Derecho civil de Baleares, o modificación de la vigente?", *Cuadernos Facultad de Derecho,* nº12, 1985, pp. 77-90.
- *Tanteo y Retracto, función social de la propiedad y competencia autonómica,* Publicaciones de Real Colegio de España, Bolonia, 1988.

COSSÍO Y CORRAL, A., *Instituciones de Derecho Civil,* I, Madrid 1955.

- *Instituciones de Derecho Civil,* Tomo II, *Derechos Reales y Derecho Hipotecario,* Civitas, 1988.

D´ORS, A., *Nuevos papeles del oficio universitario,* Rialp, Madrid, 1980.

DE CASTRO Y BRAVO, F., "El Derecho civil y la Constitución", *Revista Derecho Privado,* 1935, pp. 33 y ss.

- *Derecho civil de España,* Civitas, Madrid, 2008.
- "Los llamados derechos de la personalidad", *Anuario de derecho civil,* Vol. 12, nº 4, 1959, pp. 1237-1276.

DE LOS MOZOS, J. L., *El derecho de propiedad: crisis y retorno a la tradición jurídica,* Edersa, Madrid, 1993.

DE PABLO CONTRERAS, P., "La función normativa del Título Preliminar del Código civil", *Anuario de Derecho Civil.,* 1996, pp. 574 y ss.

- *Curso de Derecho Civil,* MARTÍNEZ DE AGUIRRE ALDAZ, C. (coord.), tomo IV, 5ª ed., Madrid, 2016.
- *Curso de Derecho civil,* MARTÍNEZ DE AGUIRRE ALDAZ, C. (coord.), tomo I, vol. I, 6º ed., Edisofer, Madrid, 2018.

DE TRAZEGNIES GRANDA, F., "El Derecho civil: perspectivas futuras", *Themis–Revista de Derecho,* nº 66, 2014, pp. 25-38.

DELGADO GARCÍA, A.M., BORGE BRAVO, R., GARCÍA ALBERO, J., OLIVER CUELLO, R. Y SALOMON SANCHO, L., *Evaluación de las competencias en el Espacio Europeo de Educación Superior: una experiencia desde el Derecho y la Ciencia Política,* Bosch, Barcelona, 2006.

DERISI, O. N., "Actualidad de la doctrina tomista de los objetos formales", *Revista Sapientia,* vol. XXX, pp. 164-168.

DÍEZ PICAZO Y PONCE DE LEÓN, L. (Dir.), *La compraventa internacional de mercaderías. Comentario de la Convención de Viena,* Civitas, Madrid, 1998.

- º *Sistema de Derecho civil,* vol. I, Civitas, Madrid, 1997.
- º "Codificación, descodificación y recodificación del Derecho civil", *Anuario Derecho Civil,* 1992, tomo XLV, II, pp. 473-484.
- º "El sentido histórico del Derecho civil", *Revista General de Legislación y Jurisprudencia,* tomo 207, 1959, pp. 595 y ss.
- º "Los límites del derecho de propiedad en la legislación urbanística", *Revista de Derecho Urbanísitico,* nº 23, 1971, pp. 13-34.
- º "Constitución y fuentes del Derecho", *Revista Española de Derecho Administrativo (REDA),* nº 21, 1979, pp. 189 y ss.
- º "La doctrina de las fuentes del Derecho", *Anuario Derecho Civil,* 1984, pp. 933 y ss.
- º *Fundamentos de Derecho Civil Patrimonial,* Tomo III. Civitas, Madrid, 2008.

DÍEZ-PICAZO, L., ROCA TRÍAS, E., y MORALES MORENO, A. M., *Los principios del Derecho europeo de contratos,* Civitas, Madrid, 2002.

DÍEZ-PICAZO, L./GULLÓN BALLESTEROS, A., *Sistema de Derecho Civil,* Volumen III, 1º y 2º, *Derechos de cosas* y *Derecho Inmobiliario Registral,* Tecnos, Madrid, 2019.

ELIZALDE Y AYMERICH, P., "El Derecho civil en los Estatutos de Autonomía", *Anuario Derecho Civil,* 1984, pp. 385 y ss.

ERRÁZURIZ MACKENNA, C.J., *El derecho como bien jurídico. Una introducción a la filosofía del derecho,* Eunsa, Pamplona, 2023.

ESPIN CÁNOVAS, D., *Manual de Derecho Civil Español* l, Volumen II, *Derechos Reales,* Editorial Revista de Derecho Privado, Madrid, 1957.

ESPOT, M.R.: "Cómo se hace un trabajo de investigación en bachillerato", en línea, ref. 20.11.2008, disponible en web. http://www.unav.es/gep/Metodología/TrabajoInvestigaciónBachillerato; "Cómo se hace una tesis doctoral", en línea, ref. 20.11.2008, disponible en web: http://www.unav.es/gep/Metodología/TesisDoctoral, última actualización 23 junio 2008.

FERNÁNDEZ CANO, A.C., "La resolución de casos prácticos", *en Enseñar Derecho en el siglo XXI. Una guía práctica del Grado en Derecho*, (Rodriguez-Arana, J. y Palomino, R., Dir.), Thomson-Reuters, Aranzadi, 2009, pp. 187 y ss.

FERNÁNDEZ DE BUJAN, A., "Ciencia jurídica europea y Derecho comunitario: *Ius romanum. Ius commune. Common law. Civil law*", *GLOSSAE. European Journal of Legal History*, nº13, 2016, pp. 275-306. Disponible en: http://www.glossae.es.

FERNÁNDEZ-CARVAJAL, R., *Retorno de la Universidad a su esencia*, Universidad de Murcia, Murcia, 1994.

FIGUERAS PAMIES, M., *La Escuela jurídica catalana frente a la Codificación española. Durá y Bas: Su pensamiento jurídico filosófico*, Bosch, Barcelona, 1987.

FIX-ZAMUDIO, H., *Metodología, docencia e investigación jurídica*, Buenos Aires, 1995.

GARCIA AMIGO, M., "La competencia legislativa civil según la Constitución", *Revista de Derecho Privado (RDP).*, 1983, pp. 435 y ss.

GARCÍA PIÑEIRO, N. y AGUILERA IZQUIERDO, R., "Marco normativo actual de las enseñanzas universitarias oficiales", en *Enseñar Derecho en el S.XXI, Una guía práctica del Grado en Derecho*, (Rodriguez-Arana, J. y Palomino, R., Dir.), Thomson-Reuters, Aranzadi, 2009, pp.61-86.

GARCÍA RUBIO, M.P., "Algunas consideraciones sobre las normas de obligaciones y contratos de la Propuesta de Código Mercantil", *Revista de Derecho civil* nº1, 2014, pp. 7-27.

GARCÍA RUBIO, M.P., "Medidas regladas en materia de contratos con motivo del Covid-19 en España", *Revista Derecho Civil*, vol. VII, nº 2, (especial) mayo 2020, pp. 15-46.

GARCIA VALDECASAS, A., *La unidad de Europa y el Derecho romano*, Madrid, 1963.

GARCÍA-OCHOA MAYOR, D., "Economía colaborativa y financiación", *Diario La Ley*, nº 8807, de 20 de julio de 2016, pp. 1-14.

GETE-ALONSO Y CALERA, M.C., "Las nociones de mercantilidad del Proyecto de Código Mercantil", *Revista de Derecho Civil*, nº4, 2004, pp. 27-65.

GIL RODRÍGUEZ, J., "Acotaciones para un concepto de Derecho civil", *Anuario de Derecho Civil*, tomo XLII, 1989, pp. 317-376.

GÓMEZ GÁLLIGO, J. y DEL POZO CARRASCOSA, P., *Lecciones de Derecho Hipotecario*, Marcial Pons, 2000.

GÓMEZ GÁLLIGO, F.J., *Derecho registral teórico y práctico: Volumen I: parte teórica: teoría de la calificación registral,* Editorial Carperi, 2020.

GONZÁLEZ-MENESES GARCÍA-VALDECASAS, M., "Blockchain: ¿el notario del futuro?", *Anales de la Academia Matritense del Notariado,* Tomo 57, 2016-2017, pp. 323-353.

GOÑI RODRÍGUEZ DE ALMEIDA, M., "Hacia la unificación del Derecho de familia europeo: ¿Quimera o realidad?", *Estudios de Deusto,* vol. 62/2, 2014, pp. 235-286.

- La cláusula de vencimiento anticipado en préstamos hipotecarios", *Revista Crítica de Derecho Inmobiliario (RCDI),* nº 777, 2020, pp. 390-408.
- "¿Quién debe pagar el impuesto de actos Jurídicos documentados? reflexión sobre los beneficios de la garantía hipotecaria y sus destinatarios", *RCDI,* nº 771, enero- febrero 2019, pp. 394-412.
- "Cobertura hipotecaria de intereses moratorios y remuneratorios", *RCDI,* nº 770, noviembre-diciembre 2018, pp. 3327-3338.
- "Hipoteca multidivisa y el deber de información", *RCDI,* nº 768, julio-agosto 2018, pp. 2234-2249.
- "El Control registral de transparencia y el préstamo responsable", *RCDI,* nº 755, mayo-junio 2016, pp. 1591-1608.
- "Ámbito de la calificación registral en las cláusulas financieras", *RCDI,* nº 754, marzo-abril 2016, pp. 968-985.
- "Las consecuencias de la existencia de una cláusula abusiva en el contrato de préstamo hipotecario: especial referencia a los intereses moratorios", *RCDI,* nº 749, mayo-junio 2015, pp. 1565-1583.
- "Algunos problemas y cuestiones prácticas planteadas tras las reformas legales sobre protección al deudor hipotecario: la interpretación y solución de la DGRN", *RCDI,* nº 748, marzo –abril 2015, pp. 0907-0927.
- "Las modificaciones derivadas de la STJUE 14 marzo 2013 acerca del procedimiento ejecutivo hipotecario y las cláusulas abusivas", *Revista Jurídica de la Universidad Autónoma de Madrid,* nº 27, 2013.

GOÑI ZABALA, J.M., *El Espacio Europeo de Educación superior, un reto para la universidad,* Octaedro/ICE Universidad de Barcelona, Barcelona, 2005.

GRANIERS, G., *La Filosofía del Derecho a través de su historia y sus problemas,* (trad. Jaime Williams Benavente), Editorial Jurídica de Chile, Santiago de Chile, 1979.

GROSSI, P., *La propiedad y las propiedades. Un análisis histórico,* Civitas, Madrid, 1992.

GRUPO DE INVESTIGACIÓN DE LA EUROHIPOTECA, "Proyecto de investigación europeo Eurohipoteca: puntos para la discusión", *Revista Critica Derecho Inmobiliario,* nº 685, 2004.

Gutierrez de Cabiedes, "La enseñanza del Derecho ", en *Estudios de Derecho procesal,* Pamplona, 1974, pp. 20 y 21.

HERNÁNDEZ GIL, A., "Del Derecho romano como Derecho civil al Derecho civil como Derecho privado", en *Estudios de Derecho Civil en honor del Profesor Castan Tobeñas,* Pamplona, 1969, pp. 349 y ss.

HERNANDO MASDEU, J., "Una perspectiva histórico-comparada de los modelos de planes de estudios en derecho", en *Enseñar Derecho en el S.XXI. Una guía práctica sobre el Grado en Derecho* (Rodríguez-Arana, J y Palomino, R. Dirs.), Thomson-Reuters Aranzadi, Cizur Menor, 2009, pp. 37-59.

HERVADA, J., *¿Qué es el Derecho? La moderna respuesta del realismo jurídico,* Eunsa, Pamplona, 2008.

- "Apuntes para una exposición del realismo clásico", *Persona y Derecho,* nº 18 (1), 1988, pp. 281-300.
- "Concepto jurídico y concepto filosófico de persona", *LaLey,* 1981-4, pp. 994 y ss.

IBÁÑEZ LANGLOIS, J. M., (1990). *Doctrina social de la Iglesia,* EUNSA, p. 86.

IGLESIAS, J., *Derecho romano. Historia e Instituciones,* Ariel, Barcelona, 1986.

INIESTA DELGADO, J.J., "La filiación derivada de las formas de reproducción humana asistida", en *Tratado de Derecho de la Familia* (dir. Yzquierdo Tolsada y Cuena Casas), 2ª ed., vol. V, Aranzadi-Thomson Reuters, Cizur Menor, 2017, pp. 963 y ss.

IRTI, N., *Edad de la descodificación,* Bosch, Barcelona, 1992.

JORDANO BAREA, J. B., "Derecho civil, Derecho privado y Derecho público", *Revista de Derecho Privado,* 1963, pp. 868 y ss.

JUAN PABLO II, "Discurso inaugural de la III Conferencia General del Episcopado Latinoamericano", Puebla de los Ángeles [México], 28-1-1979.

- Carta encíclica *Laborem exercens,*1981.

JUAN XXIII, Carta enc. *Mater et magistra*: AAS 53, 1961, 428-429.

KELSEN, H., *Teoría pura del Derecho,* ed. Losada, Buenos Aires, 1946.

KOSCHAKER, *Europa y el Derecho romano,* trad. española de SANTA CRUZ TEIJEIRO, J., Madrid, 1955, pp. 66 y ss.

LACALLE NORIEGA, M., "Enseñar un nuevo Derecho centrado en la persona", *Metafísica y Persona. Filosofía, conocimiento y vida,* año 4, enero-junio 2012, nº 7, pp. 101-115.

- "La pregunta por el sentido", en *Cuatro preguntas de razón abierta,* Universidad Francisco de Vitoria.
- *En busca de la unidad del saber. Una propuesta para renovar las disciplinas universitarias,* Universidad Francisco de Vitoria, Madrid, 2014.
- M., *La persona como sujeto de Derecho,* Dykinson, Madrid, 2013.
- *Proyecto docente e investigador en Filosofía del Derecho,* Universidad Francisco de Vitoria, 2012.

LACRUZ BERDEJO, J.L. Y SANCHO REBULLIDA, F., *Elementos de Derecho Civil,* I, 1, Barcelona, 1990, y ediciones actualizadas.

- *Elementos de Derecho Civil,* Tomo III, *Derechos Reales,* Volúmenes 1º y 2º, Dykinson, Madrid y *Elementos de Derecho Civil,* Tomo III bis, *Derecho Inmobiliario Registral,* Dykinson, Madrid.
- "El principio aragonés *Standum est chartae*", *Anuario de Derecho Civil,* 1986, pp. 683 y ss.
- "Un nuevo contractualismo en el Derecho de familia", *La Ley,* nº 3, 1982, p. 727 y ss.
- *Elementos de Derecho civil, I, Parte general,* vol. 1º, Madrid, 1998.

LASARTE ALVAREZ, C., "Las corrientes metodológicas y el Derecho civil", en el *Homenaje a J. Beltrán de Heredia,* Salamanca, 1984, pp. 381 y ss.

- *Autonomías y Derecho privado en la Constitución española,* Civitas, Madrid, 1980.
- *Principios de Derecho Civil,* Tomo IV, *Propiedad y derechos reales de goce.* Tomo V, *Derechos reales y Derecho Hipotecario,* Marcial Pons y *Compendio de Derechos reales,* Marcial Pons, Madrid, 2012.

LEÓN XIII, Carta enc. *Rerum novarum*: *Acta Leonis XIII,* 11 (1892).

LETE ACHIRICA, J., "Los principios de UNIDROIT sobre los contratos comerciales internacionales", *Actualidad Civil,* nº1, 1996, pp. 127-136.

LLORENTE GOMEZ-SEGURA, C., "La lección expositiva en materias jurídicas", en *Enseñar Derecho en el siglo XXI. Una guía práctica del grado en Derecho,* (Rodriguez-Arana, J., y Palomino, R., Dir.), Thomson-Reuters, Aranzadi, 2009, pp. 113 y ss.

LOCKE, J., *Dos ensayos sobre el gobierno civil,* (Segundo tratado) Espasa, Madrid, 1991. Edición de Joaquín Abellán y traducción de Francisco Giménez Gracia.

LÓPEZ ÁLVAREZ, L.F., "Métodos de evaluación", en *Enseñar Derecho en el siglo XXI. Una guía práctica del Grado en Derecho,* (Palomino Lozano, R. y Rodríguez-Arana Muñoz, J., dir.), Thomson-Reuters Aranzadi, 2009, pp. 356 y ss.

MARTÍNEZ DE AGUIRRE, C., "Con la naturaleza hemos topado. Reflexiones sobre estrategias de presentación de la ley natural al hilo del nuevo Derecho de Familia", *Prudentia Iuris, N. Aniversario,* 2020, pp. 309- 321.

- "El divorcio revisitado. Datos y reflexiones sobre estabilidad matrimonial y divorcio", en Prieto Álvarez, T. (ed.). *Acoso a la familia. Del individualismo a la ideología de género.* Granada. Comares, 2016, pp. 108 y ss.
- *El Derecho civil a finales del siglo XX,* Tecnos, Madrid, 1991.

MARTÍNEZ VÁZQUEZ DE CASTRO, L., *Pluralidad de Derechos civiles españoles,* Civitas, Madrid, 1997.

MASSINI, C. I., "Sobre dignidad humana y Derecho. La noción de dignidad de.la persona y su relevancia constitutiva en el Derecho", *Prudentia Iuris,* nº 83, pp. 49-72, 2017. Recuperado en 3 noviembre, 2022. file:///C:/Users/Gen%C3%A9rica_Provisional/Downloads/971-3241-1-PB.pdf.

MEDINA MORALES, D., "Muerte digna. Vida digna. Una reflexión. Un debate", *Cuadernos de Bioética,* XXIV, 2013/3ª, pp. 399-416.

MESEGUER VELASCO, S., "Análisis y elaboración de un catálogo de competencias y herramientas aplicables a las disciplinas de Ciencias Sociales y Jurídicas", en *Enseñar Derecho en el Siglo XXI. Una guía práctica sobre el Grado en Derecho,* RODRÍGUEZ ARANA, J. Y PALOMINO, R. (Dirs.), y Goñi Rodríguez de Almeida, M y Meseguer Velasco, S. (Coords.), Ed. Aranzadi, Pamplona, 2009.

MOLITOR, E y SCHLOSSER, H., *Perfiles de la nueva historia del Derecho privado,* trad. de A. MARTINEZ SARRION, Bosch, Barcelona, 1975.

MONTALVO JÄÄSKELÄINEN, F., "La Sentencia del Tribunal Constitucional sobre el matrimonio entre personas del mismo sexo: ¿una nueva forma de interpretar el Derecho y los derechos en España?", *Revista cuatrimestral de las Facultades de Derecho y Ciencias Económicas y Empresariales*, ICADE, nº 100, monográfico, pp. 10 y ss.

MONTES PENADÉS, V. L., *La propiedad privada en el sistema del Derecho civil contemporáneo, (un estudio evolutivo del Código Civil hasta la Constitución de 1978)*, Civitas, Madrid, 1980.

MORAN MARTIN, R., "El *ius commune* como antecedente jurídico de la UE", *Cuadernos de Historia del Derecho*, 2005, 12, pp. 99-123.

MUÑIZ ESPADA, E., *Bases para una propuesta de Eurohipoteca*, Tirant lo Blanch, Valencia, 2004.

º *La propuesta de una hipoteca independiente en el Derecho español*, Madrid, 2008.

NAGORE YARNOZ, J., en recensión de *Manuales de Metodología Jurídica*, de Vallet de Goytisolo, en *Verbo*, 2004, pp. 889-894.

NASARRE AZNAR, S. y SIMON MORENO, H., "Fraccionando el dominio: las tenencias intermedias para facilitar el acceso a la vivienda", *Revista Crítica de Derecho Inmobiliario*, nº 739, 2013, pp. 3063-3122.

NASARRE AZNAR, S. y STÖCKER, O., "Propuesta de regulación de un derecho real de garantía inmobiliaria no accesorio. El ejemplo de Europa central", *Revista Crítica Derecho Inmobiliario*, nº 671, mayo-junio 2002, pp. 930 y ss.

NASARRE AZNAR, S., "Reacciones al Libro Verde de la Unión Europea sobre el crédito hipotecario en torno a la Eurohipoteca", en MUÑIZ ESPADA, E., SÁNCHEZ JORDÁN, Mª. E., y NASARRE AZNAR, S., *Un modelo para una Eurohipoteca. Desde el Informe Segré hasta hoy*, Colegio de Registradores de España, Madrid, 2008.

º "The Eurohypothec: a Common Mortgage for Europe", *The Conveyancer and Property Lawyer*, January-February 2005.

NOVALES ALQUÉZAR, M.A., "El concepto de persona en el Derecho civil ante una antropología dual", *Thématha. Revista de Filosofía*, nº 39, 2007, pp. 269-279.

NOZICK, R., *Anarquía, Estado y Utopía* (versión digital). Titivillius, 1974.

OLIVA BLÁZQUEZ, F., "El Proyecto de Código Mercantil en el contexto del proceso internacional de unificación del Derecho privado de contratos", *Revista de Derecho civil*, nº3, 2014, pp. 37-66.

ORDUÑA MORENO, J., "Hacia un necesario nuevo Código Civil como instrumento de progreso y cambio social en el siglo XXI", *Diario La Ley,* nº 9542, 2019, pp. 3-0.

- "Control de transparencia y cláusulas suelo. STS de pleno, núm. 241/2013, de 9 de mayo 2013", *Actualidad jurídica Aranzadi,* nº871, 2013, pp. 7 y ss.
- *Control de transparencia y contratación bancaria,* Tirant lo Blanch, Valencia, (Dirs. Orduña Moreno,J., Sánchez Martín, C., y Guillén Catalán, R), 2016.
- Los sistemas de transmisión de la propiedad inmobiliaria en el derecho europeo, Civitas, Madrid, 2009. (Orduña Moreno, J, Puente Alfaro, F, Martinez Velencoso, L. y Cooke, E.).

ORTEGA Y GASSET, J., "Misión de la Universidad", en *Misión de la Universidad y otros ensayos sobre educación y pedagogía,* Alianza, Madrid, 1983, 2010 (reimpresión).

OVIEDO ALBÁN, J., "La unificación del Derecho privado: UNIDROIT y los principios para los contratos comerciales internacionales", *Pace Law School, Institute of International Commercial Law,* disponible en https://www.cisg.law.pace.edu/cisg/biblio/oviedoalban4.html.

PAGANI, R., "El crédito europeo y el sistema educativo español", Informe Técnico, 2002.

PALOMINO LOZANO, R., "El uso de las TIC´s en la enseñanza y aprendizaje de los estudios jurídicos", en *Enseñar Derecho en el siglo XXI. Una guía práctica sobre el Grado en Derecho,* (Palomino Lozano, R. y Rodríguez-Arana Muñoz, J., dir.), Thomson-Reuters Aranzadi, 2009, pp. 301 y ss.

- "Introducción. Las claves del EEES: principios, reglas y recomendaciones", *en Enseñar Derecho en el siglo XXI. Una guía práctica sobre el Grado en Derecho,* Palomino Lozano, R. y Rodríguez-Arana Muñoz, J., dir.), Thomson-Reuters Aranzadi, 2009, pp. 32 y ss.

PAÑOS PÉREZ, A., "El Registro de la Propiedad como sistema de garantía en la era de la Blockchain", *Revista Crítica de Derecho Inmobiliario,* nº 776, 2019, pp. 2905-2944.

PARRA LUCAN, M. A., "Reflexiones sobre algunas tendencias en instituciones y relaciones del Derecho de la persona y de la familia", *Anales de la Facultad de Derecho,* nº 19, diciembre 2002, pp. 139-158.

- "Autonomía de la voluntad y derecho de familia", *Diario La Ley,* nº 765, 2011, pp. 1-5.

- "La doble codificación en España y la frustración del proceso de unificación del Derecho privado", *Europa e diritto privato*, 3/2014, pp. 919 y ss.

PEÑA Y BERNALDO DE QUIRÓS, M., *Derechos Reales. Derecho Hipotecario*, Tomo I, *Propiedad. Derechos reales (excepto los de garantía)*. Tomo II, *Derechos de garantía. Registro de la Propiedad*, Centro de Estudios Registrales, 2ª ed. Madrid.

PERRENOUD, P., *Construir competencias desde la escuela*, Dolmen, Santiago de Chile, 1999.

PÍO XII, Radiomensaje por el 50° aniversario de la « Rerum novarum »: AAS 33 (1941) 199; Id., Radiomensaje de Navidad (24 de diciembre de 1942): AAS 35 (1943) 17; Id., Radiomensaje (1 de septiembre de 1944): AAS 36 (1944) 253.

PLAZA PENADES, J., "La Ley de servicios de la sociedad de la información y comercio electrónico", en *Derecho y nuevas tecnologías de la información y la comunicación (Dir. Plaza Penadés, J.)*, Thomson-Reuters, Aranzadi, Cizur Menor, 2014, pp. 43-102.

- "El Derecho civil, los derechos civiles forales o especiales y el Derecho civil autonómico", *Revista de Derecho civil Valenciano*, nº 12, 2012, p. 2.

PUIG BRUTAU, J., *Compendio de Derecho Civil*, Volumen III, *Derechos reales. Derecho hipotecario*, Bosch, Barcelona, 1989.

- *Fundamentos de Derecho Civil*, Tomo III, Volumen 1°, *El derecho real. La posesión. La propiedad: sus límites. Adquisición o pérdida. Ejercicio de acciones*, Bosch, Barcelona, 1979.

QUATTRONE, G., PROSERPIO, D., QUERCIA, D., CAPRA, L., Y MUSOLES, M., ¿"Who benefits from the «Sharing» Economyof AirBnb? ", *International World Wide Web Conference*, nº 16, 2016, pp. 1385-1394.

QUICIOS MOLINA, S., "¿Cómo puede determinarse la maternidad de la esposa de la mujer que ha dado a luz un hijo concebido utilizando alguna técnica de reproducción asistida? (Comentario a la STS 5 diciembre 2013)", *Cuadernos Civitas Jurisprudencia Civil*, nº 95, mayo/agosto 2014, pp. 609-630.

RAGEL SÁNCHEZ, L.F., "Las competencias legislativas en materia de Derecho civil y su deseable reforma constitucional", *Revista de Derecho Privado*, 2005, pp. 3 y ss.

RATZINGUER, J., "La crisis del Derecho", Palabras de agradecimiento pronunciadas por el Cardenal Ratzinger el 10 de noviembre de 1999 con ocasión de serle conferido el grado de doctor *honoris causa* en Derecho por la Facultad de Derecho de la universidad italiana LUMSA, 1999.

REDONDO SACEDA, L., "Libre disposición sobre el cuerpo: la posición de la mujer en el marco de la gestación subrogada", *EUNOMÍA Revista en Cultura de la Legalidad*, nº 12, abril-septiembre, 2017, pp.131-146.

REY MARTINEZ, F., *La propiedad privada en la constitución española*, Boletín Oficial del Estado, Centro de Estudios Constitucionales, Madrid, 1994.

RIESGO GONZÁLEZ, M., "El enfoque por competencias en el EEES y sus implicaciones en la enseñanza y el aprendizaje", *Tendencias Pedagógicas*, nº 13, 2008, pp.79-105.

ROCA SASTRE, R.M./ROCA SASTRE MUNCUNILL, L., *Derecho hipotecario*, Ed. Bosch, Barcelona.

ROCA TRÍAS, E., "Un Código Civil para la era de la globalización", *Diario La Ley*, nº 9447, 2 julio 2019, pp. 1-6.

- *L'estructura de l'ordenament civil espanyol*, Barcelona, 1982.

RUBIO HIPOLA, M., "La cuestión epistemológica", en *Cuatro preguntas de razón abierta*, Universidad Francisco de Vitoria, 2020.

SACCO, R., "*Il manuale per la matricole (dal Ruggiero al nostro tempo)*", *Rivista di Diritto Civile*, 1975, II, pp. 343 y ss.

SALVADOR CODERCH, P., "Interpretación necesaria. Materiales para la reconstrucción del título preliminar de la Compilación catalana", *Revista Jurídica de Cataluña*, 1983, p. 801 y 1984, p. 7.

SÁNCHEZ GONZALEZ, M.P., "Competencia de los Parlamentos autónomos en la elaboración del Derecho civil: Estudio del artículo 149.1.8 de la Constitución", *Anuario Derecho Civil*, 1986, pp. 1121 y ss.

SANTOS ROMÁN, J., "Cuestión epistemológica en Derecho y Criminología", tarea en comunidad del curso *Razón Abierta*, UFV, 2022.

SANZ DE DIEGO, R., "La hipoteca social", *Aula Social DSI*, disponible en https://auladsi.net/hipoteca-social.

SCHMIDT HOTT, C., "Régimen patrimonial y autonomía de la voluntad", *Revista Chilena de Derecho*, vol. 26, nº 1, 1999, pp. 105-119.

SIEIRA GIL, J. y CAMPUZANO GÓMEZ-ACEBO, J., "Blockchain, tokenización de activos inmobiliarios y su protección registral", *Revista Crítica de Derecho Inmobiliario,* nº 775, 2019, pp. 2277- 2318.

SIMÓN MORENO, H., *El proceso de armonización de los derechos reales europeos,* Tirant Lo Blanch, Valencia, 2013.

- *La armonización de los derechos reales en Europa,* tesis doctoral, pp. 153-166. Disponible en https://www.tesisenred.net/bitstream/handle/10803/8761/tesi.pdf?sequence=1&isAllowed=y.

SOTO NIETO, F., "Especialidades legislativas, sustantivas y procesales en Cataluña. Alcance del artículo 149.1.8 de la Constitución española", *Revista Derecho Privado,* 1984, pp. 115 y ss.

- *Tanteo y Retracto, función social de la propiedad y competencia autonómica,* Publicaciones de Real Colegio de España, Bolonia, 1988.

TENA PALAZUELO, I., "El Derecho civil entre lo permanente y su constitucionalización", *Nuevo Derecho,* vol. 8, nº 10, enero-junio 2012, pp 65-75.

TERUEL LOZANO, G.M., "La formación jurídica tras la reforma bononiense en la universidad española: ¿juristas o mecánicos del derecho?", en *Los perfiles del jurista en el siglo XXI,* (Canedo Arrillaga, M.P. y Gordillo Pérez, L. (Dirs.), Civitas Thomson-Reuters, Cizur Menor, 2016, pp. 65- 100.

TORRENT CUFI, F., "La propiedad temporal y compartida", *La Notaria,* nº2, 2015, pp. 27-36.

TOURIÑO, A., "La economía colaborativa desde la óptica de la competencia desleal. Análisis de los autos de medidas cautelares dictados en los casos de Uber, Blablacar y Cabify", *Actualidad civil,* nº 4, abril 2016, pp. 1-13.

TRAZEGINES GRANDA, F., "El Derecho civil: perspectivas futuras", *Themis Revista de Derecho,* nº 66, 2014, pp. 25- 38.

VALLET DE GOYTISOLO, J.B., *Metodología de la determinación del Derecho,* Editorial Universitaria Ramón Areces, Madrid, 1994.

- *Manuales de metodología jurídica, IV, Metodología de la Ciencia expositiva y explicativa del Derecho,* Fundación cultural del Notariado, Madrid, 2004.
- *Panorama de Derecho civil,* Bosch, Barcelona, 1973, (2ª edición).

VAN CAENEGEN, R. C., *Pasado y futuro del Derecho europeo,* Madrid, 2003.

VARNAGY, T., "El pensamiento político de John Locke y el surgimiento del liberalismo", en *Filosofía política moderna. De Hobbes a Marx,* Buenos Aires. Consejo Latinoamericano de Ciencias Sociales, 2020, pp.54-55.

VICTOR CATHREIN, S.J., *Filosofía del Derecho. El Derecho natural y el positivo,* Trad. De Alberto Jardon, Reus, Madrid, 7ª edición, 2002.

VÍCTOR ORÓN, J., "Taller 3. Evaluación formativa del uso de los indicadores en función del crecimiento personal", Material talleres Razón Abierta, Universidad Francisco de Vitoria, p. 1, 2023.

VILALTA NICUESA, A.E., "La regulación europea de las plataformas de intermediarios digitales en la era de la economía colaborativa", *Revista Crítica de Derecho Inmobiliario,* nº 756, pp. 275-330.

- *Smart legal contracts y blockchain,* Wolters Kluwer, Madrid, 2019.

VILLAR Y ROMERO, J. Mª., "La distinción entre Derecho público y Derecho privado", *Revista General de Legislación y Jurisprudencia,* 1942, tomo I, pp. 7-70.

VILLEY, M., *Filosofía del Derecho. Definiciones y medios del Derecho,* (traducido por Evaristo Palomar Maldonado), Respublica, Madrid, 2020.

ZABALZA BERAZA, M.A., "Evaluación de los aprendizajes en la Universidad", en *Didáctica Universitaria,* (Garcia-Valcárcel Muñoz- Repso, A., Coord.), La Muralla, Madrid, 2000, pp. 265 y ss.

- *Guía para la planificación didáctica de la docencia universitaria en el marco del EEES,* Universidad de Santiago de Compostela, 2005.

Documentos

- AA.VV., *La eutanasia que nos llega. Reflexión médica, jurídica y moral,* Universidad Católica de Valencia y Observatorio de Bioética Instituto Ciencias de la vida. Disponible en https://es.zenit.org/wp-content/uploads/2020/01/LA-EUTANASIA-QUE-NOS-LLEGA.pdf
- AGENCIA DE EVALUACIÓN DE LA CALIDAD Y ACREDITACIÓN, *Libro Blanco: Título de Grado Derecho,* junio 2005, en línea, ref. 17.07.2008, disponible en web: http://www.aneca.es/activin/docs/libroblanco_derecho_def.pdf.
- *Catecismo de la Iglesia Católica,* 2402-2406.
- COLEGIO DE REGISTRADORES, *Estadística Registral Inmobiliaria* (ERI), 2019, en www.registradores.org

- COMISIÓN TEOLOGICA INTERNACIONAL (VATICANO), *En busca de una ética universal: nueva perspectiva sobre la ley natural,* Disponible en http://www.vatican.va/roman_curia/congregations/cfaith/cti_documents/rc_con_cfaith_doc_20090520_legge-naturale_sp.html#_edn*., p. 31.
- *Compendio de la Doctrina Social de la Iglesia, Capítulo Cuarto, III. Principio del uso universal de los bienes,* párrafo 172. Disponible en http://www.vatican.va/roman_curia/pontifical_councils/justpeace/documents/rc_pc_justpeace_doc_20060526_compendio-dott-soc_sp.html#IV.%20EL%20PRINCIPIO%20DE%20SUBSIDIARIDAD, párrafo 173.
- *Compendio de la Doctrina Social de la Iglesia, Capítulo V, La familia célula vital de la sociedad, IV La Familia protagonista de la vida social, b) Familia, vida económica y trabajo,* párrafo 250:
- COMUNICACIÓN DE LA COMISIÓN AL PARLAMENTO EUROPEO, AL CONSEJO, AL COMITÉ ECONÓMICO Y SOCIAL EUROPEO Y AL COMITÉ DE LAS REGIONES *Un nuevo EEI para la investigación y la innovación* (2020), disponible en https://eur-lex.europa.eu/legal-content/ES/TXT/PDF/?uri=CELEX:52020DC0628&from=EN, última visita 20 diciembre 2022.
- CONCILIO VATICANO II, *Constitución pastoral Gaudium et spes,* 1965.
- *Convención de Viena de Compraventa Internacional de Mercaderías,* disponible en: https://uncitral.un.org/es/texts/salegoods/conventions/sale_of_goods/cisg (última visita 2junio 2020).
- *Derecho de uso de una vivienda,* disponible en: https://elpais.com/espana/madrid/2021-10-26/el-edificio-de-17-viviendas-en-un-barrio-del-sur-de-madrid-donde-reina-el-derecho-de-uso.html.
- EUROSTAT, *Estadísticas sobre vivienda,* 2018. Disponible en: http://ec.europa.eu/eurostat/statistics-explained/index.php/Housing_statistics/es.
- FOTOCASA, informe "Análisis de las propiedades vacías en España", junio 2022, disponible en https://s36216.pcdn.co/wp-content/uploads/2022/08/NdP-viviendas-vacias.pdf
- FOTOCASA, informe "Radiografía del mercado de la vivienda. 2021-22", disponible en https://s36360.pcdn.co/wp-content/uploads/2022/05/radiografia-mercado-vivienda2021-2022.pdf.
- https://cincodias.elpais.com/cincodias/2015/08/28/finanzas_personales/1440761201_963096.html

- INE, Encuesta Continua de Hogares (ECH), 2020, disponible en https://www.ine.es/prensa/ech_2020.pdf.
- INE. "Censo de Población y Viviendas 2021". Disponible en https://www.ine.es/prensa/censo_2021_jun.pdf
- LANDO, *PEL* (*Principles of European Law*).
- *Libro blanco IA* Disponible en https://ec.europa.eu/info/sites/info/files/commission-white-paper-artificial-intelligence-feb2020_en.pdf.
- *Libro verde sobre el espacio europeo de investigación: nuevas perspectivas*, COM (2007) 161 final, Bruselas, 4.4.2007, disponible en http://ec.europa.eu/research/era/pdf/era-public-consultation-results_en.pdf; última visita 20 diciembre 2022.
- MINISTERIO DE EDUCACIÓN Y CIENCIA, Borrador de propuesta *Directrices para la Elaboración de los Títulos Universitarios de Grado y Máster*, 2006, apartado 15.
- OECD *Economic Surveys: Spain*, 2014.
- ONU, *Agenda 2030*, disponible en https://www.un.org/sustainabledevelopment/es/2015/09/la-asamblea-general-adopta-la-agenda-2030-para-el-desarrollo-sostenible/
- PARLAMENTO EUROPEO, *Acceso a una vivienda digna y asequible para todos*, Resolución del Parlamento Europeo, de 21 de enero de 2021, sobre el acceso a una vivienda digna y asequible para todos (2019/2187(INI)), disponible en https://www.europarl.europa.eu/doceo/document/TA-9-2021-0020_ES.html.
- PARLAMENTO EUROPEO: European Parlamient, Think Tank. *Online Platforms: How to Adapt Regulatory Framework to the Digital Age?*, disponible en http://www.europarl.europa.eu/thinktank/en/document.html?reference=IPOL_BRI(2017)607323, p. 4.
- PONTIFICIO CONSEJO "JUSTICIA Y PAZ", *Compendio de la doctrina social de la Iglesia*, Capítulo octavo la comunidad política, II. El fundamento y el fin de la comunidad política, C) La convivencia basada en la amistad civil, Párrafo 391.
- Principios UNIDROIT, en: https://www.unidroit.org/spanish/principles/contracts/principles2010/blackletter2010-spanish.pdf
- Proyecto Tuning http://tuning.unideusto.org/tuningeu/.
- CONSEJO EUROPEO, Resolución de 15 de junio de 2000 relativa a la creación de un Espacio europeo de investigación e innovación (DOCU 2000/C 205/01). Se puede consultar en https://ec.europa.eu/research/era/pdf/era_gp_final_es.pdf; última visita 20 diciembre 2022.

- THE RELATIONSHIPS FOUNDATION, *Cost of Family Failure Index* (índice anual, disponible en http://www.relationshipsfoundation. org/ family-policy/cost-of-family-failure-index/, último acceso: 28 de julio de 2022).
- UFV, *Formar para transformar en comunidad. El proyecto formativo de la Universidad Francisco de Vitoria*, 2021.
- UFV, *Guía docente,* del último módulo del curso sobre Razón Abierta de la UFV, 2021.
- UFV, *Misión UFV. Nuestra Misión hoy,* Editorial Universidad Francisco de Vitoria, Madrid, 2010.
- *United Kingdom Official Documents* 18 noviembre 2004. Disponible en: http://www.legislation.gov.uk/ukpga/2004/34/contents.
- WALBERG, R. y MROZEK, A., *Private choices, public costs. How failing families cost us all.* Institute of Marriage and Family of Canada, 2009, pp. 22 y ss (disponible en http://www.imfcanada. org/issues/private-choices-public-costs, último acceso: 28 de julio de 2022).